近代宁德茶叶外贸与区域社会变迁研究（1853—1949年）

孙绍旭　著

中国财经出版传媒集团
中国财政经济出版社
· 北京 ·

图书在版编目（CIP）数据
近代宁德茶叶外贸与区域社会变迁研究 ：1853—1949年 / 孙绍旭著. -- 北京 ：中国财政经济出版社，2025. 7. -- ISBN 978-7-5223-3651-0
Ⅰ. F752.658.2
中国国家版本馆CIP数据核字第2025SG7463号

责任编辑：潘　飞　　　　责任校对：张　凡
封面设计：卜建辰　　　　责任印制：张　健

近代宁德茶叶外贸与区域社会变迁研究（1853—1949 年）
JINDAI NINGDE CHAYE WAIMAO YU QUYU SHEHUI BIANQIAN YANJIU（1853—1949NIAN）

中国财政经济出版社 出版
URL：http：//www. cfeph. cn
E - mail：cfeph@ cfeph. cn

社址：北京市海淀区阜成路甲 28 号　邮政编码：100142
营销中心电话：010 - 88191522　编辑部电话：010 - 88190957
天猫网店：中国财政经济出版社旗舰店
网址：https：//zgczjjcbs. tmall. com
涿州汇美亿浓印刷有限公司印刷　各地新华书店经销
成品尺寸：185mm×260mm　16 开　21. 00 印张　419 000 字
2025 年 7 月第 1 版　2025 年 7 月河北第 1 次印刷
定价：82. 00 元
ISBN 978 - 7 - 5223 - 3651 - 0
（图书出现印装问题，本社负责调换，电话：010 - 88190548）
本社质量投诉电话：010 - 88190744
打击盗版举报热线：010 - 88191661　QQ：2242791300

序

周　武

绍旭2016年考入华东师大历史学系，随我研习中国近现代史，2020年毕业，获历史学博士学位。这部著作即是在他的博士学位论文基础上增删修订而成。我了解这本书从一篇学位论文到最后成书的全部过程，以及绍旭为这本书倾注的心血和感情，也了解这本书对他本人和闽东区域史研究的特殊意义。可能正因为如此，尽管我推辞再三，绍旭仍坚持要我在书前写几句话。

和许多博士生有所不同，绍旭读博之前就已是副教授，在闽东区域史研究领域深耕多年，并矢志以此为志业，出版过《萌源古村》《白银古道》《周宁茶文化》等多部相关著作，论文更多，可谓成绩斐然，是闽东区域史研究领域有数的专家之一。多年前我曾为他的另一本著作作序，其中写道：

> 绍旭生在周宁，长在周宁，现在又供职于宁德，他对家乡的山山水水、一草一木都满怀深情，对变迁中的家乡更负有一种深切的使命感。带着这种深情和使命感，十多年来，无论寒暑，无论雨晴，只要得空，便深入到实地进行调研。他常常行走在行人稀少、布满青苔的白银古道上，去亲近和发现一座座废弃的白银矿坑；他往来穿梭于大山深处的古村落世界，汲汲为破落且日渐稀少的古村落找出一条切实可行的存续之道；他当然更关注家乡在全球化时代的剧烈变迁，并把这种关注化作系统的论说，实证分析农村劳动力转移的模式。基于这些实地考察，再结合自己经年累月潜搜冥索所得的可观乡邦文献，互为参证，已陆续撰写并出版了《农村劳动力转移模式实证分析——以周宁县百年劳务变迁为个案》《萌源古村》《白银古道》等多部著作，在闽东这片几乎被学术界遗忘的土地上，逐步构建和拓展属于自己的学术版图，并为乡邦文化承传与发展倾注了自己的心力。据我所知，他今后仍将以闽东地区为中心，力求以更阔大的视野和更沉潜的学术定力，在已累积的基础上写出看得见的闽东和看不见的闽东，以展示这片土地的神奇和沧桑。

基于绍旭这样的研究基础和学术抱负，读博伊始，当他提出希望以闽东茶叶外贸与区域社会变迁作为自己的学位论文选题，我立马就同意了。当然，我之所以同意，还有另外一些更重要的考虑。具体而言，主要包括如下。

一、茶叶贸易本身的全球意义

中国是茶叶的故乡，中国茶曾是早期全球化时代最受西方青睐且最具标识意义的中国商品，被誉为近代商业史中的“第一商品”“王牌商品”“全球性商品”，并长期占据中国出口商品的首位。一位19世纪上半叶在广州经营茶叶生意的美国商人说：“没有别的商品能像茶叶这样刺激国际贸易，也没有哪种饮品能带来和茶叶一样的利润，并让中国以外的文明国度都如此痴迷。”17世纪以后，西方“梯航万里”一路向东，最初主要就是为中国茶叶而来，可以说是茶叶把彼此悬隔的东西方两个世界连接在一起，也是茶叶把中国拖入欧洲主导的世界市场和全球化体系之中，就此而言，可以说中国茶“改变了世界历史”。正因为如此，有关茶叶贸易的研究向来备受关注，近年来，伴随着全球史的兴起，茶叶贸易更成为海内外学界竞相研讨的全球性议题，英美尤为热衷，以茶叶贸易为主题的著作层出，据陋见所及，单是已被译为中文的著作即有埃丽卡·拉帕波特的《茶叶与帝国：口味如何塑造现代世界》，艾伦·麦克法兰、艾丽斯·麦克法兰合著的《绿色黄金：茶叶、帝国与工业化》，简·T. 梅里特的《茶叶里的全球贸易史：十八世纪全球经济中的消费政治》、莫克塞姆的《茶：嗜好、开拓与帝国》，马克曼·埃利斯、理查德·库尔顿、马修·莫格合著的《茶叶帝国：征服世界的亚洲树叶》，马克曼·埃利斯、理查德·库尔顿合著的《十八世纪英国的茶与茶会》，萨拉·罗斯的《茶叶大盗——改变世界史的中国茶》，艾梅霞的《茶叶之路》，刘仁威的《茶业战争——中国与印度的一段资本主义史》等。相比之下，理应在茶叶贸易史研究领域更具发言权的中国虽也推出一些出色的研究著作，如陈慈玉的《近代中国茶业之发展与世界市场》《生津解渴：中国茶叶的全球化》，仲伟民的《茶叶与鸦片——十九世纪经济全球化中的中国》，周重林、太俊林合著的《茶叶战争：茶运与国运》，石涛等著的《近世以来世界茶叶市场与中国茶叶》等，但毋庸讳言，无论是研究的广度、深度和热度都存在显而易见的落差，与中国茶叶在国际贸易中的重要性尚不匹配。

二、茶史研究应更关注茶乡研究

如前所述，中国茶叶贸易史研究著作虽已有不少，但无论中外，均以宏观研究居多，对主要茶叶产区的微观细化研究明显不足，较具学术份量的著作仅见邹怡的《明清以来的徽州茶业与地方社会（1368—1949）》和肖坤冰的《茶叶的流动：闽北山区的物质、空间与历史叙事》等，除武夷山、徽州外，其他茶叶主产区的研究至今几乎仍是一片空白，闽东就是一个显例。实际上，自 1844 年 7 月福州开埠以来，闽东因地近福州快速发展成为中国茶叶主产区和茶叶外贸区之一。研究显示，19 世纪 60 年代初，闽东茶叶输出量首超闽北地区，19 世纪 90 年代随着印度、锡兰（斯里兰卡）、日本等新兴产茶国的崛起，茶叶贸易的国际竞争加剧，中国茶叶外贸遭遇越来越严峻的挑战，在这种大势下，闽东茶业亦不免受到严重的冲击，但随着 1898 年三都澳开埠，港口与腹地的联动更紧密，物流成本大幅降低，闽东茶叶外贸迅速止跌企稳，据 1900—1948 年的福海关数据统计，闽东茶叶年均输出 11 万担以上，占全国输出总量的 10.32% 以上。受茶叶外贸的推动，闽东“各县除沿海一带，因海风剧烈，土壤多含盐质不宜种茶外，虽穷乡僻壤无不有茶树之种植”，茶区因此而大幅拓展，据 1948 年出版的《中华国货产销协会每周汇报》第 5 卷第 46 期刊出的《福建茶叶产销概况》所示，福建全省产茶地达 33 县，计 1443 个茶区。闽东地区古田 37 个茶区、福鼎 80 个茶区、霞浦 33 个茶区、寿宁 140 个茶区、福安 104 个茶区、宁德 95 个茶区、周墩 42 个茶区、柘洋 28 个茶区、屏南 90 个茶区，共计 649 个茶区，占全省的 45%。1934 年福建全省茶叶产量 9094300 担，闽东 5884810 担，占 64.7%；全省茶叶输出量 201110 担，闽东输出量 142520 担，占 70.87%；1938 年全省茶叶面积 584365 亩，闽东茶叶面积 244580 亩，占 41.85%。这些数据表明，闽东在福建乃至全国茶叶生产和茶叶外贸整体格局中占有极重要的地位。这种地位不但至今未变，而且仍在不断增强。闽东十大特产，茶占其三，分别是福鼎白茶、坦洋工夫、官司绿茶，其中福鼎白茶更居十大特产之首，并跻身中国十大名茶之列。闽东茶叶品种繁多，几乎每个县市都有自己的品牌，除福鼎白茶、福安坦洋工夫、官司绿茶三大特产外，寿宁乌茶、周宁高山云雾茶、霞浦元宵茶、柘荣长寿茶、古田红茶、屏南小种等，亦广受饮者青睐。闽东茶业规模长期位居全国茶叶主产区前列，近年来，闽东茶叶生产规模、茶园面积仍在不断扩大，茶叶产量、品牌茶叶价值不断增加。据统计，2020 年，全区茶园面积 95 万亩，毛茶产量 11.04 万吨，毛茶产值 41.95 亿元。然而，已有的中国茶业史研究却很少涉及闽东，即使是有关福建茶业史的专门研究，对闽东茶业亦未给予足够的重视。近年来，这种状况虽已有所改观，闽东各县市陆续编辑、出版了一些茶叶志书和茶叶史料汇编，但总体而言与闽东作为中国著名茶乡的地位相比仍不相称。

三、茶叶外贸与区域开发的关系研究值得重视

茶叶外贸不仅是闽东茶业发展的推手，也是闽东区域开发和社会变迁的重要引擎。由于受地理条件的制约，闽东区域发展相对迟缓滞后，福州开埠，特别是三都澳开埠后，伴随着茶叶外贸和闽东茶业的发展，闽东迎来了千载难逢的大发展机遇。借助这个机遇，闽

东地区开始发生了一系列异乎往古的深刻变化。这种变化突出地表现在闽东各县市出现了一大批因茶而兴的内陆市集、河港市集和沿海市集，如宁德九都、八都、外表、霍童、咸村、七步、萌源、上洋、贡川；福鼎沙埕、硖门、白琳、巽城、秦屿、点头、店下；霞浦的鸥港、牙城、盐田、东冲、柘阳；福安的苏堤、洪口、赛江、龟龄、社口、坦洋、上白石、穆阳；古田的水口、黄田、鹤塘、杉洋、凤都、大甲、平湖、七保；屏南的双溪、谢坑、棠口、忠洋、康里、漈头；寿宁的南阳、斜滩、平溪、南溪、下坪峰、桃洋、武曲，等等，这些新兴市集把散落在闽东各地的茶园和业茶的乡民汇聚起来，通过陆运、河运和海运交通网络把各地的茶叶和其他土货源源不断地向茶港三都澳或福州集中，再经三都澳和福州的商贸网络输往世界各地，原本联系有限的闽东各地以茶为媒逐渐演变为内在经济联系紧密的区域共同体。这个共同体以三都澳为枢纽，形成县城、乡镇、市集等多层次的市场网络，并与世界茶叶市场相连，初步具备了区域经济基本的内在结构，闽东这个原本相对闭塞的区域性世界遂一变为茶叶外贸主导的，因而被深度卷入世界市场和全球体系之中的世界性区域，这是一个方面。另一个方面，随着福州、三都澳茶港的崛起，越海而来的西人、西事、西物、西制，以及各类新知、新学，如“洋商”、传教士、“洋货”、商业管理、科学技术、近代教育、西医、慈善等亦开始“东渐”闽东，并影响闽东，闽东因此而成为“中国受西方工商业文明冲击较早、较直接、较全面和较彻底的区域”，在这个过程中，闽东这个传统农业区终于缓慢地踏上了近代转型之路。这一切都得益于闽东茶叶外贸的兴起与发展，可以说茶叶外贸是打开近代闽东区域社会变迁的一把钥匙。然而，现实却是，长期以来，由于学界对闽东茶叶外贸缺乏应有的重视，对闽东茶叶外贸的发展如何牵动区域社会变迁自然更乏人问津，这种状况应当改变。

四、个人的一点私心

闽东是我的故乡，我的青少年时光都是在这里度过的，18 岁时才负笈他乡，采过茶，也种过茶，直到现在，我喝的最多、最喜欢的依然是来自故乡的茶叶，茶香四溢是我有关故乡的最深刻的记忆。每次品尝家乡的茗茶，就仿佛从舌尖上回到了故乡。近年来，每次返乡，各种变化触目可见，常常有一种“换了人间”之感，唯一不变的就是漫山遍野、伴着群山绵延起伏的青翠茶山，以及高山云雾茶弥散的缕缕清香。我知道，闽东成为茶乡的历史并不长，但我不了解闽东是如何成为茶乡的，更不了解茶叶是怎样改变闽东历史的，因此，每次返乡又总不免会生出一种负疚之感。近年来，地方学已成为一门显学，各地都在结合在地优势，学理与咨政并重，大治地方学。远的且不说，闽东北面邻居温州已集全市之力成立温州学联合会，大力推进温州学研究；南面泉州早在 1991 年就设立实体性的中国泉州学研究所，致力于泉州历史与现实的综合研究。相比较而言，闽东区域研究明显滞后，至今仍几乎是一片被学界遗忘的土地。作为一个从这片土地走出来且以史地研究为业的学人，自然希望有更多的学者走进闽东，关注闽东，研究闽东。

绍旭这本书是全面研究近代闽东茶叶外贸及其引发的区域社会变迁的第一部专著，书中以他多年辛苦搜寻和田野调查所得的海关档案、地方史志、清末民国与宁德相关的茶叶调查报告和茶叶专刊、茶商族谱、地契文书、茶人笔记、账本、茶票和茶商墓志铭、碑刻等资料为基础，并参酌前人和时贤的相关研究成果，首次系统地勾勒出 1853—1949 年闽东茶叶外贸起伏变迁曲线，并对这一曲线背后的复杂造因做了深度分析，进而多角度具体而微地展示出茶叶外贸如何牵动闽东区域开发和社会变迁，在一定程度上弥补了中国茶叶贸易史和闽东区域史研究的一大缺憾。全书分上下篇，上篇在简要交代闽东地理环境、行政建制和乡土社会构造之后，聚焦闽东茶叶外贸在各个时期的变化，重点论述了闽海关时期和福海关时期闽东茶叶外贸的发展详情，以及随之而来的茶叶制作、茶叶运输、新兴集市、茶业组织、茶叶外贸管理等方面的适应性变迁，进而在与福建其他区域、东南沿海其他口岸，以及新兴茶叶外贸国的多重比较中揭示闽东茶叶外贸的特点。下篇则集中探讨近代闽东茶叶外贸与区域社会变迁的具体关系，并从区域开发、畲汉民族融合、女性地位的变化等三个方面详加论证。其中关于三都澳商业中心的形成，关于茶叶外贸如何促进畲汉民族在经济、文化、习俗等方面的交流与融合，关于茶叶外贸与性别分工，以及这种分工给女性地位带来的变化等等，都依据大量的第一手资料做了生动阐释，为中国茶叶贸易史研究和区域史研究提供了一个鲜活的个案。

当然，对绍旭而言，这部著作还只是一项初步的研究，可以延展和深化的地方还有不少，譬如闽东茶叶外贸存在哪些内在局限，茶叶外贸中“洋商”与本地茶商的关系如何，以及 1949 年以后闽东茶业和茶叶外贸又经历了怎样的变迁等问题，都需要做进一步细化研究才能厘清。至于闽东区域开发，值得深挖的课题更多。希望绍旭再接再厉，在已取得的成绩基础上，继续立足闽东，研究闽东，服务闽东，为闽东研究书写新的华章。

2025 年 7 月

前言

闽东即宁德市，位于福建省东北翼，地处东经118°32′—120°43′、北纬26°18′—27°40′。东临东海，与台湾地区隔海相望，西邻南平，南接省会福州市，北接浙江，是福建省离长三角以及日本、韩国最近的地区。闽东东西横距235公里，南北纵距153公里，土地面积1.34万平方公里；直接相邻的海域面积4.46万平方公里，海岸线长1046公里，拥有世界级天然深水良港三都澳。闽东地形以丘陵山地为主，沿海为小平原，属中亚热带海洋性季风气候。宁德市辖一区（蕉城区）二市（福鼎市、福安市）六县（霞浦县、古田县、屏南县、周宁县、寿宁县、柘荣县）。2020年，宁德市辖9个县（市、区），共有43个乡（其中9个民族乡）、69个镇、14个街道办事处、201个居委会、2135个村委会。2020年全市户籍人口356.14万人，其中城镇户口134.51万人，农村户口221.63万人，常住人口为315万人。

近代闽东茶叶外贸指1853—1949年以现宁德市为主体区域的对外茶叶贸易活动。1853年的太平军战事阻隔了武夷茶叶运往广州和上海的内陆物流通道，随后闽江茶路开辟，福州遂成为茶叶输出大港。闽东作为福州港的外贸茶叶重要来源腹地，由此迎来了外贸茶叶的大发展。随着太平军对中国传统茶区和对福建省除闽东之外的战事冲击加剧，19世纪60年代初，闽东茶叶输出量首超闽北地区，并利用其他传统产茶区在战后恢复发展的最佳时机，继续增长。在我国茶贸由巅峰转下滑的19世纪90年代前后的大势下，闽东茶贸亦随之下跌；但三都澳的开埠，闽东茶贸迅速止跌，且曲折企稳，仅据1900—1948年的海关统计数据可知，闽东年均输出茶叶11万担以上。闽东占福建省11%的土地面积，却输出占全国10.32%以上的茶叶，说明茶叶已成为该区域的支柱产业，这种格局至今未变。

有关中国茶叶外贸的研究，国内外学术界已有不少成果。然而，所有这些研究甚少涉及闽东地区，对闽东产茶区未予以足够重视。近些年虽有起色，但与近代闽东茶叶外贸的重要性相比，仍不成比例。而且，已有的相关研究大多着眼于茶叶外贸本身，对茶叶外贸如何推动闽东区域社会变迁，迄今为止尚未引起足够关注。本书以闽东地区为个案，立意即在于发挥在地优势和历时十数年的田野调查，对闽东茶叶外贸与区域社会变迁做一深入的研究，以弥补这一缺憾。

本书除绪论（在学术史梳理的基础上，交代本书的缘起、立意，全书框架，以及立论所依据的基本资料）和结语外，共分上、下篇八章，要点如下：

上篇：闽东地理环境，闽东茶业的兴起及其演进，闽海关时期闽东外贸茶叶的发展，福建海关时期闽东外贸茶叶的发展，闽东外贸茶叶的特点。

下篇：闽东外贸茶叶发展与区域开发、与畲汉民族融合、与性别分工的发展。

结语部分集中探讨在近代茶叶外贸大背景下的闽东如何成为中国受西方工商业文明冲击较早、较直接、较全面和较彻底的区域。随着冲击的加强，以外贸茶叶为首的各行各业相应作出调适，继而在闽东农业文明和工商业文明初步交叠、以茶产业为龙头的经济基础发生变化的同时，引发交通运输网络、市集等的发展变化。与此同时，阐述性别分工、管理、科技、近代教育、西医、慈善等的发展，进而厘清在意识形态多元化、男女平等、社会习俗、女性职业观以及缓和男女比例严重失调问题等多层次的变化，以促成区域社会近代化，推进区域社会解构与重塑。

当然，应该说明的是近代闽东茶叶外贸的发展及其作为区域龙头产业的带动作用对闽东区域的影响从时间、空间和内容上都是深远的，虽暂无法确定其与所列诸项都存在正相关的内在逻辑，然而，在此时段闽东境内一切与外贸茶叶发展关系皆极为密切是可以肯定的。

目 录

绪　论　// 1

第一节　选题缘由和时间断限　// 1

第二节　相关研究回顾　// 3

第三节　概念、基本资料评介和研究框架　// 15

上　篇

第一章　闽东地理和鸦片战争前闽东社会　// 20

第一节　闽东地理概况　// 21

第二节　闽东茶区自然地理环境　// 28

第三节　闽东茶区人文地理环境　// 32

第四节　鸦片战争前的闽东乡村社会　// 42

第二章　闽东茶业的兴起及其演进　// 47

第一节　唐宋茶风　// 48

第二节　元至前清茶事　// 57

第三节　明末清中期茶贸　// 66

本章小结　// 79

第三章　闽海关时期闽东茶叶外贸的发展（1853—1898 年）　// 81

第一节　闽东茶贸兴起的背景　// 82

第二节　闽海关时期外贸茶叶概况　// 85

第三节　外贸茶叶的制运销及管理概况　　// 90
本章小结　　// 116

第四章　福海关时期闽东外贸茶叶发展（1898—1949 年）　　// 119
第一节　三都澳的开埠　　// 119
第二节　福海关时期闽东外贸茶叶的发展概况　　// 121
第三节　茶叶制造技术的改进　　// 135
第四节　茶叶的运输、市集和茶叶组织　　// 141
第五节　茶叶外贸管理　　// 166
本章小结　　// 176

第五章　闽东茶叶外贸的特点　　// 179
第一节　福建的北路茶　　// 180
第二节　三都澳之于东南沿海开埠的港口　　// 204
第三节　闽东茶叶外贸发展与新兴的茶叶外贸国　　// 217
本章小结　　// 224

下　篇

第六章　闽东茶叶外贸与区域社会开发　　// 228
第一节　三都澳成为闽东商业中心　　// 228
第二节　茶产业及其下游产业的发展　　// 232
第三节　闽东其他土货出口发展　　// 238
第四节　闽东土货和洋货进口　　// 242
第五节　传统运输向近代运输的发展　　// 245
第六节　西方科技和文化与闽东的对接　　// 248
本章小结　　// 252

第七章　闽东茶叶外贸与畲汉民族融合　　// 254

第一节　闽东畲族概况　　// 254

第二节　畲族茶产业发展与畲汉民族融合　　// 259

本章小结　　// 274

第八章　闽东茶叶外贸发展与女性地位的变化　　// 276

第一节　闽东女性在外贸茶叶的采茶、制茶和拣茶环节的分工　　// 277

第二节　闽东畲族女性在外贸茶叶的种植、管理和运销等环节的分工　　// 289

本章小结　　// 294

结　　语　　// 296

参考文献　　// 304

绪　论

中国是茶的故乡、茶文化的摇篮。在中西接触的早期历史中，茶、丝和瓷器等都曾是早期全球化时代最受西方青睐且最具标识意义的中国商品，而茶叶更长期占据中国出口商品的首位，中国茶文化亦因此被视作东方精神文化的象征和中西文化交流的媒介。由于中国在历史上长期是农业国，实际上从全国来看，中西外贸对中国本身的影响是很小的，无论是对经济，还是对政治，更谈不上对社会变迁等。但是中国东南沿海的某些地方是严重的出口依赖区，在这些地区，外贸对该区域的经济、社会、文化等都产生了重要的影响，闽东就是其中的典型。本书即以此为个案对茶叶外贸与区域社会变迁作出阐述。

第一节　选题缘由和时间断限

一、 选题缘由

闽东即现在的宁德市，位于福建省东北部，东临东海，南连福州市，西接南平地区，北邻浙江省温州市和丽水地区。其最东端是福鼎市星仔列岛，最西端为古田县笔架山，最北端是寿宁山羊尖，最南端为古田县水口镇的省洋村，东西长约 235 公里，南北宽 153 公里，陆域土地总面积 1.338 万平方公里，海域面积 4.45 万平方公里，海岸线长 1046 公里[①]。当然，纯粹从自然地理即地图标示的角度，“闽东”应指原来的福州府，包括从福州府析出的福宁府[②]。但在传统中国，行政区划都是最重要的地理区划。长期以来福州一直是福建省的省会，成为全省的中心所在，于是，原来的福宁府及其附近地区便被称为闽东。本书沿用一般社会生活中的这种称呼，即以“闽东”指代今宁德设区市。当然，行政

① 宁德地区地方志编纂委员会编：《宁德地区志》，北京：方志出版社，1998 年，第 102 页。

② 闽东地区指福建省东部及东北部的以福州为中心的闽江下游流域和宁德交溪流域，包括今天 18 个县市。参见赵昭炳主编：《福建省地理》，福州：福建人民出版社，1993 年，第 257 页。

区划既然是中国传统以来最具政治制导力、经济向心力和文化规整力的因素，那么本地域现有的经济、社会和文化发展仍能表现出某种程度的一致性，而且，随着“海西建设”总盘子中“开发三都澳，建设新宁德”的实施，这种一致性将会越加被强化。

近数十年来，笔者一直专注于闽东区域史的研究，并基于大量的田野调查出版与闽东相关的专著四本、合著两本，此外还主编宁德市政协文史资料和周宁县政协文史资料数本。于是，随着调研的累积和成果的出版，关于闽东的开发问题得以浮现。研究闽东区域史，区域开发是无法回避的问题。限于典型的山丘地带、交通不便等诸多原因，闽东地区的整体开发一直滞后于福建省其他地区。基于对田野调查资料的梳理，笔者发现，闽东开发，较为重要的阶段至少有三。

第一是唐宋佛教对闽东的开发。多指僧众们在“且耕且禅”思想指导下选择偏僻清幽之地建寺修行之举措，在当时地广人稀的大背景下，此举也因此成为拓荒的主要手段，进而成为新聚落形成的核心或参照物；且数量众多的居住于寺庙的和尚与童行、尼姑与菜姊，首先是区域开发大军的先锋队。风行闽东各区域的佛教僧侣为建寺庙或修缮寺庙，通过佛教网络和化缘募捐手段，募集引进域外资金，聚集域内有限资财，推进区域开发。寺庙直接参与修路、搭桥、建亭等公共事业，推进区域开发步伐。

第二是宋明矿冶对闽东的开发。宋代时福建矿冶全国第一，但闽东限于地形、地貌等交通不便，在一定程度上影响移民进入步伐，以致人口相对较少等原因，相对落后于福建其他地区；而也正是因为交通、人口等的限制，在明代福建其他地区矿脉渐稀的背景下，闽东矿藏却较为丰富，因此，为其在明中后期白银货币化背景下银矿以及其他矿产开采保留了空间。宋代矿冶是政府行为，明代矿冶政策虽多变但也多为政府所用；明代闽东矿产较为丰富，特别如明中后期白银货币化背景下闽东银冶作用最为突出。政府为获取财富，多组织开采，继而引发人流、物流、资金流等聚集闽东大地，对闽东的开发发挥着作用；伴随开矿的是开辟和改善道路，为供应矿工衣食住行而拉动附近土地开垦、产业发展、人口聚集等推动区域开发。

第三是清末民国闽东茶叶外贸大发展对区域的开发。在闽东乡村中散布着面积广大、用材讲究、装饰精良的砖（土）木结构的清末民国时期的古民居，成为乡村的一道道亮丽风景线。调研显示，这些民居多为清末民国时期闽东茶商的居所。在传统社会，财富积累有三种表现方式即建房、置田、娶妻纳妾。在闽东诸多清末民国的砖木结构的古民居不仅是茶商财富的表现，同时也是一个个博物馆。与经营茶产业相关的茶篓、拣茶凳、簸箕、制茶机、账本、契约、版刻商标、茶票、包装盒等众多物件成为这一时期茶叶外贸繁荣的佐证。不仅如此，乡间还流传着许多茶商发家致富的传奇故事、茶商炫富的故事、茶商机智处置茶贸中突发事件的故事、茶商诚实经营终得善报的故事、茶商修桥铺路、乐善好施的故事等。这些都是清末民国茶叶外贸对闽东乡村社会发展冲击留下的印痕。

对前两者笔者已有所涉猎，为达成对闽东区域史较为系统和全面的了解和把握，特选闽东茶叶外贸与区域社会变迁作为研究对象。

二、时间断限

本书拟以1853年至1949年作为研究的时间断限。近代闽东茶叶外贸大发展始于太平军战事，特别是1853年太平天国定都天京，切断武夷山往上海和广州的内陆茶叶外贸通道，这时闽东独特的区位、纵横交错的水运网络、悠久的茶叶种制历史、国际通信和运输业的发展、受茶引制度的制约小且茶税较轻和经商传统等诸多要素实现最佳配置，在较短的时间内，以国际市场为导向，以较为便捷的方式和较低的成本，以茶叶外贸为抓手，对接世界，融入经济全球化的一个标志性的年份，可以作为研究的起点。而福建海关资料显示，经过辛亥革命改朝换代的动荡，以及第一次世界大战、抗日战争和国共内战，以三都澳为港口的福海关茶叶出口虽然跌宕起伏，但与全国许多传统外贸茶区相比，一直持续发展。海关数据显示，1900年至1948年，宁德地区输出茶叶占全国茶叶输出总量的10.32%强，年均输出11万担，具备长时段特点，所以本书研究的下限即截至1949年（虽然福建海关此时还未正式宣布闭关）。

选择近代闽东茶叶外贸与社会变迁关系作为研究对象，意在运用全球化理论和市场化理论，对茶叶外贸进行梳理，进而对区域社会变迁进行研究，探讨茶叶外贸在区域社会发展进程中的独特作用；认识茶叶外贸在闽东区域近代社会发展中产生影响，与此同时，为推动社会旧阶层的分化和新阶层的出现，最终推进社会观念的变化等做铺垫。

而以出口茶叶为中心论述闽东经济、社会、文化之间的关系，是因为闽东作为福建茶叶外贸之一部，自1853年后，外贸茶叶在福建省中的重要性不断增加，仅据闽海关年度报告，特别是19世纪六七十年代，福建茶叶输出约占全国总量的1/3；而闽东地区为闽茶主产区，虽暂时没有明确之数据，但据研究，在19世纪60年代初，已经首超一直以来主导茶贸主产区的闽北。当然，面对华茶外贸下滑的大背景下，三都澳开埠减少运输成本，在一定程度和范围上促成三都澳腹地茶叶外贸的改善，如前所述1900年至1948年输出量，可预知其对此区域社会发展的影响。可以说，茶叶外贸是观察闽东近代社会变迁的一扇“窗户”。

第二节　相关研究回顾

关于茶叶外贸的研究，一向备受国内外学术界的关注，成果层出不穷。下面分国外研究现状和国内研究现状略作梳理。国外研究分综合性的著作和专门性的著作，主要按出版时间顺序梳理；国内研究则分成四个阶段，主要以期刊和专著出版时间为序梳理。

一、 国外研究状况

作为中国传统商品的茶叶，在中外交流中地位突出，因此，许多综合性或专门性中外关系史著作对此多所涉及。

1. 中外关系史的综合性著作。就中外茶叶贸易的研究方面而言，19 世纪初，威廉·密尔本在《东方的商业》一书中有专门论述茶叶贸易的章节，特别述及茶叶数量与种类，提供了研究的资料基础①。詹姆斯·马特逊的《中英贸易的现状与展望》和 R. M. 马丁的《中国政治、商业与社会》两书中亦对茶叶贸易多有提及②。马士的《中华帝国对外关系史》中有较为翔实的茶叶贸易记录。③ 艾奥斯·M. 巧各布斯的《亚洲商人》以对 18 世纪荷印亚贸易的调查资料为基础，在叙述了荷印公司与中国茶叶贸易之历程中明确指出 18 世纪后半期荷印公司对华贸易已趋衰落的事实④。等等。这有助于更好延伸和梳理明清之交中国外贸商品结构和茶叶外贸历史脉络，有助于更好地管窥和把握闽东茶叶海外贸易大发展的背景。罗威廉的《汉口：一个中国城市的商业和社会（1796—1889）》对汉口的商务、盐业、茶业、信贷与金融、行会结构、行会与地方政府等方面进行研究。特别是“茶叶贸易”一章认为茶叶与近代意义的汉口相关联；茶叶改变了汉口与腹地关系的性质，亦改变其精英的结构等⑤。浅田实的《东印度公司：巨额商业资本之兴衰》以英国东印度公司为主要研究对象，较为完整和细致地勾勒了它从起步到发展至顶峰，再到成为殖民地统治代理机构的转变，最后逐渐瓦解的全过程⑥。这些商业资本家的发展历程对于管窥闽东茶贸链条中“洋商”的基本情况有一定借鉴意义。

2. 茶叶的专门著作。与此同时，茶叶研究专著大量出现。如美国著名茶史专家威廉·乌克斯的《茶叶全书》分为历史、技术、科学、商业、社会、艺术六篇，特别商业篇论述各国之茶叶贸易，兼及生产与消费，有很多重要的统计材料，是一部很好的茶叶百科全书⑦。艾伦·麦克法兰、艾丽斯·麦克法兰的《绿色黄金：茶叶帝国》不仅是一部礼赞

---

① ［英］威廉·密尔本：《东方的商业》，London：Black Parry & Co.，1813。

② ［英］詹姆斯·马特逊：《中英贸易的现状与展望》，London：Smith，Elder and Co.，1836；［英］R. M. 马丁：《中国政治、商业与社会》，London：James Madden，1847。

③ ［美］马士：《中华帝国对外关系史》，张汇文等译，北京：商务印书馆，1963 年。

④ E. M. Jacobs，Merchant in Asia：The trade of the Dutch East India Company during the 18 Century，Leiden：CNWS，Publications，2006。

⑤ ［美］罗威廉：《汉口：一个中国城市的商业和社会（1796—1889）》，江溶、鲁西奇译，北京：中国人民大学出版社，2005 年。

⑥ ［日］浅田实：《东印度公司：巨额商业资本之兴衰》，顾姗姗译，北京：社会科学文献出版社，2016 年。

⑦ ［美］威廉·乌克斯：《茶叶全书》，中国茶叶研究社社员集体翻译，上海：开明书店，1949 年。

茶叶的著作，而且提出了很多重要命题。特别如工业革命首先发生在18世纪的英国，与其国人饮茶习惯的养成有直接关系等①。萨拉·罗斯的《茶叶大盗——改变世界的中国茶》叙述了英国人福钧从中国获取茶树树种并使之在印度移植成功的过程。这有助于开拓思维空间，延展考察角度，主客体易位思考等②。罗伊·莫克塞姆的《茶：嗜好、开拓与帝国》讲述了茶树的神奇传说，以及茶叶品类、茶叶种植、制茶工艺、茶叶贸易等知识，特别是英国人如何把茶叶作为一项产业经营的头脑和手段③。梅维恒、郝也麟的《茶的真实历史》以时间变迁为经线、全球的地域传布为纬线，展现了一幅栩栩如生的茶史全图。内容包括：中国自东汉以来各时代茶史，陆羽的《茶经》，蒙藏的砖茶；12—15世纪日本茶史和茶道，印度和锡兰（今斯里兰卡）的茶史，英国、美国的茶史，世界各地的茶俗；中国茶叶向外传播的三条途径；专章介绍“茶与鸦片战争”④。贝剑铭的《茶在中国：一部宗教与文化史》探索了传统中国宗教与文化变迁的概况，追溯了饮茶从具有神话色彩的起源到19世纪的发展历程，探讨了宗教思想、机构和人物是如何影响茶的故事，也考察了茶带来的传统习惯、审美、仪式、科学和知识观念方面的变化⑤。

总之，无论是综合性著作还是专门著作，国外学者对中国茶叶研究成果丰硕，特别是近代中国茶叶外贸。但其研究的侧重点多强调近代以来西方政治和经济体制对中国社会的冲击和通过两次鸦片战争建立起来的条约制度给中国茶叶贸易带来的巨大变化，且多强调外部环境的作用，对内部因素作用关注不足。国外研究与本书有一定联系，即提供了研究背景、大量资料和不同的研究视角等借鉴。

二、国内研究状况

国内关于近代中国茶叶外贸的研究，始于19世纪中后期，大体可以分成晚清的萌芽阶段、民国的起步与发展阶段、20世纪50年代至2000年的恢复发展阶段和21世纪以来的纵深发展阶段。

1. 第一阶段：萌芽阶段（1870—1911年）。清末以来中国茶叶外贸危机日益加深。特别是19世纪80年代中后期以来，从垄断高位，到高台跳水，继而不断被新兴茶贸国赶超。伴随着冲击强度的日益加深，国内掀起一场复兴华茶运动。仅据《晚清时期期刊全文数据库》统计，茶叶外贸的研究成果主要散见于50余份期刊报纸上。当然，这一时段的

① ［英］艾伦·麦克法兰，［英］艾丽斯·麦克法兰：《绿色黄金：茶叶帝国》，扈喜林译，北京：社会科学文献出版社，2018年。

② ［美］萨拉·罗斯：《茶叶大盗——改变世界的中国茶》，孟驰译，北京：社会科学文献出版社，2015年。另可参阅福琼：《两访中国茶乡》，南京：江苏人民出版社，2015年。

③ ［美］罗伊·莫克塞姆：《茶：嗜好、开拓与帝国》，毕小青译，北京：生活·读书·新知三联书店，2015年。

④ ［美］梅维恒、郝也麟：《茶的真实历史》，高文海译，北京：生活·读书·新知三联书店，2018年。

⑤ ［加］贝剑铭：《茶在中国：一部宗教与文化史》，朱慧颖译，北京：中国工人出版社，2019年。

研究多属政府行为，研究者多有海外经历，研究对象主要有作为产茶国的印度、日本等和作为消费国的英国、美国、俄罗斯等，通过对茶叶外贸国的横向比对和茶叶消费国市场动态、嗜好、习俗等的研究，提出补救措施和改良方法等。其中较有代表性者如《世界茶叶销路考察谈》（章乃炜，1899 年）、《世界茶业志略》（章乃炜，1907 年）、《论中国茶叶宜仿印度锡兰新法以求改良》（1907 年）等。最为突出者表现出西方先进调研方法的运用、世界的眼光和脚踏实地、实事求是的科研精神①。当然多属业余或兴趣爱好，专业研究者少；多属对比、直观研究，专业知识不足；未出现茶叶专门研究机构和刊物，且理论与实践的结合度尚不密切等，其作用极为有限。

2. 第二阶段：起步和发展阶段（1912—1949 年）。民国时期的中国茶叶外贸研究可分成北洋政府时期的起步阶段和国民政府时期的发展阶段：

（1）起步阶段。北洋政府时期，《民国时期期刊全文数据库》收藏显示，自 1912 年到 1928 年，仅刊出和报道相关茶叶文章的期刊和报纸共有 113 种，较晚清时期增加一倍以上。通过研究国际茶叶市场情况（包括产茶国和茶叶销售市场），并将之与国内产茶省和出口情况比对研究，提出通过相关有利于茶叶出口政策和法令以培育茶产业，通过推广机器制茶以消除“制作不洁”的负面印象，通过成立茶业公司经营茶叶以提升竞争力，通过加强广告宣传以重塑华茶国际形象，通过培养人才、建立茶叶试验场等改善茶叶种植和采摘技术以提升华茶品质并达成振兴华茶的目的。这在当下世界经济一体化的大背景下也有着一定可资借鉴之意义。特别是利用新媒体平台构筑经济信息网络并发挥其指向标的作用，政策法令的透明度的做法，吸收产茶国先进种植、加工、包装和广告推销经验，深入了解茶叶消费市场饮茶习俗的细微变化，最为难能可贵的是许多学者们的世界眼光和脚踏实地、实事求是的科研精神②。当然相较于清末，民族忧患意识在茶产业振兴研究中得到明显体现，先进生产技术亦被认可和提倡，质量问题被强调，市场意识不断提升等。

（2）发展阶段。国民政府时期研究纵深发展，如 20 世纪 30 年代后的资料整理等。

①资料整理。根据海关统计的相关资料，整理出版了近代中国对外贸易的各种资料，其中涉及茶叶对外贸易的相关内容，包括茶叶进出口量值的增减情形、占贸易中的比重、贸易对象国别的变化等统计资料。例如，工商部编纂的《历年输出各国茶叶统计表（1912—1928 年）》（中国国际贸易统计之四，1929 年），杨端六、侯厚培编辑的《六十五年来中国国际贸易统计》（“国立中央研究院”社会科学研究所，1931 年），实业部国际贸

---

① 孙绍旭：《晚清时期（1870—1911 年）华茶报道和研究述论——以〈晚清时期刊全文数据库〉收藏为例》，《农业考古》，2018 年第 2 期，第 145－152 页。

② 孙绍旭：《北洋政府时期关于茶叶的报道和研究述论——以〈民国时期期刊全文数据库〉收藏为例》，《农业考古》，2017 年第 2 期，第 214－223 页。

易局编纂的《最近三十四年来中国通商口岸对外贸易》（商务印书馆，1935年），蔡谦、郑友揆编辑的《中国各通商口岸对各国进出口贸易统计（民国八年，十六年至二十年）》（商务印书馆，1936年）等。也有专门以茶叶出口为题的单种资料的整理和汇编，如蔡维屏的《茶叶》（财政部贸易委员会外销物资增产推广委员会编印，1943年）①。这些提供了近代中国茶叶对外贸易和茶业经济研究的基础性资料，其价值之重要，不言自明。

②研究报告。在此期间，对对外贸易和茶业经济做了大量调查，并发表了为数众多的研究报告。全国性的调查报告主要如实业部商业司通商科编《国外商情调查报告汇编第一期·茶叶》（实业部总务司编辑科，1931年），全国经济委员会农业处编《日本台湾之茶业》（全国经济委员会农业处农业专刊第三种，茶业调查报告之一，1936年），全国经济委员会报告汇编《中国茶业之经济调查报告》（第十三集·全国经济委员会丛刊第二十七种，1937年），贺峻峰的《中日台茶业考察一记》（省立安徽大学农学院研究报告第一号，1937年），钱承绪编著《华茶的对外贸易》（《经济研究》1941年，第2卷、第11期）。产茶区茶业经济的调查成果颇为丰富，涉及浙江、安徽、江西、湖南、湖北、四川等地区的调研报告②。

③专著出版。代表性专著如赵烈的《中国茶业问题》重在研究20世纪初期中国茶叶种植、加工与贸易之现状，从而提出振兴我国茶业之方略③。吴觉农和胡浩川的《中国茶业复兴计划》由中国茶业的重要性、复兴的必要、复兴的途径、复兴的经费及其行政四编组成，其中第二编中的国际贸易的积衰、国内贩卖的危机、国外茶业的胁迫等内容，总结历史上中国茶叶外贸由盛转衰的原因，并有大量的统计数字④。吴觉农和范和钧的《中国茶业问题》，虽与赵著同名，与赵著不同的是，除重视论述茶叶生产与加工等问题外，对中国历代茶业茶政和茶叶对外贸易着墨较多，认为我国茶业落后的原因，"虽为国外茶业兴起之结果，要以本身腐败之所致"，因此应当加强研究茶园经营问题、茶叶制造问题、茶叶运销问题、茶叶组织问题等⑤。

---

① 孙绍旭：《抗战时期关于茶叶的报道和研究述论——以〈民国时期期刊全文数据库〉收藏为例》，《宁德师范学院学报》，2018年第1期，第49－62页。

② 主要调查报告有：《羊楼洞老青茶之生产制造及运销》，金陵大学农业经济系印行，1936年。金陵大学农学院农业经济系编纂的《江西宁州红茶之生产制造及运销》，金陵大学农业经济系印行，1936年。上海市商会商务科的《茶业》，上海市商会，1935年。国民政府西南政务委员会、国外贸易委员会的《广东工商业：茶、桂皮》，国外贸易委员会发行，1934年。经济部资源委员会、经济部中央农业实验所调查编纂的《湖南安化茶业调查：茶业经营及茶农经济》，经济部中央农业实验所印行，1939年。国民经济研究所的《湖南桃源县之茶业》（1936年）。国民经济研究所的《四川之茶》（1936年）。江西省政府经济委员会的《江西之茶》，江西省政府经济委员会发行，1934年。安徽省立茶叶改良场的《皖西各县之茶业》（安徽省立茶叶改良场丛刊第二种，1934年）。吴觉农的《皖浙新安江流域之茶业》（农村复兴委员会委托调查茶业调查第三种，1934年）。吴觉农的《浙江之平水茶业》（农村复兴委员会委托调查茶业调查第一种，1934年）。浙江省商务管理局的《浙江之茶》（浙江省商各管理局发行，1936年，商品调查丛刊第一种）。

③ 赵烈编著：《中国茶业问题》，上海：大东书局，1931年。

④ 吴觉农、胡浩川：《中国茶业复兴计划》，上海：商务印书馆，1935年。

⑤ 吴觉农、范和钧：《中国茶业问题》，上海：商务印书馆，1937年。

与此同时，国民政府时期，出现茶叶专刊十余个。具体如表 0－1 所示。

表 0－1　国民政府时期主要茶叶专刊情况一览表

刊名	所在地	创刊部门	创刊时间
《茶报》	上海	茶叶上海地域检测处的宣传报	1937 年
《茶业杂志》	江苏	中国茶叶协会刊物	1936 年
《安徽茶讯》	安徽	安徽省茶叶管理处主办	1941 年
《茶声半月刊》	安徽	安徽省屯溪茶声半月刊社编	1939 年
《茶讯》（月刊）	江西	江西省农业院茶叶改良场编	1939 年
《江西茶叶》	江西	赣省茶叶运销委员会之江西省茶叶管理处编	1940 年
《闽茶》	福建	福建省制茶工业同业工会，福建省农林公司茶叶部	1945 年
《闽茶季刊》	福建	福建省茶政机关	1940 年
《茶讯（福州）》	福建	福建省茶叶管理局	1939 年
《茶叶研究》	福建	（福建崇安）财政部贸易委员会外销物资增产推销委员会茶叶研究所	1943 年
《浙茶通讯》	浙江	浙江省油茶棉丝管理处茶叶部编	1940 年
《万川通讯》	浙江	中国茶叶公司技术处和东南茶叶改良总场	1942 年

除表 0－1 所列外，还有诸多研究论文见诸报刊，所关注的多为中国茶叶对外贸易的发展变化情形、国内茶业经济的兴衰等①。

此段研究，以茶叶科研专业人才如刘淦芝、吴觉农、叶知水等近百人为主；同时，出现研究茶叶的专刊和科研机构，内容涉及茶叶品牌建设、质量检测、茶产业链、茶叶公司、茶叶科技等，研究茶叶科技和茶产业专家队伍初步形成。

3. 第三阶段：恢复发展阶段（1950—2000 年）。中华人民共和国成立至 1978 年，此间见诸期刊之成果不很多，值得一提者包括彭泽益的《中国近代手工业史资料》②，姚贤镐的《中国近代对外贸易史资料》③ 等。特别如全汉升的《中国经济史论丛》，收录了全汉昇先生在 20 世纪 30—70 年代撰写的经济史研究论文。全汉升大量使用中外文资料，对

① 具有代表性的文章如公度：《中国茶业之概况及改进之方法（续）》（《安徽建设》，1930 年第 23 期）。冯养源：《华茶产地及推销之调查（及续）》（《钱业月报》，第 2 卷、第 6、7 号）。范师任：《中国茶业贸易之国际观》（《社会杂志》，1931 年第 1 卷、第 3 期）。胡毓鼎：《六十七年来我国茶丝出口贸易不振之原因及补救方法》（《浙江省建设月刊》，1934 年第 8 卷、第 4 期）。《国茶产消统计》（《国货月刊》，1934 年第 8、9 期）。吴承禧：《华茶之国外贸易情形》（《商学月刊》，1930 年第 4 期）。《华茶对外贸易之展望》（《中行月刊》，1935 年第 11 卷、第 4 期）。李荣庚：《中国茶业的衰落及今后复兴问题》（《现代生产杂志》，1935 年第 1 卷、第 10 期）。《近 50 年华茶出洋之指数及百分数》（《统计学报》，1930 年第 2 卷、第 2 号）。《60 年来华茶对外贸易之趋势》（《社会月刊》，1930 年第 2 卷、第 3 号）。杨德惠：《华茶对外贸易之现状及瞻望》（《商业月报》，1936 年第 16 卷、第 5 期）。吟如：《民元以来华茶对外贸易概况》（《国际贸易导报》，1936 年第 8 卷、第 2 期）等。

② 彭泽益：《中国近代手工业史资料》，第 1 卷，北京：中华书局，1962 年。

③ 姚贤镐：《中国近代对外贸易史资料》，第 1 册，北京：中华书局，1962 年。

明中叶以后中、日、葡、荷等的贸易关系等做了深入的论述①。

改革开放后，中国茶叶及其外贸研究迎来了大发展，成果丰硕。现分类胪列如下。

（1）茶叶资料辑及专著。朱自振重视茶叶历史资料的收集，编辑《中国茶叶历史资料选辑》的同时出版《茶史初探》一书，全书分三篇，“近代篇”论述清末以来茶叶技术的发展及其艰难历程②。陈慈玉的《近代中国茶叶的发展与世界市场》以东印度公司之广州茶叶贸易为抓手，重点论述福建茶、两湖茶及通商口岸茶商的经营特征，指出中国茶市兴衰直接受国际茶市的影响，揭示其从属于资本主义的色彩③。陈椽的《茶叶通史》是中华人民共和国成立后出版的第一部茶叶通史著作，内容汇总古今中外茶叶大事。本书优点是比较全面，缺点是不够深入④。汪敬虞研究的特点是既能充分利用国内史料，又能熟练掌握外文材料，撰写了一批有影响的著作，如《十九世纪西方资本主义对中国的经济侵略》《赫德与近代中西关系》⑤ 等。吴觉农编著的《中国地方志茶叶历史资料选辑》辑录众多茶叶资料⑥。以上所述皆有诸多可供参考的内容。

（2）茶叶论文。庄国土对 18 世纪、19 世纪中西茶叶贸易与白银、鸦片关系的论述中指出，当英国无法再以美洲白银支付中国茶叶货款时，只能用印度的鸦片重建对华贸易结构，当中国厉行禁烟而导致中西贸易结构面临崩溃时，英国则只能诉诸战争；中英战争是殖民战争⑦。胡赤军总结华茶出口贸易衰落的原因主要为生产和销售水平十分落后及自然条件的局限，影响了华茶的质量和成本，加之茶叶税厘负担沉重，使得华茶无法在国际市场上取得价格优势⑧。陶德臣是一位茶史专家，其关于茶叶贸易、茶叶生产等的研究，都提出了独到见解。他认为资本帝国主义的长期掠夺、封建主义的残酷剥削，是华茶衰落的根本原因，小农经济是造成这一恶果的经济基础；新兴产茶国如印度、锡兰和日本茶叶出口的激烈竞争是华茶衰落的催化剂⑨。徐方平指出，落后的小农生产和销售方式，是中国茶叶贸易衰败的直接原因，政府和业茶者忽视广告宣传，近代交通、通信条件的改善等因

---

① 全汉升：《中国经济史论丛》，香港：香港中文大学新亚研究所出版社，1972 年。

② 朱自振、陈祖梁：《中国茶叶历史资料选辑》，北京：农业出版社，1981 年。朱自振：《茶史初探》，北京：中国农业出版社，1981 年。

③ 陈慈玉：《近代中国茶叶的发展与世界市场》，台北：中研院经济所，1982 年。

④ 陈椽：《茶叶通史》，北京：农业出版社，1984 年。

⑤ 汪敬虞：《十九世纪西方资本主义对中国的经济侵略》，北京：人民出版社，1983 年；汪敬虞：《赫德与近代中西关系》，北京：人民出版社，1987 年。

⑥ 吴觉农：《中国地方志茶叶历史资料选辑》，北京：农业出版社，1990 年。

⑦ 庄国土：《十八世纪中荷海上茶叶贸易》，《海交史研究》，1992 年第 1 期；《茶叶、白银和鸦片：1750—1840 年中西贸易结构》，《中国经济史研究》，1995 年第 3 期。

⑧ 胡赤军：《近代中国与西方的茶叶贸易》，《东北师大学报》，1994 年第 1 期。

⑨ 陶德臣：《简论华茶贸易衰落的原因》，《镇江师专学报》，1994 年第 1 期；《近代中国外销茶流通环节考察》，《中国经济史研究》，1995 年第 1 期；《晋商与西北茶叶贸易》，《安徽史学》，1997 年第 3 期；《伪劣茶与近代中国茶业的历史命运》，《中国农史》，1997 年第 3 期；《中国茶叶商品经济研究》，北京：军事谊文出版社，1999 年。

素对中国茶叶贸易的衰败产生了一些不利影响①。这些论文在不同角度、范围、层面提供了对闽东茶叶外贸研究的参照。

4. 第四阶段：纵深发展阶段（2000 年至今）。21 世纪以来，中国经济史研究纵深发展，主要表现之一是大型经济通史的出版。

（1）大型经济通史。近年出版的有影响的近代经济通史著作为《中国经济通史》，该书划分历史阶段和分卷，不以社会经济形态为标准。其中的“清代经济卷”和“中华民国经济卷”与本书关系密切②。严中平的《中国近代经济史（1840—1894）》（上下册）主要考察 19 世纪中后期中国的经济发展。关于茶叶贸易，“印度、锡兰和日本茶叶对中国茶叶的竞争”部分，对中国茶叶出口锐减、茶业落后的原因有非常详细的论述，见解独到③。许涤新、吴承明主编的《中国资本主义发展史》（3 卷本），特别是第 2 卷，因出版较晚，研究更加深入。尤其是本卷特别关注中外贸易的研究，如“鸦片战争前的对外贸易”“五口通商时期的对外贸易”“第二次鸦片战争后的对外贸易”“买办制度的形成”等章节，对中外贸易的系统论述都相当深入④。

（2）相关专著。关于 19 世纪的中国国内市场，吴承明的《18 与 19 世纪上叶的中国市场》和《近代中国国内商品量的估计》皆为经典之作，他通过对 19 世纪粮价、布价、丝价等重要商品的分析，得出了 19 世纪上半叶中国国内市场衰退的结论，同时认为国内市场荣衰与出口关系不大。与此同时，他打破 1840 年的界限，对 19 世纪中国的市场进行了宏观分析，见解深刻⑤。《中国手工业经济通史》（明清卷）对清代的制茶业有专节论述，较为简明扼要⑥。米镇波的《清代中俄恰克图边境贸易》是研究清代中俄恰克图边境贸易较为全面的一本著作，其中关于中俄茶叶贸易多有涉及⑦。汪敬虞对中国近代经济史领域继续拓展，专题论文如《关于鸦片战争后十年间银贵钱贱影响下中国对外贸易问题的商榷》《中国近代茶叶的对外贸易和制茶业中资本主义企业的产生》等，都是相关领域高水平的研究成果⑧。仲

---

① 徐方平：《近代中英茶叶贸易衰败的原因和启示》，《江汉论坛》，1998 年第 10 期。

② 方行、经君健、魏金玉主编：《中国经济通史》，北京：经济日报出版社，2000 年。

③ 严中平主编：《中国近代经济史（1840—1894）》，北京：人民出版社，2001 年。

④ 许涤新、吴承明主编：《中国资本主义发展史》，北京：人民出版社。分别为：第 1 卷《中国资本主义的萌芽》，1985 年；第 2 卷《旧民主主义革命时期的中国资本主义》，2003 年（第 2 版）；第 3 卷《新民主主义革命时期的中国资本主义》，2003 年。

⑤ 吴承明：《18 与 19 世纪上叶的中国市场》《近代中国国内商品量的估计》，皆收入《中国的现代化：市场与社会》，北京：中国社会科学出版社，2001 年。

⑥ 李绍强、徐建青：《中国手工业经济通史》（明清卷），福州：福建人民出版社，2004 年。

⑦ 米镇波：《清代中俄恰克图边境贸易》，天津：南开大学出版社，2003 年；《清代西北边境地区中俄贸易：从道光朝到宣统朝》，天津：天津社会科学院出版社，2005 年。

⑧ 其相关论文收入《汪敬虞集》（北京：中国社会科学出版社，2001 年）和《近代中外关系史论集》（北京：方志出版社，2006 年）中。

伟民的《茶叶与鸦片：十九世纪经济全球化中的中国》基于翔实的史料，研究了19世纪茶叶和鸦片贸易的盛衰起伏，然后比对茶叶经济和鸦片经济，指出二者对中国社会经济产生重大影响，揭示了19世纪中国危机的内涵所在，分析独到[①]。张跃的《近代华茶对外贸易的衰落：基于中间商制度的研究》从收集上海市档案馆未刊档案史料和近代中国海关史料、经济类报刊资料入手，重点研究其衰落的深层次原因。文章的实证检验结果认为，支持洋行、买办和茶栈等中间商主导构建的贸易制度是近代中国茶叶对外贸易衰落主因之一[②]。

（3）茶叶论文。林齐模对近代中国茶叶贸易衰减的原因做了研究，认为英国资本对国际茶叶市场的操纵、中印茶叶生产方式的差异和国际茶叶市场机构的变化是近代中国茶叶衰减的重要原因[③]。孙洪升认为与新兴制茶国相比，缺乏先进生产要素的引进是晚清茶叶在国际市场上失败的根本原因，同时茶叶的销售和运输方式落后及生产效率低下也是近代华茶贸易衰落的原因之一；个体小农经营方式不应对晚清茶叶贸易由极盛转为衰败负主要责任等[④]。陶德臣对近代华茶经营的高利贷资本进行了研究，认为其对茶业经济和茶叶贸易破坏极大，加速了茶业和茶商的最后破产[⑤]。徐毅从华茶出口竞争力变化的角度阐述了华茶衰落原因来自国际市场上其他产茶国的竞争和国内茶叶生产与贸易较为落后两个方面[⑥]。仲伟民具体论述了近代华茶贸易由盛转衰的多方面原因：华茶生产方式落后，茶叶品质难以保证，杂税繁多，层层盘剥，中国茶农和茶商生存环境恶劣，多年战乱影响了茶叶生产和贸易路线，贸易的主动权在外商手中，中国茶商承担风险的能力低，等等[⑦]。

伴随西方经济史领域新研究范式的传入，一些学者从新的视角运用新的理论与新的方法，对华茶贸易衰败问题进行了更为深入的探析。较为突出者如袁欣运用数量史学的研究方法对茶叶贸易衰落的过程进行了系统的分析。她认为，除了外部遭遇的歧视性政策因素以外，内部产业组织形式的原始和落后是华茶贸易衰弱的主要原因[⑧]。

自清末华茶危机以来，中国政府和仁人志士掀起一场轰轰烈烈的复兴运动。各方人士积极探寻华茶危机的原因，寻求解决办法。虽然茶叶外贸的研究成果丰硕，在角度、材料、方法、逻辑等方面为拓展本书的研究提供了有益的指导和佐助，但是其对本书所研究

---

① 仲伟民：《茶叶与鸦片：十九世纪全球化中的中国》，北京：生活·读书·新知三联书店，2010年。

② 张跃：《近代华茶对外贸易的衰落：基于中间商制度的研究》，北京：中国社会科学出版社，2018年。

③ 林齐模：《近代中国茶叶国际贸易的衰减——以对英国出口为中心》，《历史研究》，2003年第6期。

④ 孙洪升：《明清时期的茶叶生产形态探析》，《中国农史》，2001年第4期。

⑤ 陶德臣：《近代中国茶商的经营状况》，《近代中国（第十辑）》，2000年；《论清代茶叶贸易的社会影响》，《史学月刊》，2002年第5期；《近代中国茶业中的高利贷金融资本》，《中国农史》，2003年第1期。

⑥ 徐毅：《近200年我国茶叶出口竞争力演变之探析》，《安徽大学学报》，2003年第4期。

⑦ 仲伟民：《近代华茶国际贸易由盛转衰解疑》，《学术月刊》，2007年第4期。

⑧ 袁欣：《1868—1936年华茶贸易衰弱的数量分析》，《中国社会经济史研究》，2005年第1期。

区域涉及甚少，与本区域在近代中国茶叶外贸的比重极不相称。

三、闽茶研究

从宋代以来福建省一直以产茶著称，关于这一时期的茶叶研究自然也不落后。由于本书主题是基于近代茶叶贸易发展，现就民国以来的研究阐述如下。

1. 民国时期的闽茶研究。民国时期，闽茶研究也处领先地位，仅据表0-1所示，在1936年至1945年中国的12个茶叶专刊中，上海有1个，江苏有1个，安徽有2个，江西有2个，浙江有2个，福建有4个。福建占1/3，可见当时福建茶叶研究的氛围。除此之外，民国时期的福建茶叶研究，按主题分，主要如下：

第一，茶叶改革复兴。主要有《福建政和之茶业》（《科学》，1926年），《武夷茶之今昔》（《国际贸易导报》，1932年），《闽省茶业复兴办法》（《农村复兴委员会会报》，1934年），张景崧的《福建茶叶之史略》（《实业季报》，1935年），张天福主编的《福建茶叶科研机构和茶叶职业教育的历史资料（1935—1942年）》，《闽北各县之茶业（附图）》（《福建省统计月刊》，1936年），《改良茶业》（《福建县政》，1937年），黄鏴的《复兴道上之福建茶业概观》（《闽政月刊》，1939年、1940年），《福建之茶》（《统计界简讯》，1942年），叶知水的《中国之茶农》（《福建农业》，1943年）。唐永基、魏德端合编的《福建之茶》介绍该省茶叶简史，以及茶叶生产、栽培、制造、运销情况等①。

第二，茶叶种制研究。主要有林景亮的《福建茶叶之制造（附表）》（《农学》，1937年），《福建产茶种类之研究》（《闽政月刊》，1940年），庄任的《红茶制造过程中各个步骤之相关性及其对于成茶质量之影响》（《福建农业》，1943年），陈观沧的《红茶制造与气候之关系》（《福建农业》，1943年），E. A. Houghton Roberts、庄任、许裕圻的《茶叶制造过程中之发酵作用（附图表）》（《福建农业》，1943年），顾华孙和余松烈的《红茶之制法及其质量与水色之相关研究（附表）》（《福建农业》，1943年）等。

此外，关于茶区土壤专题研究，主要有俞震豫、毛金生、唐耀先的《福建崇安水吉邵武茶区之土壤》（《福建省地质土壤调查所土壤报告》，1944年）等。

这些文献为了解清末民国福建茶叶种制运销提供了有益的指导和佐助。当然，涉及茶叶外贸者并不多，因为多数研究者是科研工作者。

2. 改革开放后闽茶研究。近年来，茶叶外贸的研究专著也逐渐增多。目前国内外学界关于清代福建外销茶的研究除在茶叶和外贸著作的章节里述及外，许多学者对福建茶叶作过专门研究，主要著作有：张天福、林桂镗等的《中国福建茶叶》②。于国俊的《中国

① 唐永基、魏德端：《福建之茶》，福建省政府统计处，1941年。

② 张天福、庄任、陈郁榕、林桂镗等：《中国福建茶叶》，福州：中国福建茶叶公司，1991年。

闽茶》[①]。林永传等的《八闽茶商》[②]。陈龙、陈陶然合编的《闽茶说》以民间传说、文物史迹、文献资料为依据，以“说史、说迹、说泉、说具、说茗、说俗、说艺、说人”等为主题，对闽茶的精蕴及其文化等做全景式的介绍，大量茶文化文物照片插图，珍贵、精美，更使其生趣盎然[③]。周玉璠等的《闽茶概论》从福建茶区社会人文、生态环境、茶种演化、科技进步、物流经贸、企业变迁、茶道礼仪、茶叶人物等，全面概述了福建茶区的历史和现状[④]。肖坤冰的《茶叶的流动：闽北山区的物质、空间与历史叙事（1644—1949）》主要讲述了17世纪以来，闽北山区流入西方世界的茶叶，是导致近代中西冲突与社会变革的关键性物质之一。在近代闽北山区茶叶产销除经济学意义上的市场网络外，还包括本地的历史叙事、海外市场对武夷茶“意义”的重塑、社区中的仪式传统、王朝国家力量、各种利益群体之间的权力博弈等的影响，必须将之置于王朝、国家、政治、经济、民俗社会发展的历史脉络中来加以把握[⑤]。福建省图书馆编辑的《闽茶文献丛刊（全八册）》共计收入47种历代闽茶文献，其中古籍4种，民国文献29种，其余14种则系中华人民共和国成立后的本子。古籍中最负盛名的闽茶文献当为北宋熊蕃所著的《宣和北苑贡茶录》及赵汝砺所撰的《北苑别录》，清嘉庆四年桐川顾氏刻本，图文并茂，为我们保留了珍贵的龙凤贡茶图式。民国时期的闽茶文献是这部《丛刊》的重要内容，其中大部分皆为稀见茶书，是当时福建茶人努力复兴闽茶的历史记录[⑥]。这些为闽东茶叶横向比对提供了资料和角度上的指导。

福建茶叶外贸方面的论文主要有林仁川的《近代福建茶叶外销消长的原因》[⑦]、程镇芳的《五口通商前后福建茶叶贸易商路论略》[⑧]、庄国土的《鸦片战争前福建外销茶叶生产和营销及对当地社会经济的影响》[⑨]、刘锡涛的《试探福建茶叶生产及近代茶叶外贸鼎盛的原因》[⑩]、刘祖陛的《清代福建茶叶经济兴衰初探》对清代福建茶叶经济的兴衰原因进行了研究，指出清代福建茶叶兴起的原因在于“国际茶市茶叶需求量不断增加，闽茶供不应求，利润丰厚”“福建茶叶种植、加工、流通领域多种体制并存，生产、加工、出口

---

① 于国俊：《中国闽茶》，北京：中国商业出版社，1994年。

② 林永传等：《八闽茶商》，北京：中华书局，2010年。

③ 陈龙、陈陶然：《闽茶说》，福州：福建人民出版社，2006年。

④ 周玉璠：《闽茶概论》，北京：中国农业出版社，2013年。

⑤ 肖坤冰：《茶叶的流动：闽北山区的物质、空间与历史叙事（1644—1949）》，北京：北京大学出版社，2013年。

⑥ 福建省图书馆编：《闽茶文献丛刊（全八册）》，北京：国家图书馆，2016年。

⑦ 林仁川：《近代福建茶叶外销消长的原因》，《福建论坛（文史哲版）》，1985年第5期。

⑧ 程镇芳：《五口通商前后福建茶叶贸易商路论略》，《福建师范大学学报（哲学社会科学版）》，1991年第2期。

⑨ 庄国土：《鸦片战争前福建外销茶叶生产和营销及对当地社会经济的影响》，《中国史研究》，1999年第3期。

⑩ 刘锡涛：《试探福建茶叶生产及近代茶叶外贸鼎盛的原因》，《中国茶叶》，2013年第5期。

经营方式灵活”。而清代福建茶叶衰落，“国际茶市供过于求”是其主要原因，外商列强资本对闽茶的垄断和控制是其另一重要原因①。这些都为本书的编写在思路、方法和材料上作出积累和参考。

福建茶叶种制等方面的论文主要有郑立盛的《建茶的贡献与乌龙茶渊源》，介绍了建茶发展的历史及对我国茶业产生的影响，并对建茶与乌龙茶的渊源关系进行了探讨②。徐晓望的《清代福建武夷茶生产考证》提出，青茶和红茶的制作技术应发明于顺治、康熙时期的武夷山，以后再传到全国各地；《论清以前安溪与泉州制茶业的发展》论述了清以前安溪制茶业的发展历程③。陶德臣在《明清茶叶技术述论》中对明清时期的茶叶制造技术、茶树栽培技术、包装贮藏技术进行了系统阐述。《清代福建茶叶生产述论》把清代福建茶叶生产过程划分为迅速发展、高度繁荣和急剧衰落三个阶段，并论述了其概况及原因，重点分析了茶叶生产发展带来的影响和变化④，追溯了闽茶种制、运销历史，勾勒了茶叶发展线路等。

此外，还有福建茶叶硕博论文。主要有林湧的《清至民国闽赣边境商业交流与区域社会变迁》，重在阐述省界贸易情况对该区域左近的影响⑤。颜丽金的《清代福建茶叶外销与地区经济发展的互动关系研究》，主要侧重于研究在茶叶外销影响下清代福建各地区的茶叶生产状况⑥。

然而，所有以上研究均甚少涉及闽东，即使是有关福建茶叶外贸的研究，如唐永基和魏德端的《福建之茶》、张天福等编辑的《中国福建茶叶》等，对闽东茶区亦未予以足够重视，与闽东茶叶外贸在闽茶外贸中的地位极不相称，与闽东茶叶外贸在区域开发中扮演的角色的重要性极不相称。近年来，闽东各县市区着手编辑并出版了一些茶叶志书和茶叶史料汇编，但与宁德茶叶外贸的重要性相比，仍不成比例。相关论文仅见周玉璠的《三都澳——中国东南“海上茶叶之路”》⑦、薛繁洪的《近代闽东三都澳茶叶贸易发展历程》⑧区区数篇。本书选取闽东为个案，立意即在于发挥在地优势和借助历十数年的田野调查，弥补茶叶外贸史中的薄弱环节。

---

① 刘祖陛：《清代福建茶叶经济兴衰初探》，《福建史志》，2005 年第 3 期。

② 郑立盛：《建茶的贡献与乌龙茶渊源》，《中国茶叶加工》，2005 年第 4 期。

③ 徐晓望：《清代福建武夷茶生产考证》，《中国农史》，1988 年第 2 期；徐晓望《论清以前安溪与泉州制茶业的发展》，《福建茶叶》，2002 年第 4 期。

④ 陶德臣：《明清茶叶技术述论》，《中国茶叶》，2009 年第 3 期；陶德臣的《清代福建茶叶生产述论》，《古今农业》，2003 年第 4 期。

⑤ 林湧：《清至民国闽赣边境商业交流与区域社会变迁》，江西师范大学，2015 年。

⑥ 颜丽金：《清代福建茶叶外销与地区经济发展的互动关系研究》，暨南大学，2004 年。

⑦ 周玉播：《三都澳——中国东南“海上茶叶之路”》，《福建茶叶》，1993 年第 2 期。

⑧ 薛繁洪：《近代闽东三都澳茶叶贸易发展历程》，《中国茶叶》，2018 年第 9 期。

第三节 概念、基本资料评介和研究框架

一、概念

在转入正文之前，有必要对本书所涉及的主要概念及基本框架略作阐述。

按唐永基和魏德端在《福建之茶》中的界定，福建“北路茶”是相较于“西路茶”“南路茶”而言。在福建省区域范围内，以省会福州为中心，大体而言福州以西称西路，福州以南称南路，福州以北称北路。“北路包括旧福宁府属之福鼎、霞浦、寿宁、福安、宁德、周墩、柘洋等县区及屏南一县。此路各县除沿海一带，因海风剧烈，土壤多含盐质不宜种茶外，虽穷乡僻壤无不有茶树之种植，产量之多，几占全省总产量十分之七，其繁盛盖始于海禁通后……”① 闽东茶叶外贸除北路茶区各县外，还包括属于东路地区的古田县。

近代闽东茶叶外贸指1853—1949年以福建“北路茶”区（即现在的宁德市）为主体区域，具体包括福鼎市、霞浦县、福安市、蕉城区、古田县、屏南县、周宁县、寿宁县、柘荣县等茶叶主产区，主要通过福州港等实现与域外特别是海外进行的贸易活动；当然此间亦包含一定数量的对国内其他地区的茶叶贸易，特别是北方的绿茶市场。1853年后福州成为茶叶输出大港，地处福州北的宁德市作为福州茶港重要的腹地，由此迎来了茶叶贸易的大发展。据研究，19世纪60年代初，宁德茶叶输出量首超闽北。仅据1900—1948年的海关数据可知，宁德输出占全国10.32%以上的茶叶。近代以来，茶叶已成为该区域的支柱产业，这种格局至今未变，2020年宁德茶叶面积达100余万亩。

二、基本资料评介

关于外销茶贸易的资料虽然丰富，但是与福建地区相关的资料零散，深入挖掘地方经济史料的工作量大，加上本书涵盖面广，涉及历史学、茶学、经济学、社会学、民族学、宗教学等各学科的专业知识，需要扎实的史学研究功底和广博的跨学科知识，对研究者的素质要求甚高。笔者才疏学浅，深感难度颇大，只好在广罗史籍资料的基础上，就个别跨学科专业问题求教于专家学者，从而力图对闽东茶叶外贸做较为系统、准确、完整的梳理归类和分析研究。本书参考了如下基本资料。

1. 海关资料。海关资料乃研究中国近现代经济史较为系统的资料之一，其时间跨度

① 唐永基、魏德端：《福建之茶》，福建省政府统计处，1941年。

长、内容丰富，且用较为科学的统计方法编制而成，因此具有极高的史料价值。自1859年，海关开始编制和出版了一系列的文献。与本书相关的闽海关贸易资料和福海关贸易资料，特别是1899—1932年三都澳贸易资料、统计册等，对闽东茶叶外贸而言无疑是基础资料，对于观察三都澳的建设和发展与闽东近代社会变迁更具有客观性。

2. 日本和中国台湾研究资料。与中国比邻之日本以及中国台湾学者对这一时期福建的研究中闽东部分的记录较为珍贵，提供了材料和研究视角等。

3. 茶叶档案和政协文史资料。

（1）档案馆茶叶档案：如蕉城区档案馆资料2－1－81、195、208、342、392、469、935，福安市档案馆《民国三十七年档案》第435卷等。

（2）政协文史资料：如《福鼎文史资料》第二十九辑、《霞浦文史资料》第七辑、《福安文史资料》第十七辑、《周宁政协文史资料》第十八辑等。

4. 畲族志、茶叶志、交通志等。

（1）畲族志：蓝运全等主编《闽东畲族志》、俞郁田编《霞浦县畲族志》、蓝炯熹主编《穆云畲族志》等。

（2）茶叶志：李步泉等主编《闽东茶叶历史文化》、叶乃寿主编《闽东茶叶志》，油印本福安、福鼎、霞浦和屏南《茶叶志》，古田茶业管理局编《古田茶叶志》，寿宁县茶叶管理局编《寿宁茶叶志》，蕉城区茶叶协会编《宁川茶脉》，孙绍旭著《周宁茶文化》等。

（3）交通志：宁德地区交通局编《宁德地区交通志》和宁德八县（市区）的《交通志》（屏南如阙）等。

（4）宗教志：屏南县的《屏展神辉》等。

5. 清末民国与宁德相关的茶叶调查报告和茶叶专刊。

（1）清末民国与宁德相关的茶叶调查报告：《闽海关税务司汉南申呈总税务司·附呈录查访种茶各节问答》（光绪十三年十月二十九日），《民国十七年的福宁茶叶的产销资料（日文）》（影印件），《京粤线福建省段沿海内地工商业物产交通要述》（1933），《福建建设报告——调查福建北路茶叶报告》（1935），《三年来福安茶业的改良》（1939），《福鼎茶区概况》（1940），《福建经济概况》（1941），《宁德茶业概况》（1946）等。

（2）茶叶专刊：《茶报》（1937），《安徽茶讯》（1941）等12种，特别是《茶讯（福州）》（1939、1940）、《闽茶季刊》（1940、1941）、《闽茶》（1940、1941、1945、1946、1947）、《茶叶研究》（1943、1944、1945）。

6. 茶商族谱，地契文书、茶人笔记、账本、茶票和茶商墓志铭、碑刻。

（1）茶商族谱：白琳《袁氏宗谱》、长歧《吴氏家谱》、坦洋安定《胡氏宗谱》、清光绪石堂《黄氏家谱》、民国猴盾《雷氏宗谱》、双溪《周氏族谱》、谢坑《陆氏家谱》、萌源《萧氏族谱》、楼平《张氏族谱》、禾溪《许氏族谱》、洋中《孙氏族谱》等。

（2）地契文书、茶人笔记、账本和茶票等：福建省少数民族古籍编委会编《文书契约（畲族卷）》和藏于宁德九县市区博物馆的大量清代和民国时期的地契，梅伯珍的《筱溪笔记》、林桂秋的《桂秋年谱》，王裕丰茶行账本、六合春茶行账本，六合春、广源泰、振泰兴等茶庄茶票等。

（3）茶商墓志铭和碑刻等：林廷伸墓志铭、坦洋胡氏几一公墓志铭、武信郎照川公墓志铭等，福鼎《横溪桥碑》、飞鸾岭《起步岭碑》、白云山麓“茶碑”、古田会馆乐捐碑、宁周会馆乐捐碑等。

7. 与宁德相关旧志书26种。嘉靖本、万历本和乾隆本《福宁州（府）志》等旧志书和淳熙《三山志》、弘治《八闽通志》等，特别是民国本《霞浦县志》、民国稿本《福鼎县志》、民国稿本《宁德县志》、民国本《古田县志》、民国稿本《屏南县志》、民国本《周墩区志》等。

杨端六和侯厚培《六十五年来中国国际贸易统计》（中华民国“国立中央研究院”社会科学研究所，1931年），吴觉农和胡浩川《中国茶业复兴计划》（商务印书馆，1935年），姚贤镐《中国近代对外贸易史资料》（中华书局，1962年），陈椽《茶叶通史》（农业出版社，1984年），朱自振《茶史初探》（中国农业出版社，1996年），国图编《民国茶文献史料汇编》（全国图书馆文献缩微复制，2009年），国图、省图合编《闽茶文献丛刊》（国家图书馆出版社，2016年）。

此外，还包括中外研究如［美］威廉·乌克斯《茶叶全书》（开明书店，1949年），［美］马士《中华帝国对外关系史》（商务印书馆，1963年），［美］罗伯特·加德拉《收获之山：福建与中国的茶贸易（1757—1937）》（University of California Press，1994），［日］滨下武志《近代中国的国际契机：朝贡贸易体系与近代亚洲经济圈》（中国社会科学出版社，1999年），［英］罗伯特·福琼《两访中国茶乡》（江苏人民出版社，2015年），［美］马士《东印度公司对华贸易编年史》（广东人民出版社，2016年），［加］贝剑铭《茶在中国：一部宗教与文化史》（中国工人出版社，2019年）。林满红《茶、糖、樟脑业与台湾之社会经济变迁（1860—1895年）》（台北联经出版事业股份有限公司，1997年），仲伟民《茶叶与鸦片：十九世纪经济全球化中的中国》（生活·读书·新知三联书社，2010年），陈慈玉《近代中国茶业之发展》（中国人民大学出版社，2013年），张跃《近代华茶对外贸易的衰落：基于中间商制度的研究》（中国社会科学出版社，2018年），水海刚《口岸贸易与腹地社会：区域视野下的近代闽江区域发展研究》（厦门大学出版社，2019年）等。

三、 研究框架

本书除绪论和结语外，共八章，分上、下篇，具体如下。

1. 上篇。

第一章主要内容为：介绍闽东地理及其茶区自然地理和人文地理，明晰其因地形地貌而闭塞，进而限于地力的自给自足的自然经济充分发展；在此基础上的上层建筑特色鲜明，宗族势力对社会各方面影响力大。这是近代闽东茶贸发展的载体所在。

第二章主要内容为：在近代茶贸发展之前的闽东茶业发展历史简况叙述。主要包括唐宋茶风、元至清前中期的茶事以及明末清前中期的茶贸。这是近代闽东茶贸发展的基础。

第三章主要内容为：近代闽东茶贸发展的背景，闽海关时期闽东茶贸发展概况，闽海关时期闽东茶叶的制造、运输、销售及管理概况等。

第四章主要内容为：三都澳的开埠，三都澳的经营和发展，福海关时期闽东外贸茶叶的发展概况，茶叶制造技术的改进，茶叶的运输、集市和茶叶组织，茶叶外贸管理。

第五章主要内容为：闽东茶贸相较于福建其他地区之比较，三都澳贸易茶贸相较于东南沿海开埠的港口之比较，闽东茶叶外贸发展与新兴的茶叶外贸国之比较。

2. 下篇。

第六章主要内容为：三都澳成为闽东商业中心，茶产业及其下游产业的发展，闽东其他土货出口发展，闽东土货和洋货进口，传统运输向近代运输的发展，西方科技和文化与闽东的对接。

第七章主要内容为：闽东畲族概况，畲汉外贸茶产业的趋同，畲乡茶俗，畲族契约文书中的畲汉融合，畲民应对社会能力的提升，畲汉族禁的松弛——畲汉通婚。

第八章主要内容为：闽东茶叶外贸与女性采茶、制茶和拣茶为主体的分工，闽东茶叶外贸与畲族女性种管茶园、运输和销售的后勤服务的分工，闽东茶叶外贸助推基督新教的传入和传播对女性发展的作用。

上　篇

第一章　闽东地理和鸦片战争前闽东社会

地理环境是人类活动赖以开展的舞台，是特定地域活动的重要参与者。福建号称“东南山国”，三面环山，一面临海，山脉纵横，地形复杂，素有“八山一水一分田”之说。全省土地总面积120700平方公里，其中海拔1000米以上的山地占土地总面积的3.25%，海拔500米至1000米的山地、丘陵占32.87%，海拔500米以下的丘陵分布最广，占58.88%，而河谷平原仅占5%。对外部而言，其是一个相对封闭的地理区域。就内部而言，受断裂带的影响，整个地势自西北向东南大体呈三级阶梯状依次递降：第一级为蜿蜒于闽、浙、赣边境的武夷山脉系统的闽西北大山带。包括闽赣边界的武夷山脉、杉关山脉和闽浙边界的仙霞岭山脉，是全省地势最为高峻之地，海拔均在1000米以上。东北高，西南低，其北起浦城之仙霞岭，西南经崇安、光泽、邵武、泰宁、建宁、宁化以至长汀一带，连绵不绝。其中武夷山脉的黄岗山海拔2158米，为全省最高的山峰。高耸的山岭虽然造成交通不便，却也留有许多与邻省相通之山口关隘。第二级是戴云山脉系统的闽中大山带。包括闽江以北的鹫峰山脉、九龙江以南的博平岭和闽江与九龙江之间的戴云山，平均海拔700米至1000米。鹫峰山脉分布在政和、建瓯、南平、寿宁、周宁、屏南、古田之间，是闽江支流松溪、古田溪与闽东各水系的分水岭，高度与武夷、仙霞二山相同。博平岭为闽南主要山脉，是九龙江与汀江水系的分水岭，主脉经过长汀、连城、龙岩、上杭、漳平、华安、南靖、平和、诏安等县，在福建境内长达150公里。戴云山脉为福建省中部主要山脉，绵延于沙县、尤溪、大田、德化、永春、安溪等县，止于闽江南岸，隔江与鹫岭相望，长300余公里，最高处海拔1856米。这一山带的北部和中部地势较高，其岩层多属花岗岩和斑岩，顶峰都比较高峻，南部山势较低，大多在海拔1000米以下。第三级为闽东南低丘、平原带，闽江、九龙江、晋江等河流在下游沉积了广大的平原。自北往南较大的平原有福州平原、莆仙平原、泉州平原和漳州平原四大平原，总面积1864.9平方公里，占全省土地总面积的1.57%。其中漳州平原面积计566.7平方公里，占全省总面积的0.48%；其次是位于闽江下游中部的福州平原面积489平方公里，占0.41%；莆仙平原面积464平方公里，占0.39%；最小的要数位于晋江下游的泉州平原面积345平方公里，占0.29%①。此外，还有沿海狭长的滨海平原。闽东处于第二级的鹫峰山脉和第三级的滨海间的狭长平原地带。

第一节　闽东地理概况

从地理的角度观察，闽东地理环境为福建九个设区市中唯一的三面环山、一面临海的政区单元。闽东的地理特征可概括为山、海、川、岛的组合，具体如下。

一、闽东地理概况

1. 闽东山地。闽东山地占全区土地面积的91.2%（山地63.6%，丘陵27.6%），分中山、低山、高丘陵、低丘陵四类。

闽东地区的地貌类型可分为中山、低山、高丘陵、低丘陵、山间盆谷、平原和滩涂7种类型②。具体如表1－1所示。

表1－1　闽东地区的地貌类型一览表

类型	海拔（米）	分布	面积（平方公里）	比率	备注
中山	>800	西部、西北部边缘地带和中北部、中南部地区	2396.8	17.9%	坡度>35度
低山	<800 >500	西部、西北部中山山地外沿外，交溪、穆阳溪、霍童溪、古田溪等水系上游上半部	6125.5	45.7%	一般30度
高丘陵	<500 >250	山地边缘、东南部闽江沿岸两侧，同浙江省交界的东北部地带和几条大水系两侧的上半部	2355.9	17.6%	25—30度
低丘陵	<250 >50	低山或高丘陵的外缘，山间盆谷、河流周围和滨海平原内侧	1343.6	10.0%	15—25度
山间盆谷		分布在山地之间和溪谷之中	224.8	1.7%	高差<10米
平原		溪河两岸和丘陵地下部，沿海溪河入海口	5106	3.8%	
滩涂		沿海岸线一带	439.7	0.33%	

① 黄廷：《清代前、中期福建茶叶的种植及其影响》，福建师范大学，2012年，第7－8页。
② 宁德地区地方志编纂委员会编：《宁德地区志》，北京：方志出版社，1998年，第155－158页。

从表1－1可以看出，闽东地理环境中以山丘为主，特别是低山和丘陵，山间盆谷和平原所占比例很小，滩涂则更少。传统农人坚持认为，闽东的低山和丘陵不适合水稻等所谓南方主食作物的种植，因此，在明末番薯、马铃薯传入之前，绝大部分丘陵和山地是以杉松植物或者桐子树等为主。

2. 闽东海域。《宁德地区志》显示：宁德地区海域面积44565.84平方公里，总面积中0—10米等深线的浅海区占2.1%，10—40米等深线的沿岸海区占11.03%，40—100米等深线海区占27.18%，100—200米等深线外海区占59.69%。具体如下：第一，浅海区。面积934.2平方公里，区内地势平坦，底质多为海泥、泥沙结构，年均水温在11—29℃，盐度为26‰—29‰。浮游植物产量为25.3万吨/年，单食性动物产量3.8万吨/年，肉食性动物0.57万吨/年，常见海洋生物200多种。第二，沿岸海区。面积4914.44平方公里，区内海底地势较平坦，底质以泥和泥沙为主，由于受大陆、江河径流影响，水文地质和土壤理化条件差较大，有明显的季节变化，年平均水温为18.6—21.0℃，盐度为25.8‰—29.40‰，水质肥沃，水产生物资源丰富，有鱼、虾类100多种，其中主要经济鱼类有31种。第三，近海区。面积12113.7平方公里，其中40—60米等深线海区占37.96%，60—100米等深线海区占62.04%。海域地势在水深80米以内较平坦，倾斜度小，相对较稳定，底质以泥沙为主；水深80米以上，坡度较大，有间断的深水层，底质多为沙质硬地，年均水温18.9℃，盐度30.86‰。有鱼虾类80多种，是区内经济鱼虾类和头足类的主产区。第四，外海区。面积26603.5平方公里，区内地势陡峭，水深变化急剧，基本上接近热带性水域，具有高温、高盐的特点，温、盐度年变化小，海区面积大，水生物资源潜力丰富①。

3. 闽东水系②。闽东地区水系沿构造线发育，河流多呈西北—东南走向，形成独流诸河。全区较大的河流有24条，流域总面积1.19万平方公里，占全区土地面积的88.8%。流域面积100平方公里以上的河流36条，其中交溪和霍童溪两条水系名列一、二，其干流及其10条较大的支流，控制面积0.78万平方公里，占全区流域总面积的65.5%；其余较大自成系统的古田溪、霍口溪、赤溪等14条河流，控制面积0.41万平方公里，占全区流域总面积的34.5%。

第一，长溪水系。长溪（交溪）是福建省第五大河，流经11个县，包括其主要地段宁德设区市境内周宁、寿宁、柘荣等县的一部分和福安市的大部分。长溪是闽东地区最长河流，发源于洞宫山脉和鹫峰山脉，由14条较大的河流组成，其中穆阳溪、东溪、西溪、

① 宁德地区地方志编纂委员会编：《宁德地区志》，北京：方志出版社，1998年，第161页。
② 宁德地区地方志编纂委员会编：《宁德地区志》，北京：方志出版社，1998年，第187－188页。

斜滩溪、管阳溪、柘荣溪、茜洋溪、七步溪是其中 8 条较大支流。长溪上游有东溪、西溪两水系在福安湖塘坂交汇后称交溪，流经福安市区称富春溪（或环溪），流经溪柄扁山纳入茜洋溪，到赛岐廉首村纳入穆阳溪后称赛江，流经甘棠后称白马河，出白马港、白马门入三都澳。长溪流域面积 5549 平方公里，占闽东溪河流域总面积的 46.63%，河流总长 868 公里，年均径流量 69.69 亿立方米。

第二，霍童溪水系。霍童溪是闽东地区第二大河流，包括其主要地段宁德设区市境内周宁、屏南的一部分和蕉城区的大部分。发源于鹫峰山脉，上游自北而南有后垅溪、棠口溪、金造溪和黛溪 4 条水系，在宁德洪口乡聚合后经霍童镇、九都镇、八都镇和香村汇入三都澳出东海。流域面积（至宁德香村）2244 平方公里，占全区诸河流域总面积的 18.86%，河流总长 225 公里，干流长 126 公里，比降 10.2‰，流域呈狭长形。年均径流量 27.25 亿立方米。

第三，古田溪和霍口溪[①]。古田溪为闽江支流，亦是古田县第一大河流，包括其主要地段宁德设区市境内屏南的一部分和古田的大部分。古田溪发源于屏南县北鹫峰山东南面，由长桥入平湖镇境，汇入古田人工湖，南下经半坑亭、龙亭、闽清县的后洋，在水口镇注入闽江。霍口溪系鳌江支流，发源于天湖山南坡和土满山系东坡，流经东部卓洋、鹤塘、杉洋、大甲四个乡镇，在杉洋乡双口渡出境，经罗源、连江注入大海。如上二溪在县境内流域面积分别为 833 平方公里（不包括古田一、二级水库）、450 平方公里，约占全县总面积（2385 平方公里）的 53.79%，如加上贯穿黄田、水口两镇，县境内长 34 公里的闽江干流，则流域面积更大些。关于闽东其他水系情况，如表 1-2 所示。

表 1-2　　闽东水系情况[②]　　单位：公里

流域名称	发源地	经过地	主流长度	入海地
福鼎溪江	浙江省泰顺县雅阳乡	福鼎	43.5	沙埕湾
霞浦七都溪	柘荣县乍洋	霞浦	54.5	牙城湾
福安溪	浙江省景宁县、庆元县	寿宁、柘荣、福安	157.9	三都澳
霍童溪	政和县鹫峰山脉北段	屏南、周宁、宁德	107.5	三都澳
宁德七都溪	宁德县虎坝乡	宁德	11.6	三都澳
宁德金溪	宁德、罗源、古田交界处顶旗峰	宁德	29	三都澳
古田溪[③]	屏南县北鹫峰山东南面	屏南、古田	35	闽江入海
霍口溪	天湖山南坡和土满山系东坡	古田	30	连江入海

① 古田县地方志编纂委员会：《古田县志》，北京：中华书局，1997 年，第 82-83 页。

② 参考福建省地方志编纂委员会编：《福建省志——交通志》，北京：方志出版社，1998 年，第二篇第一章第二节；古田县地方志编纂委员会：《古田县志》，北京：中华书局，1997 年，第 82-83 页。

③ 另载，古田溪发源地在金子山南麓，起点上楼，迄点水口，长度 107 公里（林观得编著：《福建地理》，福州：建国出版社，1941 年，第 21 页）。

福建29条水系，主流长度2659.2公里，平均91.70公里。据表1－2，宁德8条，占总数的27.58%；总主流长度404公里，占17.64%；6条低于平均流域长度。流程短，山地和丘陵倾斜度大，自然限制了航运半径和船只运量等。

4. 闽东海岛[①]。宁德地区有群岛6个，岛屿305个，其中较大的岛屿有36个。基本情况如表1－3所示。

表1－3　宁德市主要岛屿情况一览表

岛屿名称	位置（公里）	面积（平方公里）	年气温（℃）	年降水量（毫米）	周围海域特产或产业
星仔列岛	距沙埕约44	8.8	17.3℃	1051.7	墨鱼、带鱼、鳗鱼、梭子蟹
台山列岛	距沙埕约32	2.57	17.3℃	1042	墨鱼、带鱼、贻贝、梭子蟹、鳗鱼
三门墩群岛	距沙埕6.5	0.0233	18.5℃	1281.8	耕种，主产甘薯
七星列岛	距沙埕22	0.575	15.1℃	1850	以渔业为主
福瑶列岛	福鼎东南3.56	11	15.1℃	1850	墨鱼、带鱼、梭子蟹
小嵛山岛	距福鼎3.9	3.22	15.1℃	1850	以农为主，兼营渔、牧业
大嵛山岛	距福鼎6.59	21.22	15.1℃	1850.9	以渔为主，兼营农、工、牧业等
东星岛	距秦屿22	0.27	15.1℃	1850	墨鱼、鳗鱼、马面鲀及梭子蟹等
西星岛	距沙埕20.8	0.18	15.1℃	1850	墨鱼、鳗鱼、马面鲀和梭子蟹
东台山	距沙埕35	1.1	17.3℃	1042	带鱼、墨鱼、鳀鱼、梭子蟹、贻贝
冬瓜屿	距沙埕7	0.92	18.5℃	1281	以农、牧业为主，种植甘薯、花生、茶等
犬盘屿	距点头2.5	0.054	18.2℃	1812	—
牛屿	距白琳12.3	0.42	18.2℃	1786	—
青屿	距白琳14	0.0912	18.2℃	1786	鲻鱼、鲈鱼
腰屿	距前岐12	0.082	18.2℃	1786	鲻、鲈、小杂鱼和虾蟹
长屿	距店下7	0.23	18.2℃	1786	鲻鱼、鲈鱼、石斑鱼、虾、蟹
四礵列岛	距大澳35	4	17.6℃	1080	带鱼、鳗鱼、马鲛鱼、石斑鱼、贻贝
西洋岛	霞浦大陆10	7.9	17.7℃	1133.7	带鱼、鲳鱼、墨鱼、虾皮、海带
魁山岛	距大澳8.5	0.95	17.7℃	1133.7	贝、藻，虾、带鱼
马刺岛	距大澳10	1.45	17.7℃	1338.7	紫菜、西藤
小西洋岛	距大澳6.5	1.05	17.7℃	1133.7	海带、西藤根（马鞍藤）
浮鹰岛	距大澳12	12.3	17.7℃	1133.7	带鱼、鲳鱼、虾
雷江岛	距下浒镇5	0.35	18.6℃	1215	以捕捞、运输、养殖为主
长腰岛	距溪南6.7	2	18.6℃	1463.7	大黄鱼、鲫鱼

① 宁德地区地方志编纂委员会编：《宁德地区志》，北京：方志出版社，1998年，第165－173页。

续表

岛屿名称	位置（公里）	面积（平方公里）	年气温（℃）	年降水量（毫米）	周围海域特产或产业
木屿岛	距溪南 6.5	0.15	18.6℃	1463	太平牡蛎、海带
北礵岛	距大澳 36	1.88	17.7℃	1133.7	黄花鱼、带鱼、鲳、鳗，石斑、贻贝
东安岛	距溪南 8	6.5	18.6℃	1463.7	农业、养殖、捕捞
竹江岛	距沙江 1.3	0.106	18.3℃	1390	海带、对虾、海蛎
虎屿	距牙城 1.5	0.42	18.8℃	1500	紫菜
纵横屿	距三沙 3.8		17.3℃	1040	带鱼、墨鱼、鳗、大黄鱼、梭子蟹、贻贝
烽火岛	距三沙 4	2.08	18.8℃	1235.2	—
北澳岛	距三沙 4.6	1.75	18.8℃	1235.2	大黄鱼、带鱼、鳗鱼、鲳鱼
六屿岛	距下白石 3.5	0.2	19.2℃	1522	从事渔、农业，兼营运输、造船
福屿岛	距下白石 8	0.579	18.5℃	1520	养对虾、梭子蟹
鸡公山岛	宁德大陆 1.1	0.94	19℃	1641.7	鲻、鲳、马鲛、虾、大黄鱼、鸡冠蚌
斗帽岛	宁德大陆 1.83	0.64	19℃	1641.7	鲻鱼、虾蛄、大黄鱼
青山岛	宁德大陆 1.25	9.6125	19℃	1641.7	鲻苗、鲙鱼、大黄鱼、马蛟鱼、虾、海带
三都岛	蕉城镇 17	24.7125	19℃	1642	鲻鱼、马鲛鱼、比目鱼、大黄鱼、对虾
白匏岛	宁德大陆 0.7	1.113	19℃	1641.7	鲻鱼、鳀、鲳、大黄鱼、紫菜
鸟屿岛	距漳湾 5	1.095	19.3℃	1635.7	蛏苗、蛤、鲇
官沪岛	距漳湾 5.3	0.8	19.3℃	1635.7	蝤蛑、鲇、牡蛎、紫菜、对虾
云淡门岛	距八都 6.5	4.69	19.3℃	1635.7	对虾、海带、紫菜、牡蛎、蛤、蛏苗、鳗苗

据表 1－3 可知，宁德市主要岛屿分布，福鼎 16 个，霞浦 16 个，福安 2 个，宁德 8 个。距大陆 5 公里内的 14 个，5—10 公里的 14 个，10—20 公里的 7 个，20 公里以上的 7 个。在 6 个群岛中，大者 11 平方公里，小者 0.0233 平方公里，特别是福瑶列岛、星仔列岛、四礵列岛；在 36 个岛屿中，面积超过 5 平方公里者 5 个，如三都岛、大嵛山岛、青山岛等。岛上年均温度 15—19.3℃，由北而南逐次递增。岛上年均降水 1040—1850 毫米。岛屿周围海域特产大黄鱼、带鱼、鳗鱼、鲳鱼、牡蛎、蛤、蝤蛑、鲇、紫菜等。

关于闽东与左近地区山海川岛的比较如表 1－4 所示。

表 1－4　　　　闽浙沿海地区山海川岛情况一览表

		宁德	温州	福州	泉州	漳州
陆地	陆域（平方公里）	13404	12083	11968	11014.7	12607
	山地占总面积（%）	91.2	76.2	72.68	79	72.5
	平原占总面积（%）	5.5	17.04	25.75	21	27.5

续表

		宁德	温州	福州	泉州	漳州
海域	面积（平方公里）	44565.84	11000	27000	11360	16000
	海岸线（公里）	1046	575.9	800.3	421	519
	曲折率	1∶11.3	—	1∶6.8	1∶5.03	1∶4
河流	通航数量（条）	24	150	32	70	—
	通航情况（公里）	335.7	—	560.9	—	593
	渡口（个）	163	—	189	145	—
岛屿	数量（个）	305	436	545	51	122
	面积（平方公里）	137.72	177	520.03	11.98	—
	岸线长（公里）	—	—	1061.03	—	—

资料来源：新编《宁德地区志》《温州市志》《福州市志》《泉州市志》《漳州市志》。

根据表1－4，宁德与温州、福州、泉州和漳州相比，土地面积最大，山地比例最高，平原面积最小；海域面积最大，海岸线最长，岸线曲折度最大；河流通航数量少，公里数不多，渡口数量居中；岛屿数量较多。相对于其他四个地区而言，地理环境最次。这或许亦是地处东南沿海的闽东相较于其他四个地区而言发展相对迟滞的原因之一。

二、 闽东地理特点

从宁德地理概况可以看出，闽东地理单元欠独立性和完整性。福建省外缘基本上为武夷山、洞宫山和海洋所环绕，自成一独立地理单元。按水系，内部大体由闽江上游流域，下游流域，木兰溪流域，晋江、九龙江流域，汀江流域五大块组成，宁德与福州两市同属闽江下游流域①。但目前在福州、宁德的划分上，三沙湾以南、闽江口以北的罗源、连江两县，地貌地形与宁德市具有很大一致性，却属于福州市辖区；而就所述之地层而言，福鼎大部分和柘荣属温州地层。宁德市域溪流，除古田、屏南两县大部分属于闽江支流流域，其余多独流入海。在相对统一的地理环境下，却属于不同的政区，因此，不同部分在统一地理环境发挥着各自的作用，被称为“滨海山区格子状水系”的地理特色②，主要如下：

第一，典型的沿海丘陵带。在东南丘陵中，以闽浙交界沿海处海拔最高，闽东即为其组成部分。闽东山势值得关注之处有二：一是山体西北面高陡，东南面“开如台阶层层降低”。这种结构对中原文化产生阻隔屏障，对海洋却像一把“拥抱的圈椅”③。二是地貌类

① 福建师范大学地理系：《福建自然地理》，福州：福建人民出版社，1987年。

② 林校生：《闽东区域文化资源特性论析》，《中共福建省委党校学报》，2010年第10期，第115－120页。

③ 单之蔷：《一个中国海盗的心愿》，《中国国家地理》，2009年第4期。

型以中、低山为主，高低丘陵次之，不仅山地的峰崖兀立，切割强烈，地表破碎，连“起伏舒缓”的低丘陵也显得比较“破碎零乱”①，因此，区内交通阻滞，乾隆时知府四川人李拔曾评述曰：闽东的道路比蜀道更难走②。

第二，全国最曲折的海岸线。中国大陆海岸线以杭州湾为界，向北多为下降的平原海岸，岸线相对较平直；向南为整体抬升的山地丘陵海岸，岸线曲折率较大。其中福建的陆上海岸线曲折率为1∶5.6，居全国第一。此中又以闽东岸段（福鼎虎头鼻—连江黄岐）最为曲折，曲折率竟达1∶11.3③。闽东海边有大小海湾、港湾178个④，海湾深入内地可达30—35公里，形成山丘逼近海岸、海湾倚凭山丘的格局。闽东海的气息虽然浓厚，但海洋利用方式主要是近海捕捞、运输和滩涂“讨”拾、养殖，带有“以海为田”的意味⑤。

第三，“格子状”水系。中国最普遍的水域形态，是树枝状类型。而东南沿海浙、闽二省和紧邻的粤东地区，溪河多独流入海，河道不长，水量充沛，具有“短而壮”的特点，受山地构造的切割，形成格子状水系，福建最为典型。闽东则是典型中的典型。境内河流更多，“规模”更小，除古田溪可与闽江相通外，这里的河流都自成格局，河道纵横，山岭切割，地形“细碎”，并孕育出众多串珠状的溪谷、山谷、盆谷⑥。

第四，独特的海陆交接处。在4.46万平方公里的海域，有岛屿305个，密度为1个/146平方公里。其沿海平原较福建其他地区面积小，且多分布于河海交接处，海拔在数米至50米间，呈带状环绕于山丘坡麓，占全区土地总面积的2.46%。滩涂分布于沿海岸线一带，占全区总面积的3.3%，地质构成主要为海泥土。

总之，闽东处于福建“大圈椅”东北部的“小圈椅”之中，全境多山丘（91.2%），且海岸线最曲折，形成典型的相互钳制同时受限于山丘和海洋的沿海丘陵带；众多短急的水系将大陆切割成“格子状”加剧交通闭塞度，而独特的海陆交接处及以“耕海”的生产方式亦限制区域海运发展，为文化多样性预留了充足的存在和发展的空间。在众多因素共同作用下，形成了区域独特之人文地理环境。

---

① 宁德市地区志编纂委员会编：《宁德地区志》，北京：方志出版社，1998年，第155－158页。

② （清）李拔编纂：《福宁府志》，宁德地区编纂委员会出版，1990年，第33页。

③ 数据采自《中国哪个省的海岸线最曲折》，《海洋世界》，2002年第4期，第36页。

④ 宁德市地区志编纂委员会编：《宁德地区志》，北京：方志出版社，1998年，第161页。

⑤ 黄顺力把海洋文明分为四种类别：海生文明、海田文明、航海文明、现代海洋文明；海田文明把海看作田，实际上是陆地文明“大传统”中的“小传统”（黄顺力：《海洋文明、海洋观念与“重陆轻海”的传统意识》，载福建省炎黄文化研究会等编：《福建海洋文化研究》，福州：海峡文艺出版社，2009年）。

⑥ 例如，蕉城区洋中镇北洋建置村所辖自然村中，就有7个村名与洋、坑、坪有关：上北洋、下北洋、洋头丘、曹洋坪、雷光坑、坑墘、狮公坪（孙焕春、甘锋主编：《宁川域情》，香港：华夏文艺出版社，2008年，第348－350页）。

第二节　闽东茶区自然地理环境

王镇恒《茶树生态学》一书中指出，在较高的山区，由于长期受云雾的笼罩，多漫射光，所含氮化合物、芳香物质增加，能使茶叶品质尤佳①。此即闽东茶区自然的生动写照。

闽东位于欧亚大陆板块东南部的陆缘地带，东面经岛弧、海沟与太平洋板块相连，在两大板块长期相对运动中，形成如前所述之独特地质特征。根据地层记录显示，其自古生界至新生界均有所发育，以中生界侏罗系、白垩系发育较为齐全，出露面积以中生代晚侏罗系和早白垩系酸性、中酸性火山岩类为最大，占全区总面积的96.18%。地质构造由多次构造运动叠加形成。构造线以北北东、北东走向为基本格局框架，主要表现为不同期（次）的岩浆岩沿构造线方向侵入和喷发，以及以北北东和北东向为主的大断裂及其控制影响全区的基本地形、地势、水系和海岸线②。

一、地貌分区与类型

闽东地区的地貌以中、低山为主，在福建省地貌区划中属闽中火山岩系中山地貌区和东部沿海花岗岩丘陵与平原地貌区。按基本成因和形态成因条件，闽东地貌类型可划分为西北部构造侵蚀中低山地区、中部构造侵蚀、剥蚀丘陵盆谷区和东部滨海堆积平原和侵蚀、剥蚀台地区等3个区。西北部构造侵蚀中低山地区，包括柘荣、寿宁、周宁、屏南县的大部分和福安、宁德县的西北部，面积8560平方公里，占全区土地总面积的66.13%，区内有洞宫山、鹫峰山两大山脉，千米以上山峰697座，具有明显的中山山地特色，是闽东地势最高的一级；中部构造侵蚀、剥蚀丘陵盆谷区，范围包括福鼎大部分，长溪、古田溪两岸，周宁、屏南南部，蕉城东部和霞浦的中部、南部等地段，面积4019平方公里，占全区土地总面积的31.05%，区内有太姥山和天湖山及从鹫峰山向东南延伸的支脉，千米以上的山峰有189座，境内河流纵横，山间盆谷错落，具有典型的低山丘陵特征。东部滨海平原和侵蚀剥蚀区，分布于沿海河海交接处，面积仅319平方公里，占全区土地面积的2.46%，区内丘陵起伏，水系纵横交错，滨海平原顺海岸线呈带状展布，滩涂散布于港澳内湾，港湾岛屿众多；是区内地势最低的一级。闽东茶园上述三大地貌区均有分布，尤以西北部构造侵蚀中低山区和中部构造侵蚀剥蚀丘陵盆谷区中分布广泛。相对于其他农作物而言，茶叶占有绝对优势，也较其他经济作物更有优势。

---

① 王镇恒：《茶树生态学》，北京：中国农业出版社，1998年，第273页。

② 宁德地区地方志编纂委员会编：《宁德地区志》，北京：方志出版社，1998年，第147－151页。

以上地貌，除滩涂外，其他均适合茶树生长。闽东的茶园主要分布在低山、高丘陵、低丘陵和山间盆谷间。

二、山地土壤

土壤是指覆盖于地球陆地表面，具有肥力特征的，能够生长绿色植物的疏松物质层，是植物生长的必备条件之一，土壤性能决定茶区分布。《中国之土壤》（梭颇，1936 年）中将福建省的土壤分为灰棕壤、灰化红壤及水稻土三类。1940 年福建省地质土壤调查所对土壤的分类系统、发育状况、土性肥力及其分布与利用，做了较为深入的探讨。土壤种类分为红壤、黄壤、灰棕壤、灰壤、矿物质湿土、腐殖质湿土、盐土、黑色石灰土、冲积土、残积土及风积土十一类，其中，以红壤和黄壤为主。由于土壤成土过程中受地形、气候、植物等的影响，因此带有明显的水平地带性和垂直地带性。

闽东地区的土壤多系岩浆岩、沉积岩和变质岩风化后，由于搬运、堆积的方式及程度不同，发育成不同类型的成土母质。山地土壤多为残积物、坡积物，少数为堆积物；低山丘陵地、低山丘陵坡地、河流高阶地及滨海台地的“山田”，以坡积物和堆积物为主；河谷平原、山间盆地和部分山垅缓坡地带以冲积物为主兼有坡积物；滨海平原为海积物。由于受地形地貌、成土母质、水文地质和人为活动等因素的综合影响，土壤类型依次更替组合，呈一定规律性，可分为红壤、黄壤、山地草甸土、紫色土、潮土、滨海风沙土、盐土、水稻土等 8 个土类①。具体如表 1 – 5 所示。

表 1 – 5　　闽东地区的土壤类型一览表

类型	面积（万亩）	分布	占全区比率	特点
红壤	1170.15	海拔在 900 米以下的低山、丘陵地	70.792%	生物循环强烈，土层深厚，质地较重，粘粒部分硅铝率和硅铁铝率较低
黄壤	298.66	海拔 700—1400 米中低山地	18.068%	脱硅富铝化和生物富集均比红壤弱，硅铝率和硅铁率比红壤高
山地草甸土	0.0427	海拔 1400 米以上部分山顶	0.003%	松软、富含有机质的草甸层，土层浅薄，但腐层深厚
紫色土	9.243	全区各地均有零星分布	0.56%	化学性质较稳定，不易分解变化，岩性固结性不强，极易受热碎裂
潮土	2.3547	河流两岸阶地及河漫滩上	0.142%	有机质及全氮含量缺乏，保肥性能差，全钾含量丰富，速效磷含量较高

① 宁德地区地方志编纂委员会编：《宁德地区志》，北京：方志出版社，1998 年，第 191 – 195 页。

续表

类型	面积（万亩）	分布	占全区比率	特点
滨海风沙土	0.116	分布于沿海地带	0.007%	
盐土	0.7448	沿海县滨海滩涂上	0.045%	上部已脱盐，底层含一定盐分，旱季返盐，土层深厚，呈中性—碱性反应
水稻土	171.64	平原田、平洋田、山垅田和山排田	10.383%	包括红壤、黄壤、紫色土、潮土、滨海风沙土、盐土及潜育土

茶树喜酸怕碱，土壤 pH 值在 4.5 至 5.5 之间最适宜其生长，pH 值高于 6.5 或低于 4.5 则生长不良，偏碱的土壤茶树无法存活。茶树对土壤的土层结构亦有要求，土层深度在 1 米以上，不含石灰或石灰含量低于 0.5%，有机质含量在 1% 以上，土壤质地砂、黏性适中，通气、透水或蓄水性能好，地下水位在 1 米以下，排水性能良好的土壤均适宜其生长。闽东地区土壤（表层）有机质平均含量为 2.86%，变幅 0.45%—8.1%，其中耕地土壤平均含量 2.49%，变幅 0.45%—5.73%。耕地土壤中水田土壤有机质平均含量 2.7%，农地土壤有机质平均含量 2.01%，林地土壤有机质平均含量 3.58%。茶地土壤因其类型不同，有机质含量不均，一般趋势是从红壤、黄红壤、黄壤到山地草甸土依次增高，这与土壤所处海拔高度明显相关，总趋势是海拔越高，土壤有机质含量截越多[1]。根据表 1-5 所述，山地红壤、山地黄壤、紫色土、潮土区均适合茶叶生长，因此茶园分布广泛。

三、 气候[2]

福建位于东南沿海，地处北纬 23°33′—28°19′，属亚热带季风性湿润气候。全省各地年平均气温多在 15—21℃，≥10℃积温也在 4500—7600℃，极端最低气温大部分地区大于 -5℃，绝大部分地区年降水量在 1300—1800 毫米，且降水主要集中在茶树生长旺盛的春夏两季，年平均相对湿度在 70%—85%。因此，福建绝大部分地区的气候条件是很适宜茶树生长的。

闽东地区属中亚热带海洋性季风气候。因其区位和地理之故，同时具备山地气候和盆谷地气候等多种特点。主要表现为春夏雨热同期、秋冬光温互利；光能充足，热量丰富，雨水充沛，四季分明，海洋性季风气候显著；沿海和内陆温差悬殊，气候类型呈现多样性；又因海洋的调节、山脉的阻滞，悬殊的海拔形成气候的垂直差异。具体如下：第一，沿海与内陆温度差异。由于离海远近和海拔高低不同，霞浦、福鼎、福安、宁德 4 县市

① 李步泉等主编：《闽东茶叶历史文化》，福州：海峡出版发行集团，海峡书局，2015 年，第 5 页。
② 宁德地区地方志编纂委员会编：《宁德地区志》，北京：方志出版社，1998 年，第 174 - 186 页。

（区）和柘荣、寿宁、屏南、周宁、古田等5县的气温差异明显。沿海县市（区）年平均气温为18.8℃，最热月出现在7月，为28.6℃，最冷月出现在1月，为8.9℃；内陆县为15℃，最热月出现在7月，为24.4℃，最冷月出现在1月，为5.2℃；沿海县市（区）比内陆县高3.8℃。以同等积温量计，沿海县市（区）需130天，山区县需180天。沿海县市（区）年平均土温（地温）为21.7℃，内陆县为18℃，相差3.7℃，与气温差异大体一致。第二，气候湿润，四季分明。闽东地区东南临海，气候湿润，年平均相对湿度在78%以上。年平均雨量自沿海至山区逐渐增大，除霞浦外，其余各县均在1600毫米以上，柘荣、周宁、宁德3县（区）超过2000毫米，为全省雨量最多的县份。历年3月起进入雨季，雨日雨量剧增。5—6月雨量占全年总雨量的1/3。10月至次年2月的雨量仅占全年总雨量的20%，在干湿度和雨量分配上有明显的季节特点。沿海地区夏季和内陆山区的冬季，持续时间均超过120天，其余各季均在70—90天，四季分明。第三，日照与辐射。闽东地区的实照时数在1690—1910小时，沿海、平原地区多于山区。2月最少，7月最多。实照时数的年差异甚大，且多年与少年差异甚大。年太阳总辐射量在4134—4480兆焦耳/平方米。沿海、平坦的地区多于丘陵山区。农历二月最少，以后逐月增多，农历七月为全年最高值。以后又逐月减少，呈“单峰型”分布。各地的年散射辐射量在1960—2150兆焦耳/平方米，占年总辐射量的44%—52%。散射辐射占总辐射量的比例是山区多于沿海，春季散射占总辐射的比例多于夏秋，年有效辐射在2070—2220兆焦耳/平方米。第四，气温、积温、地温。闽东地区各地年平均气温在13.4—20.2℃。全区月平均气温最热月均出现在7月，最冷月均出现在1月。年平均气温的年际变化不大，一般在1.0℃左右。在区域分布上是沿海小于山区，在时间分布上是3—6月小，秋冬季大。正积温各地在5200—7100℃，沿海地区在6800—7100℃，山区在5200—5800℃，正积温随海拔高度每增高100米约减少200℃。沿海间隔天数和积温有250—270天，积温5600—6000℃，山区只有230天，积温4300—4700℃。年平均地温在17.1—22.4℃。各地的年平均地温比年平均气温高2—3℃，年平均最高地温比年平均最高气温都高10℃左右，呈单峰型分布。第五，降水。闽东地区降水量充沛，多年各地平均年降水量1400—2100毫米。但受季风气候及地形影响，降水具有季节性及不均匀性。可分为4个降水季节，即3—4月春雨季，降水量占全年的16%—21%；5—6月梅雨季，降水量占全年的25%—35%；7—9月台风雨季，降水量约占全年的25%；10月至次年2月少雨季，降水量占全年的17%—21%。第六，蒸发与湿度。闽东地区蒸发量的时间分布是3月开始逐月增加，7月为全年最大值，8月以后逐月减少，2月为全年最小值。沿海蒸发大于山区，沿海各地年均蒸发量多在1300毫米以上，山区各地多在1200毫米以下。闽东山区年降水量大于蒸发量。沿海地区降水量与蒸发量相差无几。春雨、梅雨季的2—6月，各地的降水量均多于蒸发量，7月和

10 月至次年 1 月的降水量均少于蒸发量。故全区夏秋旱较频繁。第七，云雾。闽东地区年平均总云量为 7.0—7.5 成，山区多于沿海。6 月最多，各地均在 8.5 成以上，12 月最少，各地在 6.6 成以下。区内各地的年均低云量为 4.4—6.0 成，区域上分布似总云量。时间上的分布 5 月最多，各地在 6.0—7.0 成；12 月最少，各地在 3.7—5.4 成。

据科学研究，茶树是喜温好湿的亚热带多年生经济作物。茶树适宜的气候条件是年平均气温在 15℃以上，≥10℃积温在 4500℃以上，极端最低气温一般不低于 -5℃，最高气温一般不高于 35℃；年降水量在 1000—1800 毫米，相对湿度为 70%—85%[①]。根据以上所列可以看出，这些要素，闽东皆具备。

第三节　闽东茶区人文地理环境

人文环境是指人为的、社会的、非自然的因人类活动而产生的外部环境。闽东茶区具有如下人文地理环境。

一、 闽东的建置隶属概况

明清民国时期闽东茶区人文地理环境中行政区划有其特点，在阐述闽东茶叶历史追溯这一问题之前，有必要对历史以来的隶属关系变动做一交代。据《明史·地理志》及《八闽通志》等记载，明洪武元年（1368 年），福建全省八路改为福州、兴化、泉州、漳州、延平、建宁、邵武、汀州八府。元至元二十三年，长溪县升为福宁州；明洪武二年，福宁州降为福宁县，明成化九年（1473 年），恢复福宁州（直隶州，与府并列），合计“八府一州”。清初福建区划沿袭明制，省下辖有福州、兴化、泉州、漳州、延平、建宁、邵武、汀州八府。康熙二十三年（1684 年），台湾统一，增设台湾府，隶属于福建省布政司；雍正二年（1724 年），福宁由州升府；雍正十二年（1734 年），永春、龙岩升为直隶州；光绪十二年（1886 年），台湾府分出，单独设省。至清末，福建省共设九府二州、五十八县、六厅。其中与闽东相关之政区情况如下：第一，福州府，洪武元年（1368 年）为府，领 13 县。清袭明制，仍为福州府，属福建布政使司，领 9 县，分别是闽县、侯官、闽清、长乐、永福、福清、古田、罗源、连江。雍正十二年，析古田辖地，增置屏南，领县凡十。嘉庆三年（1798 年），增设平潭厅。其中，古田县和屏南县属于本书研究之范围。第二，建宁府，宋绍兴三十二年（1162 年），升建州为建宁府。元至元元年（1264 年），隶属江浙行中书省杭州，至元十五年（1278 年），改为建宁路，隶福州行中书省，

① 姚颂恩：《福建茶树生长的地理环境与茶叶可持续发展》，《茶叶科学技术》，2000 年第 2 期。

置录事司，至元十七年（1280 年），改为建宁路总管府。元至正二十二年（1362 年），置建宁分省。明洪武元年（1368 年），罢录事司恢复建宁府。嘉靖十四年（1535 年），建宁府领建安、浦城、建阳、松溪、崇安、政和、瓯宁、寿宁 8 县。清雍正十二年（1734 年），建宁府划寿宁县属福宁府。至清末，建宁府辖建安、瓯宁、建阳、崇安、浦城、松溪、政和等 7 县。其中，寿宁县属于本书研究之范围。第三，福宁府，元代隶属福州路，洪武二年降为县，属福州府。成化九年（1473 年）三月升为州，直隶布政司。领宁德、福安 2 县。清雍正十二年（1734 年），福宁州升为福宁府，设霞浦，寿宁县划归福宁府。乾隆四年（1739 年），划霞浦县辖地设福鼎县，福宁府共辖 5 县。福宁五县皆为本书研究之范围。民国初年，废除府州厅一级，实行三级制。在废除府、州、厅后，继续保留“道”，作为介于省、县之间的行政单位，以解决因省范围过大、辖县过多统治困难的问题。每道辖县的数目，各因其人口的疏密及政务的繁简而定，有的多至三十余县，少的十余县不等。1914 年，全国共设有九十二道，后续有增置。省的长官称督军，道称道尹，县称县知事。地方行政区划成为省、道、县三级制。福建有四道，分别是闽海（闽侯）、厦门（思明）、汀漳（龙岩）、建安（南平）。

目前之闽东建置的形成，是不断发展的结果。即其受制于诸多历史条件的同时，频繁变动的隶属关系，从长时段而言，在一定程度上为实现资源整合重组、各区域间物种传播、习俗嬗变等创造条件；但短时段而言，隶属的频繁变动，亦不利于区域稳定、延展和完整性。关于闽东建置，如表 1－6、表 1－7、表 1－8 所示。

表 1－6　　宁德设区市境域内历代县数、县名简表①

公元纪年	年号纪年	县数（个）	县名
257—283 年	吴太平二年至西晋太康四年	1	罗江
283—约 501 年	西晋太康四年至南齐中兴元年	2	罗江、温麻
501—589 年	南齐中兴元年至隋开皇九年	1	温麻
589—623 年	隋开皇九年至唐武德六年	0	并入闽县
623 年	唐武德六年	1	温麻
623—702 年	唐武德六年至长安二年	1	连江
702—741 年	长安二年至开元二十九年	1	温麻
742—933 年	唐天宝元年至闽国龙启元年	2	长溪、古田
933—1244 年	闽国龙启元年至南宋淳祐五年	3	长溪、古田、宁德
1244—1286 年	南宋淳祐五年至元至元二十三年	4	长溪、古田、宁德、福安

① 林校生主编：《闽商发展史・宁德卷》，厦门：厦门大学出版社，2017 年，第 13 页。

续表

公元纪年	年号纪年	县数（个）	县名
1286—1455 年	元至元二十三年至明景泰六年	4	古田、宁德、福安、福宁本州
1455—1734 年	明景泰六年至清雍正十二年	5	古田、宁德、福安、福宁、寿宁
1734—1739 年	清雍正十二年至乾隆四年	6	霞浦、古田、宁德、福安、寿宁、屏南
1739—1945 年	乾隆四年至民国三十四年	7	霞浦、古田、宁德、福安、寿宁、屏南、福鼎
1945 年至今		9	霞浦、古田、宁德、福安、寿宁、屏南、福鼎、周宁、柘荣

表 1－7　　民国时期闽东统县政区设置情况①

年份	区别	驻地	辖县	辖特区	备注
1912—1934					1924 年前设有闽海道（东路），辖 15 县，相当于清代福州府加福宁福
1934—1936	第二区	福安	霞浦、宁德、福安、寿宁、屏南、福鼎		古田县属第三区（南平）
1936—1943	第一区	长乐—闽侯—福安	长乐、闽侯、连江、罗源、福清、平潭、霞浦、福鼎、宁德、福安、	南日岛、周墩、柘洋、三都	古田、屏南属第二区（南平），1940 年划归第三区（浦城）；寿宁属第三区（浦城），1939 年划归第一区
1943—1945	第八区	福安	霞浦、宁德、福安、福鼎、寿宁、屏南	周墩、柘洋	古田属于第一区（闽侯）
1945—1947	第八区	福安	霞浦、宁德、福安、寿宁、屏南、福鼎、周宁、柘荣		古田属于第一区（闽侯）
1947—1949	第一区	福安	霞浦、宁德、福安、屏南、福鼎、周宁、柘荣		古田、屏南属于第二区（南平）

表 1－8　　闽东各县市区建置隶属情况一览表

闽东	建置及隶属情况
霞浦	武德六年（623 年），以原温麻县地改置长溪县，隶属泉州（今福州）。同年，移治连江，改称连江县。武周长安二年（702 年），白鹤岭为界，复置长溪县，仍属泉州。至元二十三年（1286 年），升为福宁州，辖福安、宁德县，隶属福州路。洪武二年（1369 年）废福宁州，置福宁县，属福州府。成化九年（1473 年），复为福宁州，属福建布政使司。雍正十二年（1734 年），升为福宁府，置霞浦县为附郭县

① 林校生主编：《闽商发展史・宁德卷》，厦门：厦门大学出版社，2017 年，第 14 页。

续表

闽东	建置及隶属情况
宁德	后唐长兴四年（933 年）升场置县，命名宁德，属长乐府。宋咸平三年（1000 年），析关隶镇（今政和县地）置关隶县，脱离宁德县属。元至元二十三年（1286 年）后之明清，长溪县升为福宁州，宁德县属之。民国隶属变动，多属福州地区或宁德地区
福安	淳祐五年（1245 年），划长溪县西北二乡、九里建县，直隶福建路福州。元属福宁州。明清属福州、福宁。民国隶属变动，多属福州地区或宁德地区
福鼎	乾隆四年（1739 年），析霞浦县劝儒乡划出 4 里置福鼎县，属福宁府
寿宁	明景泰六年（1455 年），划出政和县 6 个都和福安县 2 个都设置寿宁县。建县后，隶属建宁府。清雍正十二年（1734 年）寿宁划归福宁府。民国隶属变动，多属宁德地区
周宁	原属宁德县，民国 34 年设县，县治在狮城。民国 37 年析宁德咸杉乡归其管辖。1955 年，寿宁县划出第六区（今纯池乡的 11 个行政村和泗桥全乡）归周宁县辖
柘荣	原属霞浦县，民国 34 年撤销柘洋特种区建制，设置柘荣县
古田	唐开元二十九年（741 年）建古田县，属福州都督府。五代属长乐郡。宋元明清属福州府。民国隶属福州、南平。新中国成立后属南平、福州，1970 年后属宁德
屏南	雍正十二年（1734 年）划古田县北路 13 个都设屏南县，县治设在双溪，属福州府管辖。民国隶属福州、南平

资料来源：据闽东各县市区新版志书中的大事记和建置内容整理。

综合表 1－6、表 1－7、表 1－8 可知，闽东建置隶属有如下特点：

第一，政区单位和隶属关系比较多变。今日之闽东，东吴属罗江县地，西晋分属罗江、温麻二县。南朝末期撤罗江县，隋代撤温麻县。唐代设长溪、古田二县，属建州之一部分，五代增设宁德县，南宋末增设福安县，仍属福州（长乐）的一部分，因此长时期内不具有政区上的独立性。元代起设福宁州（府），始成为统县政区，但不包括古田、屏南；明代析出寿宁县，清代又划入寿宁县，政区独立性仍不很完整。民国时期政区分合复杂，大体只有 1934—1942 年和 1943—1947 年与目前情况最接近，但仍未含括古田县①。

第二，突出的中心地不明晰。现在的闽东，古田县单县建置最早；然而在漫长的古代和近代，古田与“闽东”中心地并无历史渊源。按常见的并不准确的说法，建县已一千余年的霞浦是闽东最早的县治所在地，特别是自元朝以降。明代建立之寿宁县，有一段时间

① 关于“闽东”政区变化概况，根据新编《宁德地区志》（北京：方志出版社，1998 年，第 102－104 页），但原书对是否完全由闽东各县构成一个统县政区的交代欠清晰。

辖于闽北地区；清雍正末建县之屏南也在一定时间内为南平所辖；福安自民国以来替代霞浦成为“闽东”的中心所在地；20世纪70年代初，行署机关迁到宁德县至今。即目前的“闽东”拼盘，历史以来，不断将左近区域熔铸到以“福宁”为中心的板块上。

正因为建置和隶属的频繁变动，未能形成稳定的中心，这也影响到闽东道路整体网络系统的形成，于是发展拉动乏力，进而在一定程度和范围上造成经济落后。当然变动频繁的建置亦创造如前所说的族群、行业分布诸分异，开拓资源优化重组、各区域间物种更好的传播条件，同时相对而言，也为弱化“重农抑商”桎梏对商业的束缚争取到更大的机会。

二、闽东的交通

福建省的交通线主要分水路与陆路两途。在传统社会，福建省的交通主要依赖水路，因此主要商道以河流为主，遇山岭则改走陆路。当然从对外贸易角度言，首先大多经陆路汇聚于水路，然后通过水路汇聚于海港，形成陆路、水路和海运之交通网络。主要如下：第一，陆路。由于受河流航道险滩多的限制，陆路成为交通不可或缺的补充。汉代以来闽人开辟了顺着闽江及其支流通行的道路，例如，由今福州经闽清、南平、建瓯、建阳、崇安到浦城；或由南平经今建阳而至邵武、光泽；或由邵武转经泰宁至今建宁；由福州经今古田、屏南、政和、松溪而至浦城等路线。随着政治、经济中心逐渐向东南沿海转移，道路建设的重点也随之移到福州、泉州、漳州地区。福州至泉州的交通道路，最早是由福州洪山出发，经今永泰、仙游等地，最后从泉州北门进入泉州，都是崎岖的山路。漳州至泉州最初也是走山路。自唐建立福、建、泉、漳、汀五州后，福建的交通干线即已初具规模，至明、清，升福宁县为福宁直隶州、福宁府，今福州经今霞浦的道路得到重建，至此，福建境内的交通干线基本形成[①]。第二，水路。福建省境内多山地丘陵，不利于行走，因此省内的交通一向以河流水运为主。到了北宋，福州至泉州除陆路交通外，开辟水路并渐渐成为主干道。由福州方山（今五虎山）一带船渡，经今福清相思岭进入莆田梧塘、仙游枫亭、惠安释坂、谷口，而后入泉州北门。此后，随着洛阳桥的兴建、莆田平原围垦与江口桥的修建，加上福州平原扩大，交通道路便改由泉州东门经洛阳桥至惠安县城，又经仙游枫亭、莆田涵江、江口桥、福清渔溪、宏路、相思岭、福州枕峰、浦尾而达福州。漳州至泉州最初也是走山路，到宋代，漳州平原得到围垦，又兴建虎渡桥，同安小盈岭也被开通，便改经漳州虎渡桥、同安店头、小盈岭、南安康店、石龟而入泉州西门，至元代，又因下辇桥的兴建，遂由南安康店改经晋江的驷行、冷水井、下辇桥而入泉州南门[②]。当

① 卢美松：《福建省历史地图集》，福州：福建省地图出版社，2004年，第263－264页。

② 卢美松：《福建省历史地图集》，福州：福建省地图出版社，2004年，第263页。

然，因为福建地势自西北向东南呈阶梯递降，河流落差很大，航道窄，险滩多，导致河流的上游区运载量十分有限。而在河流的下游地区，则宜于大船航行。除冬季外，江面上时常会有来自海洋的东风，从下游至上游的船只，可挂上布帆借助风力逆流而上；顺流往下，则可借助河流的推力，将船送往下游港口。

关于闽东内陆交通，按从陆路经水路到海港之网络阐述如下。第一，陆路。闽东陆路大体由县内古道、县际古道、和省道组成。其中省道有三条：（1）福温路起自福州，经连江、罗源、宁德、霞浦（后改福安）、福鼎至温州，为古代闽浙交通要道。（2）福延路自福州，经闽侯、闽清、古田到达延平（南平）。（3）福瓯路由闽清渡塘隘入闽东境，经古田县的葛藤湾、大桥头、沽洋等至古田县城，再由古田县城出北门，经黄柏口、苏当、伍当至筹岭隘等至建瓯县界①。县际主要古道24条（宁德5条、福鼎3条、霞浦2条、福安2条、古田2条、屏南3条、寿宁5条、周宁1条、柘荣1条），共计1801.5公里②。县内主要古道49条（福鼎10条、霞浦4条、福安5条、古田3条、屏南10条、寿宁4条、周宁4条、柘荣8条），共计1021.8公里③。第二，水路。水路交通，取决于区域水系发育情况。在纵横交错的闽东众多水系中，因所处地段水流量、地形陡缓、物产情况、市场需求等原因，通航情况各异。此外，据《宁德地区志》之水系，自成系统的河流还有赤溪、水北溪、七都溪、杯溪、罗汉溪、柏源溪、长桥溪、大金溪、溪头溪、百步溪、武步溪等。关于闽东航运，按1936年统计，在闽东诸多水系中适合于航行的河流具体里程如表1－9所示。

表1－9　　闽东航行河流里程（1936年）④

河流名	起讫地点	全线里程（公里）	通航民船里数（公里）	通航小汽船（公里）	不能通航里数（公里）
古田溪	古田水口镇—政和岑岗	220	34	—	186
七都溪	霞浦乌岐—福鼎乌坝	33	7	7	26
霍童溪	宁德八都—宁德莒州	45	45	—	—
长　溪	福安白马门—寿宁斜滩	136	136	46	—

① 宁德地区交通局：《宁德地区交通志》，厦门：鹭江出版社，1997年，第28－29页。

② 宁德地区交通局：《宁德地区交通志》，厦门：鹭江出版社，1997年，第30－32页。

③ 古田县交通局：《古田交通志》（内部发行），2004年，第18页。屏南县地方志编纂委员会：《屏南县志》，北京：方志出版社，1999年，第223－224页。周宁县交通局：《周宁县交通志》（内部发行），1992年，第15页。寿宁县交通局：《寿宁县交通志》（内部发行），1990年，第18－19页。柘荣县交通局：《柘荣县交通志》（内部发行），1989年，第17页。福安市交通志编纂委员会：《福安交通志》（内部发行），1995年，第37－38页。霞浦县交通志编纂委员会：《霞浦县交通志》（内部发行），1989年，第24页。福鼎县交通局：《福鼎县交通志》（内部发行），1991年，第52页。蕉城区县内古道包含于县际古道之中；县内古道中屏南9条、霞浦4条长度阙如。

④ 参考福建省地方志编纂委员会编：《福建省志——交通志》，北京：方志出版社，1998年，第二篇、第一章、第二节。

据表1－9可知，闽江通航民船里数与全线里程比是99.22%，晋江为65.82%，九龙江为90.88%，汀江为89.81%；而闽东四溪通航民船里数与全线里程比是51.15%，这皆拜闽东地形地貌特征所赐。这大大限制了闽东沿海与内陆的物流往来，进而亦限制了河海港口的腹地深度和广度。

闽东境内港湾主要有福宁湾、三沙湾、东吾洋、覆鼎洋、官井洋、三都澳等海湾、港湾178个。闽东海域中，0—10米等深线的浅海区占2.1%，10—40米等深线的沿岸海区占11.03%，40—100米等深线海区占27.18%，100—200米（大陆架）等深线外海区占59.69%；主要港口有沙埕港、三沙港、黄岐港（甘棠港、下白石港）、东冲口港等13港①。如此众多之港湾，形成区域内以港湾为圆心，长度各异的半径画就的诸多扇面，重叠、交织、错落；当然在便利小区域物流发展的同时，亦因腹地而限制本区域内主导港湾的出现和发展。

闽东交通具有如下特点：

第一，县内古道、县际古道和省道。内陆的县内古道多以县城和（或）内河航运渡头、河港为中心展布。沿海各县滨海部分则多以海港为中心，与内陆县交接部分以河港和县际古道为轴。省际古道之福延路和福瓯路偏居西南一隅，对古田和屏南一部作用大些。至于福温路虽经过沿海四县，但其为陆路和船渡交织推进之路，且闽东之区位、信风和传统等，其延展地更偏向东部，所以在区域内外沟通作用亦不甚大。

第二，河港与海港。闽东较大河流有8条（全省29条），总主流长度的比例较大（17.64%），但通航里数与全线里程比却相对不高（51.15%）。宁德有海湾、港湾178个，沿海主要海港20余。港汊众多，分解港汊所能辐射的腹地空间，于是经济总量难成规模亦限制港口规模。

综合以上，在传统社会的生产力和运输状态下，闽东已然形成了由县内古道、县际古道、省道，河港、水道，海港共同构建的巨大交通网络，就当时之茶叶产量而言，能够满足需要，实现最佳组合，对最大可能地降低茶叶物流运输成本发挥决定性作用。

三、 宗族文化底色浓厚

就区域整体而言，闽东是福建省开发最迟的区域，在一定时期内政府对其控御相对于福建其他地区而言较为薄弱，正因为这个原因，唐代以来，宗族力量不断成长壮大，在一定程度和范围内影响和代行了小社会的发展和管理职能，因此宗族底色极为浓厚。宗族（又称为氏族）是一种超越阶级界限的拥有自治权的组织，它通常包含两极：一极是贫困无告的人，另一极是那些已经取得了上层身份的人。一个宗族往往保有自己的宗祠，并把

① 宁德地区地方志编纂委员会编：《宁德地区志》，北京：方志出版社，1998年，第189页。

祭祀祖先作为一种宗教仪式来进行。它通常负责安排婚姻，也可以为教育天资聪明的儿童开办学校。它力图在其成员中维持法律和秩序，不让他们的纠纷发展成为牵动官府的诉讼。出于同样的原因，它拥有的权威还可以承担保证氏族成员纳税的责任。在发生骚乱时，它甚至可以组织地方民团进行防御。宗族的地位为清朝的法律所承认，法律总是维护族长的威信，并且按照亲属关系身份进行惩处。国家就是这样给家庭结构以法律上的支持，这是它维护社会秩序的一个明显的手段①。关于闽东宗族，林校生教授在其主编的《闽商发展史（宁德卷）》中以流域为基础，对唐代闽东宗族有过较为深入的探索。现以流域为基础简述如下：第一，长溪（交溪）流域。长溪为福建省第五大、宁德地区最大河流，发源于洞宫山脉和鹫峰山脉，由 14 条较大的河流组成，其中穆阳溪、东溪、双溪、斜滩溪、管阳溪、柘荣溪、茜洋溪、七步溪是其中 8 大支流。交溪流经 11 个县，上游有东溪、西溪两水系在福安湖塘坂交汇后经福安市城区，流经溪柄，纳入茜洋溪，到赛岐廉首村纳入穆阳溪后称赛江，经甘棠后称白马河，出白马港、白马门入三都澳。长溪流域的姓族村落资料显示，以今福安市一带稍成系统（见李健民《品读福安》）。清光绪十年（1884 年）本《福安县志》卷终《氏族》记载福安姓氏 35 个，唐末五代以前迁入者，主要有廉村陈氏、坂头黄氏、苏阳刘氏、青云吴氏、西铭郑氏、岩下章氏、穆阳林氏、龙溪林氏、枢阳阮氏、廉村薛氏、甘棠薛氏、甘棠阳口张氏、东歧张氏、廉首高氏、坑头苏氏等②。结合现存族谱材料，各姓较早徙居福安的时间大抵是：南北朝陈太建（569—582年）中薛贺之子薛许自江苏南京迁入溪北洋；隋末苏惟忠、苏惟信由福州乌山迁入康厝岙里，唐中宗嗣圣元年（684 年）迁入苏家坂；唐玄宗开元十六年（728 年）黄翁从建宁府石牌山迁入穆阳狮子岩前，寻迁黄坂；武宗会昌四年（844 年）林谊由霞浦赤岸迁入大获；信宗光启元年（885 年）林纬从福州迁社口后溪里岙；懿宗成通九年（868 年）阮晏居察阳③。其中，薛氏于南北朝的陈朝在福安开基建村，是目前所知整个闽东最早的移民姓族村落④。据新编《福安市志》可知，晋末，林、陈、黄、郑、詹、邱、何、胡八姓迁入，南朝梁天监中（502—519 年），薛贺迁入温麻石矶津（今廉村）定居，隋代迁入境内

① ［美］费正清、［美］刘广京：《剑桥中国晚清史（上卷）》，中国社会科学院历史研究所编译室，北京：中国社会科学出版社，2006 年，第 12 页。

② 福安县地方志编纂委员会：《福安县志》下册（光绪），1986 年点校，第 740－756 页。按台北成文出版社 1967 年《中国方志丛书》影印本光绪志有末卷（即卷终《氏族《题捐》），上海：上海书店等，2009 年影印本光绪志无末卷。

③ 罗承晋：《福安姓氏・概述》，福安政协编：《福安姓氏》第 1 辑，2014 年，第 1－6 页。

④ 现在常以今天的廉村自然村作为薛令之故里，其实不确。年深岁久，家族容有迁徙，地貌容有变异，村落位置、大小容有据移伸缩，地名或随人同迁或留在原处，千数百载后如何还能毫厘不类地指认定出来，不如把唐廉村理解为今天阳溪下游的溪流，至于当年的薛宅旧址早已湮没在岁月厚尘之中而难以强。详见林校生：《谢開小传与地方名人的乡籍之争》，《福建文史》，2016 年第 2 期。

的有黄、苏二姓，唐代迁入的有张、郑、刘、缪、林、章、毛、陈、王九姓[①]。第二，霍童溪流域。霍童溪是宁德地区第二大河流，发源于鹫峰山脉，上游自北而南有后垅溪、棠口溪、金造溪和黛溪4条水系，在宁德市洪口乡聚合后经霍童镇、九都镇、八都镇和岙村汇入三都澳出东海。该流域比较系统的姓族村落资料当推甘峰主撰的《宁川域情》，该书第三部分“西北霍童溪流域地区”设五章，分述八都、九都、霍童、赤溪、洪口诸乡镇现辖全部97个行政村、495个自然村（含已经不再住人的废村）的基本情况。今参合相关资料略作增照，其中传为唐代之前建村的主要有：七都西林村，八都金垂村、水源村，九都云气村、九仙村，霍童镇霍童村、石桥村、邑坂村自然村、石堂自然村，赤溪镇院前村，石后乡光荣村（原为光坂、安仁寺二村），等等[②]。霍童溪上游流域还包括屏南、政和、周宁三县的各一部分，而以周宁为大端，特别是该县咸村、礼门和玛坑三个乡镇，基本都在该流域范围。据蔡道华主编的《周宁域情》第二章的简要叙述可知，咸村镇川中村、云门村亦属唐村[③]。霍童溪流域的村落密度与长溪流域相差无多。第三，古田溪及霍口溪流域。闽江支流古田溪和霍口溪是古田县第一、第二大河流。古田溪系闽江北岸支流之一，发源于屏南县北部，下游南出半坑亭和闽清县后洋至古田县水口汇入闽江。霍口溪源于天湖山南坡和土满山系东坡，流经古田卓洋、鹤塘、杉洋、大甲，经罗源、连江注入大海。县境内流域面积分别为833平方公里（不包括古田一、二级水库）、450平方公里，约占全县总面积（2385平方公里），含库区面积115平方公里，还有贯穿黄田、水口两镇，县境内长34公里的闽江干流，则要大大超过60%了。但迄今未见有比较系统的姓族村落资料，有文字资料（族谱）可考的最早姓村落当为杉洋，开基祖余焕，唐天宝间“相地围山，乐乐三阳风土之厚，山水之清，卜宅于兹，余氏肇基焉”。晚唐僖宗时，又有曾任福建观察使的李诲（改名邦）迁入[④]。至于全县的情况，这里暂引新编《古田县志》的一段话，略明其梗概：

殷周时代，境内已有人类居住。先秦时期，生息着闽越族人，西晋时，中原内乱，汉人南迁，境内始有汉人。刘、林、谢比诸姓先入古田，陈、郑、施、章于西晋永嘉五年（311年）由河南固始入，居古田。隋大业五年（609年）浙江菇农杨氏到石步坑种植香菇，随后即定居该地。林始祖高平于唐开元年间（731—741年）由河南固始迁福建，其

---

① 福安市地方志编纂委员会：《福安市志》，北京：方志出版社，1999年，第123页。

② 甘峰主撰：《宁川域情》，香港：华夏文艺出版社，2008年，第174－252页。按：村民的集体记忆（含族谱资讯）不可能都属实，如有单独引用，宜考证后再作评论。

③ 蔡道华主编：《周宁域情》，福州：海峡出版发行集团，海峡书局，2012年，第53、89页。云门村与云门寺是有区别的，云门寺成立于唐咸通二年（861年），那时应只有寺庙，并未成村。现在之云门村乃畲族村，其应为明清时期寺庙招聘罗源畲族为长工，后寺庙没落，畲族占有寺庙之地而成村，所以此说有待商榷。

④ 古田县地方志编纂委员会：《古田县志》，北京：中华书局，1997年，第82－83、101页。

孙林溢迁居古田。开元二十八年（740 年）刘疆率林溢、林希向化，都督李亚邱遗参军杨楚畹招致谢能等千余户置县。余焕父余燧任江西鄱阳县，转任建阳令，唐天宝十四年（755 年）迁杉洋，子余宥任浙江平阳县令，始居西洋，其子孙复迁芝南。李诲系唐宗室，任建观察使，后弃官居浙江处州（今丽水），中和元年（818 年）与其兄挈家奔闽居三阳（今杉洋）[①]。

如《古田县志》所言，古田县的刘、林、谢诸姓先入古田，西晋时，陈、郑、施、章居古田。隋大业五年（609 年），浙江杨氏定居该地。唐开元年间（731—741 年），林溢迁居古田。唐天宝十四年（755 年），余焕父余燧迁杉洋。中和元年（881 年），李诲与其兄挈家奔闽居三阳（今杉洋）等。

长溪县中心地（今霞浦县），居民聚落亦较为明显，如赤岸村主要为王、林二姓，以长溪县令王务琨和洛阳御史林儒为肇基祖，位于霞浦县城东北 5 公里处，在古代曾为重要的海港。继“开闽进士”薛令之后，于唐僖宗乾符二年（875 年）赤岸林嵩也进士及第，唐廷赐名其乡里为劝儒乡擢秀里。但全县古村落尚缺乏比较完整的统计和研究[②]。另据《霞浦县志》之姓氏构成，《闽中记》载：“永嘉二年（308 年），中原板荡，林、黄、陈、郑南渡居此，始称四姓，其次詹、丘、何、胡，是为八族。”万历版《福宁州志》称“未有秦川，先有池、林、蒋、薛”[③]。或亦可窥斑见豹。

闽东宗族有如下特点：

第一，区域建置及其发展与宗族成长相伴随。闽东姓氏成长在建置之前，如据《古田县志》载，唐开元二十八年（740 年）刘疆率林溢、林希向化，都督李亚邱遣参军杨楚畹招致谢能等千余户置县。由于频繁变动之归属等造成浓厚的宗族文化底色。即传统的中国在地方一级是受扩大了的家庭或宗族的支配，这在相当程度上是因为传统中国是等级名分结构的主要支柱，而这个结构是遵循着有关宗族关系的经典教义而在起作用的[④]。

第二，区域资源禀赋与强宗大族成长相关联。族田是宗族运行的主要经费来源之一，闽东部分县的族田占该县田地总额比，古田族田所占比 42.46%[⑤]，屏南为 32.29%[⑥]，周

---

① 古田县地方志编纂委员会：《古田县志》，北京：中华书局，1997 年，第 101 - 102 页。

② 林校生主编：《闽商发展史 · 宁德卷》，厦门：厦门大学出版社，2017 年，第 46 页。

③ 霞浦县地方志编纂委员会：《霞浦县志》，北京：方志出版社，1999 年，第 133 页。

④ ［美］费正清、刘广京编：《剑桥中国晚清史》，北京：中国社会科学出版社，1996 年，第 20 页。

⑤ 古田县地方志编纂委员会编：《古田县志》，北京：中华书局，1997 年，第 143 页。

⑥ 屏南县之族田归入“公田或机动田”范畴。本数字乃按族田皆被没收之原则，即土改前数字与土改后数字相减所得（屏南县地方志编纂委员会编：《屏南县志》，北京：方志出版社，1999 年，第 118 页）。

宁为30.12%,[1] 寿宁为27%,[2] 柘荣为26.5%,[3] 宁德（今蕉城区）为23.5%,[4] 福安为13.37%,[5] 霞浦为16.89%,[6] 福鼎为24.4%[7]。正是限于区位和地理等，相较于福建其他地区而言其开发最迟。唐代以来，政府对此控制力较弱，宗族力量不断成长壮大，且一定程度和范围内，影响和代行了小社会的发展和管理职能，因此，本区域宗族底色极为浓厚。这在张先清的研究[8]和孙绍旭的研究[9]中亦得到证实。

区位和地形地貌等自然地理环境，必然会对该地域长时段的生产生活活动及其活动主体产生深远的影响。传统社会的闽东之于福建的大圈椅中小圈椅特点，加之境内山海川岛兼备，且沿海同时又更多体现内陆农耕文明的延伸，这有利于为区域多元化等发展预留充足的空间。与此同时，众多纵横切割溪流形成相对独立、各具特色的区域，减缓相互同化的进程，进而给予不同文化以相对长时段的过渡和融合时间以适应新发展。不断变化的建置既延缓区域统一步伐，也为文化多样性提供条件，山地丘陵和众多河流切割影响交通，同时影响管理，于是维护小区域管理的宗族势力填补空白。宗族源于各处，保持本族特色是更好延续的基础，因此，也促成有利于各种文化现象保存的环境。

综合上述，建置和隶属的频繁变动致未能出现稳定的中心，良好水系资源环境和重要航道，以及浓厚的宗族文化底色是闽东茶业兴起和发展的最为重要的人文底色。

第四节　鸦片战争前的闽东乡村社会

传统社会的沿海闽东，以其独特区位和地形地貌等造成交通闭塞而闻名左近。而在此物流交通不便、环境闭塞，可耕地少，人口承载力小，传统自给自足的自然经济在家庭生活中不断延续着。根据清乾隆、嘉庆和道光时期闽东的部分志书记录等，鸦片战争前夕闽东乡村具有如下特点。

---

① 周宁县地方志编纂委员会编：《周宁县志》，北京：中国科学技术出版社，1993年，第98页。

② 寿宁县地方志编纂委员会编：《寿宁县志》，厦门：鹭江出版社，1992年，第157页。

③ 柘荣县地方志编纂委员会编：《柘荣县志》，北京：中华书局，1995年，第176页。

④ 宁德市地方志编纂委员会编：《宁德市志》，北京：中华书局，1995年，第174页。

⑤ 福安县之族田归入“公田或机动田”范畴。本数字乃按族田皆被没收之原则，即土改前数字与土改后数字相减所得（福安市地方志编纂委员会编：《福安市志》，北京：方志出版社，1999年，第377页）。

⑥ 霞浦族田应被归入“公轮田和寺田”，占16.89%，其族田可参合福安县所在之比例即13.37%（霞浦县地方志编纂委员会编：《霞浦县志》，北京：方志出版社，1999年，第220页）。

⑦ 福鼎县地方志编纂委员会编：《福鼎县志》，北京：中国统计出版社，1995年，第343页。

⑧ 张先清：《官府、宗族与天主教——明清时期闽东福安的乡村教会发展》，福建师范大学，2003年。

⑨ 孙绍旭：《农村劳动力转移模式实证分析——以周宁百年劳务输出为个案》，香港：天马出版有限公司，2008年。

一、儒学浸润的淳朴民风

鸦片战争前的闽东，在长期儒学浸润下形成了淳朴的民风。现胪列志书记载如下：

（福）鼎邑新辟，本霞旧地。士尚慷慨，民各气衿。富者好施，贫者好义。遇有公事，争趋乐赴。故学校，城垣、书院、堤埝、桥梁、道路等项，独为完整，皆民方也①。自朱子流寓讲学，代有名儒，表率乡里，父兄之教，子弟之率，敦朴愿尚廉耻，宜其风之淳也②。儒者表率，百姓讲礼，父慈子孝，兄友弟恭，礼义廉耻，儒教濡染跃然纸上。霞（浦）邑士习醇谨，民风朴诚。……敦本务实，罕去其乡，此其美也③。淳厚谨慎的士气，朴实忠诚的民风；崇尚根本，注重实际；与外界交流甚少；寥寥数笔，福宁府所在地，一幅美景展露眼帘。（福安）士子横经，楚楚可观。文风与霞浦等④。（宁德）故其俗俭约自守，不轻讦讼，不敢斗狠。市鲜游民，野无游女，声伎杂流不入其境。贸易重然诺轻质剂，百工艺事务浑坚贱。华饰衣服多布帛，少纨绮。瞿瞿然有蟋蟀葛履之风焉。士人雅尚乡评，不衿声气，耻为佻达，虽囿于方隅，见闻稍狭，而熏陶圣化久已骎骎日上矣⑤。俭约自守，不轻讼，不斗狠，禁声伎杂流，重诺轻质，耻为佻达，圣化熏陶日久。

屏（南）自设治以来，计近百年。礼义风行，士多弦诵，敦厚醇谨，率以气质为先，爱惜廉耻，绳墨自守、不尚华糜之习。……信鬼尚巫，病辄禳祷。岁时伏腊，叙会亲朋，多设馔以待。丧婚拜献，皆随时而的丰俭⑥。（寿宁）俭约朴素，敦庞浑厚，罕有伦比。士习诗书，虽鲜师傅，而天然秀异，节义文章，竟有他邑所不逮者。惟土瘠民贫，家无储蓄。官斯土者，能饮水茹蘖，可不劳而理也。人物俊义，风气隆古。虽各县水土不同，习尚少异，而士朴民导，则无二致⑦。

总之，千百年来圣化熏陶，到鸦片战争以前，闽东地区秩序井然，士农工商各司其职；男尊女卑，礼义廉耻，勤俭节约；虽习尚少异，而士朴民导则是一样的。

二、自给自足的农耕经济

传统社会异常闭塞，区域经济中自给自足的农耕经济主导区域发展，手工业和商业多服务于农耕经济；与此同时，在作为社会细胞的家庭中，男外女内的分工也特别明显。

---

① ［清］李拔：《福宁府志》，福建省宁德地区地方志编纂委员会出版，1990年，第398页。

② ［清］谭抡《（嘉庆）福鼎县志》，台北：成文出版社有限公司印行（中国方志图书，华南地方，第223号），第219页。

③ ［清］李拔：《福宁府志》，福建省宁德地区地方志编纂委员会出版，1990年，第398页。

④ ［清］李拔：《福宁府志》，福建省宁德地区地方志编纂委员会出版，1990年，第399页。

⑤ ［清］卢建其、张君宾：《宁都县志》，宁德县志编纂办公室重印，1983年，第81－82页。

⑥ ［清］梅鼎臣总修：《（道光）屏南县志》，福州：海峡出版集团，福建人民出版社，2017年，第303页。

⑦ ［清］李拔：《福宁府志》，福建省宁德地区地方志编纂委员会出版，1990年，第400页。

基于儒学濡染，限于山海川岛的地形地貌，闽东地区的靠山吃山、靠海吃海的自给自足的农耕经济特色明显。霞（浦）山利桐茶，海利蜃蛤。男有安居之乐，女无絜伴之游①。按霞浦县地形地貌，大体可分成上半县和下半县，上半县多山，经济来源主要有桐茶，而下半县形同半岛，主要靠蜃蛤等。而福安则有山峦海港，地多平坦，田土肥美，户有盖藏②。（宁德）邑西、南、北重峦叠嶂，山多沙瘠，地少平腴。农民终岁做勤，半资樵采，仅免饥寒。东则滨临海峤，山嶂外洋，番舶商艘，鲜集于此。泽处之民力耕，而外藉罟鳞介以左治。生务末者，寡服劳者③，宁德西南北土地少且贫瘠，除种地外，主要副业是樵采；东部虽滨海，却受阻隔，外贸商业落后；河泽处居民藉助罟鳞介等。闽东海的气息虽然浓厚，但海洋利用方式主要是近海捕捞、运输和滩涂“讨”拾、养殖，带有“以海为田”的意味④。屏（南）自设治以来，计近百年……地处深山穷谷，少燠多寒，土壤硗瘠，财源鲜薄⑤。

总之，世代居住于闽东地区的百姓为了营生，根据本地实际靠山吃山、靠海吃海，多种经营，勉强度日。而闽东地区地力也限制着人口的数量。

三、 男外女内的家庭分工模式

深受传统文化濡染，士农工商各司其职，社会秩序井然。在靠山吃山、靠海吃海的自给自足的农耕经济背景下，闽东家庭男女分工明确，男主外女主内，男耕女织；且鉴于三从四德等，女性活动受限大。例如福安县，男务耕织，女勤（辟）绩。顾夏布之属，福安为上⑥。而屏（南）（女工）木少桑柘，妇鲜蚕织，惟勤纺麻苎，资为服物。粗衣布履多自缝织，似有葛屦之风⑦。因此，女性经济没有独立，依赖关系明显。这在闽东的契约文书中也有所体现，一些女性不仅日常生活难以为继，而且甚至连自身的命运也由他人操纵。从契约文书中可以看出，在清代闽东的风俗中，一方面是女性婚后丈夫去世的守节，以及守节期间生活的艰辛；另一方面因传宗接代观念的影响，能生育男孩的女性被丈夫借故出典或常租他人⑧等。

---

① ［清］李拔：《福宁府志》，福建省宁德地区地方志编纂委员会出版，1990 年，第 398 页。

② ［清］李拔：《福宁府志》，福建省宁德地区地方志编纂委员会出版，1990 年，第 399 页。

③ ［清］卢建其、张君宾：《宁都县志》，宁德县志编纂办公室重印，1983 年，第 81－82 页。

④ 黄顺力把海洋文明分为四种类别：海生文明，海田文明，航海文明，现代海洋文明；海田文明把海看作田，实际上是陆地文明“大传统”中的“小传统”（黄顺力：《海洋文明、海洋观念与“重陆轻海”的传统意识》，载福建省炎黄文化研究会等编：《福建海洋文化研究》，福州：海峡文艺出版社，2009 年）。

⑤ ［清］梅鼎臣总修：《（道光）屏南县志》，福州：海峡出版集团，福建人民出版社，2017 年，第 303 页。

⑥ ［清］李拔：《福宁府志》，福建省宁德地区地方志编纂委员会出版，1990 年，第 399 页。

⑦ ［清］梅鼎臣总修：《（道光）屏南县志》，福州：海峡出版集团，福建人民出版社，2017 年，第 303 页。

⑧ 刘正刚，杨宪钊：《清代闽东契约与乡村女性地位研究》，《暨南学报（哲学社会科学版）》，2017 年第 1 期，第 46、49 页。

四、清前中期造船管控简况

对于闽东来说，船舶水运是内外交通的主渠道，但清前中期的造船管控极严。康熙十九年（1680 年）清政府解除“迁界”，二十三年（1684 年）废止了“海禁”政策。但清政府并未放任民间造船业发展，而是对民间造船实行了比明代更为严格的管制。福建地方政府秉承中央政府旨意，制定规例，管控民间造船①。

清政府对民船制造采取系列控制政策，主要如申报、料照、限定船舶形制和实行验量制度、“牌照”和“船照”制度。

第一，申报。凡需要建造船舶者，必须事先向所属县衙提出申请，报明船户，所造船舶类型、形制和用途，资本来源，造船地点，日后雇请何人为水手，以及开列所需各类造船物料和数量，并由铺户、邻里、族人、造船工匠和另外九名船户提供担保，经查确系无误后，方允许置造。如果跨府州县造船，在造船人所在州县申请，州县上报督、抚，由督、抚转饬造船州县，极为复杂。而在国外造船则需经“厦门同知衙门给照”，更是麻烦②。

第二，料照。造船时先向地方官呈明，由州县取供结后，列举造船材料获批，才允许购买材料，例如嘉庆十二年（1807 年）同安县一例申报造船案。“料照”还有府州县的不同，即由某一府州县审批发给的“料照”，规定只能在该府州县境内购料造船，不准越境使用。否则，即属“越领料照”。除建造新船的料照外，修船亦需照料。同时，船舶造竣后，余下材料必须缴回③。

第三，限定船舶形制和实行验量制度。清政府规定商船只许用双桅，梁头不得超过一丈八尺。④ 据此，福建地方政府规定并反复重申，凡商船均以双桅、梁头一丈八尺为限⑤。直至嘉庆十二年（1807 年）还是如此。康熙四十二年（1703 年）限定渔船只能用单桅，梁头不得超过一丈。康熙四十六年，鉴于福建沿海居民需要“讨海为生”，放宽对福建渔船的限制⑥，不过梁头仍以一丈为限。当然，也因规定与实际不符，引发“越限”问题⑦。

实行验量制度。从乾隆元年（1736 年）开始就不断完善验量的方法，及至嘉庆十二

---

① 赵建群：《清代前中期福建造船业研究》，《中国社会经济史研究》，1993 年第 4 期，第 70 页。

② 关于县内造船、跨府州县造船、在国外造船详见嘉庆《福建沿海航务档案》（藏于福建师范大学古籍库，1963 年抄本）。

③ 关于造船的料物需开列，经批准后方可购买，且要求剩余料物要上交，详见嘉庆《福建沿海航务档案》（藏于福建师范大学古籍库，1963 年抄本）。

④ 光绪《大清会典事例》卷七七六。

⑤ ［清］《福建省例・船政例》，台湾文献丛刊第 199 种。

⑥ “桅之双、单，并从其便”（乾隆《福州府志》卷一二“海防”）。

⑦ 详见嘉庆十二年（1807 年）的规定（［清］《福建省例・船政例》，台湾文献丛刊第 199 种）。

年（1807 年）进一步重申。依照规例的要求，船舶竣工，船户呈报县衙，由地方官亲临按规定验明后，给照方可行驶[①]。其他地区到福建各县造船，船舶竣工，该县给护照回籍换照才可行驶[②]。

此外，船舶买卖过户易主的手续较为烦琐。首先明确卖船人的船没问题，后知会卖船人所在地后，才能改烙给照[③]。

第四，“牌照”或“船照”。福建地方政府把所有船舶都注册在案。除了海船之外，内河船舶尽管“向听自造驾驶，并不经官查验”，但是，其行驶同样需要船照，且不时进行更换。例如渔船，规定一年换照一次，否则不让出洋[④]，并配套了不按规定和管理不到位的惩罚规定[⑤]。

在此大背景下，闽东地区造船自然亦受限多多。与此同时，可能所造之船多为小船，或者基于政府对交通不便、多港湾的这一区域控御力，抑或走擦边政策等，因此，“未奉批示”私造船舶的事层出不穷，以至于“福宁府之宁德各县造船竟无具报”[⑥]。

综上所述，鸦片战争以前的闽东乡村社会，经长期儒教熏陶，释道为辅，“三纲五常、三从四德”根深蒂固。士农工商各司其职，社会秩序井然；男尊女卑、礼义廉耻、勤俭节约等传统思想主导民心。以农业占绝对比例的自给自足的自然经济主导区域经济发展，林业等副业以满足区域发展为主，有少量域外贸易。家庭中男主外女主内，男耕女织，女性主要从事家务；鉴于“三从四德”传统观念等，女性活动严重受限，经济不能独立，依附地位明显，且境内男女比例严重失调。交通网络呈现以陆路为主、沿河沿海为辅的格局。市集以县治所在地为主，河港、陆路交通枢纽和海港为辅渐次分布。基于对海外贸易的严格管控，船舶制造以内河和沿海为主，水平远不如清代以前。此外，鸦片战争前闽东交通如本章第三节所述，集镇如第二章第二节所述。

然而，随着 1851 年太平军战事不断向长江中下游扩张，特别是 1853 年定都南京，切断武夷茶叶输往广州和上海的通道，闽江茶叶运输航线开辟，福州成为茶叶输出大港后，闽东作为福州港外贸茶叶供应地迅速发展，社会变迁步伐加速推进。

---

① ［清］《福建省例 · 船政例》，台湾文献丛刊第 199 种。

② “别县商民赴闽县造船……成造工竣，由闽县给护回藉，一面移知原藉换领牌照”［嘉庆《福建沿海航务档案》（藏于福建师范大学古籍库，1963 年抄本）］。

③ 详见乾隆四十六年（1781 年）的规定（［清］《福建省例 · 船政例》，台湾文献丛刊第 199 种）。

④ 渔船换照规定“采捕一年期满，赴原藉换照，逾限不换，不准出洋”（［清］《福建省例 · 船政例》，台湾文献丛刊第 199 种）。

⑤ 详见福建地方政府规定［嘉庆《福建沿海航务档案》（藏于福建师范大学古籍库，1963 年抄本）］。

⑥ 嘉庆《福建沿海航务档案》（藏于福建师范大学古籍库，1963 年抄本）。

第二章　闽东茶业的兴起及其演进

闽东茶业历史悠久，但隋代及其以前，明显受限于区域社会的开发进程。众所周知，茶与人关系的密切，随着人类改造自然能力的不断提升而推进，然而由于生产力水平所限，最初人类改造自然的进程很大程度上取决于人口数量。闽东由于自然地理等因素，整体而言，其为福建最迟开发的区域；而即使是福建省，在隋代及其以前，其开发度也是有限的。至少有两大历史事件可明晰这一受限，据《史记》记载，汉武帝元封元年（公元前110年），汉朝平定东越的叛乱，闽越国灭亡，汉武帝令汉军尽迁闽越人安置于江淮地区。又据《三国志》记载，吴国为争雄江淮，大批越人被补充到军队中，引发闽中地区多次叛乱。因此至两晋时期闽中仅有人口8600户①。且茶在六朝时期还是少数人饮用的佳品②。直到隋朝统一福建，共有12420户③。根据《新唐书》中内容，福州有户34084、口758766。望县一、紧县一、上县三、中县二、中下县三（古田、长溪和尤溪）④。隋代以前闽东地区无建置记录，即使到唐代，闽东区域有建县于唐开元二十九年（741年）的古田和长溪，且两县皆为中下县。而按当时户数，中下县为1000户⑤。那么在隋代及其以前，偌大的闽东地区，户数2000左右，即0.15户/平方公里，且限于当时生产工具和交通等，其开发情况可想而知。即使如人口史学家估计，隋代南方人口平均只有1/5入籍⑥。即以5倍计之，建安郡约6.2万户，每户5人计之，则约有30万人，闽东的人口最多亦不足4万人，每平方公里不足3人。可预见隋朝以前福建经济发展情况，此亦可推知福建最迟开发的闽东地区之经济，更不用说处于药用阶段的茶叶的发展情况了。

唐代以后，部分典籍中已有相关茶叶之记录。据王永兴的研究，唐代福州土贡（土贡是古代臣民或藩属向君主进献的土产），分别反映于五个年代，其土贡品目如：开元二十

---

① ［唐］房玄龄：《晋书》，北京：中华书局，1974年，第461页。

② ［唐］魏徵等：《隋书》，北京：中华书局，1974年，第875页。

③ 徐晓望：《福建通史》（第二卷），福州：福建人民出版社，2006年，第43页。

④ ［宋］宋祁等：《新唐书》，北京：中华书局，1974年，第1064页。

⑤ 黄修明：《论唐代县制》，《淮北煤师院学报（哲学社会科学版）》，1999年第1期，第15页。

⑥ 葛剑雄：《中国人口发展史》，福州：福建人民出版社，1991年，第145－147页。

五年贡（《唐六典》三“户部郎中员外郎”条）；开元二十六年至二十九年贡（《元和县图志》）；天宝中贡（《通典》六《食货典》六“赋税”下）；元和元年至九年贡（《元和郡县图志》）；长庆贡（《新唐书·地理志》）①。其中，唐长庆间（821—824年）贡中有蕉布、海蛤、文扇、茶、橄榄，茶叶作为贡品的记录在此出现。关于闽东茶业的兴起及其历史演进，本节主要分三阶段即唐宋茶风、元至前清茶事、明末清初茶贸梳理如下。

第一节　唐宋茶风

唐代以后，福建人口有了明显的增长。南朝宋（420—479年）时期，福建人口3.75万人；经过350余年的发展，到唐建中年间（780—783年），人口增至53.65万人，增长14倍多；此后又经过440余年的发展，到宋嘉定十六年（1223年），人口增至323.06万人，相较于唐建中年间又增长6倍多②。郑学檬和魏洪沼《论宋代福建山区经济的发展》一文提出：直至唐开元年间福建仍属不发达地区，除建州外，闽东、闽西等地山区没有得到很好的开发。当然，据林校生教授的研究，开元年间古田、长溪二县可有居民七八千户，四万数千人③。据《宁德地区志》载，南宋建炎至淳熙间（1127—1189年）。长溪、古田、宁德三县共有109198户，总人口219959人④。林校生教授亦认为，南宋初年闽东人口将近50万人⑤，人口增长趋势明显。但相较于福建其他地区而言，闽东人口仅占7.3%左右；人口密度仅16.4人/平方公里，是福建省平均数的67%左右；且相较于福建省其他地区，闽东的交通最为落后（丘陵遍布、河汊纵横），整体开发最迟，因此，虽闽东人口是不断增多的，但其密度并未对环境造成压力，或者说压力不大，自给自足经济尚占主导地位，商品经济充其量只是补充；当然，人口数量亦不足以促成成规模茶叶商品市场的出现，所以，虽然茶叶生产相关之记录零星散见于各类簿籍，但也只能证明这一现象存在且相较于以前有一定程度的发展而已。限于传统社会生产力，福州、建州等茶产业发展的溢出效应对闽东之影响是肯定的，但也不宜过大估计。当然，此间，闽东茶叶以自种自销为主，兼以稀疏的零星交易为辅应为事实。

唐时，境内已然能产制腊面茶。据淳熙《三山志》载：“唐宪宗元和间（806—820），

① 王永兴：《唐代土贡资料系年——唐代土贡研究之一》，《北京大学学报（哲学社会科学版）》，1982年第4期。
② 福建省地方志编纂委员会编：《福建省志·总概述》，第一章、第三节，北京：方志出版社，2002年。
③ 林校生主编：《闽商发展史·宁德卷》，厦门：厦门大学出版社，2017年，第44页。
④ 宁德地区地方志编纂委员会：《宁德地区志》，北京：方志出版社，1998年，第218页。
⑤ 林校生主编：《闽商发展史·宁德卷》，厦门：厦门大学出版社，2017年，第69页。

诏方山院僧怀挥麟德殿说法，赐之茶。怀挥奏曰：‘此茶不及方山茶佳！’”据此段对话可知，第一，被召入宫的怀挥和尚肯定是见过世面、名声在外，且确有所长者。第二，怀挥和尚对方山茶应颇有研究，方山茶在闽东区域内应小有名气，不然，怀挥和尚不足以在佳品云集的皇家大殿炫耀。第三，方山茶应仅限于区域内，倘若已经闻名于世，朝廷不应该不知道，那怀挥和尚也不足以炫耀，且《茶经》应有载入。陆羽《茶经》中提及福建的茶产地只有两处：福州、建州①。唐《地理志》亦载：“‘福州贡腊面茶’，盖建茶未盛以前也。今古田、长溪近建宁界，亦能采造，然气味不及。”② 唐代，福建茶区以建瓯、建阳、武夷山一带与福州郊区、闽侯一带为主，产茶最早、最多也最有名，闽南、闽东一些名山古刹亦有零散生产③。《新唐书·卷四十一·地理志》江南道·福州条载：“福州长乐郡，中都督府。土贡：蕉布、海蛤、文扇、茶、橄榄。县十……长溪，中下。”④ 综上所述，闽东境内应有产制茶叶。当然，就茶叶从药用到食用再到饮用的演变历史而言，林校生教授提出的茶叶在唐代进贡品中应属于“药品”类⑤之说存在一定合理性。

五代王审知居闽时期，“选任良吏，省刑惜费，轻徭薄敛，与民生息”，鼓励农垦，提倡种茶，“三十年间，一境晏然”⑥。王审知在其辖区内提倡种茶，对茶叶种制起到积极的推动作用，闽东地界应属提倡范围。宋子安《东溪试茶录》载：“旧记：建安郡官培三十有八，自南唐岁率六县民采造，大为民间所苦。”一般认为建安郡（建州）六县指建安（建瓯）、邵武、浦城、建阳、将乐和松源（松溪）。但北苑茶除了官焙，还有很多私焙，古田县的凤埔乡、风都镇，屏南县的岭下乡、路下乡，以及当时宁德县的关隶镇（闽永隆三年即941年，闽王王延政将宁德县关隶乡改设关隶镇，北宋升政和县，且明景泰六年批准划出政和县南里、北里、东里十至十五都和福安县平溪里十一至十四都，成立寿宁县），都与建州毗邻，民众生业容易受其影响。乾隆本《古田县志》卷七《隐》中有关余轩之记录就是有力佐证之一：

余轩，一名球。仕南唐李氏为尚书法曹，以时政衰弊，解官归村，营别墅以终其身。浚池沼，植竹木，尝有句云：“煎来前社茶芽白，酿出新春酒味酸。朱槛柳垂金缕细，碧波鱼跃锦鳞斑。”怡然自得也⑦。

闽东山区自然环境、野生茶资源和余轩的茶诗以及他的南唐仕历，从一个微观角度佐

---

① ［唐］陆羽：《茶经》（中国茶典），太原：山西古籍出版社，2004年，第47页。
② ［宋］梁克家修纂：《三山志》，福州：海风出版社，2000年，第648页。
③ 福建省地方志编纂委员会编：《福建省志——农业志》，北京：中国社会科学出版社，1999年，第五章、第一节。
④ ［宋］宋祁等：《新唐书》，北京：中华书局，1975年，第1064页。
⑤ 林校生主编：《闽商发展史·宁德卷》，厦门：厦门大学出版社，2017年，第51－52页。
⑥ ［宋］薛居正：《旧五代史》卷一三四《王审知传》，北京：中华书局，1975年。
⑦ 黄澄渊修、余钟英纂：《古田县志》（民国本）卷二九《独行附隐逸》、卷二四《艺文志》。

证了此间或更前时段以北苑茶为主的闽北茶向闽东与闽北毗邻交界处浸润延伸的事实。

宋代福建的茶产地由唐代的两地扩大到四地，如《太平寰宇记》中载“福州土产茶”“南剑州茶有六般”“建州土产茶”“邵武军植茶”①。宋代，福建产茶已进入兴盛时期，茶区发展很快。当时福建称“福建路”，属江南东道，在所辖“六州两军”（福州、建州、泉州、南剑州、漳州、汀州等六州和邵武、兴化两军，称“八闽”）中，有福州、建州、南剑州、漳州、汀州和邵武军等五州一军产茶②。徐晓望在《福建通史》中对建茶做了较为全面之描述③，据绍兴二十七年（1157 年）榷茶统计，福建产茶九十八万斤（490 吨）左右，约占全国总产量 6%④。不仅建茶区域与闽东毗邻，在茶市旺盛时存在溢出效应，突出表现之一即寺庙“茶仪”等。闽东茶区又次于闽西茶区，南宋时有记录的仅福州古田一县产茶，产量亦很少⑤。又可见数量和规模的有限性。

唐宋时期，闽东茶叶发展中，佛教寺庙“茶仪”、王审知开凿甘棠港与“茶租”、唐宋文人对闽东茶叶发展、宋代的榷茶制度等颇值一提。

一、 唐宋佛教与闽东茶叶

关于佛教与茶叶的关系，印度方面认为，茶叶系由千余年前的达摩祖师发明⑥。据沈佐民的研究，佛教对中国茶叶的发展发挥了巨大作用。其具体表现在佛教与茶叶栽培、佛教与茶叶加工、佛事与茶的品饮、佛教与茶文化⑦等。闽东这方面亦极为突出，特别是在唐宋时期。

关于高僧大德与“禅茶”，宋《景德传灯录》卷九·百丈怀海禅师第三世法嗣载：潭州沩山灵佑禅师者，福州长溪人也。姓赵氏，年十五，辞亲出家，依本郡建善寺法常律师剃发，于杭州龙兴寺受戒，究大小乘经律。“普请摘茶，师谓仰山曰：‘终日摘茶，只闻子声，不见子形，请现本形相见’。仰山撼茶树。师云：‘子只得其用，不得其体’。仰山云：‘未审和尚如何?’师良久。仰山云：‘和尚只得其体，不得其用’。师云：‘放子二十棒。’”⑧ 禅宗的“且耕且禅”，借助于摘茶“说禅”，寓禅于茶或寓茶于禅流诸笔端。《景德传灯录》卷第十七载：“福州罗山道路闲禅师，郡之长溪人也，姓陈氏，出家龟山（宁

---

① ［宋］乐史：《太平寰宇记》，北京：中华书局，2000 年，第 117 – 127 页。

② 福建省地方志编纂委员会编：《福建省志——农业志》，北京：中国社会科学出版社，1999 年，第五章、第一节。

③ 徐晓望：《福建通史》（第三卷），福州：福建人民出版社，2006 年，第 244 – 249 页。

④ 福建省地方志编纂委员会编：《福建省志——农业志》，北京：中国社会科学出版社，1999 年，第五章、第一节。

⑤ 陈衍德：《宋代福建手工业布局的几个问题》，《中国社会经济史研究》，1989 年第 1 期，第 10 页。

⑥ 佚名：《华茶的对外贸易》，《经济研究》，1941 年，第 2 卷、第 11 期，第 63 页。

⑦ 沈佐民：《佛教对中国茶叶发展的作用》，《合肥学院学报》，2004 年第 3 期，第 60 – 62 页。而关于佛教与茶叶发展贝剑铭在《茶与中国》中从文化的角度对之推理亦佐证佛教对茶叶发展的作用（［加］贝剑铭（James A. Benn）：《茶在中国：一部宗教与文化史》，朱慧颖译，北京：中国工人出版社，2019 年）。

⑧ ［宋］释道元：《景德传灯录》，成都：成都古籍书店，2000 年，第 141 页。

德赤溪龟山寺）……（定慧）又进前问：‘即今作什么生？’师曰：‘吃茶去’”禅语中提及茶，是茶禅风行的佐证之一。在一些寺庙，由于产茶、制茶、品茶的传统悠久，更有一些特殊的茶礼仪文化。如支提山华严寺、龟山雍熙院、香积院、金郕院、霍童都尉寺等寺院奉行《百丈清规》，设茶头、茶堂；行茶鼓、普茶，每日于佛前、祖前、灵前供茶汤，及迎送用茶水为恒例。此外，还沿袭唐代佛教“普茶”仪式，即春节来临之际，手捧茶杯或茶碗，聚集一起进行“普茶”活动，既奉祀佛祖，又品饮僧侣自行产制的名茶，庆贺新春佳节。寺院中还设有茶堂或茶具，香客游人到达寺院，僧人必汲取甘泉活水，烹煮新茶招待客人，此俗流传至今①。寿宁县境内的寺院茶仪亦沿袭唐代百丈大师所创的“普茶”仪式②。以上所列，闽东寺庙茶仪之俗应具备相当普及度。而闽东寺庙数量、分布等又决定其对该区域的影响面。

关于唐宋闽东寺庙在各都分布数量及分布概况，现参合淳熙《三山志》和《八闽通志》等，胪列如下。

长溪县③僧寺134所。长溪县53个都加县治共54个都级单位，有40个都有寺庙记录（除14个都阙如外，另有53座时间无法确定），占总都数的74%，其中，2座为隋代以及以前所建。县治寺庙最多11座（22座时间无法确定），8座的两个都，7座的一个都，6座的三个都，5座的两个都，4座的两个都，3座及其以下的27个都④。

古田县僧寺161所。古田46个都加县治共47个都级单位，除7个都阙如外，10都、15都和县治寺庙最多10个（其中县治有3座无法确定时间），8座寺庙的1个都，7座寺庙的3个都，6座寺庙的6个都，4座寺庙的8个都，3座以下的20个都⑤。

宁德县僧寺48所。宁德23个都加县治共24个都级单位，除7、15、16、18，4个都阙如外，6个寺庙的2个都，5个寺庙的2个都，4个寺庙1个都，2个寺庙的9个都，1个寺庙的9个都⑥。

---

① 宁德市蕉城区茶业协会编：《宁川茶脉》，北京：中国农业出版社，2015年，第17页。

② 寿宁县茶业局编：《寿宁县茶叶志》，福州：海峡出版发行集团，海峡文艺出版社，2017年，第225页。

③ 福安18个都加县治共19个都级单位，县治9个寺庙（其中3个时间无法确定），3个寺庙的2个都（21、35），1个寺庙的12个都（2、3、4、8、9、10、17、20、24、27、31、36、58），共计37所。因福安建县于淳祐五年（1245年），而淳熙《三山志》已经写就。

④ ［宋］梁克家：《三山志》，福州：海风出版社，2000年，第558－573页。

⑤ 除6、19、25、32、33、39，6个都阙如外，10都、15都和县治寺庙最多10个（其中县治有3座无法确定时间），8座寺庙的1个都（21），7座寺庙的3个都（30、38、43），6座寺庙的6个都（5、7、12、16、17、41），4座寺庙的8个都（2、4、7、9、20、27、44、45），3座以下的20个都（1、3、11、13、14、18、22、23、24、26、28、29、31、34、35、36、37、40、42、46）（［宋］梁克家：《三山志》，福州：海风出版社，2000年，第587－594页）。

⑥ 除7、15、16、18，4个都阙如外，6个寺庙的2个都（4、8），5个寺庙的2个都（10、12），4个寺庙1个都（2），2个寺庙的9个都（1、5、6、9、11、19、21、22、23），1个寺庙的9个都（县治、3、13、14、17、20）。（［宋］梁克家：《三山志》，福州：海风出版社，2000年，第606－610页）。

综上所述，除无法明确时间的近60座寺庙外，按当时闽东各县都的数量（含县治所在地）可以看出闽东80%以上的都有1—10座寺庙，可见寺庙在闽东的普及面和密度。数量众多、分布密度高、僧尼人口相对多些的寺庙，应在一定程度和范围内对寺庙左近区域茶叶种植影响更大些。

当然，寺院茶园集体所有、制造的名茶名品，除供佛、待客、自饮外，应一定程度和范围内存在礼俗行为（或商品买卖）。为防止寺院私自贩茶，与政府争利，朝廷于1113年下诏："茶五百斤以下，听从便吃用（即不得贩卖），若五百斤以上，并依园户法。"① 每个诏令的出现都有其独特之背景，从上述诏令的颁布可以推测具备一定规模的寺庙茶叶商品经济与政府垄断茶叶利益的冲突，当然，其亦影响茶叶商品流通和经济的发展。

二、 王审知开辟甘棠港与 "茶租"

唐代福建多产茶，尤以福州、建州为甚。茶区有：方山、鼓山、冶山、侯官水西、怀安凤岗山、宁德县、古田、长溪、武夷、建瓯、南安县。福州鼓山、宁德天山、武夷山产贡茶②。五代二王实行宽商政策，"甘棠港"③ 的开辟，及其此处的茶税收入亦是闽东地区的一大茶事。

唐朝末年，光州固始人王潮随王绪入闽，至唐景福二年（893年）尽有闽岭泉州、建州、福（丰）州、漳州、汀州等5州24县之地。王潮逝世，王审知受命为威武军节度使，加三司发运使，确立了在闽割据政权中的领导地位。王审知每年向中原政权唐（梁）进贡时，"其入贡之道，为淮南（割据政权）所阻，每岁自福州洋过温州洋，取台州洋过天门山，入明州象山洋，过涔江，掠冽港，直东北度大洋，抵登莱岸，风涛险恶，没溺者尝十之四五，海道不足为中国患也，殆以是欤"。（《读史方舆纪要·福建方舆纪要叙》）为规避和减少海上风险，亟须开辟一中继港。而位于三沙湾内长溪出海口的黄崎港（今福安下白石港）以其独特之区位等优势被王氏选中，其下令开凿。《三山志》卷之六载："甘棠港，旧有巨石，屹立波间，舟多覆溺。唐天祐元年，琅琊王王审知具太牢礼祷于神，将刑之。其夕，雷雨暴作，石皆碎解。迟明，安流如抵。昭宗诏奖之，赐号'甘棠'，神日'显灵侯'。"④ 开港的意义压倒开港的困难。

甘棠港的开凿得力于天神灵怪之力，目的说明工程之浩大和艰巨。当然，限于当时生产力水平，此工程的浩大和艰巨度是可想而知的，仅从时间上就可见一斑。此是淳熙《三山志》中之记录，但在五代时期的甘棠港，用于拓展福州对外交通并达到政治上攀附唐、

---

① 周玉璠：《福建茶叶商品经济发展史》，《中国茶叶》，2013年第12期，第34页。

② 周玉璠：《福建茶叶的起源和发展》，《福建茶叶》，2013年第6期，第52页。

③ 徐晓望：《福建通史》（第二卷），福州：福建人民出版社，2006年，第79页。

④ ［宋］梁克家：《三山志》，福州：海风出版社，2000年，第64页。

梁政权的双重目的，限于闽东当时的人口数量和配套的陆路交通等因素，其对闽东经济的作用，特别是所谓的茶叶发展的影响却也不宜扩大。而至宋代，随着人口和海运等的发展，特别是熙宁年间（1068—1077 年）把原设在官井洋的税场移到黄崎镇。随后，在黄崎镇后山上建起了收税亭、市易库厅。且“茶租”（茶税）这一当时收税亭征收的主要税种之一的出现或可说明茶叶经济相较于此前有一定程度的发展。南宋末陈普先生在《石堂先生遗集》有“贺叔父为犹子成室”一诗，“茶租急切同胞义，冰蘖规模一个仁”，这里提到的“茶租”即“茶税”。南宋后甘棠港衰落。甘棠港从开辟到衰落，历时 300 余年，其对当地经济发展的推动是肯定的，当然也应包括一定程度和范围内对当地茶叶经济发展的影响。

三、 唐宋文人与闽东茶叶

根据学界最新也最为深入的研究，真正具有地域特性的福建文化从中唐才开始初步发育，两宋形成四个文化中心[①]。自晋至唐经过数百年的文化孕育，据载，唐神龙二年（706 年）长溪县薛令之（今宁德福安人）高中进士，随后林嵩等相继及第。唐宋两朝闽东考中进士者如表 2 - 1、表 2 - 2 所示，共 427 人。宋绍兴二十八年（1158 年），陆游出任宁德县主簿；宋绍熙元年（1190 年）和宋咸淳元年（1265 年），宁德人余复和阮登炳分别高中该科状元；宋庆元三年（1197 年），理学家朱熹一度避地闽东，在境内各地留下讲学足迹；宋绍定四年（1231 年），乡人进士郑寀（今福安人）出任福建路泉州市舶司提举。在闽东文风鹊起的同时，茶风更炽，茶叶频频入诗，茶诗丰富了诗歌的内容和拓宽了诗歌的取材领域[②]。

表 2 - 1　　　　唐代闽东进士名表[③]

姓名	籍贯	科举时间和榜名	附注
薛令之	今福安	神龙二年（706 年）丙午科姚仲豫榜	《福建通志》《福宁府志》作“丙辰”误
林嵩	今霞浦	乾符二年（875 年）乙未科郑合敬榜	—
曹愚	今霞浦	景福二年（893 年）癸丑科	《福宁府志》作“特奏进士”《登科记考》作“崔胶榜及第”
黄诜	今福鼎	乾宁二年（895 年）乙卯科赵观文榜	《登科记考》作“拔萃科”。《福建通志》作“侯官人”
卓文	今霞浦	乾宁四年（897 年）丁巳科杨赞图榜	《福宁府志》《霞浦县志》作“杨赞国榜”误。《福建通志》作“长乐人”

① 林拓：《文化地理的过程分析——福建文化的地域性考察》，上海：上海书店出版社，2004 年，第 180 页。
② 郑建平：《唐宋以来闽东科第兴衰原由述略》，《宁德师专学报》，2008 年第 1 期，第 71 - 76 页。
③ 宁德地区地方志编纂委员会：《宁德地区志》，北京：方志出版社，1998 年，第 2073 页。

表 2-2　　宋代闽东进士籍贯情况一览表[①]　　单位：人

	福鼎	霞浦	福安	宁德	寿宁	周宁	屏南	古田	总计
北宋	3	14	6	11	1			15	50
南宋	23	175	67	51	1	2	1	52	372

唐薛令之开闽东文风以来，在“士、农、工、商”中，士摆首位，对社会的教化一直起着主导作用。唐代以来茶风日盛，且“上有所好，下必甚之”向来主导社会舆论，到了两宋时茶风极盛，连徽宗皇帝都写出《大观茶论》，在“斗茶”之风盛极一时的情况下，文人特别是有功名的文人（进士）对茶风更为推崇。受到传统教育的进士，对于两宋朝廷的崇茶之风的启承必发挥其巨大之作用。闽东在两宋时期文风极盛，有进士 422 人，其中北宋 50 人，而南宋进士 372 人，是北宋的 7.4 倍以上。据不完全统计，两宋共出 28933 名进士，而福建路有 7144 名进士，位列全国第一[②]。以《宋史》卷 89《地理志》所载福建路各州军统辖的 47 县进行计算，平均每邑有进士 59.6 人。闽东当时四县（福安为南宋末建县），平均每县 100 人，远高于福建省平均数。据此推之，民间社会读书人数量应更为可观。上行下效，必然对茶叶的消费，特别是高品质茶叶的消费起推动作用，如宋代宁德籍阮元龄（宁德县人）[③]、周牧（宁德人）、林仰（霞浦人）、谢钥（霞浦人）、余轩公（古田人）等皆有咏茶诗流传。现列茶诗数首如下：

资圣寺

宋　周牧

点点晴光滴滴翠岚，参天松干影毵毵。
穿云日阅客千数，汲水时闻僧两三。
俗子绕登山勒马，禅心常与月同龛。
烹茶汲取盈瓯雪，一味清霜齿颊涵[④]。

金台寺

宋　林仰

日暖迟迟晞宿露，微风淡淡逐寒烟。
茶瓯香秘蒲团稳，始觉林泉思邈然。

注：金台寺在霞浦县旧二三都，即今之赤岸。北宋天圣年间（1023—1031 年）建。即

① 宁德地区地方志编纂委员会：《宁德地区志》，北京：方志出版社，1998 年，第 2073-2087 页。
② 刘海峰、庄明水：《福建教育史》，福州：福建教育出版社，1996 年，第 63 页。
③ 宁德市蕉城区茶叶协会编：《宁川茶脉》，北京：中国农业出版社，2015 年，第 252 页。
④ 徐友梧：《霞浦县志（下）》（1929 年），霞浦县地方志编纂委员会整理，1986 年，第 216 页。

当时宋榕台林先生延师议礼讲学之地。作者林仰，字少瞻，邑人，芜湖令，北宋绍兴十八年（1148年）进士。此为目前霞浦县发现最早的一首饮茶诗，也是闽东最早的一首饮茶诗①。

玩月有感

宋　谢钥（长溪人）

入夜茶瓯苦上眉，

眼花推落石床棋。

举头却恨天边月，

颠倒山河作树枝。

注：谢钥是宋末著名文学家、理学家谢翱的父亲，霞浦松城镇万贤街人②。

此外，还有前文乾隆版《古田县志》记载余氏第五代仕南唐李氏为尚书法曹轩公等。这些文人骚士对饮茶的推崇在官本位的传统社会的影响力可想而知，其在一定程度和范围内推动了茶叶的种制。

四、宋代的榷茶制度

宋代榷茶经济法规，经历300年，虽经多次变革，但不外为禁榷法、通商法、茶引法三种。宋太宗雍熙年间（984—987年），诏罢榷货务和山场，废除官买官卖禁榷制度，实行商买商卖，叫“贴射法”。不久，朝廷又恢复榷货务和山场，“贴射法”改为“交引法”。宋仁宗嘉祐四年（1059年）二月，废除宋初榷茶制度，实行通商法。通商法解脱了国家对茶叶生产与流通领域的禁锢，促进商品经济的发展。在通商法实施后，福建腊茶仍行禁榷。这些各有利弊，但推动了生产和商品经济的发展；茶叶从每斤为190文，而卖出价格每斤达361文，每斤差额为171文③。闽东属于福建东北部，自然受制于榷茶制度。《宋会要辑稿》记载：“福建路南剑州之将乐、尤溪、剑浦、顺昌、沙：一万一百斤。福州之古田：二百一十斤。建宁府之建阳、崇安、浦城、松溪、政和、欧宁、建安；九十五万斤。汀州之宁化、上杭、清流、武平、长汀、连城：一万一百斤。邵武军之泰宁、邵武、建宁、光泽：一万一千二百五十九斤八两，总计98余万斤。”④此中之闽东古田的榷茶，虽只有210斤，但已经明确有此榷茶存在，当然所列之建宁7县数量最巨，其中政和县之一部在明景泰间成为寿宁县之一部。以北苑贡茶繁荣为代表的唐宋时期，屏南西北部与建州（东溪、鳘源）相邻的富竹、谢坑、横坑等地带，为北苑贡茶产地组成区，优质茶

①［清］李拔：《福宁府志》卷四十一，［清］张景祁《福安县志》卷之三十二。资圣寺在今福安市溪潭镇岐山，宋元符年间（1098—1100年）创；一说在宁德五都。

②佚名：《霞浦茶业志》（未刊），第六章、第二节。

③周玉璠：《福建茶叶商品经济发展史》，《中国茶叶》，2013年第12期，第34-35页。

④［清］徐松辑：《宋会要辑稿》，北京：中华书局，1957年，第5317页。

叶多就近流向建州[①]。为了杜绝私茶，宋政府不断制定和完善各种赏罚制度。首先，禁止园户藏匿茶叶或私自贩卖；其次，严厉处罚私贩茶商，禁止茶场官吏以官茶贸易[②]。

梁克家的《三山志》记载：宋代，朝廷额定宁德职官六员即知县一员，县丞一员，主簿一员，县尉一员，巡检一员[③]，监商税务一员（徽宗政和八年后由县官兼监），区区六员秩官，就有一员专司巡检巡抓私茶盐矾；“宁德县设城都务、临河务、号里、外茶盐税务，专置监务官，并从徽宗政和八年定县务。临河务设水里长境渡口（今八都铜镜村），巡查、征茶盐税……故有拦脚巡税。”又据《三山志》和《洋中村志》记载：“天山茶”是当时宁德县西乡的主要特产之一，茶叶交易主要在西乡中心地点的洋中村进行。宋初规定官给园（茶）户本钱，茶叶交易专卖。天圣时（1023—1032 年）停止官给本钱，任商人与园户自相交易，由商人向官输“息钱”，由此使洋中村的墟市发展壮大。每年清明节后开始，有茶商贩收购毛茶，袋装成包运往县城或福州；徽宗崇宁元年（1102 年）行“茶引法”，商人交纳茶价和税款领“引”，凭“引”卖茶，运销数量、地点都有限制，是政府统制下商人专利的办法。卫王祥兴二年（1279 年），在洋中村增设巡检一名，加强市场管理和报税收税，因为茶叶是西乡的主要税源。由此可见，在当时，茶叶的生产与销售已经成了官府特别重视的重要产业[④]。

在宋代交通运输条件下，茶叶搬运十分艰难，茶叶运输成本昂贵。“在任何社会里，作为发展经济的手段，交换在多大程度上受到运输的制约：速度缓慢、数量微薄，意外事故和成本很高是当时无法克服的障碍。”[⑤] 法国学者费尔南·布罗代尔考察了过去许多地方的情况后指出：“从黎塞留或查理五世皇帝时代的欧洲到宋代的中国或到神圣罗马帝国，运输这个领域简直毫无变化，或变化少得可怜！这对商业交往和人与人的联系既是无声的命令，又是沉重的包袱。”[⑥] 太宗时张洎在奏文中云：“访闻湖南山色茶每斤官中榷买用本钱二百二十文，辇运支费约破钱一百文，官中于地头出卖，计收钱九百六十文，除算出本钱并缠裹钱共三百二十文外，合收净利钱六百四十文。其淮南、两浙、江南等道茶货虽出卖价例小有不同，其所收净榷茶货利大约不逾于此。”[⑦] 由此可见物流成本之巨。

---

① 李步泉等主编：《闽东茶叶历史文化》，福州：海峡出版发行集团，海峡书局，2015 年，第 236 页。

② 孙洪升：《从宋代交引茶制看传统社会政府与商人的关系》，《宋史研究论丛 第 8 辑》，2007 年，第 79 - 81 页。

③ 宋初，设寨三屿。元丰元年（1078 年）徙三都蛇崎山，因水界福宁、福安，故名三县；巡检“衔带长溪。宁德巡检，巡捉私茶盐矾”（号称两县邋检）。

④ 宁德市蕉城区茶叶协会编：《宁川茶脉》，北京：中国农业出版社，2015 年，第 7 页。

⑤ [法] 费尔南·布罗代尔：《十五至十八世纪的物质文明、经济和资本主义》（第一卷），顾良、施康强译，北京：生活·读书·新知三联书店，1992 年，第 506 页。

⑥ [法] 费尔南·布罗代尔：《十五至十八世纪的物质文明、经济和资本主义》（第一卷），顾良、施康强译，北京：生活·读书·新知三联书店，1992 年，第 489 页。

⑦ [宋] 张洎：《上太宗乞罢榷山行放法》，[宋] 赵汝愚：《宋名臣奏议》卷 108，台湾影印文渊阁《四库全书》本。

关于宋代福建茶叶，刘锡涛、勾利军、林漱峰、林岑①等多有论及，其中包含闽东部分内容，此不赘述。

第二节　元至前清茶事

元代所设福宁州，是“闽东”最早的统县政区，表明“闽东”诸县至此有了自己的行政中心，福宁本州（霞浦）文化对所辖县域的辐射有所增强。以教育为例，随福宁州之设，新建了福宁州学，1237 年创置州学，学田 1515 石，霞浦成为全州教育中心。元明清“福宁文化”大体上一脉相承，虽然不能涵盖古田、屏南二县，但它毕竟是今日“闽东文化”整合的重要基础②。

宋元之际，福建兵灾频繁，户口耗损严重。据朱维幹《福建史稿》，元初兵灾严重，减少过半的户口③。当然，通过对比，亦能佐证此一史实，据欧阳忞《舆地广记》卷三十四，北宋晚期福建路凡 47 个县，望县或上县达 30 个。而《元史·地理志五》中所列，福建 48 个县，中县或下县竟达 47 个，仅闽东的古田县为上县。元代，闽东境内的福宁本州、宁德县、福安县和古田县约有人口 78400 户、157921 人④。林校生教授通过比对，认为“闽东元代后期著籍户约 7.4 万，比南宋前期的 8.9 万大约减少了 17%，降幅明显低于全省的整体降幅……原因即闽东虽属福州，却地偏一隅，为主要兵锋所不及，大约即因此而未元气大伤”⑤。明洪武二十四年（1391 年），福宁县、古田县、宁德县和福安县共有人口 58474 户、138517 人，户均 2.37 人。其中福宁县（今霞浦、福鼎、柘荣县地）28365 人，占闽东总人口的 20.48%；福安县（今福安市全部及寿宁县一部）25663 人，占总人口的 18.53%；宁德县（今宁德市、周宁县地）33757 人，占总人口的 24.37%；古田县（今古田县、屏南县）50732 人，占总人口的 36.62%。明万历三十年至四十一年（1602—1613 年），闽东各县共有 25478 户、88521 人，户均 3.47 人。人口总数比洪武二十四年减少近 5 万人，只及洪武二十四年人口数的 64%。清顺治至乾隆年间（1644—1795 年）闽东各县共有人口 205258 人。清道光九年（1829 年）全区共有 213847 户、993107 人，户均 4.64 人⑥。

---

① 刘锡涛：《宋代福建茶业发展情状》（《广东茶业》，2012 年第 21 期，第 13－14 页）；勾利军：《宋代福建茶业生产述论》（《晋阳学刊》，1996 年第 4 期，第 104－109 页）；林漱峰：《宋代福建茶叶产制概述》（《福建茶叶》，1983 年第 3 期，第 44－45 页）；林岑：《福建茶事略考》（《福建论坛》，1982 年第 4 期，第 73－80 页）。

② 林拓：《文化地理的过程分析——福建文化的地域性考察》，第 183－184 页。

③ 朱维幹：《福建史稿》，福州：福建教育出版社，2008 年，第 343－351 页。

④ 宁德地区地方志编纂委员会：《宁德地区志》，北京：方志出版社，1998 年，第 218 页。

⑤ 林校生主编：《闽商发展史·宁德卷》，厦门：厦门大学出版社，2017 年，第 69－70 页。

⑥ 宁德地区地方志编纂委员会：《宁德地区志》，北京：方志出版社，1998 年，第 218 页。

根据梁方仲先生《中国历代户口、田地、田赋统计》的数据，宋徽宗崇宁（1102—1106年）时，东南地区人口为1500万人，明嘉靖时增至2312万人，比崇宁时增加了54%，清嘉庆时，人口猛增至13606万人，比宋时增加了8倍，比明代增加了5.4倍[①]。宁德在福建省东北部，属于梁先生所提及的东南地区之范围，且如前所述，受兵锋所不及，应优于江南其他地区，可以参照梁先生的统计计算比例做如下推想：根据《宁德地区志》载，南宋建炎至淳熙间（1127—1189年），长溪、古田、宁德三县共有109198户，其中主户65981户，客户43217户，总人口219959人，其中主户147825人，客户72134人[②]。那么按照梁先生得出的比率，在明嘉靖年间闽东人口应有338737人左右。清嘉庆时就达到1759672人左右。《宁德地区志》统计材料显示，清道光九年（1829年）全区共有213847户、993107人[③]。以梁之标准计算的清嘉庆闽东人口仅为《宁德地区志》中的清道光人口的1.77倍，应属合理范围。闽东的土地面积1.34万平方公里，据以上数据，明嘉靖时25.2人/平方公里，清嘉庆时131.3人/平方公里，增长至5.2倍。一定数量的人口压力是选取茶叶这一经济作物的必要条件之一，亦为种植茶叶提供一定数量的劳动力。

元代福建正式建省，仍辖八闽，茶区除武夷山更加兴旺、名声更大外，其他与宋代基本相同[④]。元朝茶叶商品经济衰退，官府沿袭宋制，实行茶引法，商买商卖。朝廷在江西九江设盐铁茶都转运司，下设榷茶转运司，福建路茶税归其管辖，推行“茶引法”，长引受茶120斤，收钞五钱四分二百八毫；短引受茶90斤，收钞四钱二分八厘。并在福建建宁、古田、建安及浙、苏、豫、赣、湘、鄂、皖等茶区，建立了17个榷茶提举司。仁宗皇庆二年（1313年），朝廷增设榷茶批验所和茶由局，检查过境茶叶和茶引。农村茶区经济萧条，茶叶产量下降，茶税直线上升。茶引税率，至延裕五年（1318年）短引高达13两，增长30.8倍。茶税税额同时从1200锭上升到250000锭，增长208倍[⑤]。元代以后，饮茶进一步创新，直接焙干煎煮饮用；同时出现了泡茶，即用开水直接冲泡饮用。方便的泡茶逐渐普及，而成民间生活习俗，这不但提升中国人的生活品质，而且促进茶叶栽培和加工技术的提高。

虽然明代福建产茶更盛，茶区已遍及全省各府[⑥]，但元明之际，我国饮茶习俗发生很大的变化，从崇尚腊茶转为推崇散茶，福建腊茶走向衰落，而福建散茶也没能打开和迅速占领市场。明代福建的茶叶生产的特点是分布面很广，全省各地都有出产，但产量不大，

① 梁方仲：《中国历代户口、田地、田赋统计》，上海：上海人民出版社，1980年，第152、352、262页。
② 宁德地区地方志编纂委员会：《宁德地区志》，北京：方志出版社，1998年，第218页。
③ 宁德地区地方志编纂委员会：《宁德地区志》，北京：方志出版社，1998年，第218页。
④ 福建省地方志编纂委员会编：《福建省志——农业志》，北京：中国社会科学出版社，1999年，第五章、第一节。
⑤ 周玉璠：《福建茶叶商品经济发展史》，《中国茶叶》，2013年第12期，第35页。
⑥ 福建省地方志编纂委员会编：《福建省志——农业志》，北京：中国社会科学出版社，1999年，第五章、第一节。

所以，尽管明政府继承了宋元的榷茶制度，但未见在福建推行榷茶制度的记录，应当是产量不高的缘故。明代福建最重要的茶区武夷山和北苑仍处在官方贡茶制度的统治之下，生产萎靡不振。嘉靖三十六年“建宁太守钱黼因本山茶枯，令以岁编茶夫银二百两解府造办，解京御茶改贡延平”。万历年间，建宁府守郭章“请于两台，蠲其税”[①]。当然，也有名茶，如明陆应阳《广舆记》记载：“福宁州太姥山出名茶，名绿雪芽。”

由于明初之严厉的海禁，且土地有限等，沿海居民不得不靠海外贸易为生，于是怪现象出现了：允许市舶贸易的合法港口极度萧条冷落，而海面上的私人贸易却相当兴盛。时人称：“海乡之民，以沧溟为畲畲；每岁孟夏以后，大船数百艘，乘风挂帆，蔽大洋而下，而台、温、汀、漳诸处海贾，往往相追逐，出入蛟门中。”[②] 明前期，尽管朝廷视海上私人贸易为非法，但与中外海商并未发生严重的流血冲突。特别是英宗天顺年间（1457—1464 年）以后，东南沿海各地对海上私人贸易“守臣不敢问，戍哨不能阻……一向蒙蔽公法”；这种局面“相延百数十年”，“人情安于睹记之便，内外传袭，以为生理之常”。[③]“海上亦无盗警”之局面一直延续至嘉靖二年（1523 年），该年，明政府罢市舶司，而且“严其私请，商市渐阻”。[④] 明代的对外贸易分两种形式：一种是通过市舶司进行的贡舶贸易，另一种是不经过市舶司的私人海上贸易。明嘉靖年间的胡宗宪对此作了明确的论述：“今之论御寇者，一则曰市舶当开，一则曰市舶不当开，愚以为皆未也。何也？贡舶与市舶一事也，分而言之而非矣：市舶与商舶二事也，合而言之则非矣。”简言之，贡舶贸易是由外国官方派出，以进贡名义、通过市舶司进行的贸易。因此，“贡舶者，王法之所许，市舶司之所司，乃贸易之公也：海商者，王法之所不许，市舶之所不经，乃贸易之私也”[⑤]。数年以后，朝廷开始组织武装镇压卷入沿海贸易的中外商人，直到隆庆元年（1567 年）明政府于漳州月港重开部分海禁，“易私贩而为公贩”[⑥]，局面才有了改观。当然，此间亦有需要考虑技术的进步。

康熙二十四年（1685 年），台湾统一，禁海解除，海上贸易又蓬勃发展。就沿海地区而言，不仅原有的海路都得以开通，而且开始有海舟经过山东登州海面，直趋明代“通商未广”的天津和奉天（今辽宁省）的海港。江浙海船开始赴奉天贸易，“岁止两

---

① 徐晓望：《福建历代茶政沿革考》，《福建茶叶》，1986 年第 1 期，第 32 – 33 页。

② 吴松弟：《明清时期我国最大沿海贸易港的北移趋势与上海港的崛起》，《复旦学报（社会科学版）》，2001 年第 6 期，第 33 页。

③ ［明］唐枢：《御倭杂著·复胡梅林论处王直》，转引自吴松弟：《明清时期我国最大沿海贸易港的北移趋势与上海港的崛起》，《复旦学报（社会科学版）》，2001 年第 6 期，第 33 页。

④ ［明］胡宪宗：《筹海图编》卷 11，四库全书本，引唐枢《备倭之法》。

⑤ ［明］胡宗宪：《筹海图编》卷 12，四库全书本，引唐枢《备倭之法》。

⑥ 许孚远：《敬和堂集·疏通海禁疏》，［明］陈子龙等：《明经世文编》，卷 400，北京：中华书局，1962 年。

次”，几十年后增加到“一年行运四回。凡北方所产粮、豆、枣、梨，运来江浙，每年不下一千万石”①。据研究，从1684年到1840年的150余年间，只有1717年至1727年约10年时间禁止中国帆船到南洋贸易，其余时间对外贸易和航运一直属于开放状态②；与各国的贸易同样很兴盛，“商舶交于四省，遍于占城、逞罗、真腊、满刺加、淳泥、荷兰、吕宋、日本、苏禄、琉球诸国”；为便于管理对外贸易，清朝于澳门、漳州、宁波和江南云台山（在今上海松江）设立四个榷关。③ 乾隆二十二年，清朝撤消江、浙、闽三海关，规定“夷船”将来只许在广东收泊贸易，却并未禁止中国帆船出洋到各国贸易，上海、宁波、厦门和广州都是政府规定的通洋正口，此外东洋船只仍可分别到上海、宁波等地贸易。④

宁德地区在明嘉靖中属“倭患”重灾区，明末清初又受明郑抗清的影响，局势自然动荡。但亦属局部情况，茶叶种制运销应较前代有所发展。黄仲昭《八闽通志》中关于福宁州的货之属有载：“盐、糖、蜜、蜡、蓝淀、红花、紫草、苎、麻、茶、油，茶油、桐油、柏油。”⑤ 嘉靖版《福宁州志》卷之三·贡办·土贡（常贡）和明万历版《宁德县志》载：“茶……西路各乡多有，支提尤佳。”明人谢肇淛在《长溪琐语》中说：“环长溪百里诸山，皆产茶。山丁僧俗半衣食焉。支提、太姥无论，即圣水、瑞岩、洪山、白鹤，处处有之。”明代至清前中期，屏南西北隅的谢坑村一直为福宁府（闽东）通往建宁府等处要塞，乾隆初年该村人丁400户，为全县人口第一大村，从当地古道遗址“茶岭”“茶岭亭”及乾隆版《屏南县志》中记录可见，此间屏南茶业较为发达，茶道繁忙，茶多流向建州⑥。茶叶生产由此可见一斑。元明清前期闽东茶叶外贸如下方面值得一提。

一、 明至清中期渐趋成熟的闽东集市

根据闽东独特地理特征及马斯洛需求层次理论⑦，元明清中期以前境内的集市贸易多以鱼、盐为主，且镇市多沿港湾、河岸分布。时境内除寿宁、屏南县城不通舟楫外，其他县城（闽东境内当时7个县）航船均可达；境内重要集镇如福鼎沙埕、霞浦三沙、福安黄岐镇、宁德铜镜、古田水口均处沿海港湾、溪河出海口或交汇处上，福安穆洋、富溪津

---

① ［清］谢占壬：《古今海运异宜》，贺长龄、魏源等：《清经世文编》卷48，北京：中华书局，1992年。

② 吴松弟：《明清时期我国最大沿海贸易港的北移趋势与上海港的崛起》，《复旦学报（社会科学版）》，2001年第6期，第33页。

③ ［清］姜宸英：《海防总论拟稿》，贺长龄、魏源等：《清经世文编》卷八十三，北京：中华书局，1992年。

④ 吴松弟：《明清时期我国最大沿海贸易港的北移趋势与上海港的崛起》，《复旦学报（社会科学版）》，2001年第6期，第33页。

⑤ ［明］黄仲昭：《八闽通志》，福州：福建人民出版社，2006年，第562页。

⑥ 沈久聪：《屏南贩茶古道》，李步泉等主编：《闽东茶叶历史文化》，福州：海峡出版发行集团，海峡书局，2015年，第236－237页。

⑦ 马斯洛需求层次理论是行为科学的理论之一，由美国心理学家亚伯拉罕·马斯洛于1943年在《人类激励理论》中所提出。书中将人类需求像阶梯一样从低到高按层次分为五种，分别是：生理需求、安全需求、社交需求、尊重需求和自我实现需求。

（今福安廉村潭头），宁德霍童，寿宁斜滩则处在水路和陆路交会点上。这些集市仰仗优越的天然条件保持常盛不衰。明代，以镇备防，市集贸易。据明嘉靖《福宁州志》和万历《古田县志》记载，境内设有3个镇（福宁本州烽火镇、福安县黄崎镇、宁德县飞泉镇），35个集市［福宁本州（含今福鼎、柘荣）赤岸、三沙、冷村、秦屿、水澳、柘洋、浒屿、沙埕、网峡、大金10个集市；福安（包含寿宁部分）穆洋、石矶津、苏洋3个集市；宁德县（含今周宁县）浦源、霍童、琼溪等16个集市；古田县设有县前、焕文桥、文兴坊、水口、黄田、虾溪6个集市］。乾隆版《福宁府志》记载，仅福宁府集市增至40余个。古田县也增加了东门市等。闽东的商业网络就是以河海航道为主线，以上述集市为枢纽，以省道、县道和县内古道等陆路为扇面编织构筑而成的①。区域内主要集市如下：

1. 沙埕集市。沙埕，旧称沙关，位于福鼎县东南部闽浙海岸之交，是闽浙互易的重要集市。因其地处闽头浙尾，明万历十二年（1584年）福宁州开始在此设立关卡，对往来商船收税，时称沙埕税，年税额银16两，充福宁州饷。后从16两增至80两，以30两充饷，50两为分道支配奖营等项开支。万历二十七年（1599年），中贵人高寀任福建地方税监，改以贸易货物的数量计征课税，沙埕税额增至年3478两。“桐山港盐发卖沙埕及温州收鱼过客，店下，澳腰，南镇、流江各渔民卖盐皆赴沙埕，抽税官查验完日，投本官销缴。”② 明末清初，张煌言曾在此屯兵抗清。清顺治十二年（1655年）二月，郑成功部将陈辉、周家政率战船300余艘，奇袭驻沙埕的清兵。顺治十六年（1659年）正月，郑成功屯兵沙埕，联合张煌言挥师北上。顺治十八年（1661年），张部退守沙埕达3月之久。清初，禁海迁界，沿海居民迁离家园后，衣食无着，谋生无路，铤而走险，结帮成群，突破海禁，对番贸易，沙埕成为沿海最主要的走私港口之一。清乾隆四年（1739年），福鼎建县，沙埕属福鼎县二十都，为“闽浙茶、盐、矾商荟集地”（清光绪《福建沿海图说》）。沙埕设防守把总1员、外委把总1员，兵80名，战船2艘驻防③。

2. 三沙集市。三沙，明属福宁本州五六都，是一个天然的渔港和鱼盐贸易集市。因其面临深海，“居民远涉于台湾，漳，泉而外，所得多远海之货，比鼎、安、德诸港内者迥不相侔，故贩鱼者特称之为‘三沙货’，三沙之为渔也，捕获之后，或鲜，或腌，或费鲞，类皆因循旧法，而宁（福宁州府）属远近之商常来置办”，“三沙，虽无寸土可耕，而渔业之盛，可以称雄闽海，商舶辐辏，俨然商埠”④，清光绪《福建沿海图说》亦称其

---

① 林校生主编：《闽商发展史·宁德卷》，厦门：厦门大学出版社，2017年，第120页。

② ［明］林经：《福建运司志》（明万历癸丑刊本），1981年，台北：“国立中央图书馆”出版，台北市正宗书局，卷七《征输》。

③ 林校生主编：《闽商发展史·宁德卷》，厦门：厦门大学出版社，2017年，第120－121页。

④ 徐友梧：《霞浦县志（下）》（1929年），霞浦县地方志编纂委员会整理，1986年，卷一。

“人烟稠密，几无隙地，市面亦颇繁盛”，鱼货贸易盛况由此可见。三沙又是军事重镇。清初，在三沙街设总镇行台，福宁总镇出海巡洋期间，即驻三沙。清道光年间，设立三沙巡检司①。

3. 盐田港集市。盐田港集市位于盐田乡，北接杯溪，西通福安溪尾港，南连官井洋，东南转入南塘及坡头。南北长14.5公里，东西宽3公里，面积40平方公里，水路距赛岐29浬，至飞鸾27浬，到三都21浬，是西港洋内重要的港口。盐田港是霞浦古老港口之一，早在元代就设有官渡。《霞浦县志》记载：“盐田旧1时水程，设迅置船。清嘉庆年间……知府设有渡馆，专员管理一切行人渡金、货税，交修并济……”同时，霞浦、福鼎及福安东乡的茶叶，罗源、福州行商来霞，福鼎收购的烟草，浙江平阳一带的猪贩羊客，都须由此港出口②。

4. 黄崎镇集市。黄崎镇在福安三十四都，距福安县城150里，位于长溪出海口（汇入三沙湾），居福宁（本州）、福安、宁德之要冲，为海洋之喉舌。明初在黄崎镇置公馆。明弘治十八年（1505年），白石巡检司移至黄崎镇。嘉靖十六年（1537年），迁建盐运分司于黄崎镇，监管福建东路盐运；嘉靖四十五年（1566年），知县李有朋辟山建公馆。万历间，一度混乱，后经整顿，集市始得宁静。黄崎镇是福建东路盐运分司总口，明万历《福建运司志》行盐地界载：“黄崎港总图：东路牛船下海口场，装盐半载，驾泊南漈，计水洋二十里；候装满报牛田场，开驾至养月，计水洋八十里。湾泊候风，夏天南风一宵可到；秋冬风候无律，莫可定期。由松下门过砶礁，计水洋一百三十里，至磁澳一百八十里，至官塘七十里，至北茭八十里，至东冲六十里，至官井洋又一潮水七十里，至白马门又一潮水五十里，至黄崎镇报到，仍离三十里泊大般地方，听拨内外八港。当帮发卖内港，黄崎船由大盘驾出长崎，计水洋二十里；水漈西陂船由大盘驾出白马门外至渔沧，计水洋一百余里。外港楼前船由大盘驾出白马门外至宁德，计水洋一百里；罗源船由大盘驾出白马门外至罗源，计水洋一百四十里；文崎船大盘驾出白马门外至福宁州，计水洋一百八十里；秦屿船由大盘驾出白马门外至秦屿澳，计水洋一百九十里；树山船由大盘驾出白马门外至桐山，计水洋一百九十余里。”《福建运司志》对从黄崎港盐运分司前往盐场装载运回到发售各港的季节风候、里程记载得十分详细。清乾隆间，公馆迁至黄崎镇对岸的湾坞，税馆、巡检司沿旧。黄崎镇在明清时期始终处于福建东北鱼盐贸易总口的突出位置③。

5. 富溪津集市。富溪津，在福安二十都廉村，为鱼盐之货丛集之地，贩运本县，上

① 林校生主编：《闽商发展史·宁德卷》，厦门：厦门大学出版社，2017年，第121页。
② 霞浦县交通局：《霞浦交通志志》（内部资料），1991年，第16－17页。
③ 林校生主编：《闽商发展史·宁德卷》，厦门：厦门大学出版社，2017年，第121－122页。

通建宁。明嘉靖《福宁州志》称其“商货最盛，他县事贸易者皆集”。明初设巡检，万历初，改设官牙（由县衙选择城乡公慎者充任）4 名，以平贸易，商贩两便。万历三十七年（1619 年），废官牙，商贩感到不便，三十九年复设。泰昌年间复废，崇祯九年（1636 年）复设。时知县巫三祝严禁狡伪，商民称便，勒石溪左①。

从上述碑文可以看出当时富溪津渔市贸易梗概。清初富溪津官牙沿旧，康熙中裁革。时称：富溪津市与白沙市（又称白沙务，即今福安县溪柄镇白沙村，位于交溪南岸）各有优劣，县城商贩以白沙适合，因为货物可以用船载运至阳头、社口和寿宁斜滩；若取富溪津，上通穆阳，有利于建宁府政和、松溪、浦城和周墩、屏南一带客商贸易，但须运往福安县城的货物就只能走马山岭（廉岭）靠人工挑运进县城②。

6. 铜镜（牛道头）集市。明嘉靖《福宁州志》镇市“铺原市在七都，林少保居此”的记载。乾隆本《宁德县志》“街市”条称：七都之村（旧志《津梁》内所载峬村津是也）、八都之牛渡头（此地上接屏南、政和，下达漳、泉，水陆交通。有税馆、巡司馆、牙馆。乾隆初年始成市，于今渐盛）皆有街市。宁德民谚“金铜境，银峬村”亦谓此二市。铜镜市原址在今铜镜坂，为洪水冲毁，改市下游数里牛道头（今八都街）。八都铜镜村，地处霍童溪下游宁德至福安古道交会点上；七都峬村地处七都溪出海口，陆路亦处宁德至福安古道交会点上，从铜镜翻越七都漈头岭，即至七都峬村。明清时期，铜镜对岸即为盐运点水漈，“水漈港盐卖莒洲水客，用小艚装至莒洲屯仓，转卖古田、松溪山客，肩挑回县发卖，票投各县销缴”。峬村附近即为盐运点西陂塘，“西陂港盐卖新市水客，用小艚装至新市屯仓，转卖寿宁、政和山客挑挑运回该县散卖，票投各该县缴销”③。

7. 水口集市④。明万历《古田县志》记载：“水口驿在古田县南一都。水路下通白沙百二十里而遥，陆中上接黄田五十里而近，嵩溪水势至此稍缓，溪滨地稍宽，下鲜滩石，上下舟航，船舶辐辏，居人繁盛，桑梓联络。”洪武间在水口驿边设有水口递运所。嘉靖三十年（1551 年），古田知县在水口设立嵩溪公馆。明罗荣《修理水口石路记》记载：“古田万壑之水，曾为巨流入大溪（闽江），上接延津，下通省治。自邑城至此，凡百里……至水口为市，民居相对临街，东附山，西悬岩，并累垂结构如巢。”水口地处古田溪与闽江交汇处，是古田县重要的贸易集市，古田县的大米、红曲都必须通过水口运往福州等地销售，食盐也需要经过水口运入古田内地。明代水口为福建西路分司所在。《福建

---

① ［明］巫三祝修、陈晓梧纂：《福安县志》（明崇祯），崇祯十一年（1638）版，卷八。

② 林校生主编：《闽商发展史·宁德卷》，厦门：厦门大学出版社，2017 年，第 122－123 页。

③ ［明］林经：《福建运司志》（明万历癸丑刊本），1981 年，台北：“国立中央图书馆”出版，台北市正宗书局，卷七。

④ 林校生主编：《闽商发展史·宁德卷》，厦门：厦门大学出版社，2017 年，第 124 页。

盐运志》配有水口分司总图一幅："水口分司设在古田县一都地方，离县一百二十里，离省城一百八里，商人往海口上里二场支盐，装至半载，驾出南溦地方，计水洋二十里，装满报牛田场剪引，驾至养月澳计八十里……闽清至水口六十里，湾泊关前，候分司掣明，听水客吊运篷船往延建邵三府各属县发卖。"①

此外，还有蕉城八都港集市、寿宁斜滩等。茶产业链包括种制运销，如就集散地和输出地而言，明至清中期渐趋成熟的闽东集市网络的形成和成熟为茶叶外贸大发展打下坚实的基础。

二、明清志书中关于茶价和茶叶质量等的记述

据明·嘉靖版《福宁州志》载："本州宋元无考，本朝贡……芽茶八十四斤十二两，价银一十三两二钱二分一厘；叶茶六十一斤一十两，价银一两四钱七分九厘。"② 说明福宁州茶叶已成贡品之一；当然，芽茶的价值近十倍于叶茶。土贡是历史上臣属或藩属向君主进献的土产、珍宝和财物。茶叶能够成为土贡，说明进贡者对产品质量的自信。与浙江温州相比，"永嘉岁进茶芽十斤，乐清茶芽五斤，瑞安、平阳岁进亦如之"（见《江逸志》），可知福宁上贡芽茶数量数倍于浙江温州。茶叶土贡的数量多寡，则在一定程度上和范围内说明受供者对该贡品的认可度。与此同时，闽东一些区域的茶叶成为接待贵宾的"礼俗经济"首选之品，主要如下。

万历版《福宁府志》第四十一卷中有岁贡林际云的诗："十里危峦一径冲，禅关长倩白云封，茶烹圣水僧知我，撒手悬崖取自浓。"由此可知圣水的茶已成为寺僧周旋官场的佳品了，当然亦早为不少游览者向往。圣水寺海拔 330 公尺，茶树多植于寺周围。寺院后的一口井，称为"圣水井"。据说寺僧用这口井水烹的茶，色绿汤清，沁人心脾，故取名"清水绿"。龙首山当时的茶树很茂盛，不光圣水寺茶有名，而其他茶农制作的绿茶亦大多可与寺茶媲美。其特征是能长期保持"三绿"的特色——茶水清绿，叶底碧绿，外形墨绿③。能够被选作周旋官场佳品自然证明其品质，而品质又通过价格得到体现，当然也成为同类商品价格的指导和引领。

乾隆本《福宁府志》云："茶，郡治俱有，佳者福鼎白琳、福安松罗，以宁德支提为最。"④ 清代郭柏苍辑《闽产录异》也说："福宁府茶有太姥绿雪芽、绿头春、福鼎白琳、福安松萝、宁德支提等。"这表明在清乾隆前闽东工夫红茶的制作、生产还不是主

---

① ［明］林经：《福建运司志》（明万历癸丑刊本），1981 年，台北："国立中央图书馆"出版，台北市正宗书局，卷一。

② ［明］嘉靖十七版《福宁州志》，上海：上海书店，天一阁藏明代方志选刊续编，第 177 页。

③ 佚名：《霞浦茶业志》（未刊），第一章、第一节。

④ ［清］李拔：《福宁府志》，福建省宁德地区编纂委员会出版，1990 年。

流，境内生产的茶类仍以绿茶为主。清乾隆版《本草纲目拾遗》中载：“闽产瘟茶，福宁府产之。”[1] 福安县“茶，山园俱有”。乾隆版《屏南县志》中记道：“茶之属，各山皆有。”从“郡治俱有”向“山园俱有”和“各山皆有”发展，自然需要时间，但也说明发展的趋势。

三、康熙年间福建官府保护支提山茶的榜文抄白

官府出面保护名茶，侧面反映了该茶在一定范围内具备一定名气，关于此，康熙年间福建官府保护支提山茶的榜文抄白或可说明该区域茶叶的品质。

饮差福建督理粮饷道带管清军驿传盐法道布政使司司参议李[2]

为恳恩赐示、永杜扰害，以全名山事。据支提寺僧海芥呈称，缘支提寺乃闽省第一名山、系千圣天冠萨说法佛地，自唐开建历经重新，复蒙累朝勅赐藏经，荣光不替。奈山高土瘠，粮少僧多，静修无资，持钵难继，就于山岩培植茶树，历年采制，挑至省域兑换斋粮，实与民间市贩不同，向无抽行索税之例。近有本省地方游棍，串冒兵役，假藉当行断，借端助税勒抽，种种扰害，僧苦难堪。已于康熙四年七月蒙前任部院大老爷给示严禁，嗣后支提茶芽听本僧自卖，以为养廉之需；示据，又于康熙五年五月内蒙前任抚院大老爷许恩赐，印示严禁；据，又康熙四年五月内投布政老爷何，蒙批经过沿途守隘兵役不许借端私索手本；据，叨恩数载无异，诚恐法驰弊生，伏乞青天老爷同体历任老爷德意，作名山大护法，恩易严示，永杜扰害勒抽之弊，以护名山，以全僧命等情。据此合行饬禁。为此示仰本寺住持僧知悉，支提茶芽既从无抽行取税之例，示后如有棍徒假兵借端勒索生事扰害，许寺僧据实指名赴道陈告，定行严拿究处，决不轻宥。特示。

康熙八年三月廿日给

发本寺张挂

总镇福建延建等处地方驻劄福宁州右都督吴[3]

为沥情籲示恤灾，杜累恩全佛地事，据宁德县支提寺僧海芥呈称：本寺僧多山瘠，城市隔远，无从托钵，姑就本山垦植茶树，冀资香灯衣食。不期日年五月间，灾虫遍延山谷，啮树立枯，迨今半株无存。诚恐地棍生事，尚借买茶为名索勒贻害，呈叩赐示严禁，庶不致入山混扰等情，到镇据此合行示禁，为此示仰该寺僧众人等知悉。如有地棍假冒差役营兵擅进山寺，借端买茶索勒混扰，许该寺僧人即赴就近防将衙门，禀明锁拿解究，决

---

① 霞浦政协文史委编：《霞浦文史资料》，第七辑，1989年，第73－79页。
② 宁德市蕉城区茶叶协会：《宁川茶脉》，北京：中国农业出版社，2015年，第205页。
③ 宁德市蕉城区茶叶协会：《宁川茶脉》，北京：中国农业出版社，2015年，第205－206页。

不轻货，特示。

康熙十年正月廿二日给

发支提寺张挂

有关该榜文抄白有如下几点解读①：

第一，文中的几个专有名词。海芥，支提山华藏万寿寺（支提寺）大迁国师下第五代法孙，当年住持。“前任部院大老爷”，指太子太保、福建总督李率泰。清康熙四年（1665 年）六月十六日，福建右路福宁镇标右营游击高满敖奉太子太保、福建省总督李率泰令牌，在支提寺张榜禁谕：“文武各官及棍徒影射营头名色，短价勒买，或贩卖竞利或派取以情，遗所产之茶不足以供，溪壑络绎，骚害混扰清规，殊可痛恨，除出示严禁外，合行申饬。”“前任抚院大老爷许”，指清顺治十八年至康熙五年（1661—1666 年）任建抚的许世昌。许世昌，字中轩，在任内请免顺治十年以前福建的“牛角”等税加价银 10 余万两、免荒田粮 60 余万石，赈贫施药。后入祀名宦祠。“布政老爷何”，指时任福建布政使司左布政使的何中魁。

第二，寺院茶园。唐宋以来，特别是禅宗“百丈清规”和寺院“茶仪”的推行，使许多寺庙都有种茶习俗。而到了明清，一些寺院僧人参与茶叶的种植与生产，所产茶叶不仅供寺内僧人消费，还用以馈赠客人，甚至投入市场。谢肇淛（1567—1624 年）在《长溪琐语》中说：“环长溪百里，诸山皆产茗。山丁僧俗半衣食焉。支提、太姥无论，即圣水、瑞岩、洪山、白鹤，处处有之。但生时气候稍晚，而采者必于清明前后，不能稍候其长，故多作草气而揉炒之法，又复不如。卤莽收贮，一经梅伏后霉变而味尽失矣。倘令晋安作手取之，亦当与清源竞价。”② 而到清康熙年间，商品经济带来效益的刺激，出现许多强买强卖支提茶的行为，对寺庙清修等造成不良影响。

第三，据《长溪琐语》，闽东境内不但太姥、支提产茶，圣水庵、瑞岩寺、葛洪山、白鹤岭也到处都是茶园。就茶叶本身的品质论，如茶叶的制作技术提高，将不亚于久负盛名的泉州清源洞茶叶。此也在一定程度上说明当时闽东茶叶商品化程度低。

第三节　明末清中期茶贸

改革开放初期的学界普遍认为，在明初至 1840 年鸦片战争以前的大部分时间中，私

---

① 材料参考宁德市蕉城区茶叶协会：《宁川茶脉》，北京：中国农业出版社，2015 年，第 206－207 页。

② ［明］谢肇淛：《长溪琐语》，古学汇刊本，《四库存目丛书》247 册，第 314 页。

人海上贸易都属于违禁贸易，而明前期的私人海上贸易又与所谓的“倭寇活动”纠缠在一起，有关对外贸易的历史便一直被笼罩在因史料和政治气候所造成的浓云密雾中。20世纪80年代中期以来的数十年，明清沿海贸易史的研究取得突破性进展。根据这些研究，所谓明嘉靖年间的“倭寇”，绝大多数是从事私人海上贸易的我国沿海居民，日本人的数量极为有限①。自明初实行海禁以来直至清朝前期，私人海上贸易是当时对外贸易的主要形式，主要贸易港并非官方允许有限开放的市舶司所在的港口，而是文献记载不多的私人贸易港；其中，位于今浙江宁波东南的双屿港一度是最大的私人贸易港②。

明末清中期的福建海商，特别是闽南海商还主导了东南亚重要口岸的通商贸易活动。如印尼的葛剌巴，“厦岛开棹，廿余日可达”③，成为闽南人移民的目的地，“自明朝始及至顺治年，福建同安人多离本地往葛剌巴贸易、耕种，岁输丁票银五六金。此后每有厦门巨槽船载万余石赴葛剌巴及沙马廊埠头”④。17世纪二三十年代，平均每年到达雅加达的中国帆船有5艘⑤，主要是运出陶瓷、丝绸、茶叶等物品到印度尼西亚，载回胡椒、香料等土产。后来葛剌巴成为荷兰向东扩张势力的殖民根据地，改名巴达维亚。多次争取直接对华贸易失败后，鉴于福建海商的贸易网络与地位，荷兰等遂以福建沿海及福建商人为突破口，极力招徕华人，“开拓与福建的贸易”⑥。有些侨居巴城的华人充当起中荷贸易的中介人，如华侨巨商杨昆于1630年接受荷印公司的委托，将300担胡椒运往福建销售，并采购公司所需的货物⑦。通过闽南海商的中介作用，“后一世纪中（18世纪），他们在福建沿海口岸进行一种走私贸易，每次贸易都须用贿买取得许可”⑧。当时菲律宾与西班牙的贸易也是“掌握在来自福建厦门、泉州和福州的中国商人手中……西班牙人自己与中国进行的贸易是微不足道的”⑨。同时，英国人在广东受葡萄牙排挤，也把目标转向闽海，“1670年他们在厦门和台湾已经通商了”⑩。1676年，英国在厦门建立商馆。即使在乾嘉时期，前往广州的海运线路也有两条：第一条从闽北红茶从崇安顺闽江下至福州，安溪红茶运至厦门，然后皆沿海南下运至广州；第二条，红、绿茶先经富春江运至杭州，再南下

---

① 戴裔宣：《明代嘉隆间的楼寇海盗与中国资本主义的萌芽》，北京：中国社会科学出版社，1982年。

② 刘仁川：《明末清初私人海上贸易》，上海：华东师范大学出版社，1987。徐明德：《论十六世纪浙江双屿港国际贸易市场》，《海交史研究》，1987年第1期。

③ ［清］王大海：《海岛逸志》卷1，《西洋纪略·噶喇吧》，香港：香港学津书店，1992年，第4页。

④ 阙名：《葛剌巴传》，《小方壶舆地丛钞》第10帙，杭州：杭州古籍书店，第490页。

⑤ ［荷］伦纳德·鲍乐史（Leorard Blusse）：《荷兰东印度公司时期中国对巴达维亚的贸易》，《南洋资料译丛》，1984年第4期。

⑥ W. P. Groeneveldt. De Nederlander in China. The Hague，1898，Vol. 2，p. 559。

⑦ ［荷］包乐史：《巴达维亚华人与中荷贸易》，庄国土等译，南宁：广西人民出版社，1997年，第217页。

⑧ ［美］马士：《中华帝国对外关系史》，张汇文等译，上海：上海书店出版社，2000年，第54页。

⑨ ［美］马士：《中华帝国对外关系史》，张汇文等译，上海：上海书店出版社，2000年，第51－52页。

⑩ ［美］马士：《中华帝国对外关系史》，张汇文等译，上海：上海书店出版社，2000年，第57－58页。

海运至广州。晚至嘉庆二十二年（1817 年），闽北红茶被禁出海，全由内河过岭运输。次年，所有运往广州的茶叶一并禁止出海[①]。而乾隆年间（1736—1795 年）茶商时断时续采用的海运线二，自嘉庆元年（1796 年）因不断遭受沿岸海盗的侵扰，茶商被迫重回昂贵的经河过岭内陆线[②]。较早到双屿港从事走私贸易者多为福建商人，以漳州、泉州人为主，而闽东地处漳州与宁波之间，且鉴于闽东曲折的海岸线和当时政府对海上的控御能力，在巨额的走私利润和走私无法被很好禁止的情况下，闽东茶叶外贸应存在正规和走私并存的局面。本节主要从两个方面对明末清中期闽东茶叶外贸作出叙述。

一、 明末清中期闽茶海外贸易市场概况

自 1517 年，当一艘葡萄牙船第一次把中国茶叶运到欧洲[③]后，福建茶叶在海外享誉更盛。武夷茶产于福建武夷山一带，风味独特，早在嘉靖中，就“水浮陆转，鬻之四方”[④]。1596 年，荷兰人在爪哇不丹建立东洋贸易据点。1610 年，荷兰商人首次购到由厦门运去的茶叶[⑤]。现存文献中最早记述中国茶的是威尼斯人詹巴蒂斯塔·拉莫西奥。他曾在明世宗（1521—1566 年）时期访问过中国，写了《中国茶》和《航海旅行记》，他写道：“在中国所到之处都在饮茶。”[⑥] 同一时期的葡萄牙传教士克鲁兹在其《广州记行》（1569 年）中写道：“在中国，高贵人家有客人来访的时候，都饮用茶这种饮料。”[⑦] 利马窦（Matthien Ricci，1552—1610 年）在他的《利马窦中国札记》一书中也有关于中国人饮茶的详细记载[⑧]。据《宁德地区志》载，崇祯四年（1631 年），天主教正式传入闽东。此后，来闽东传教的天主教士络绎不绝，主要是西班牙人，还有意大利和法国人。他们深入村镇传教，是第一批喝到闽东茶、感受和传播闽东茶文化的外国人。1619 年，荷兰人在爪哇设立商行，购买中国茶转销欧洲，最早从事茶叶贸易。17 世纪，欧洲几乎所有国家出售的都是荷兰人运来的茶叶，阿姆斯特丹是当时世界最主要的茶叶贸易港。但是，荷兰人在茶叶贸易中的霸主地位很快被英国人打破[⑨]。1649 年，荷兰莱顿大学教授内利乌斯·博特科伊（Cormelieus Bottrekoe）写了题为《茶、咖啡和巧克力》的论文，大力推崇饮茶的好处[⑩]，

---

① ［清］周凯：《厦门志》卷 5《洋船》，《台湾文献史料丛刊》第 2 辑第 39 册，台北：台湾大通书局，1984 年，第 180 页。

② Diary & Consultation（22 January 1797），India office Records（10R）—G/12/116. British Library（London）。

③ 胡赤军：《近代中国与西方的茶叶贸易》，《东北师大学报（哲学社会科学版）》，1994 年第 1 期，第 25 页。

④ ［清］魏大名修、［清］清章朝栻纂：《崇安县志》，（嘉庆版）嘉庆卷二《物产志》。

⑤ 蔡清毅：《建茶在海上丝绸之路中的地位与历史影响研究》，《福建茶叶》，2015 年第 6 期，第 3 页。

⑥ 陈椽：《茶业通史》，北京：农业出版社，1984 年；陈挥、吕国利：《中国茶文化寻踪》，北京：中国城市出版社，2000 年，第 363 页；［美］威廉·乌克斯：《茶叶全书》上册，上海：上海茶叶研究社，1949 年，第 14 页。

⑦ ［英］C. R. 博克舍编：《十六世纪中国南部行纪》，何高济译，北京：中华书局，1990 年，第 98 页。

⑧ ［意］利玛窦、［比］金尼阁：《利玛窦中国札记》，何高济等译，北京：中华书局，1983 年，第 17－18 页。

⑨ 转引自胡赤军：《近代中国与西方的茶叶贸易》，《东北师大学报（哲学社会科学版）》，1994 年第 1 期，第 26 页。

⑩ Joseph M. Walsh Tea，its History and Mystery，Henry T. Co.，1892，p. 19。

使饮茶风气得到广泛传播，崇祯十年（1637 年）荷兰东印度公司董事会给巴达维亚总督的信中说：“自从人们渐多饮用茶叶后，余等均望各船能多载中国及日本茶叶运到欧洲。”① 茶叶贸易很快地从荷兰扩散开来，从 17 世纪 50 年代开始，阿姆斯特丹成为欧洲的茶叶供应中心，销售范围包括欧洲其他国家和北美殖民地。1619—1757 年是荷属东印度公司以巴达维亚为中心的茶叶间接贸易时期，如 1727 年以前的间接贸易时期，在与中国政府交涉企图直接贸易无果的情况下，采取各种优惠政策招徕中国，特别是福建省的帆船，进行贸易②。

中荷茶叶间接贸易在 18 世纪 30 年代达到鼎盛，主要表现在荷印公司在巴达维亚购买的茶叶数量的增加。如表 2－3（1 担＝122. 5 荷兰磅）和表 2－4 所示。

表 2－3　　1710—1770 年荷印公司在巴达维亚平均每年购买茶叶的数量

年份	数量（磅）	价值（荷兰盾）	年份	数量（磅）	价值（荷兰盾）
1701—1710	4900	—	1741—1750	99225	16347
1711—1720	91262	46215	1751—1760	—	—
1721—1730	421277	184003	1761—1770	—	—
1731—1740	740880	149023			

资料来源：荷兰东印度公司档案《巴城信函文集》，转引自：［荷］包乐史：《巴达维亚华人与中荷贸易》，第 140－141 页。

表 2－4　　1700—1795 年英荷两国购买中国茶叶数量　　单位：担

年份	英国购茶量	荷兰购茶量	年份	英国购茶量	荷兰购茶量
1700—1729	82095	45840	1751—1760	191808	242050
1730—1740	87448	353610	1761—1775	790570	286390
1741—1750	129015	130950	1776—1794	1912211	285600

资料来源：本表英国购茶总量数据中 1700—1760 年数据依据《中英关系系年要录（公元 3 世纪—1760 年）》附表 3、附表 8 提供的材料重新整理计算，1761—1775 年数据根据严中平《中国近代经济史统计资料选辑》换算，1775—1795 年数据根据马士《东印度公司对华贸易编年史》的相关数据估算。本表荷兰购茶总量引自庄国土《18 世纪中国与西欧的茶叶贸易》表 2。

荷兰等欧洲国家主导东南沿海的茶叶贸易市场，在当时明末清初中国改朝换代政局动荡时期，肯定无法顾及东南海疆（鸦片战争前中国向来视陆域威胁为重点），走私自然无法避免。以 1721 年巴达维亚的茶叶购买数据为例，从巴达维亚总商业账簿购买数据中选

① 武夷山市志编纂委员会编：《武夷山市志》，北京：中国统计出版社，1994 年，第 297 页。
② 李明敏：《17—18 世纪荷兰东印度公司对华茶叶贸易研究》，浙江师范大学，2015 年，第 15－22 页。

取1721年10月末的购买数据，它们显示在1721年的购买季节里从中国帆船上购买的武夷茶共有170427磅，1721年2月19日账户上显示分别有46427磅和46141磅的武夷茶由一个茶船派到阿姆斯特丹商部和泽兰商部，在1721年8月末的账户收支上有92568磅武夷茶的剩余，它被转移到下一个核算时期并且是秋季返回时的普通船只上预定的数量[①]。茶叶贸易为荷兰东印度公司赚取了巨额商业利润。根据庄国土的统计，18世纪荷兰购买的中国茶叶总量达131388担，共计218534732.5磅。其中在巴达维亚购买的茶叶数量为43357650磅，在广州购买的茶叶数量为175177082.5磅[②]。

1618年，茶叶通过馈赠方式传至俄国，但并未引起俄国人的兴趣。入清后，雍正六年，俄国在色楞格斯克附近建立恰克图城，奠定了中俄茶叶贸易的基础。到乾隆三十年(1755年)，茶叶已成为俄国人日常不可缺的消费品，中俄之间的茶叶贸易很繁荣。俄国六等文官米勒说：“茶在对华贸易中是必不可少的商品，我们已经习惯喝茶，很难戒掉，中国茶往往比海外进口的茶要好些，也便宜些。”[③] 早期输往俄国的茶叶主要由山西的晋商经营，茶叶主要来自福建的武夷山。清人袁干《茶市杂咏》称：“清初，茶叶均系西客经营……西客者，山西商人也。每家资本约二三十万两至百万，货物往还，络绎不绝。”俄国的武夷山茶叶采购必然涉及闽东与闽北交界的闽东区域如屏南与南平交界处、寿宁与政和交界处、周宁与政和交界处等区域的茶叶。

1644年，英国托马斯卡洛韦（Thomas Garraway）在《茶叶的种植、质量和品质》一书中说：“英国的茶叶起初是东印度公司从厦门引进的。”[④] 顺治十七年（1660年），英国商人在厦门贩运福建茶叶，采用厦门方言称茶为Tay和Tea。康熙二十八年（1689年），厦门有用茶箱装置的茶叶150担输往英国。康熙三十八年，输往英国上等茶叶160担，每担值银25两[⑤]。1699年，英国东印度公司“订购优良绿茶300桶，武夷茶80桶”；到1702年，茶叶消费市场激增，英国公司令船载要装满茶叶，其中配松萝茶2/3，园茶1/6，武夷茶1/7[⑥]。1704年，从广州运走470担，达购买货值的11%；到1716年，茶叶已经成为英国的主要商品，当年两艘公司的船运走3000担茶叶，占从中国进口货物总量80%[⑦]。从整个国际市场来看，当时除了英国购有相当比例的绿茶外，其他各东印度公司均以进口

---

① 李明敏：《17—18世纪荷兰东印度公司对华茶叶贸易研究》，浙江师范大学，2015年，第29页。

② 庄国土：《18世纪中国与西欧的茶叶贸易》，《中国社会经济史研究》，1992年第3期；每一年度的运茶总量根据单位换算计算得出。

③ ［俄］尼古拉·班特什－卡缅斯基：《中俄两国外交文献汇编》，北京：商务印书馆，1982年，第420页。

④ 蔡清毅：《建茶在海上丝绸之路中的地位与历史影响研究》，《福建茶叶》，2015年第6期，第3页。

⑤ 侯厚培：《华茶贸易史》，《国际贸易导报》一卷二号（1930年）。

⑥ 陈椽：《茶业通史》，北京：农业出版社，1984年，第473页。

⑦ 李健民：《闽东茶业的历史变迁和现代振兴》，《宁德师范学院学报（哲学社会科学版）》，2010年第2期，第48－49页。

红茶为主。以1741年为例：当年英国进口茶叶13345担，其中红茶7194担，占53.91%，法国、瑞典、丹麦共24400担，其中红茶共21000担，占86.1%①。1760—1764年，东印度公司平均每年从中国进口的茶叶价值80.6万两白银②。从马士记载来看，在1786年前后，英国的茶叶消费仍是以福建的红茶为主，达72000担，约占59.41%，其中，武夷茶的消费量仍最大，占30.94%，工夫茶排列第二，占24.76%③。从市场对茶叶的需求量看，1792—1793年东印度公司每年的正式需求量为：武夷茶3300000磅（24750担），工夫茶8600000磅（64500担），分别占17.96%和46.82%，此时红茶的比重上升到71.69%④。1821年，茶叶占美国进口中国商品的42.5%，1845年达到78.6%⑤。1830—1833年，增加到平均每年561.7万两。19世纪四五十年代，英国进口的中国茶叶占进口中国商品总值的90%以上⑥。19世纪50年代，茶叶占俄国进口商品总值的94%⑦。综上所述，可以看出这一时段茶叶海外消费市场不断发展壮大。

明末清初，茶禁松弛，福建省茶叶出口递增。最早以绿茶为主，以后武夷茶渐多并最终成为中国茶在欧洲的代称。而最初武夷红茶在国际市场上价格很高，经常是松萝茶的两倍，"夷人恐耗气侵精，不敢捆载"⑧，1657年，伦敦开始出售由荷兰人运销的中国茶，价格高达每磅6—10英镑。1705年，中国茶每磅价格便降到16—30先令⑨。"有关于工夫茶质量的分级，并按其质量估价。每级仅差每箱一两"，每箱价格在27—31两，分五个等级⑩。1834年，降至每磅2先令左右。18世纪中叶，英国人饮茶习惯形成，茶叶逐渐成为英国人不可缺少的大宗消费品，饮茶风俗遍及城乡各个阶层。与此同时，俄国和美国也成为重要的茶叶消费大国⑪。

与工夫茶外销繁荣相联系的是茶叶出口口岸从广州发展到上海、福州、厦门等多口岸通商。从1759年乾隆帝规定只留广州一口岸通商后，"闽、皖商人贩运武夷、松萝茶叶，赴粤省销售，向由内河行走"。乾隆四十二年（1777年），行商在"复李抚台票"中亦说道："夷人出茶叶一项，向于福建武夷及江南徽州等处采买，经由江西运入粤省。"⑫ 但

① ［美］马士：《东印度公司对华贸易编年史》卷1—2，上海：上海书店出版社，2000年，第283页。
② 转引自胡赤军：《近代中国与西方的茶叶贸易》，《东北师大学报（哲学社会科学版）》，1994年第1期，第26页。
③ ［美］马士：《东印度公司对华贸易编年史》卷1—2，上海：上海书店出版社，2000年，第448页。
④ ［美］马士：《东印度公司对华贸易编年史》卷1—2，上海：上海书店出版社，2000年，第571页。
⑤ 姚贤镐：《中国近代对外贸易史资料》，北京：中华书局，2000年，第656页。
⑥ 胡赤军：《近代中国与西方的茶叶贸易》，《东北师大学报（哲学社会科学版）》，1994年第1期，第26页。
⑦ 姚贤镐：《中国近代对外贸易史资料》，北京：中华书局，2000年，第665页。
⑧ 郭柏苍：《闽产录异》，胡枫泽校点，长沙：岳麓书社，1986年，第18页。
⑨ 胡赤军：《近代中国与西方的茶叶贸易》，《东北师大学报（哲学社会科学版）》，1994年第1期，第25页。
⑩ ［美］马士：《东印度公司对华贸易编年史》卷1—2，上海：上海书店出版社，2000年，第629页。
⑪ 胡赤军：《近代中国与西方的茶叶贸易》，《东北师大学报（哲学社会科学版）》，1994年第1期，第25页。
⑫ 许地山编纂：《达衷集：鸦片战争前中英交涉史料》（卷下），香港：香港龙门书店，1969年，第143页。

是，嘉庆二十二年（1817 年）清政府特地又发布命令，规定茶叶运往广州必须走江西一路，不准从厦门、福州等地转口。说明实际上在 1777—1817 年，经由厦门、福州走海路运茶的现象仍然存在；若非如此，则无 1817 年特发令之必要，且明确指出不准从厦门和福州等地转口。从海路运出的茶叶主要有两个去向：一是由水路运至广州复出口，二是由华商直接出口海外或台湾。尤其是自嘉庆十八年（1813 年）后，由海道出口的船只日益增多，所以嘉庆二十三年（1818 年）、二十四年，厦门海商和闽浙总督先后“恳请仍照旧章，准厦门华商贩茶出洋”①。但他们的奏章遭到严厉拒绝，于是大部分茶叶只能运到崇安星村出售再转运江西铅山县，再至广州口岸。

二、 明末清中期闽东大面积种植茶叶

按李璟的研究，古代外销茶可分为两个阶段：在清代前，外销茶中主要为江南茶叶，茶品种也逐渐增多，由团饼茶向散茶发展，以绿茶为主；清代后，外销茶产区逐渐增多，涉及苏浙赣皖粤闽滇湘鄂九省，出口茶品以红茶为主，后逐渐转向绿茶，直至 1798 年后，出口以红茶为主、绿茶为辅，并增加砖茶、花茶等茶品。古代茶叶贸易的演变，为我国外销茶区奠定发展基础②。王应山在《闽大记》中记载：“茶，出武夷，其品最佳，宋时制造、充贡。延平半岩次之，福、兴、漳、泉、建、汀在皆有之，然茗奴也。”③ 乾隆《福建通志·物产》就明确说到产茶地有福州、泉州、延平、建宁、邵武、汀州、福宁 7 府和永春州。陈宗懋主编《中国茶经》称：“产于福建崇安县星村镇桐木关的小种红茶称‘正山小种’。而‘外山小种’指政和、坦洋、屏南、古田、沙县及江西铅山等地所产的仿制正山小种品质的红茶质地较差，统称‘外山小种’或‘人工小种’。”④

闽东沿海四县遍植茶叶，形成各自品牌。清代以来，特别是清乾隆以来，多有茶叶种植之记载。福宁府的产茶区主要分布在福鼎、福安、宁德等县。清代福鼎以茶为大宗土产，各都都产茶，尤以太姥山所产绿雪芽茶、白琳为佳。嘉庆时，福鼎有一山，因“绵亘数里，地多产茶”而命名为茗洋山⑤。霞浦县虽然茶产量不及福鼎、福安，所产茶叶质量也不及福鼎白琳、寿宁乌龙，但上东、中东、下西、上西、小南各区，“皆有种茶”⑥。福安地

---

① 《清实录》第 32 册，北京：中华书局，2008 年，《仁宗睿皇帝实录》卷 365，第 831 页：嘉庆二十三年（1818 年），厦门洋商蒋元享等呈称：“粤省奏禁海运，专指贩茶赴粤者而言，并非洋商一概禁止，恳请仍照旧章，准厦门华商贩茶出洋。”嘉庆二十四年，闽浙总督董教增呈称：“奏闽省厦门洋船请仍贩运茶叶。”

② 李璟：《我国古代茶叶对外贸易情况研究》，《福建茶叶》，2015 年第 6 期，第 43 页。

③ ［明］王应山：《闽大记》，北京：中国社会科学出版社，2005 年，第 191 页。

④ 邹新球：《关于正山小种红茶名称的演变及其历史背景》，《福建茶叶》，2007 年第 3 期，第 47 页。

⑤ ［清］谭抡：《福鼎县志》卷二，出自《中国地方志集成》，福建府县志辑，第 14 册，第 38 页。

⑥ 刘以臧：《霞浦县志》卷十八，出自《中国地方志集成》，福建府县志辑，第 13 册，167 页。

区“茶，山园俱有”①，其中，在坦洋的桂香山，“产茶甚美”，从山麓一路登桂岩，“香闻数里”②。而宁德县更是“其地山陂泊附近民居旷地遍植茶树”，其“西路各乡都有，支提尤佳”③，乾隆年间编纂的《福宁府志》记载，茶“郡治俱有，佳者福鼎白琳、福安松萝，以宁德支提为最”④。在茶业的拉动下，到乾隆中期，闽东的商品经济进一步繁荣，各县都出现了一批作为区域商品经济中心的市镇，这些市镇均分布在滨海临溪码头和交通要道⑤。1730年，已经有雷志茂⑥在半月里开办茶庄发家致富并带动乡村百姓种植茶叶的记录。

半月里清代茶叶商标（雷其松供图）

闽东内陆三县则变为正山小种的延伸区。邹新球在《世界红茶的始祖：武夷正山小种红茶》中指出，随着正山小种在国外的贸易越来越红火，武夷山生产的小种茶已供不应求。受利益的驱使，政和、坦洋、北岭、屏南、古田等地大量仿制正山小种红茶，于是就出现了“外山小种”，包括坦洋小种、政和小种、古田小种、东北岭小种等⑦。小种红茶有正山小种和外山小种。正山小种产于崇安县（现武夷山市）星村镇或者说桐木关一带，也称“桐木关小种”或“星村小种”，是茶界公认的红茶始祖。武夷山流传着这么一句话：“武夷山一怪，正山小种国外买。”外山小种是指政和、福安（坦洋）、屏南、古田、

① ［清］侯谨度：《福安县志》卷七，出自《中国地方志集成》，福建府县志辑，第13册，第492页。

② ［清］张景祁：《福安县志》卷四，出自《中国地方志集成》，福建府县志辑，第13册，第462页。

③ ［清］卢建其：《宁德县志》卷一，出自《中国地方志集成》，福建府县志辑，第11册，第613、622页。

④ ［清］李拔：《福宁府志》卷十二，出自《中国地方志集成》，福建府县志辑，第12册，第187页。

⑤ 李健民：《闽东茶业的历史变迁和现代振兴》，《宁德师范学院学报（哲学社会科学版）》，2010年第2期，第48－49页。

⑥ 郑学华：霞浦畲族茶商雷志茂，转引自李步泉等主编：《闽东茶叶历史文化》，福州：海峡出版发行集团，海峡书局，2015年，第284页。

⑦ 邹新球：《世界红茶的始祖：武夷正山小种红茶》，北京：中国农业出版社，2006年。

沙县及江西铅山等地所产的仿制正山小种的红茶，品质较差，统称为“外山小种”“人工小种”“假小种”或“烟小种”[①]。古田、屏南、寿宁靠近南平地区的茶叶，以正山小种（外山小种）之名，走武夷山通广东十三行之路。而鸦片战争前夕，广州每年出口茶叶万担，价值万银元，占中国出口货值的70%[②]。

据《古田茶叶志》记载：古田小种的产生源于正山小种在国外的红火，出现供需的紧张，受利益的驱使，商人以古田小种等外山小种充当正山小种[③]。于是，道光年间（1821—1850年）古田县首创小种红茶，成为“外山小种红茶”产区[④]。

古田汤寿桥

乾隆版《屏南县志》中记道：“茶之属，各山皆有，或似武彝，或似松萝，惟产于岩头云雾中者佳。”当时红、绿茶皆有，云雾茶最佳，并已形成一定的规模。“倘后之宰斯邑者多方劝导，广种杂粮，并茶、竹、麻、靛之类，岁有万金之获，以供国课，庶几户有盖藏，输将亦易，民不扰而官无累矣。”[⑤] 从中可以看出，茶在当时屏南的规模及其在国课中的重要地位[⑥]。清咸丰前，武夷正山小种兴起期，屏南茶叶多以屏南小种红茶融入其中，成为“外山小种”成员之一，从陆路人工贩运300多公里到武夷茶市交易，同时仍保留通

---

① 福建省古田茶业管理局编：《古田县茶志》，福州：福建省地图出版社，2021年，第299页。

② 姚贤镐：《中国近代对外贸易史资料：（1870—1875）》，卷1，北京：中华书局，1962年，第258页。

③ 福建省古田茶业管理局编：《古田县茶志》，福州：福建省地图出版社，2021年，第299页。

④ 福建省古田茶业管理局编：《古田县茶志》，福州：福建省地图出版社，2021年，第2页。

⑤ ［清］沈钟等编纂：《屏南旧志集（1）》，陈俊孙点校，福州：海峡出版集团，福建人民出版社，2017年，第99、134页。

⑥ 沈钟买基一亩六分建造，余田留作菜圃，以供诸生之用。其义学后山及左右两岗，知县沈钟又捐俸插杉树三千余本，并多栽茶竹，不独可荫庇风水，而日久倾颓，亦可藉为修理之资焉。并附识于此。又批给子民张德余承种义学后山杉树印照。特授福州府屏南县正堂加一级沈：今将本县义学后山及左右两岗批付在城子民张德余承管，包种杉木三千株，议定给工价银壹拾两正，其银三次给领。自承之后。水远照管，逐年修整，不得有误。其山内一切榛、松、茶、竹等树，亦一体看管。倘有居民侵损，许尔告官究处，尔亦不得自行砍伐。此照。右批给在城子民张德余，准此。（屏南县地方志编纂委员会编：《屏南旧志集（1）》，福州：海峡出版集团，福建人民出版社，2017年，第59、62页。）

过古田到福州交易。主要干道有：北道从官寿兜出发经上七房溪、双溪、高湾、岭下、分水隘、建瓯水源至武夷谢坑；南道从忠洋、康里出发经熙岭、岭里、下三登、甘棠、前院、长桥、源柏、中秋、建瓯至武夷；水路从寿山经双溪、棠口、龙涤、前院、古田、水口至福州，从忠洋、康里出发经、乾头、乾洋坂、吉巷至福州①。

咸丰以前，闽东地区有部分茶叶北上，经屏南卖往武夷山。恰如茶叶的走向，当然，古田和屏南一带茶叶，即使与武夷茶质相比稍逊，亦能卖得好价钱，因此运往武夷好卖。而地处南平与屏南交界，茶运往武夷必经的高山隘口——谢坑村，成为一个茶叶集散中心以及“屏南开县第一村”。六合春茶行则有了“茶管九县”的传说。

早在明景泰六年（1455 年）寿宁建县时，就有茶农开始人工栽培茶叶。《寿宁待志》记载：“三甲住初垄，出细茶。十甲住葡萄洋，出细茶。茶出七都（今斜滩、平溪部分地区）。”可见，彼时寿宁县的茶树种植已小有规模，茶区已初步形成。为发展茶叶，入清以后，至乾隆年间（1736—1795 年），随着茶叶贸易的兴起，寿宁县交通运输的瓶颈终于被突破，邑内茶商、盐商联手，在官府的资助下，疏浚了福安至斜滩段的河道。与此同时，一种与茶叶生意息息相关的水上运输工具——斜滩艚应运而生，出现在寿宁斜滩到福安赛岐的水运航道上②。

此间，一些文人骚客有关茶的记述亦佐证之。清乾隆二十六年（1761 年），李拔在巡视寿宁县行程中，在品饮了寿宁“细茶”之后，诗兴大发，留下了为后人广泛传诵的七绝《茗溪清泉》诗一首。诗云：“万树佳茗生玉泉，雪花激滟自溅之，等闲采得香偏胜，活水烹来不用钱。”李拔还在其撰写的《种树赋》中，强调了种茶之利，他要求邑民在“地角山头，斜坡陡岭……广种桐、茶，以备采摘”③。王家财（1822—1890 年），又名王正卿，道光二十年（1840 年），涉足制茶业，首创茶号“祥记”茶行，由于经营得法，声名鹊起。短短几年，便成为福安坦洋的茶业界巨头。为“坦洋工夫”红茶的问世与发展作出了突出贡献，使其成为“坦洋工夫”红茶的最早创始人④。沈葆桢在道光二十五年（1845 年）写给寿宁斜滩御任知县卢赞虞夫人（林则徐夫人侄女、沈葆桢夫人表姐）的贺寿诗《郑太安人六旬寿诗》云：“寿宁自古好名区，丽景延长姥寿符。秋满山城门桂子，春深海国降麻姑。茶香味入神仙府，草色春分女士儒。慈竹绕阶添劲节，喜看丹凤又净雏。”⑤

---

① 沈久聪：屏南贩茶古道，李步泉等主编：《闽东茶叶历史文化》，福州：海峡出版发行集团，海峡书局，2015 年，第 236－237 页。

② 寿宁县茶业局编：《寿宁县茶叶志》，福州：海峡出版发行集团，海峡文艺出版社，2017 年，第 38、39、46 页。

③ 寿宁县茶业局编：《寿宁县茶叶志》，福州：海峡出版发行集团，海峡文艺出版社，2017 年，第 237 页。

④ 李步泉等主编：《闽东茶叶历史文化》，福州：海峡出版发行集团，海峡书局，2015 年，第 241 页。

⑤ 寿宁县茶业局编：《寿宁县茶叶志》，福州：海峡出版发行集团，海峡文艺出版社，2017 年，第 237－238 页。

于是寿宁县茶树种植规模又进一步扩大，茶区面积亦进一步拓展，茶叶已成为邑民的大宗经济收入来源。与此同时，茶业贸易已成为当地农业与商贸的一个重要组成部分。民间借贷大多定“茶季”后偿清，婚嫁亦多安排在“茶季”后举办，此即可见一斑①。

简言之，清乾隆时期，闽东的7个县茶叶种植已经形成众星闪耀之势，到处繁星闪闪；且名优产品备出，如绿雪芽茶、福鼎白琳、福安松萝、宁德支提等。这是福州茶港开辟，闽东能以最快速度借势，在传统基础上，迅速拓展种植面积，提高制作水平，创新、发展新品种，不断扩大市场占有额，成为福建乃至中国茶叶外贸中坚力量的前提。

三、 明末清中期闽东茶叶外贸

根据明末清中期外贸易市场概况和明末清中期闽东大面积种植茶叶情况的记录，可以推断出如下结论。

蛤蟆亭

第一，明中后期至清中期的海禁与倭寇之于外贸的影响在一定时间段和空间范围是存在的，但并无一些学者所说的那么严重。从倭寇与政府相持时间可以推出，在海防被提上日程的明中后和清康熙年间，其时段相对很短；而政府海防力量是有限的，不足以对海疆进行全面的限禁，且经济活动和互通有无也不允许。明中后期的倭寇多源于对海上通商的禁止，许多海商集团即倭寇军团。所以此间海贸只是受到抑制而已，即相较于自由贸易而言的受限。因此，虽规定福建茶叶只准从广州出口，即福建茶叶汇集在江西河口镇，过梅岭下达广州，但因海路贩运茶叶省时、便捷、成本较低，故等平靖海盗后，“内地茶商均由海运茶至粤”②。尤其是嘉庆十八年（1813年）后，为逃避内地关税而走海道入广州者

① 寿宁县茶业局编：《寿宁县茶叶志》，福州：海峡出版发行集团，海峡文艺出版社，2017年，第39页。

② ［清］周凯：《厦门志》，卷五之三十一《洋船》，台北，成文出版社，1967年，第116页。

日多，于是就有了嘉庆二十二年（1817 年）清政府规定①。可见，明中后期至清中期大部分时间里以自由贸易为主，当然，走海路以避税为目的，记录自然很少；而即使是海禁时期亦与走私相伴随，外贸只是在一定范围和程度上受到限制而已。

第二，按经济规律，闽东茶叶本应作经济效益的考量而四散外贸，特别如海上贸易。中西方的茶叶贸易利润极高，茶叶贸易不仅给西方商人带去了巨大的利润，也给中国茶叶经营者带来了巨大利润。1701—1736 年，每担工夫茶 23—38 两，武夷茶 15—27 两，白毫 24—38 两，松萝 16—22 两，瓜片 24 两多，最贵的贡熙细茶 54.9 两。而道光初年的茶叶国内市场价每担合 3.7—15 两。以此来计算"公司"当时从广州买到的茶叶，至少是国内市价的三倍甚至更高②。"行商可以获得平均每担 4—5 两的利润。以每担 4 两来说，整个行商团体在 1784 年以前，每年可以从与英国公司的茶叶交易中获取 32 万两银子的利润。1784—1800 年，每年的利润约为 64 万两，1810 年以后则每年高达 96 万两。"在 1824—1825 年一年的交易中，行商总共出售 21 万担茶叶给东印度公司，总售价超过 750 万元（540 万两）。我们即以 13% 的利润率计算，全体行商当可获得 70.2 万两左右的利润"③。而 18 世纪 80 年代以前，将武夷山茶以原来的路线运输到广州，得花费将近两个月才能走完全长将近一千五百公里的路程。当时的运输费是每一百斤银三两六钱五分，沿路设有关卡，茶路越长，所交的茶税越多④。所以，走武夷茶运输路线的费用占茶叶外贸成本很大一部分，加上收集、加工、包装等，其成本则更高。商人的创新源于对利润的追逐，自然不会不知利用曲折的闽东海岸线与政府控御能力之间的空子。

第三，闽东岸线曲折度对于当时政府控御力而言，不足以杜绝"走私"。福建海岸线曲折、岛屿众多，加上闽南郑芝龙家族海商集团拥有较强大的武装力量，而且与日本、吕宋及南洋各国距离近，又有台湾岛作中介，海外贸易一直很活跃。厦门"为通贩南洋要区"，贸易腹地广阔，"北至宁波、上海、天津、锦州，南至粤东，对渡台湾，一岁往来数次；外至吕宋、苏禄、实力、噶喇巴，冬去夏回，一年一次"⑤。此外，"漳之诏安有梅岭、龙溪、海沧、月港，泉之晋江有安海，福鼎有桐山"⑥ 等，都是与海内外通商往来频繁之口岸，特别如闽东福鼎的桐山，"每岁孟夏以后，大舶数百艘，乘风挂帆，蔽大洋而下"⑦。而嘉

① ［清］昆冈、李鸿章等修：《光绪大清会典事例》，卷 630《兵部·绿营处分例。海禁二》，《续修四库全书》807《史部·政书类》，上海：上海古籍出版社，2002 年，第 771 页。

② 陈东有：《明末清初的华东市场与海外贸易》，《厦门大学学报（哲学社会科学版）》，1996 年第 4 期，第 83 页。

③ 陈国栋：《东亚海域一千年：历史上的海洋中国与对外贸易》，济南：山东画报出版社，2006 年，第 276－277 页。

④ 林楠虹：《近代福州茶叶对外贸易下的城市发展》，《福建商业高等专科学校学报》，2016 年第 2 期，第 21 页。

⑤ ［清］周凯：《厦门志》卷 15，1839 年刻本，第 5 页。

⑥ ［清］杨廷璋、定长等修，［清］沈廷芳、吴嗣富纂：《福建通志》（乾隆版）卷 74。

⑦ ［明］陈子龙等：《明经世文编》，北京：中华书局，1962 年，卷 147，第 1465 页。

庆二十二年（1817年）清政府下令[①]说明走私贸易当时在一定程度和范围内存在。

闽东沿海限于众多的河汊港湾、政府人力物力、交通工具等，即使在最为严厉的海禁政策下，商事活动也禁而不绝。明代奉行禁海政策，故明隆庆以前，有关闽东与外海商旅往来的正式记载甚少。明末，福鼎沙埕、霞油三沙和宁德三都是东南沿海较为重要的贸易口岸，这从郑成功曾多次挥师深入闽东沿海筹措粮饷，张煌言一度驻师沙埕抗击清兵可见一斑。据《清康熙元年三月三十日刑部衙门尚书觉罗雅布等残题本》记载：清康熙元年（1662年）正月，福建张瑞等三十二人，自日本长崎运载绫、丝、药材等与倭人进行走私贸易。五月初四日，回到沙埕，载回海参、香蕈等洋货百担，转运浙江，于六月十一日被台州守备何龙部查获，货概充公，人皆处死。可见这时的沙埕是浙沿海商贸的一个据点。另据福鼎管阳《鹤洋碧山张氏族谱》记载：其第十六世孙张国雅读过几年书，有到外面经商发展的志向。康熙六年（1667年），郑成功刚收复台湾不久，闽台人员往来频繁，贸易兴旺，国雅便赴台经商，朝廷奉行海禁和迁界政策，被迫滞留台湾。清廷的海禁一度极其严厉，但仍然无法完全断绝闽东与台湾间的人员往来。张国雅的侄子张商为了打听叔父下落，在康熙十七年（1678年）去了台湾；而康熙十九年（1680年）秋，张国雅寻得机会……不久叔侄二人双双赴台经商。后来张商在台从军，凭军功官至千总，曾两次返回福鼎管阳[②]。“三泰”茶庄创建于嘉庆二十年（1815年），是集购运销于一体的茶庄，家里收购茶叶，自己开茶商号，并独立运销上海。道光二十一年（1841年）五口通商后，随后上海形成中国最大茶市，萧氏“三泰”茶庄挺进上海滩，进入巅峰期。“三泰”茶庄创始人萧正枢（1788—1853年），字梦轩，副贡生，29岁时被委以重任管理翁江萧氏所有产业，当时，翁江萧氏产业主营绿茶，兼营白琳工夫等。时值卖方市场，销路极好，利润也高。几年间，设分号于国内许多地方[③]。虽然“海禁”对沿海运输业的发展造成不利影响，但由于福鼎沙埕港和秦屿地理位置特殊，是当时的沿海通番贸易的走私港口之一，因此，海上运输繁荣一时，据清朱正元《福建沿海图说》的记载统计，北自福鼎，南迄诏安，共31个口岸的商船寥寥无几，但沙埕港的商船约还有1000艘，仅次于厦门港的1230艘，居第二位[④]。

第四，闽东茶叶不仅有通过海陆走“十三行”，也可通过闽南等海商与东南亚商人贸易。这一期间的闽东茶叶外贸可大体分成陆路和海路两条途径：内陆的古田、屏南和寿

---

① 赵尔巽：《清史稿》志九十五，北京：中华书局，1977年。

② 张振弼、张大罗：《碧山张仁测公派下繁行宝岛台湾》，《福鼎文史》第24辑，2006年，第34–38页。

③ 陈启西：《福鼎三泰茶庄》，转引自李步泉等主编：《闽东茶叶历史文化》，福州：海峡出版发行集团，海峡书局，2015年，第307页。

④ 福鼎县交通局：《福鼎交通志》（内部资料），1991年，第33页。

宁，宁德县靠近政和与南平地区部分。由于地理毗邻优势，这部分茶叶多仿正山小种，主要通过武夷商人进入正山小种销售中心区，自然有利于其价值的提升。而沿海四县如果也走武夷山线路，不仅是逆流而上，而且闽东河道上游水道浅、用工多、运载量少，其运输成本很高。且鉴于当时政府对沿海的控御能力、沿海居民航海优势和对利润的追求等，选择走低成本的海上运输线路与走成本高、不方便、不熟悉的运输路线的优劣比对。而走海路运输路线又分两类：一是运到广东十三行进行贸易；二是通过闽南等海商间接或直接与外商贸易等。逐利是商人的本质。对于闽东部分商人或到闽东经商的商人而言，顺风顺水去万丹与经多番倒腾，历经层层卡哨去广州，对风险与利润等进行比较后发现值得冒险。

三门亭

本章小结

由于在中西接触的早期历史中，茶和丝、瓷器等一样同属最受西方青睐的中国商品，茶叶曾长期占据中国出口商品的首位。而近代闽东之茶叶外贸，在福建省乃至中国都占有一席之地，具备典型性，因此，对其历史做些梳理，有助于更好理解其对区域社会变迁的作用。

第一，茶叶从贡品到商品。地处特殊区位的闽东，茶叶的被发现与利用几乎与人类活动同步。于是，从唐以前的野生茶用于炼丹、修道等的记录到茶叶种植，茶叶从药用向食用再向饮用递变，从腊面茶到散茶到拼配茶再到花香茶迁延。闽东茶叶经历了从唐宋茶风、元明茶事向前清茶贸发展的历程，经历了从皇家御用贡品、“王谢堂前燕”再到寻常百姓的生活必备。从自种自食的自然经济底色到传统的礼俗经济的送礼，再到交换的小额贸易，最后到近代西方资本主义浸入的零星外贸和走私，闽东茶叶在各方面完成了达成规模性外贸的准备条件。

第二，茶叶从物质层面到文化层面。因为茶叶的特殊功能，儒释道从日常品饮到禅释人生：闽东地区宋代以来浓厚的“耕读文化”底色，士阶层对茶的推崇形成效仿效应，以及年代久远数量众多的庵堂庙观，善于潜移默化强调顿悟和修行长生等对善男信女影响，于是从贡茶到士阶层的“以茶修德”进而农工商阶层茶俗的形成和成熟，从茶叶提神有利于晨钟暮鼓到寺庙茶仪再到以茶养性的禅茶文化，从道家养生炼丹到以茶修心的养身文化，茶叶完成了从物质层面到文化层面的建构并进而影响区域社会人们生产和生活等习惯的养成。

第三，新航路的开辟，茶叶与欧洲人结缘，欧洲消费市场的打开、拓展、延伸，终至饮茶习俗形成、发展与成熟，茶叶成为欧洲人不可或缺的生活必需品。海外的巨大需求市场形成，引发中国存量市场的巨大爆发。外贸繁荣造成贸易逆差，进而出现天量贸易赤字。西方国家选择走私鸦片以平抑赤字之法冲击中国的国计民生，战争爆发，割地赔款加剧矛盾，太平天国起义爆发并触发诸多茶叶外贸要素的重组，于是闽东茶叶迎来绝佳发展时机。

第四，清中期前闽东地区茶叶发展的不均衡扩散。隋代及其以前朝代，茶主要以野生、药用的形式，多发现于闽东沿海沿河等人类活动的有限区域内，如太姥山、霍童山、葛洪山等。唐五代宋时期随着人口和不断拓展区域的开发，茶叶种植出现，药用、食用和饮用并存，同时从礼俗经济角色向零星的商品经济发展，种植区域多分布于寺庙左近、村落及周围、集市和行政中心附近等。元明清中期，随着人口不断增长，特别是明中后期人口大发展（自然增长和外部移民），茶叶药用和饮用愈加普及，茶叶商品进一步发展，茶叶种植面进一步扩展，受武夷茶叶外贸发展的影响，闽东地区的寿宁、福安、宁德、屏南和古田县与南平地区交界处茶叶商品相对发展，同时波及福鼎、福安、霞浦、宁德等沿海地区，且沿海地区茶叶已经存在零星的海外贸易，为太平天国运动后茶叶外贸大发展做充分准备。

第五，闽东的独特环境保证了茶叶外贸持续发展需要的自然和人文地理空间。闽东既属于沿海，又处于相对封闭的独特区位；既不如其左近区域有着高度政治控御，又未形成强大的经济中心和交通网络；既未有资金雄厚商业资本介入，又无强大官商联盟。于是形成传统底色基础上，重农抑商思想相对不严重，大资金超控度相对不足，思想多元，小资本众多，投资多头，本地资源潜质较大的局面。特别是居住于此地的居民思想上的相对自由，为传统农耕经济向工商业经济对接与转轨留足空间，为本地居民聪明才智的发挥创造了条件。闽东多山丘地带不适合水稻种植，而茶树的旺盛生命力和低成本投入且使用多途、制茶工艺技术含量低等确保了茶叶生产及外贸在闽东的持续发展。

第三章　闽海关时期闽东茶叶外贸的发展（1853—1898 年）

随着鸦片战争后《南京条约》的签订，五口岸通商，福建占其中两口。西方国家欲凭借军事打击，取得各类特权，促使新的茶叶贸易商路早日开通。可是，五口岸通商之后，福州的对外贸易发展极为迟缓。吴松弟认为，福州开埠的真正时间可能在 1845 年 5 月底[①]。在 19 世纪 40 年代，虽有英商在福州进行茶叶出口业务的尝试，然皆以失败告终。直至 1853 年太平天国定都天京，切断武夷茶往广州和上海通道，美国商人为获取武夷山茶叶，尝试开辟武夷山通往福州水路获得成功后，福州港的地位凸显，成为武夷茶的输出港；而毗邻福州的闽东也迎来茶叶外贸的繁荣。

茶票

闽东茶叶外贸的发展，以 1898 年三都澳开埠为界，大致可分为闽海关时期（1853—1898 年）和福海关时期（1899—1949 年）[②]。闽海关时期指鸦片战争后，随着《南京条约》的签订，福州港、厦门港列为近代中国第一批通商口岸。特别是太平军战事爆发后的

① 广州、上海、厦门在 1843 年 7 月、11 月、11 月，宁波在 1844 年 1 月，福州在 1845 年 5 月。具体参见吴松弟、杨敬敏：《近代中国开埠通商的时空考察》，《史林》，2013 年第 3 期，第 76－78 页。

② 水海刚认为，近代闽江流域茶叶输出可分为繁荣期、衰落期及恢复期。繁荣期从 1856 年至清光绪中叶。衰落期从 19 世纪 80 年代至 1927 年南京国民政府成立。恢复期从 1928 年至 1937 年。（水海刚：《口岸贸易与腹地社会：区域视野下的近代闽江流域发展研究》，厦门：厦门大学出版社，2019 年，第 95 页）。

1853 年至三都澳开埠的 1898 年这一时期。闽海关时期闽东茶叶发展概况如下。

第一节　闽东茶贸兴起的背景

闽东茶叶亦称“北路茶”。“北路包括旧福宁府属之福鼎、霞浦、寿宁、福安、宁德、周墩、柘洋等县区及屏南一县。此路各县除沿海一带，因海风剧烈，土壤多含盐质不宜种茶外，虽穷乡僻壤无不有茶树之种植，产量之多，几占全省总产量十分之七，其繁盛盖始于海禁通后……”[①] 中国各区域的现代化进程，受地理环境历史传统的制约，具体地说，主要受到各区域和港口城市之间的空间距离、交通条件，以及区域内部的地理条件、历史状况等方面的制约[②]。近代闽东茶叶外贸的大发展亦是源于这些因素，对太平军战事引发的一系列整合的结果，现主要阐述如下。

一、 太平军战事

1851 年太平天国的金田起义引发中国国内形势的巨变。太平军转战广西，挺进两湖，并沿江东下；1853 年 3 月定都天京，后又发动北伐和西征；1860 年底摧毁江南大营后，太平军向苏南、浙北和浙东发动进攻。太平军纵横 18 省，历时 14 年，先后攻占 600 余城。其内战烽火肆虐着大半个中国，特别是对南方产茶大省的冲击。太平军 1853 年定都天京，为闽东茶叶大发展营造良机，主要表现有：第一，定都天京后切断了武夷茶通往广州和上海的通道。造成广东省“华夷各商，难于贸易，韶关以南，路途节节梗塞，茶叶不能到省”。而上海亦如是。于是美国人为获取茶叶，尝试开辟武夷山到福州港的水路运输线获得成功，促成福州港的繁荣。广州的茶叶出口量呈减少的趋势；上海除 1855 年外，出口量亦无大的发展，而且波动很大。相对而言，福建受影响较小，于是中外茶商涌向福州，福州港因之崛起，一跃成为全国三大主要茶叶市场之一[③]。宁德毗邻福州，港口的虹吸效应带动闽东茶叶的发展。第二，太平军四次入闽却未到闽东。在福建省，太平军四次入闽，进攻闽北、闽西、闽西南、闽南，先后攻占光泽、邵武、崇安、清流等 18 县（府）；二度攻占汀州府城、泰宁、宁化等 7 县（府）；三度攻占建阳、建宁等[④]。近十年的战乱，对闽北、闽西、闽南等地区的茶叶种制运销造成一定程度的影响，而闽东茶区相对平静。第三，太平天国内战对传统产茶区严重破坏，减少闽东茶叶崛起的竞争对手。战

---

① 唐永基、魏德端：《福建之茶》，福建省政府统计处，民国三十年（1941 年），第 13 页。

② 吴松弟：《港口—腹地和中国现代化空间进程研究概说》，《浙江学刊》，2006 年第 5 期，第 30 页。

③ 彭泽益：《中国近代手工业史资料》第 1 卷，北京：中华书局，1962 年，第 59、60 页。

④ 徐晓望：《福建通史》（第五卷），福州：福建人民出版社，2006 年，第 102 – 120 页。

争伤亡及战争引发瘟疫等造成战区人口损失数千万人。战争引发茶园抛荒、阻滞茶叶流通等，促成更为尖锐的供需矛盾，为闽东茶叶发展提供更为广阔的空间。

二、优越的区位

宁德东望台湾，西邻南平，南连福州，北接浙江省温州市，陆域 1.34 万平方公里，海域面积 4.46 万平方公里，海岸线长 1046 公里。福建本部 65% 以上为山陵地带，前人以其不宜种植粮食，转插茶种，并引山泉灌溉，固已具有相当悠久的历史①。如前所述，闽东地区以中、低山丘为主，占 97.18%。在传统农耕社会里前人之认识对后人之影响至深，很多时候经验总是被提升为"真理"，因此，闽东山区自然更适合茶叶生长，再加上作为副业的茶叶，投资成本相对低等因素，于是种茶在闽东相当普及。福州成为茶叶输出大港之后，闽东发展茶叶优势如下：第一，宁德较为完整的水陆海联运网络，特别是南宋以后到明清时代形成的较为完备的陆路、河运和海运系统。"溪河与人工铺砌的陆路交织，形成码头，濒海之处则形成港口。北部产区随着三都澳的开港……达到如今茶叶产销两旺的盛况……交通运输是否便利是导致这种变化的根本原因。"② 第二，宁德到福州的距离。从福建至江西在河口镇入信江转销之输出路线即可分为南北东三条，"以往茶叶从武夷山运到上海所需时间大约 28 天，若运往广州，则需六星期或两个月"③，而"从星村装船沿闽江顺流而下，顺利时用 4 天就可抵达福州"④，大大降低了茶叶运输费用。而相对于闽东，在三都港开埠以前，即使是柘荣、寿宁、周宁、屏南等交通不便的山区各县，亦可首先通过陆路上的乡村道路、县内古道、县际古道和（或）省际古道至河港、渡头（或海港），再通过内河航道顺流至沿海海港，或再通过沿海航道经宁德至福州古道，运至福州城，优势体现明显，行程一般不超过四天；而地处沿海的宁德、福安、霞浦、福鼎则较山区县更为便利。第三，有利于茶叶生长的自然地理环境。见前文所述，此不赘述。

三、人口的压力

据载，乾隆末年，闽东各县有人口 205258 人左右，而清道光九年（1829 年），全区共有 213847 户、993107 人，增加 4.84 余倍。清宣统元年（1909 年），全区共有 1715628 人，宣统元年人口数为乾隆末的 8.35 倍。民国元年（1912 年），区内人口 1591716 人⑤。当然，历来多有人口数量精确度之疑问，据本时期相对稳定之形势而言，人口不断增加应为大势所趋。不断增加的人口对促进闽东茶叶发展作用主要有三：第一，人口压力推动商

---

① 佩文：《福建富源之一——茶叶》，《华侨工商导报》，1948 年第 4 期，第 3 页。

② 日本东亚同文会编：《福建省全志》，李斗石译，延吉：延边大学出版社，2015 年，第 249 页。

③ R. Fortune：A Journey to the Tea Countries of China，pp. 266、264。

④ 林仁川：《福建对外贸易与海关史》，厦门：鹭江出版社，1991 年，第 235 页。

⑤ 《宁德地区志》，北京：方志出版社，1998 年，第 218 页。

品性经济作物的选择。清末民国，闽东人口达到传统社会的巅峰值。为养活更多人口，附加值较高的商品性经济作物被视为首选，这已为明清以来中国人口稠密的江南地区的事实所证实。当然，闽东地区此间之实际情况应与江南地区相类似，而时值茶叶外贸大发展时期，且闽东有基础，于是种植茶叶自然成为首选。第二，众多人口为茶业经济提供充足劳力。在清代社会，中国生产力与前代相近，多自给自足，属粗放型农业。有鉴于闽东地形地貌，茶叶又皆种于坡地，而坡地垦荒较平原地区更耗工，因此需要更多的劳动力才具备短期迅猛发展之可能。第三，明清移民中从事农业的多种经营或工商业活动的移民的作用。据陈支平研究，随着明清时期社会经济特别是商品经济的发展，那些进入山区的外来移民，固然有一部分是为了寻求农业生产的空间，垦荒种粮，但也有一部分则是从事农业的多种经营，种植林、竹、蓝靛等山区经济作物，或从事其他工商业活动[①]。一定比重的这类移民，对闽东茶叶外贸的发展自然能发挥一定之作用。

四、 茶税率较轻

在中国的大部分传统茶区，茶叶的贸易多受官方控制，商人凭茶引买卖茶叶，购茶数量必须与茶引相符。如果需要增加茶引必须向政府申请，忍受官吏勒索，所以一般商人皆不轻易增加茶引。而在闽地“向不颁给执照征收课税”[②]。《清史稿》记载：“安徽、江西、浙江等省均用茶引……福建、广东、广西均不颁引，故无课。”[③] 福建巡抚吕佳孙也曾说过：“闽省商贩茶叶，向不颁给执照征收课税。”[④] 茶引制度限制了茶叶生产区域、生产的数量和贸易自由，且极易滋生弊病。尽管清代恢复了贡茶制度，但据《闽政领要》记载，贡茶数额很少，对闽茶生产影响不大。康熙二十二年（1683 年），收复台湾后，福建省便在各处开设关卡。“初仅福厦两处，雍正七年，增子口二十处，皆内地税钞。”庆幸的是，厦门海关对茶叶征收税则“细茶每百斤例六钱，中三钱，粗一钱”[⑤]，低于全国各省。据统计，康熙二十二年全国征收茶税共银 33642 两，其中浙江一省就有 18113 两多，所占将近全国的一半，而福建省为银 359 两[⑥]。众所周知，清代之福建、浙江都同属中国南方重要产茶省，而福建之茶税仅浙江省的 2% 不到，可见，此间税率较低。就福建省内而言，闽北和闽南很早就以茶叶闻名左近，而闽东之茶虽有，但并不突出；即便有茶税，也应不会多于闽北和厦门茶税。因此，一直以来的低税为北路茶快速崛起奠定了必要条件。

---

① 陈支平：《福建六大民系》，福州：福建人民出版社，2001 年，第 65 页。

② （清）刘锦藻：《皇朝续文献通考》，卷四十二，征榷十四，出自《续修四库全书》第 816 册，上海：上海古籍出版社，1997 年，第 199 页。

③ （清）赵尔巽：《清史稿》，卷一二四，《食货五 · 茶法》，北京：中华书局，1976—1977 年。

④ 刘锦藻：《清朝续文献统考》，卷四十二，《征榷十四》，杭州：浙江古籍出版社，2000 年。

⑤ 徐晓望：《福建历代茶政沿革考（下）》，《福建茶叶》，1986 年第 2 期，第 31、32 页。

⑥ （清）赵尔巽：《清史稿》，卷一二四，《食货五 · 茶法》，北京：中华书局，第 1977 页。

茶叶商标

与此同时，19 世纪 70 年代迅速发展的近代国际通信和运输业对茶叶贸易影响巨大。1869 年 11 月 17 日，苏伊士运河通航，缩短了从东亚各港口到达欧洲的近 1 万公里航程。1871 年 6 月 3 日，欧洲与香港、上海之间的海底电缆连接，中国与欧洲从此可以直接通电话。以往两地通信息，通过船只送达需数月，通过电话，数分钟可达且转瞬间可得回音，大大方便了国际贸易①。与苏伊士运河开通差不多同时，美国横贯大陆的太平洋铁路也得以完工，美国与中国贸易比过去更方便。不久，俄国黑海海滨港口与东亚开始通航，俄国对中国的贸易路线由陆路一线增加为海陆两线。此变化对福州茶叶贸易影响巨大，这自然也给地处福州北部的宁德带来影响。

第二节　闽海关时期外贸茶叶概况

咸丰十一年（1861 年）七月十四日，闽海关新关宣告成立，近代海关体制与时俱进，不断完善。然此阶段并无对闽东茶叶外贸数据的确切记录，其内容只散见于各种材料中。当然，闽东地区茶贸除福鼎应有部分茶叶走温州外，但绝大多数从福州出口是可以肯定的。此阶段闽东地区的茶叶外贸的发展大体如下。

一、 咸丰朝闽东茶叶外贸简况

咸丰元年（1851 年），建宁茶客来坦洋购茶，将红茶制法从崇安传入坦洋，并以高巧工艺制成“坦洋工夫”②。很快，闽东发展为福建省红茶的主产区。坦洋工夫包括福安、寿宁、宁德、周墩四个茶区所产的工夫茶。此外，又在福鼎、霞浦制成了著名的“白琳工夫”③。白琳工夫和坦洋工夫带动该地区茶叶种植面的推广。在交易中，闽东茶人敏锐洞

① 班思德编：《最近百年中国对外贸易史》，海关总税务司统计科译印，1931 年，第 112 - 113、124 - 125 页。
② 林桂镗编：《福安市茶业志》（油印本），1995 年，第 11 页。
③ 唐永基等：《福建之茶》，福建省政府统计处，民国三十年（1941 年），第 22 - 23 页。

悉红茶的海外潜在市场，群起效尤，工夫红茶，通过较为完善的交运体系和有利的区位优势，被源源不断地贩运至福州。此外，古田的外山小种和屏南的屏南小种亦于此时大发展。咸丰五年（1855 年）从福州运出的茶叶达 14.3 万担①。此中除部分是坦洋工夫和白琳工夫外，应还有如东洋（周墩）工夫等。咸丰六年，闽海关运往欧美的茶叶 32 万担②，较咸丰五年增长近 2.24 倍。如此迅猛的增长，仅靠已历数百年开发的武夷山地区，是无法实现的，而最有可能的是闽东茶叶的迅猛发展的新供应源的成功开发。紧接着，咸丰九年（1859 年）上升为 42.3 万担③，较 1855 年增长近 2.96 倍。而此间的 1857 年 3—4 月，太平军的杨浦清和石镇吉部攻克光泽、邵武、崇安、建阳等地，并围攻建宁府，一直到 1857 年 8 月才全部退出福建。1858 年 4 月，杨浦清部夺取浦城，往攻松溪，后攻取政和；随后攻陷建阳、崇安。5 月石达开部攻克光泽，占领邵武，连陷建宁、泰宁、宁化等。1859 年 2 月，石达开部才从龙岩撤往广东④。闽北茶叶闻名遐迩，在茶叶经济利益驱动下太平军两次进攻时间都选择在清明茶收获时节，其对茶产业破坏可想而知。当然，“占领了大片领土，但是从没有进行有效的管理。他们唯一所做的就是大肆洗劫”⑤。而且，李秀成经营苏浙时就有“茶、丝换军火”之事⑥。闽海关输出的茶叶以闽北地区和闽东地区为主，而闽北战乱频发，破坏巨大。因此，可以肯定，咸丰九年茶叶输出较 1855 年提升的近 3 倍应以闽东输出为主。当然，据邹新球的研究，19 世纪 60 年代闽东工夫红茶出现，改变了全省唯有武夷红茶的局面⑦。亦可佐证之。如按茶叶生长周期，1851 年左右种植，到 1860 年进入采收旺季，这也符合发展实际。1860 年左右闽东之茶应占据近一半之比例。

二、 同治朝闽东茶叶外贸简况

清同治三年（1864 年）四月，天京将陷之时，六股太平军同时入闽⑧，从西北到西南，战事几乎覆盖整个建州府、漳州府，并直接影响了“西路茶”“南路茶”的种制运销。而政局相对稳定的闽东茶则发展平稳。同治四年经福州口岸输出的茶叶激增至 62951916 磅。“茶叶是福州最宝贵的特产。少量运往本国口岸，绝大多数直接用轮船出口外国……出口到欧洲大陆的主要是色种茶和红茶……有不少府县均生产销往外国的几种主

① 朱维干：《福建史稿》下卷，福州：福建教育出版社，1986 年，第 447 页。
② 福建省地方志编纂委员会编：《福建省志——海关志》，北京：方志出版社，1995 年，概述。
③ 朱维干：《福建史稿》下卷，福州：福建教育出版社，1986 年，第 447 页。
④ 徐晓望：《福建通史》第五卷，福州：福建人民出版社，2006 年，第 102、105－106 页。
⑤ ［美］萧邦齐：《九个世纪的悲歌——湘湖地区社会变迁研究》，姜良芹、全先梅译，北京：社会科学文献出版社，2008 年，第 165－166 页。
⑥ 王韬：《弢园文录外编》，长沙：岳麓书社，1985 年，第 273 页。
⑦ 邹新球：《关于正山小种红茶名称的演变及其历史背景》，《福建茶叶》，2007 年第 3 期，第 47 页。
⑧ 朱维干：《福建史稿》，福州：福建教育出版社，1986 年，第 611－618 页。

要茶叶品种。因地理环境和土壤关系，某些府县到处可见某种茶树。福宁府产红茶和银针白毫……还有一种绿茶和桔香白毫。"[①] 海关报告中首次提及福宁府的红茶和银针白毫，相对而言，此间的闽东茶叶应已因占据一定比例而引起闽海关人员的关注。从清咸丰年间，福州口岸输出茶叶开始，闽东茶叶便成为关注的焦点，无论茶质、茶税、地方对茶产业的态度，还是生产技术等，皆逐年总结、分析[②]。同治六年，福州口岸总出口额为20759941 元，其中红茶出口额 18974667 元，绿茶出口 105998 元，总计 19080665 元，占出口总额的 91.9%[③]。出口额是进口额的近 4 倍，福州口岸成为全国唯一的贸易顺差口岸[④]。

三、光绪朝前中期闽东茶叶外贸简况

光绪元年（1875 年），"板洋红茶比同治十三年（1874 年）初期也提价 3 两"。价格上涨是各种原因促成的，上涨的价格却刺激了商人对来年的预期进而影响到种制环节。光绪二年，"北岭茶和板洋茶价格与上年差不多，但质量差于往年……继则有一些极品板洋茶和一些普通茶叶启运伦敦，价目不明。""本年的茶质很差，除第一批茶叶，包括板洋茶在内的某些数量外，质量低劣，掺有大量茶末，这已成为老规矩。"[⑤] 随着供不应求局面的加剧，市场管理缺位明显，这可从"掺有大量茶末"成为老规矩中看出。此间的海关记录中体现出闽东茶叶价格、品类、质量以及掺杂行为等，反映出消费者与生产者间的关系。光绪六年，从福州出口的茶叶为 73.7 万担[⑥]，较 1855 年增长至近 5.15 倍多。1880 年 5 月 27 日《福州捷报》称："新茶叶的质量不错，邵武、福宁和界首的工夫原（远）比上一茶季的好得多，也较干净，但味道稍逊，北岭茶好于 1879 年，而板洋茶无疑劣于往年。"[⑦] 1881 年 5 月 30 日开市——比预料的早——以能够使茶商获利的价格成交了第三批板洋茶。"板洋茶的需求量增大，这种茶的价格一直不变。""这个地方在福州北部的北岭……清晨 5 点即可看到三四个苦力结帮成伙地下山，每个人都挑着两个大布袋装着的茶叶，约有 120 斤重。天越亮，人数越多，形成了一条绵延不断的人流，蜿蜒通向港口。许多大树参天的地点都挤满了吃饭、睡觉的苦力，小路上都是竹扁担和茶包，这苦力不全都是从北岭来的，因为这条路通向远方各产茶区。这些苦力要在崎岖的乡间小道上走二三天，在 5、6、7 月间，这里喧嚣吵闹，充满了生机。"北岭是茶运陆路通道，闽东的茶叶

---

① 福州海关编：《近代福州及闽东地区社会经济概况》，北京：华艺出版社，1992 年，第 9－10 页。
② 参考福建省地方志编纂委员会编：《福建省志——海关志》，北京：方志出版社，1995 年。
③ 福州海关编：《近代福州及闽东地区社会经济概况》，北京：华艺出版社，1992 年，第 49 页。
④ 福州海关编：《近代福州及闽东地区社会经济概况》，北京：华艺出版社，1992 年，第 50 页。
⑤ 福州海关编：《近代福州及闽东地区社会经济概况》，北京：华艺出版社，1992 年，第 103、114 页。
⑥ 朱维干：《福建史稿》下卷，福州：福建教育出版社，1986 年，第 447 页。
⑦ 福州海关编：《近代福州及闽东地区社会经济概况》，北京：华艺出版社，1992 年，第 125－126 页。

有相当一部分由此进入福州。“光绪十三年板洋茶 11.75—36 两/担；白琳茶 19—42 两/担；光绪十四年板洋茶福州 15—37 两/担，白琳茶福州 28—48 两/担。”① 光绪十七年，境内出口的茶叶有红茶、白茶和绿茶 3 种，出口国家和地区有印度、锡兰、伊朗、德国、荷兰、法国、瑞士以及港、澳地区②。1899 年，“曾经令人满怀期望的福州茶叶改良公司被迫于年底停业……但它仍然期望吸取过去的教训，在一个更合适的地方——有理由认为是福宁——重振旗鼓，成为在英国市场上比重日益增大的印度茶叶和锡兰茶叶的劲敌”③。尽管后期福建茶叶品类繁多，但红茶始终是出口的顶梁柱。据统计，光绪年间，输出茶类仍是以红茶为主……以 97 万公担平均，占茶叶输出总数的 77%。绿茶输出数量较少，在 11 万公担至 14 万公担，以 12 万公担平均，占 10%。砖茶……以 16 万公担平均，占 13%④。自闽北停产红茶后，福建输出的红茶主要来自闽东⑤。从中可以看出闽东红茶在输出方面的比重。

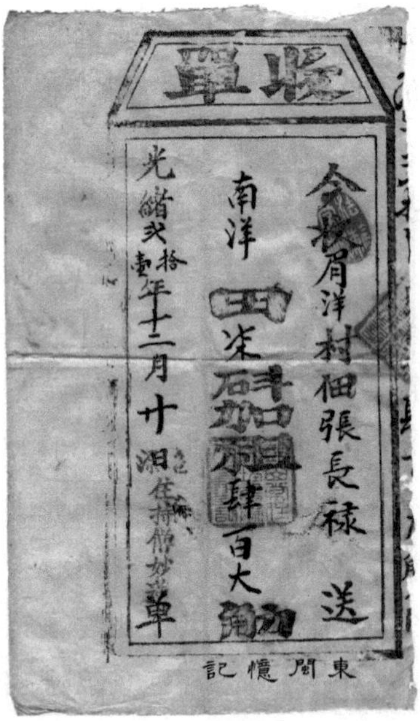

茶叶收单

综上所述，可以看出，从 1853 年至 1898 年的清咸丰、同治、光绪三朝的近 45 年时间，闽东茶叶外贸虽无明确之数量记录，但材料零星散见，参合其他资料可初步推出：第一，咸丰朝闽东茶叶崛起。从咸丰三年（1853 年）太平军定都天京，福州港崛起，并成

① 福州海关编：《近代福州及闽东地区社会经济概况》，北京：华艺出版社，1992 年，第 135、137 – 138、169 页。
② 《宁德地区志》，北京：方志出版社，1998 年，第 695 页。
③ 李步泉主编：《闽都茶文化》，福州：福建人民出版社，2015 年，第 25 页。
④ 陈椽：《茶业通史》，北京：农业出版社，1984 年，第 480 页。
⑤ 詹宣触：《建瓯县志·实业》卷 25，建瓯芝新印刷所排印本，1929 年，第 2 页。

为全国茶叶输出三大港口之最，闽东茶叶凭借机会整合有利于茶贸发展条件趁势而起，并于咸丰时期末同治时期初超越闽北茶叶输出量。第二，同治朝初闽东茶叶不断扩大与闽北茶叶输出的优势。太平军第三次和第四次入闽，与清军在战区及其左近地区（闽东除外）的反复争夺，闽东茶叶比重进一步提高，并引起海关人员的关注；又经过同治朝中后期的大发展（福建其他地区则处于太平军战事的恢复期），基本奠定闽东茶叶输出在闽海关的主导地位。第三，光绪朝闽东茶叶输出大起大落，但相对而言地位较为突出。光绪朝是中国茶叶输出机遇与危机并存的时期。随着闽东茶叶外贸大发展，新的茶叶外贸输出国出现并迅速成长，成为华茶强大的竞争对手，光绪二十四年（1898 年）福海关开关时闽东茶叶止跌企稳，且已经成为中国与印度茶叶竞争的希望。

闽茶种类繁多，据载，可分为红茶、绿茶、花香茶、青茶和白茶。红茶又分橘红和红标茶等四小类，特别以小种（5 个）和工夫（10 个）为最；绿茶按成茶和毛茶分各有 5 类，共 10 小类；花香茶以茶叶和花香分，共 15 小类；青茶有闽南和闽北之分，共 16 小类，特别如岩茶又有 5 种；白茶有小 3 类，特别如白毫和白牡丹有按地点各分 2 类，而福鼎白毫又有头标、次标之分等①。在清代由福建出口的茶叶被称为“白琳工夫”“坦洋工夫”“政和工夫”的三大工夫红茶中，闽东占其二②。闽东是大宗茶叶出口地。红茶中的小种有坦洋小种和古田小种；工夫红茶有白琳工夫、古田工夫和坦洋工夫，坦洋工夫又分成福安工夫、寿宁工夫、宁德工夫、周墩工夫；绿茶有福鼎白毛猴、福鼎连心、福鼎黄茶，闽东各县的炒绿和清水绿；白茶有福鼎白毫。此外，还有天山绿茶、屏南小种、淮山茶等。

此一时段闽东各类茶叶发展基本情况如下：第一，受福州开埠影响，闽东各县外贸茶叶普及面广大。坦洋工夫、白琳工夫、东洋工夫、外山小种、屏南小种、淮山茶等发展迅猛，源源不断运往福州，茶叶质量、输出数量变化等皆受到闽海关的普遍关注，在茶叶国际竞争不断处于劣势之时，被寄予厚望。第二，宁德地区已经形成包含茶叶初级市场和中级市场的巨大网络。广大农村旷野的茶叶通过农村数百个茶庄、茶行、茶栈等搜集制作，肩挑运送到河港、海港等中级市场加工、包装，运往福州交易，通过多年发展，具备一定规模，与国外市场紧密关联。闽东茶产业链涉及千家万户，茶产业兴衰影响闽东民众的生产和生活。第三，茶叶已经成为闽东对接世界的媒介。世界通过闽东茶叶认识闽东，通过茶质认可闽东，乃至通过茶叶认识闽东乡土民情。第四，闽东外贸茶业数量估计占闽海关一半。福州海关茶叶主要是西路茶（闽北）、东路茶（古田、罗源、连江等）和北路茶

---

① 廖存仁：《闽茶种类及其特征》，《茶叶研究》，1944 年第 2 卷，第 4、5、6 期，第 31 页。

② 《宁德地区志》，北京：方志出版社，1998 年，第 695 页。

（福宁府、屏南大部等）等，限于传统社会交通成本，闽东优势越来越凸显，太平天国第一、第二次入闽后，且因为此前闽东受商品市场冲击并不甚大，浓厚的宗族底色的积极方面，特别如诚实守信、勤劳善良、乐善好施、光宗耀祖的推崇，茶人茶商在一定范围内较能严守质量关，发挥作用，备受关注。第五，闽东茶叶区域不平衡明显。在闽东七县中，福安和福鼎发展充分，坦洋工夫和白琳工夫闻名左近；屏南、古田和宁德为第二梯队，屏南小种、外山小种、东洋工夫和天山绿茶等影响不断扩大；而寿宁与霞浦相对较为落后些。第六，主要销往英国、美国和俄国。工夫和小种等多销往英美，以英国为主；部分绿茶销往美国，特别如天山绿、猴盾茶庄生产的绿茶等；而淮山茶等主要销往俄国。

当然，在此期间闽东茶叶贸易的发展除源于在卖方市场引发供应圈层扩大，即传统认为相较于种粮等，闽东典型的沿海丘陵地带更适合于茶叶这一特殊植物对地理的要求，从而最佳组合实现，于是，模仿正山小种技术，闽东各地的工夫和小种推陈出新。

第三节　外贸茶叶的制运销及管理概况

为进一步了解闽海关时期闽东茶贸发展情况，现就这一时期闽东茶叶的制作、运输、市集、销售和管理情况介绍如下。

一、制造

闽海关时期闽东茶叶制造包括制茶工具、茶叶加工流程和茶叶包装等，现分述如下。

1. 制茶工具。关于宁德地区制茶所用的工具，林景亮先生从工具的名称、原料、形状、容量、用途、价格等六个方面作了较为详尽和全面的调研、描述和功能界定，具体如表 3－1 所示。

表 3－1　　福建省制茶所用工具①

名称	原料	形状大小	容量（斤）	用途	价格（元）
茶篮	竹皮	同上半截葫芦高二尺径尺半	15	采装茶青	0.5
密簸箕	竹二皮	形圆密无孔径四尺	茶菜 3—4	晒茶菜	1
疏簸箕	竹皮	形圆中有五分四方孔	茶菜 2—4	晒茶菜	1.2
茶笼	竹皮	形圆高三尺余径二尺	30—40	装茶菜	1.5
料壶	竹皮	形圆高一尺径五尺	150	装茶菜	2
茶架	木	高七八尺	20 个	放簸箕	4

① 林景亮：《福建茶叶之制造（附表）》，《农学》，1937 年第 3 卷、第 4 期，第 82 页。

续表

名称	原料	形状大小	容量（斤）	用途	价格（元）
菜筲	竹	形圆高一尺径四尺	8—9	翻茶	1.8
鼎	铁	大同家用釜	4—5	炒茶	3.2
茶拨	竹	一尺长之竹板		炒茶	
茶箕	竹或铁	三角形或圆形	4—5	盛炒好茶	0.1
焙笼	竹	圆形高二尺余径二尺	6—7	焙茶用	0.5
小麦袋	帆布	高一尺径一尺	7—8	装炒茶以便用足揉捻	0.05
茶巾	布	尺半四方	7—8	同上	0.04
灶	土	即平常煮饭灶		炒茶	5
茶袋	麻布	与普通麻袋同	50	装焙好粗茶	0.2
焙	土	圆形焙口朝天大小恰置焙笼出土二尺深入地下三尺		焙茶	0.25
共计					21.34

有关表 3－1 所列之制茶工具是在调研闽东、闽北、闽南等地区的基础上总结得来，所有工具的使用皆本着就地取材的原则，特别如竹子等闽东特产，还有如木头、麻布之类。而自清雍正年间闽东铸锅技术不断提升，铸造之锅不仅满足闽东地区，而且延及闽北、浙江泰顺等地区。制茶之工具部分亦为对农业生产用具或农业生产工具的改进，而灶等则为日常生活所用。当然，器具在容量上或存在不同；至于成本核算，因许多本身即为生产工具和日常生活器具，一次投入，多年使用，所以按使用周期而言，成本极低。

2. 制造。关于闽海关时期闽东各县茶叶制造，不同茶类制法不同，同一类茶制法则大同小异。具体如表 3－2 所示。

表 3－2　　闽东茶叶制造工艺一览表

县别	茶类	工艺流程
福鼎	红茶	茶叶采摘、萎凋、揉捻、发酵、干燥、毛茶、通焙、筛分、扇簸、拣剔、复筛、复火、匀堆、装箱
	绿茶	茶叶采摘、杀青、揉捻、干燥、毛茶、通焙、筛分、扇簸、拣剔、复火、匀堆、装箱
	白茶	茶叶采摘、晒（凉）干、毛茶、通焙、筛簸、拣剔、复火、精茶、装箱
霞浦	烘绿	菁叶、杀菁、揉捻、解块、毛火、复火、进仓
	炒绿	菁叶、杀菁、揉捻、解块、初炒、复炒（挥锅）、进仓
	红茶	菁叶、萎凋、发酵、毛火、复火、进仓
	粗制	采回茶青，凉去露水，杀青出锅，揉搓至茶汁渗出，松抖回锅，翻炒干透，即为成品粗制毛茶

续表

县别	茶类	工艺流程
福安	绿茶	鲜叶、杀青、揉捻、干燥
	红茶	鲜叶、萎凋、揉捻、发酵、干燥。除了工夫红茶，还有小种红茶（烟小种，人工小种）分级红茶
	乌龙茶	鲜叶、凉青、晒青、做青（摇青）、凉青、炒青、揉捻、初烘、包揉、复烘、复包揉、干燥等
宁德（含周宁）	粗制茶	对茶青进行炒揉、焙制，使之成为毛茶（清同光间的内、外销茶主要是粗制茶）
	精制茶	对粗制毛茶进行分类拣选，加香料熏制、烘焙。工艺可概括为“箩、筛、风、烤、拌、抖、装”7个字
	拼配茶	为兼顾茶叶畅销和降低成本。一般以40担“官司茶”拼配精茶300—400担，每担价值黄金1.4两
古田	绿茶	粗制分杀青、揉捻、干燥
	白茶	萎凋，达到一定程度进行烘干、定形、定色
	乌龙茶	（青茶）加工则介于绿茶和红茶之间
	红茶	（古田小种）加工：采青、萎凋、揉捻、发酵、过红锅、复揉、熏焙、复火、毛茶
	精制	定级归堆、走水焙、筛风、风选、拣制、烘焙、匀堆、装箱、成品
屏南	小种	采摘验收、归堆摊凉、萎凋做青、揉捻、发酵、烘焙、筛分拣剔提香匀堆、装箱
寿宁	茶叶	流程大致为手炒、脚揉、火焙、日晒

资料来源：李步泉等主编：《闽东茶叶历史文化》，福州：海峡出版发行集团，海峡书局，2015年，第183页。佚名：《霞浦茶业志》（未刊）第二章第一节；董兆世：《霞浦农民古代种茶与加工销售》，转引自李步泉等主编：《闽东茶叶历史文化》，福州：海峡出版发行集团，海峡书局，2015年，第186页。林桂镗：《福安市茶业志》（油印本），1995年，第136－140页。周宁政协文史委编：《周宁文史资料》第五辑，（1993年2月），第15－17页；周宁政协文史委编：《周宁文史资料》第三辑，（1989年12月），第8页。郑鹤龄主编：《古田茶业志》（未刊）第六章第二节。沈久聪、薛徐燕：《屏南小种制作技艺》，转引自李步泉等主编：《闽东茶叶历史文化》，福州：海峡出版发行集团，海峡书局，2015年，第188－190页。寿宁县茶业局编：《寿宁县茶叶志》，福州：海峡出版发行集团，海峡文艺出版社，2017年，第76页。

根据以上所列，参合正山小种之制法①可知，闽海关时期闽东茶叶加工工艺之概况如下：

第一，闽东茶叶加工主要有传统绿茶加工、白茶加工、青茶加工和红茶加工。不同类

① 正山小种红茶制作分初制和精制两大工序，初制工序有萎凋、揉捻、发酵、过红锅、复揉、熏焙、复火等；经此工序，采摘的茶青遂成为毛茶。毛茶再经定级分堆、大堆、走水焙、筛分、风选、拣剔、烘焙、干燥、熏焙、匀堆、装箱等工序，即完成正山小种红茶制作。正山小种红茶外形条索肥实、色泽乌润，泡水后汤色红浓、滋味醇厚，带有桂圆汤味；加入牛奶，茶香味不减，形成糖浆状奶茶，液色绚丽（南平市地方志编纂委员会编：《南平名产》，福州：海峡出版发行集团，海峡书局，2016年，第72－73页）。

茶，加工流程等不同。同一类茶，虽地域不同，其工艺流程大同小异。此间最主要的外贸茶是红茶，包括坦洋工夫、白琳工夫、东洋工夫（周墩工夫）、政和工夫、外山小种、屏南小种等。这几类红茶多以地名命名，皆为吸收正山小种工艺并结合本地实际的一种创新。这几类茶皆因正山小种供不应求，在市场驱动下出现的。

第二，外贸茶叶分粗制和精制。粗制一般是农户采摘后继续完成，或由茶庄购买茶青，请制茶师傅完成；精制即通过各种手段对粗制茶进行分类处理。应该说，就个别具备一定规模的茶庄而言，这一时期外贸茶叶的制作拥有一定标准，但就总体而言，茶叶制作技术则参差不齐。

第三，拼对技术的运用。白琳茶叶的独特之处即茶叶叶面上的绒毛，消费者美其名曰“白毛茶”，备加青睐。为提升质量和卖相，许多商家皆将白琳茶叶作为提升茶叶品质的拼对介体，如据周宁咸村洋中“钧记”茶行老板回忆，其先祖在清同治、光绪年间经营的外贸茶叶皆以本地茶与白琳茶按五对一比例相拼配，颇有卖相，获利益丰。除此之外，官司茶等也成为拼配加工精茶的介体而被推崇。

第四，外贸茶业多源于农户家庭粗制，而其工艺又无统一标准，加之农户对茶叶制作理解的差异，因此，手工制作对茶叶标准化是一大挑战。

此外，将茶叶装箱曰“箱茶”，装袋曰“袋茶”，皆红茶也[①]。东洋工夫粗制茶通常由茶农完成，也有的是由大茶园兼设的茶厂加工制作[②]。一般制成 50 公斤毛茶需 12 天（96 个工时）[③]。茶叶包装箱分三五箱（其实 64 斤左右），以每箱 35 斤纳税，二五箱（其实每箱 42—44 斤），以每箱 25 斤纳税，袋茶以每袋 55 斤纳税[④]。

随着茶叶外贸的发展，降低成本、提高利润对运输和集市地提出更高要求。

二、 交通和造船

经历宋、明和清前中期的发展，闽东以陆路和水路交通网络向偏远山村的延伸不断拓展。当然，限于区域间和区域内贸易的数量，此间的交通网络向沿海的延伸度受限。而鸦片战争后闽东外贸茶叶大发展则促进交通网络向海港的延伸和推移，至三都澳开埠前，沿海四县海路交通运输向南北四散之局进一步拓展，特别是向茶叶大港的福州延伸。此后大宗土货茶叶成为运输主流，沿河沿海顺流而下的大势已成。

1. 交通。

（1）陆路交通。闽东陆路交通在上文所提的三大省道基础上，县际古道和县内古道不

① 徐友梧：《霞浦县志（下）》（1929 年），霞浦县地方志编纂委员会整理，1986 年，第 8 页。
② 周宁政协文史委编：《周宁文史资料》第五辑，1993 年，第 15 – 17 页。
③ 郑鹤龄主编：《古田茶业志》（未刊），第六章、第二节。
④ 佚名：《中国三都澳贸易现况及将来之豫想》，《湖北商务报》，1899 年第 33 期，第 37 页。

断以县城、县域次中心为圆心，向周围延伸、扩散。

A. 县际古道。除如前所列省级古道外，闽东域内县际主要古道如表 3 - 3 所示。

表 3 - 3　　宁德地区县际主要古道一览表　　单位：公里

县道	路途线径	路程
宁德—古田	蕉城过赵公桥、麒麟桥，至大岭头，经吴洋、溪门、钟洋入古田县境的谈书、小甲、大甲、宝桥，过杉洋、大桥头、桃坪亭至古田县旧城	85
宁德—屏南	蕉城过赵公桥、麒麟桥，至大岭头，经凤翅洋、莒溪、石笙、黄柏、界头隘入屏南县境，过五洋、忠洋、熙岭、崇口至屏南旧城双溪	110
宁德—周宁	蕉城经八都、霍童，过兴贤渡口，到外表入周宁县境的街头亭，过何姑桥到咸村，经樟源上新岭，过七步至周墩	85
宁德—福安	经黄土岩、兰田、漳湾、门下、郑湾至福安鳌江	22.5
	经濂坑、六都、三屿过渡至金垂，通福安南浦塘	22.5
	经六都、七都、铜镜、福口、洋头、闽坑至福安福岭头	25
宁德—罗源	经洋尾、蚶岐、二都、飞鸾，登飞鸾岭至罗源交界	25
	经洋尾、蚶岐、二都接罗源中房	16.5
	经飞鸾、梅溪、碗窑、礁溪、象溪、城澳至罗源鉴江	35
	经蔡洋岭、菰洋、后溪至罗源中房	15
福鼎—霞浦	由桐山经倪家池、郭阳、秦屿、硖门入霞浦县境的牙城、水门至霞浦县城	120
福鼎—苍南	桐山过溪岗桥，经松洋、文洋、王承至郭家山，逾岭门入浙江省苍南县的居洋，至苍南县城	70
福鼎—泰顺	出城西，经柯岭、浮柳、菰岭头、南溪岭、茭阳、毛牌岭，入泰顺的墩头，过雅洋至泰顺县城	80
霞浦—福安	松城经盐田入福安县境，过柳溪、松罗、溪柄过渡至水田，再经同台、白沙、江家渡、溪口桥至韩阳	60
霞浦—柘荣	松城经崇儒、观音亭、土埔（步）头、白叶岔入柘荣县境鸳鸯岔、岚中至双城	60
福安—寿宁	韩阳过富春渡，经坂中、长汀、龟龄、社口入寿宁县境，经武曲、斜滩，过车岭关、岱阳（清源）至鳌阳	60
福安—周宁	韩阳过栖云渡、龙首桥，经穆阳、苏堤、渡头，再经青草渡、上牛岭入周宁县境，经柯坪、梨坪、七步接宁德至周宁古道而达周墩（狮城）	50
古田—屏南	古田旧城经紫桥、马家岭、前垄、坂中、兰溪、韦墩至嵩州岭入屏南县境，经梅花地、王林、甘棠、浙洋、梨坪、古下、长分、棠口至双溪	100

续表

县道	路途线径	路程
古田—闽清	旧城出南门，经白塔亭、半坑亭、曹洋、龙亭、曹坑，入闽清县境，过茶亭、浮头岭、岩头顶、廖桥、黄土坪、汤兜又折进古田县境，经时坪、羊角岭、水口再入闽清境，延至县城	90
屏南—周宁	由双溪经茄溪、后峭、郑家山过岔溪桥（今友谊桥）入周宁县境，经礼门、李墩至狮城	50
屏南—政和	由双溪经均溪（溪尾）至岭下分界碑入政和县境，经岭根至政和县城	75
屏南—建瓯	由双溪经岭下到分水头 60 里，入建瓯县境，经贵溪、岩头坑、长角、水北源、东游、赛镇至建瓯县城	55
寿宁—泗桥	由鳌阳出南门，经九岭、芹洋、平溪，过牧场岔入周宁县境，经上禾溪、禾溪，然后绕道政和县的陈厝，复入周宁县境，经周墩，过蓬莱桥而至泗洲桥	55
寿宁—政和	由鳌阳出南门到达平溪后分支经南溪过石门隘入政和县境，至政和县城	100
寿宁—景宁	由鳌阳出西门经后墩、六六溪、伏际、坑底、浩溪，过青草隘入景宁县城	35
寿宁—庆元	由鳌阳出西门经坑底、当归洋至江根，再达庆元县城	75
寿宁—泰顺	由鳌阳出西门经坑底、小东、司前、王沙坑，过黄阳隘至泰顺县罗阳镇；由鳌阳出东门经杨梅桥、洋边、花岭、犀溪、武溪至双港渡过溪入泰顺县罗阳	50
周宁—政和	由狮城出西门经浦源、泗桥，经镇前至政和县城	130
柘荣—泰顺	由双城经仙山、五蒲、官路洋，过福鼎县境的沈青到达泰顺县城	70

资料来源：宁德地区交通局：《宁德地区交通志》，厦门：鹭江出版社，1997 年，第 30 - 32 页。

据不完全统计，闽东域内县际主要古道 24 条（宁德 5 条、福鼎 3 条、霞浦 2 条、福安 2 条、古田 2 条、屏南 3 条、寿宁 5 条、周宁 1 条、柘荣 1 条），计里程 1801. 5 公里。县际古道根据茶贸商路的调整和延伸显著，当然还有硬化和修缮等。

B. 县内古道。在县际古道“纲”的基础上，县内古道则纲举目张。据不完全统计①，闽东域内县内主要古道 49 条，1021. 8 公里②。具体如下：

a. 福鼎 10 条：福鼎南镇支路，泠城支路，秦屿支路，大筼筜支路，前岐支路，沙埕支路，郭家山支路，浙江雅阳支路，沈青支路，霞浦官路洋支路。

b. 霞浦 4 条：霞浦罡溪岭线，霞浦赤岭线，霞浦水浦岭线，霞浦州前岭线。

c. 福安 5 条：赛岐—楼下，赛岐—大获，溪柄—溪尾，湖塘坂—坦洋，赛岐—穆阳。

① 古田县、周宁县、寿宁县、柘荣县、福安市、霞浦县、福鼎县《交通志》和屏南县地方志编纂委员会：《屏南县志》，北京：方志出版社，1999 年，第 223 - 224 页。

② 屏南和霞浦县内 13 条古道路程如阙，如里程计入，则应有 1500 公里许；蕉城区县内古道包含于县际古道之中；县内古道中屏南有 9 条。

d. 古田3条：古田县城—谷口，古田县城—平湖，古田县城—桃溪。

e. 屏南10条：双溪—宁德石堂，双溪—宁德黄柏，双溪—古田，双溪—宁德莒州，双溪—古田井边，双溪—建瓯玉山，双溪—建瓯黄家墩，双溪—建瓯长田，双溪—建瓯大沅，双溪—寿宁、泰顺。

f. 寿宁4条：寿宁县城至凤阳，斜滩至南阳、平溪、凤阳，寿宁县城至犀溪，寿宁县城至龙溪。

g. 周宁4条：周宁县城—纯池，泗桥—寿宁平溪，咸村—贡川，咸村—杉洋。

h. 柘荣8条：柘荣城关至泰顺樟坑，柘荣城关至福安上白石，柘荣城关至英山，石山至福鼎点头，富溪至宅中，宅中至霞浦柏洋，宅中至福安赛岐，英山至泰顺樟坑。

鸦片战争至三都澳开埠之闽东域内县际交通情况如下：第一，县际古道24条，计1800公里，路均里程75公里。最长的130公里（周宁至政和），最短的15公里（宁德至罗源）。第二，涉及闽东7县市区（此间，周宁和柘荣未建县）和与闽东交界8县（苍南、庆元、景宁、泰顺、政和、建瓯、闽清、罗源）。第三，闽东地区县际联络中内地3县（古田、屏南、寿宁），古田有所偏离（一直非福宁府所辖）外，其他2县的枢纽作用明显。但此间的交通陆路导向明显些。县内交通情况如下：第一，县内主要古道49条（宁德如阙），1021.8公里（霞浦、屏南和宁德里程如阙）。第二，县内古道中河港集市的作用明显，如周宁的咸村，福安的赛岐等。第三，相对于内地各县而言，建置历史较久的县城枢纽作用显著一些。

（2）内河交通。鸦片战争后处于特殊时空的闽东的内河交通在土货进出口和洋货进口中发挥的作用越来越大，关于闽东的内河交通如表3－4所示。

表3－4　　闽东内河交通①

航道	发源地	航运情况
桐山溪航道	泰顺县雅阳乡	桐山港的海水大潮时可涨至上游5公里的山满村
霞浦七都溪航道	柘荣县乍洋	通航里程21.8公里，其中乌怀至渡头段13.2公里，仅可流放竹木；渡头至洪山桥段4.8公里，可通50吨以下船只；洪山桥至乌岐口段3.8公里，可通100吨以下的船只
赤岸溪航道	霞浦柏洋上步头	海口至后港2.5公里属感潮区，可通100吨以下的船只
杯溪航道	霞浦柏洋塔后村	通航里程18.5公里，里马至梅溪15.5公里可流放竹木，梅溪至官岭尾大桥1.1公里可通5吨以下木船，官岭尾至盐田港1.9公里属感潮区，可通150吨以下的船只

① 鉴于找不到此前资料并无更为确切之数字，暂且参考宁德地区交通局编的《宁德地区交通志》记录（宁德地区交通局编：《宁德地区交通志》，厦门：鹭江出版社，1997年，第30－32页）。

续表

航道	发源地	航运情况
交溪航道	景宁县和庆元县苏湖乡	东溪湖塘坂以上 22.1 公里和西溪湖塘坂以上 35.8 公里可通 1 吨以下梭船，湖塘坂至化蛟段 18 公里可通 2 吨以下梭船；化蛟至黄兰 4 公里可通 4 吨以下船只；黄兰至赛江 15 公里可乘潮通 20 吨以下船只
穆阳溪航道	政和县汀源乡	穆阳至洪口段 15.4 公里可通 2 吨以下船只；洪口至赛江段 7 公里属感潮区，可通 40 吨以下船只
茜洋溪航道	柘荣县	北山至宸山段 1.9 公里可通 5 吨以下船只
赛江白马河航道	交溪、穆阳溪汇合处	赛岐至国泽村 8.3 公里称赛江，1500 吨级轮船可乘潮过赛岐港；国泽村至白马门 27 公里称白马门河，5000 吨级轮船可乘潮抵达下白石
霍童溪航道	政和县杨源乡	莒洲至洪口 6.1 公里可通 2 吨以下小船；洪口至八都 43.2 公里可通 4 吨以下船只；八都至金垂 4 公里可通 500 吨级船舶
宁德七都溪航道	虎狈乡第一旗山	溪口至七都大桥 11.6 公里，可流放竹木，七都大桥至海口 3.3 公里，乘潮可通 100 吨以下船只
闽江航道		三都口入古田县境，经黄田、谷洋、莪洋、湾口、水口、下浦过福州市境出海。常年可通 50 吨级船只
古田溪航道	屏南岭下东峰尖西麓	古田至时坪段 49 公里仅可流放竹木，其余经疏浚可通 1 吨以下船只

资料来源：宁德地区交通局：《宁德地区交通志》，厦门：鹭江出版社，1997 年，第 102 - 105 页。

闽东内河 12 条（溪）河各河流中上段多可流放竹木；中下段可行小舟，当然多数小船可载 1 吨许；而下段靠近海口，可行几十吨乃至千余吨级大船，与此同时，河流运输可借助“赶潮”之机向上延伸，提增运输量。当然，随着人口增加，开发延伸，物流通商发展，虽为了交通采取疏浚航道的措施，但对环境的破坏等亦导致流域运载能力降低，鸦片战争之前这些河段的通航能力应大于此记录。

（3）海路交通。鸦片战争后，西方资本主义势力向中国沿海浸润，并积极向中国内地延伸，闽东自然首当其冲。其情况见表 3 - 5。

表 3 - 5　　闽东海港航运

航道	航运情况
沙埕港航道	莲花屿西可通 2.5 万吨轮船，莲花屿东可乘潮行驶 3000 吨级以下船只；金屿与长屿段，可通 5000 吨级船舶；长屿至八尺门段，可通 5000 吨级以下船舶；长屿经青屿至腰屿，300 吨级船舶可乘潮进出；长屿至肖家坝石桥，400 吨级船舶可乘潮至桐山码头
古镇港航道	出壁门南北长约 3 公里，宽约 2 公里，可通万吨级船舶；福宁湾东西长约 26 公里，南北宽约 15 公里，可通万吨以上巨轮，小安长 8 公里，宽约 5 公里，可通万吨级船舶

续表

航道	航运情况
三沙湾航道	海域东西长24.3海里，南北宽13.5海里，湾围岸线长312公里，湾内航道有东冲和鸡公山两条主航道可通万吨以上巨轮
鸡冠航道	西深东浅，底质为沙泥，为半日潮往复流，涨潮流向西北，落潮流向东南，年均潮差5米，是三沙湾西北侧主要航道
钱墩门航道	西北—东南走向，长5公里、宽1.5—2公里。属半日潮往复流，涨潮流向西北，落潮流向东南，能通万吨级海轮
东冲航道	北接官井洋，南至东冲口，长7公里，宽1.1—2.5公里。底质为石，东侧小澳内为泥质。为进出三沙湾必经之道，可通万吨级巨轮
宁德航道	西起东湖塘金蛇头村，东连三都澳，长7.5公里，宽0.7公里。属半日潮，涨潮流向西，落潮流向东。可通500吨轮船
青山航道	东接复鼎洋，西连三都澳，长5公里，宽2公里，底质为泥、沙及砾石。可通千吨轮船

资料来源：宁德地区交通局：《宁德地区交通志》，厦门：鹭江出版社，1997年，第108－110页。

闽东海岸线自北而南主要八大航道连接全国各地乃至全球各地；土货和洋货从各大航道运入，而本地土货也由航道输出。外洋连接海港，海港连接河港，以河（海）港为圆心，一定半径的扇面上的省际、县际、县内古道如各条血管，沟通内外。

在三都港开埠以前，即使是柘荣、寿宁、周宁、屏南等交通不便的山区各县，亦可首先通过陆路上的乡村道路、县内古道、县际古道和省际古道至河港，再通过内河航道顺流至海港，或再通过沿海航道经宁德至福州古道，运至福州城，行程不超过四天；而地处沿海的宁德、福安、霞浦、福鼎则较山区县更为便利。基于运输成本及古道交通，闽东当时茶叶外贸四散辐射：温州开关后，柘荣、福鼎、霞浦靠近温州部分多通过沙埕港走瓯海关；寿宁、屏南、古田与政和、南平交界处多走武夷山方向；古田闽江流域地区茶叶多转水口，走闽江；柘荣、福鼎、霞浦，福安、周宁、屏南大部、宁德、古田东部走飞鸾古道。当然，走飞鸾古道是闽东茶叶之大宗。

2. 闽海关时期闽东造船。闽东民船主要有如下数种：在溪河上有“溪利仔”其运载量只有1—3吨。舢舨，是沿海居民用于小量运输或驳运的木质交通小船，尾方形，摇橹划桨。木帆船，是利用风力和人力航行水上的交通工具。载重量为30—200吨的船舶从事外海运输，其余小船用于内海交通①。霞浦是福宁府所在地，虽船舶制造的专门记录阙如，但各类船的记录零星散见，如府船，海寇蔡牵荡平充公船只十八艘②。由于本地临海，生

① 宁德市交通局：《宁德交通志》（内部资料），1991年，第96－97页。

② 霞浦政协文史组：《霞浦政协文史资料》（内部资料），第七辑，1989年，第48、50页。

计与海密切相关，其造船业自然不输于闽东其他县，且其为闽东最早之州（府）级单位，驻扎水军，战船制造不可或缺，因此其造船技术定较为先进。现以沿海的福鼎、福安、宁德三县和山区的寿宁县为主阐述如下：

（1）福鼎造船。航海工具主要有舢舨、舥艆、漂白仔、木帆船以及大轮船。舢舨是一种在近海或江河上用撑或桨划动的木质小船，长5米左右，宽约1.70米，尾方，可载一吨左右货物。舥艆运输船，长6—7米，船首、中、尾宽度分别为1米、2米、1.40米；船中设货舱，深0.65米，船中部轴设桅杆，高6.50米，后部设双桨，可载货1—2.5吨；以桨为主要推动工具。漂白仔，长8米，首部宽0.3米，中部宽0.6米，尾部宽0.45米，成瘦长梭子形，两舷各附一桨，载货0.35吨，载客5人，十分独特，仅存于本地水域；构造简单，轻巧灵活、快捷，但稳定性和抗风能力差。木帆船分四肚盖和锚艆两种。四肚盖，长9米左右，船首、中、尾部宽度为1.50米、2.70米，2米，船内舱深1.50米；船中部设一桅，高8米左右，尾后设一舵二橹，可载货物4—5吨，从事近海运输。锚艆船，长12—18米，船首、中、尾部各宽2.5米、5米、5米，船体前、中部各设有一桅，高10米，内有货舱，大吨位帆船在后部增设一较小桅杆；船后设一舵一橹，并在船舷附设一棹或二棹；可载重15—60吨，大的可达150吨，主要从事外海运输①。

（2）福安造船。福安溪河上游水运首先是竹排。茜洋溪货运竹排，以毛竹为原料，10月上山取当年生长平胸周长0.5米左右的新竹，外皮除留底层以便耐磨外，其余削去，然后绑扎成排。一般排头宽1.6米，排尾宽0.8米，排上置一方形木楻，以载忌潮湿货物，排头毛竹用火烤后上翘，形成迎水面。这种竹排质轻，浮力大。每张竹排顺水载货1吨，逆水载重0.5吨，由1人操作②。

传统的船村主要有穆阳溪下游靠近赛江的沙岩、上湾，赛江沿岸的外塘、长岐和江中之岛的六屿等。这些船寮规模都比较大，持续时间比较长，在闽浙沿海有较大的影响。此外，福安南部重镇赛岐从晚清到民国也有过几家船寮，规模相对比较小，以修船为主业。例如，张恒利船寮位于赛岐万寿街，创设于清光绪十年（1884年）③。溪利船主要用于流动捕捞和水上交通运输，船体首尾尖翘，可大可小，吃水较浅，适合在险滩浅濑航行，而且成本较低④。

（3）宁德造船。从事霍童溪营运的有两种船，一种称为“霍童艚”，历史上沿袭至今均称为艚，是霍童溪专业运输船。长5米至6米，宽2米，深1米，船首尾两头尖，平

① 福鼎交通局：《福鼎交通志》（内部资料），1991年，第27－28页。
② 福安市交通局：《福安交通志》（内部资料），1995年，第88－89页。
③ 刘杰、陈昌东：《乡土福安》，北京：中华书局，2016年，第426－427页。
④ 李健民：《闽东疍民的习俗与文化》，《宁德师专学报（哲学社会科学版）》，2009年第4期，第22页。

底，船底部用枫木为材，船中为客舱，以竹条及竹叶编成篷盖，船两边置桨，尾有舵，配竹篙，用以撑船，载货2吨至4吨。另一种叫“溪里仔”即“连家船”，以捕鱼为主，兼有运输之用。船长约5米，宽1米至1.5米，深1米，两头尖而翘，载货量约1吨。“霍童艚”从莒洲载山货顺流而下，遇险滩则用竹篙左支右撑过濑。回程逆流，过滩濑，则需三四个纤夫拉船，或竹篙撑船；待水流平稳处，则扬帆行驶，或舟浆划行[①]。清末，莒洲村有2.5吨的溪船22艘[②]。

（4）寿宁造船。寿宁木帆船统称“斜滩槽”，船身构造状如织梭，两端尖，中间大，宽1.8米、长5米，用松木板拼接，合缝处以炒竹钉衔接，再填塞油灰密封，船舱上装竹蓬2面，前后推动，作防御风雨和住宿之遮蔽，船头竖立桅杆一根，可张帆鼓风，推动船身前进。每船配备船夫2人，前者撑篙，后者操舵。船舱可载重600—800公斤[③]。

方广寺茶臼

综上所述，传统时代一般是内陆各县通过陆路勾连河运，沿海各县除河运外，还直接对接内海（或近海）或外海。而水运的工具一般上游为竹排（竹筏），中游为舢舨或称为

① 蕉城区政协文史委编：《霍童溪——蕉城的母亲河》，香港：天马出版有限公司，2006年，第84-85页。

② 宁德市交通局编：《宁德交通志》，闽东报社印刷厂，1993年，第103页。

③ 寿宁县交通局：《寿宁交通志》（内部资料），1990年，第114页。另：韦希成文中提到，每条船顺流可载货一吨左右，而逆水只装载10—12担货物（韦希成：《寿宁斜滩码头与水陆茶运通道》，转引自李步泉主编：《闽都茶文化》，海峡书局，2015年，第226页）。

“艚”的小船如霍童艚、斜滩艚等，下游或内海为木帆船，外海则为大帆船。清初至三都澳开埠前，在政府对造船业较为严厉的管控下，闽东制造远洋航行的海船等受限。然而，闽东地区各大河流的通航受影响程度应不大。也就是说，河流中游和下游的船舶如舢舨和木帆船继续发展。当然，鸦片战争后清政府的控御力下降，闽东南面的福州和北面的温州等国内其他地区和海外商贸发展造成冲击，清前中期对民间造船的控制应有所松动，而且福州和温州轮船投入海运的气息也向闽东地区浸润，预示着闽东造船和航运新时期即将到来。

三、 鸦片战争至三都澳开埠时期闽东市集

在明清集镇的基础上，又经历了鸦片战争至三都澳开埠时期茶叶外贸的发展，闽东形成了层次分明、功能各异的各类商业市场。仅闽东茶叶集市，即分成初级市场和中级市场。初级市场主要是乡村的茶庄、茶栈、茶店所在地。而中级市场则多为河港、海港等。明清中期渐趋成熟的闽东集市大部分继续为茶叶外贸发展服务外，咸丰以降，茶贸繁荣，新兴集市鳞次栉比，主要有福鼎白琳、秦屿、后岐、沙埕、福安苏提、洪口、赛江、龟龄、社口、坦洋、上白石、丹阳等。仅福安县即有 21 街（铺）和 24 市[①]。霞浦县有东冲口、盐田港、三沙港、后港、溪南港、闾峡港等[②]。这些集市与北岭成为集市的情况相近[③]。宁德有西乡（洋中）、猴墩、赤溪、周宁街头亭、咸村、七步、贡川、萌源、寿宁斜滩、武曲、南阳等。古田县水口节点为中心则有左近数县的几十个集市形成的集市系统[④]。据不完全统计，在宁德茶叶外贸最为鼎盛的时期有茶庄 400 余家，分散于人口聚集有一定规模，陆路、水运、海路较为便捷之交通要冲或资源禀赋绝对优势的 300 余村落（或集市）。现基于此，就内地集市、河港集市、海港集市点列如下。

1. 内地集市。

（1）巽域、点头、店下集市。巽域集市位于白琳之东，其东北面沙埕湾，附近西山、寸堡、潋城、佳阳等地均盛产茶。点头集市位于白琳、县城之间，东临沙埕湾，交通方便，茶号亦众，多制白茶。店下集市，往昔店下之茶市与白琳不相伯仲，可惜近数年来，迭遭匪扰，茶市情况，殊为衰落[⑤]。

（2）社口集市。此地山多，陆路交通，让人殊感不便，运输唯溪流是赖，自化蛟起北

---

① 福安县的 21 街（铺）和 24 市详见光绪《福安县志》，《中国地方志集成——福建府县辑（15）》，上海书局、巴蜀书局、江苏古籍出版社，第 456 – 457 页。

② 李步泉主编：《闽都茶文化》，福州：海峡书局，2015 年，第 218 – 219 页。

③ 福州海关编：《近代福州及闽东地区社会经济概况》，北京：华艺出版社，1992 年，第 138 页。

④ 水海刚：《口岸贸易与腹地社会：区域视野下的近代闽江流域发展研究》，厦门：厦门大学出版社，2019 年，第 182 页。

⑤ 《宁德茶志》编委会：《宁德茶志》，福州：福建科学技术出版社，2020 年，第 388 页。

至寿宁之斜滩，东北至白石，西北至穆阳，均通溪船。化蛟南十里为同台，与江水相通处，稍大之船可以航行。南为三江口，赛岐镇在焉①。

（3）萌源集市。萌源村位于周宁县中北部东洋溪流域中段中山地带的山谷盆地中，距离周宁县城西北5公里处。萌源虽无舟楫，却也交通便利，成为左近茶叶集市。茶叶源于周宁本地、寿宁斜滩、政和部分地区，还有福鼎白琳。大规模生产时寿宁、政和、福鼎白琳茶师、小工等百多号人日夜加班，收茶的收茶，粗制的粗制，精制的精制。方圆左近茶叶集中萌源加工包装好，然后雇人挑到福安赛岐，后船运到福州马尾，再雇人挑往福州城中②。

（4）七步集市。七步集市以广源泰为主。七步镇位于县境（周宁）东部，东临福安市，距赛岐港54公里，南连玛坑、咸村，西接李墩、浦源，北靠狮城。广源泰经营茶叶是产销一体模式。茶叶来源于周宁的浦源、周墩、七步、李墩、礼门，屏南寿山，寿宁斜滩，政和镇前，还有福鼎白琳。除粗制茶叶外，一般雇用熟悉各地茶叶的师傅对粗制茶叶进行精制、包装等处理，鼎盛时有特种精制工艺技师50多人。大规模生产时从事茶青收购、茶叶粗制、茶叶精制、制造包装箱、“择茶”等，多时达300余人。

（5）鳌阳集市。四周被东山、西山和单架山包围，地处高山地带，气候宜人。有三四百户居民，人口约2000人。街道狭窄，房屋一般都是土坯结构或木质结构。主要物产是米（红米）、茶叶、纸、桐油、大豆，除茶叶和桐油以外，基本用于本地消费。茶叶以红茶为主。县城有道路通往福安、屏南和政和，至福安须经斜滩，走陆路需要2天，从斜滩至福安有民船通行，可走水路。至政和陆路100公里，需3天时间③。

此外，还有古田、屏南等县的集市。众多集市通过交通线连为一体，共同发挥集疏运的作用。

2. 河港集市。近代国际茶叶消费市场的拓展和成熟给予华茶出口以动力。而福州开埠，闽东河港枢纽作用越加突出。境内茶叶首先汇集于主要茶村，再经过陆路汇聚河港，源源运出。

清咸丰朝以后，随着茶叶贸易的日益繁盛，上游的穆阳和下游的赛岐因其茶叶贸易地位日益突出，而以鱼盐贸易为主的富溪津集市地位相应下降④。与此同时，还有位于河港处的中级市场40余个。

（1）坦洋集市。坦洋工夫由坦洋胡氏万兴隆茶行运往西欧、东南亚各国，遂驰名海

---

① 《宁德茶志》编委会：《宁德茶志》，福州：福建科学技术出版社，2020年，第387页。
② 孙绍旭：《萌源古村》，延吉：延边大学出版社，2010年，第17、105－106页。
③ ［日］东亚同文会社：《福建省全志》，第四篇、第四十章，第143页。
④ 林校生主编：《闽商发展史·宁德卷》，厦门：厦门大学出版社，2017年，第122－123页。

外，成为茶叶集散地，“清光绪七年（1881 年）福安毗连的霞浦、拓荣、周宁、寿宁、政和及浙江泰顺等县茶叶纷纷云集于坦洋加工，年产茶五万余箱”。“坦洋一条街就有茶行（庄）36 家，街道繁荣”①。

（2）穆阳集市。穆阳是一个古老的商业集市，系长溪木船水运的终点，是周墩（周宁）、屏南、寿宁和建宁府政和、松溪、浦城商贩以所产大米、笋干、香菇、木耳和木、竹产品换购沿海鱼货、食盐的贸易地。清咸丰朝以后，茶叶经济红火时，穆阳有茶行 10 多家，吸纳周边所产茶叶，船载至赛岐，转运三都、福州销售，是位于水陆运输交会点上的重要商埠②。

（3）铁砂溪集市。位于宁德市金涵畲族乡濂坑村南面。经过宋明的发展，清初渐趋繁荣，清咸丰七年（1857 年），增开了“朝熙”茶站等③。为了更好地服务于物流，商店鳞次栉比，客栈不断增加，以满足屏南、古田、福安、宁德等地茶叶招徕上海、浙江、福州、台湾等地商贩的需要。

（4）霍童茶市。霍童距宁德县城约 48 公里。福州成为茶港后，部分闽北地区和屏南县茶叶汇集于霍童水运，转飞鸾岭古道至福州。霍童镇商号有“鸿成”“长成”“安顺”“源顺”“集成”“智记”“益长生”“黄光记”“万泰鱼行”“万泰干果”“春泰染坊”“上聚泰”“下泰顺”“乾顺”等数十家。主要运输的货物有木竹等林产品和水果、烟叶、茶、红糖、笋干、黄豆、麦子等农产品和线面、土纸、青靛、铁器等，尤以草席、剪刀、老酒和烟丝最为著名。“市集之大者首周墩、霍童，与县城鼎足而立。霍童之商业近日蒸蒸日上，与县城并驾齐驱，其发达可见。”④

（5）水口集市。水口位于南平下游、闽江一支流富阳溪河口左岸，是闽江下游的商业中心地，也是闽江中游与下游的分流处。闽江自此至福州有 220 里，水势平缓，河道宽阔，故水口福州间可通行载客用的小蒸汽船，也可航行五六百担民船。然而从事本航路的民船多为七八十担至二三百担的闽船，次之为鸡公船、刀子船。水口载至省城的货物为米、茶、木油、果实、纸类等，省城运来的为盐、海产物、石油、麦粉、杂货等。水口至古田、屏南间以富阳溪水路为主要交通，然其两岸山峦重叠、水流湍急，河中岩石突出，且水量极少，舟楫不行，仅古田至水口间百余里间可通二三十担小舟，因而古田成为地方商业的小中心地，屏南县下所产的茶、米、木油均由古田输出，古田从水口处转来的货物

---

① 林桂镗：《福安市茶业志》（油印本），1995 年，第 11－12 页。

② 《宁德茶志》编委会：《宁德茶志》，福州：福建科学技术出版社，2020 年，第 386 页。

③ 《中国三都澳》（宁德文史资料第六辑），宁新出（92）内书第 006 号，第 163－166 页。

④ 《宁德茶志》编委会：《宁德茶志》，福州：福建科学技术出版社，2020 年，第 390 页。

则有石油、杂货等①。

（6）斜滩集市。斜滩地处寿宁县城南部，背靠车岭马兰岗，有陆路通往县内各地和闽浙边界；水路直通福安、赛岐、三都等地。三都澳开埠前后，县内以及闽北的松溪、政和与浙南的泰顺、景宁、庆元等地的农特产茶叶、桐油、榛油和粮食等大宗物产都是肩挑到斜滩装船出运；沿海的海产货品、盐、糖、布匹及南北杂货也由船运到斜滩，而后肩挑分散到县内和边界地区，供应人民生活和生产的需要②。

3. 海港集市。随着福州开埠，运输网络由原来的逆流而上为主，向顺流而下发展。海港的集散和资源整合作用在外贸中发力。闽东沿海港口数 10 个。在外贸茶叶大发展的推动下，进出口业务不断发展起来。

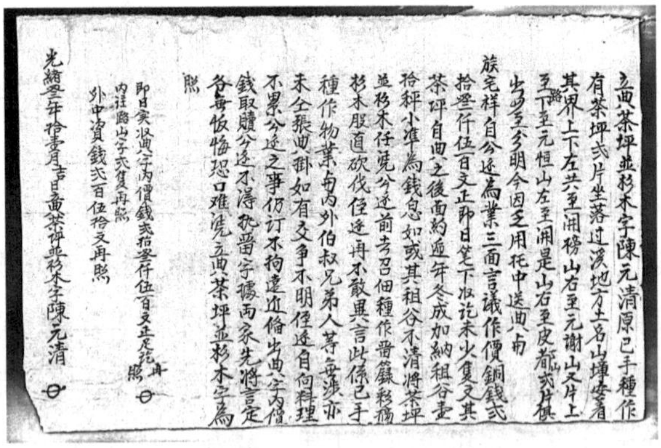

光绪三年茶坪典契

（1）沙埕港集市。位于福鼎县沙埕镇，地处闽浙两省沿海交界处。陆路距县城 45 公里，水路距温州港 81 公里，距福州港 125 海里，距台湾基隆 142 海里。港区水域面积 23.45 平方公里，陆域面积 1.24 万平方米。港面广阔，风平浪静，水深在 20 米以上，是福鼎县主要的海上物资集散地。沙埕港通海航道起自沙埕镇虎头鼻与南镇村福建头连线以内，至桐山镇肖家坝石板桥，长 20 海里，航道出口处敞向东方，口宽 0.8 海里，港道弯曲狭长，以复式“S”形呈带状从东南向西北方向深入腹地③。茶叶外贸时期，该区域左近白琳工夫闻名遐迩。沙埕东通台澎、南往闽粤、北通江浙等地④。

（2）福宁湾集市。福宁湾东西长 26 公里，南北宽 15 公里，面积 400 平方公里，略呈漏斗形，海岸线长 136 公里，属基岩海岸。沿岸山脉绵亘起伏，村落星罗棋布。湾的东北

① ［日］东亚同文会编：《中国省别全志》第十四卷，东京：东亚同文会，1920 年，第 267 – 320 页。

② 李步泉主编：《闽都茶文化》，福州：海峡书局，2015 年，第 226 页。

③ 福建省地方志编纂委员会编：《福建省志——交通志》，北京：方志出版社，1998 年，第二篇、第一章、第二节。

④ 林校生主编：《闽商发展史·宁德卷》，厦门：厦门大学出版社，2017 年，第 121 页。

是三沙港和古镇港，西有后港洋和沙塘澳，西南有北兜澳、外湖澳、长门澳等；湾内多岛礁，退潮时显露出大面积滩涂。航道受台风影响较大。海水落潮流速大于涨潮流速，潮差 4.8 米，水深 1—46 米。海水呈淡黄绿色，能见度 0.5—1 米。湾内沿岸建有三沙、古镇、后港、古岭下等码头①。茶叶外贸大发展时期，这里是闽东外贸茶出口的枢纽之一。

（3）三沙湾集市。三沙湾航道位于霞浦、罗源、宁德、福安等四县濒海海岸之间。东北由东冲半岛与鉴江半岛环抱而成，是个口小腹大的深水海湾。海域面积 6000 平方公里，海岸线长而弯曲，沿岸多是海拔 300—800 米的花岗岩组成的低丘、岬角、湾澳。航道水深 3—5.3 米，最深处 110 米，大部分是基岩海岸。每年 3—6 月有雾，年雾日约 12 天。三沙湾港汊分支主要有：东冲水道、宁德水道、白马门水道、赤尤门水道、大门（七星）水道、关门江水道等。这些水道均能通航 300—500 吨级船只，其中东冲水道是三沙湾唯一的进出门户②。

总之，清咸丰至三都澳开埠，因为茶叶外贸的拉动而引发本地商业的发展，进而出现了内陆市集、河港市集和沿海市集等商贸交易空间集市。因茶叶贸易崛起的新兴集市主要如宁德九都、八都、外表、霍童、咸村、七步、萌源、上洋、贡川，福鼎沙埕、硖门、白琳、巽城、秦屿、点头、店下，霞浦的鸥港、牙城、盐田、东冲、柘阳，福安的苏堤、洪口、赛江、龟龄、社口、坦洋、上白石、穆阳，古田的水口、黄田、鹤塘、杉洋、凤都、大甲、平湖、七保，屏南的双溪、谢坑、棠口、忠洋、康里、漈头，寿宁的南阳、斜滩、平溪、南溪、下坪峰、桃洋、武曲。茶贸龙头拉动区域土货的大量出口，密集的各类集市网络，推动区域商业发展和内引外联作用的进一步发挥。随着茶贸大发展，原来的集市在内涵上不断增量提质，新兴茶贸集市则更体现近代特色，共同发掘近代闽东商品经济的发展。当然，一定数量的茶商是茶叶外贸区域实现集疏运，达成沟通有无目的的保障。而区域茶商分配除资金等外，还受限于交通网络等。随着更有利于贸易条件的达成，更多的组织如会馆随之出现，特别如省城会馆。

四、 茶商及其组织

中国茶叶输出的峰值按海关数据显示是在 1889 年左右。此间闽东有茶庄 400 余。当然茶庄总是与茶商密不可分，本部分对闽海关时期茶商和茶商组织分别阐述如下。

闽东茶叶的收购与销售一般由茶行、茶庄、茶商、茶贩分工协作来进行。第一，茶行。多是大茶商设立的专门收购、加工、经销茶叶的机构。茶商、茶贩收购来的茶叶最后

---

① 福建省地方志编纂委员会编：《福建省志——交通志》，北京：方志出版社，1998 年，第二篇、第一章、第二节。

② 福建省地方志编纂委员会编：《福建省志——交通志》，北京：方志出版社，1998 年，第二篇、第一章、第二节。

统归茶行购入。资金雄厚，技术过硬，雇员很多，场所宽敞，技术人员配备齐全。第二，茶庄。多数是当地商人独资或合资办的收购、经销茶叶的季节性店铺。茶叶多运往福州转销给茶庄、茶行或茶厂。也有自己加工、窨花后销往北方。第三，茶商。资金不多的商人，每批收购茶叶二三十担或更多些，一般不开店，收购来的茶叶放在自己家里，然后转卖给茶行或茶庄。也有开个临时收购店，雇一两个伙计看茶、记账。第四，茶贩。自己无资金，向茶庄或茶行领来资金到乡下收购茶叶，从中获薄利；或利用少量资金到农村收购茶叶，一天收购几十斤至百余斤，一般当天卖给茶庄或茶商，从中获点微薄的生活费①。而《福建省茶叶贩卖组织系统表》中的内容也可佐证，茶叶（红、绿茶）经过种植、粗制环节后集中在茶贩手中，茶贩（也兼有自己买茶青进行粗制）将茶叶卖予内地茶庄（也兼有此前环节工作者）。内地茶庄将茶叶运到埠口由代报行报关，交接运输轮船，分别送至相关茶行。绿茶再经过茶叶绿茶客、毛茶行、经手人。茶叶店从经手人处获取绿茶，卖予本省消费者；香茶店从经手人处获取绿茶，卖予省外卖茶店商，后卖予消费者。红茶也经过红茶客、洋茶栈、买办。香茶店从卖办处获取红茶，卖予省外卖茶店商，后卖予消费者。购茶洋行从买办处获得红茶，卖予外国进口商、外国卖茶行，卖给外国消费者②。

拣茶

1. 茶商和茶行。闽海关时期，闽东茶叶外贸大发展中一定数量的大小茶商在茶叶沟通中起到巨大作用。现就闽东各县茶商简介如下。

福鼎。旧时茶商因在茶叶运销中的职能不同，大致可分为收购商、茶行商和运销茶商。福鼎除“三泰”茶庄至咸丰初年达到了鼎盛外，“张元记”、祥丰茶庄较为突出。“张元记”是由张永德创建于1863年。其成功原因除诚信外，眼界的拓宽，人脉的积累、优质茶叶和善于创新，特别是吸收了六安瓜片、西湖龙井、洞庭碧螺春等制法的结果。祥丰茶庄，创办人为蔡维侧（1850—1903年），号侍卿，清光绪年间出生，白琳瓜园人。光绪年间，白琳平姓茶商破产，厂房被官府没收。蔡维侧租用厂房开始制茶，数年后买下厂

① 霞浦政协文史委编：《霞浦文史资料》，第七辑，1989年，第73－79页。
② 林景亮：《福建茶叶运销状况（附表）》，《中国建设（上海1930）》，1937年，第16卷、第2期，第76页。

房，创建祥丰茶庄（洋中茶馆）。祥丰茶庄主要制作红茶远销英国。其特色绿茶——莲心茶，选用（清）明前的茶叶做原料，经十几道工序加工而成，远销新加坡、中国香港等地。其经营茶叶获利颇丰，在洋中置房产 25 溜，并买下大片地产等。福鼎的茶叶一般由广东商号、闽南商号，如华大联号、升和联号、福大联号与外商联系，一部分茶叶直销海外①。

霞浦。霞浦在清同、光间多办红茶，售于洋商。其运赴从前以陆，其后以海，设行于沙埕②。对此间茶类、运输线和出转港口的描述应代表当时茶叶输出的主流和规模。清末霞浦县茶行要数水门武坪茶行为最大，当时有官兵一排在护送茶银、运输茶叶及保护茶行③。武坪茶行是外国人投资的，所以又称“洋行”。其茶叶直接外运出口。后来由于海风不靖，洋行撤销④。当然，鉴于当时之条件，可认为如此规模之茶行的顺利营运，其上游定然有一定数量茶庄、茶商、茶贩架构。

福安。咸丰时，福安有茶庄 100 余家⑤。光绪七年（1881 年），福安坦洋有茶行（庄）36 家。除此之外，福安的社口、穆阳、城关、上白石、赛岐等地都有茶行，全县茶行达 150 多家⑥。福安“元记茶行吴赓俞，厂房和店面 20 余间，雇工 220 余，年加工精茶 2000 余件（1000 余担），可获利大洋上万元”⑦。特别如坦洋村。

人称坦洋“小福州”，工夫茶香飘寰宇⑧。这个局面的形成源于各方面优势的组合。坦洋胡氏共开设过万兴隆、胡兴隆、泰大来等 25 家茶庄⑨。从“几一公”胡兆江始，“时吾闽茶务大兴，公乃采买名茶以市洋商。不数年获利倍徙”⑩。胡兆江之弟胡兆淮善辨茶，“同治间，坦洋茶市日盛，公兄弟善辨茶，故坦洋茶遂熙然称诵岛外”。且获得一个“浩赠奉政大夫”⑪ 称号。施家的成功源于尚抓时机、父子同心、分工明晰和优势互补。长子长澄“就学鳌峰书院，屡试秋闱，数奇不遇”，是有知识的商人，自然就颇为成功⑫。次

---

① 李步泉等主编：《闽东茶叶历史文化》，福州：海峡出版发行集团，海峡书局，2015 年，第 185、307、310、312 页。

② 徐友梧：《霞浦县志（下）》，民国十八年，霞浦县地方志编纂委员会整理，1986 年，第 8 页。

③ 郑学华：《古代霞浦茶叶贸易的几个口岸》，转引自李步泉等主编：《闽东茶叶历史文化》，福州：海峡出版发行集团，海峡书局，2015 年，第 219 – 220 页。

④ 霞浦政协文史委编：《霞浦文史资料》，第七辑，1989 年，第 9 页。

⑤ 林庆元主编：《福建近代经济史》“绪论”，福州：福建教育出版社，2001 年，第 21 页。

⑥ 吕维新：《中国古代茶叶商品经济史略》，2001 年，第 80 – 93 页［林桂镗：《福安市茶业志》（油印本），1996 年，第 173 – 174 页］。

⑦ 林桂镗：《福安市茶业志》，（油印本），第 173 – 174 页。

⑧ 叶乃寿主编：《宁德茶业志》，福州：福建人民出版社，2004 年，第 320 页。

⑨ 李健民：《坦洋茶商家族的百年沧桑》，李步泉等主编：《闽东茶叶历史文化》，福州：海峡出版发行集团，海峡书局，2015 年，第 244 页。

⑩ 佚名：《几一公墓志铭 · 坦洋安定胡氏宗谱》。

⑪ 林栋（举人）：《几二公墓志铭 · 坦洋安定胡氏宗谱》。

⑫ 施寿棠：《先考镜波公行述 · 坦洋施氏族谱》。

子长德天生"好经商"。"甫弱冠，坦洋茶市方浓，先王父业是茶，每当春夏采办茶叶，不暇食"；不但在茶叶鉴别上"名驰异域"，在理财，甚至督制茶箱上都能胜任。施家两代茶人具有如下特点：其一，精于茶事。从茶叶种植、鉴别到销售等诸多环节。其二，办事果敢。"不惟茶务，旁及村务。"其三，善于社交。其四，慷慨宽容①。时为防止假冒伪劣……（避免）"鱼目混珠"，他们制作了这份英文声明帮助顾客鉴别真品②。

宁德。此间宁德茶行众多，如八都猴盾茶行、赤溪何尧景"何银记"、益和茶行③、京帮"全祥"茶庄④、一团春⑤。特别如兰成茶铺和五福亭修缮等。

咸丰六年（1856年）缪济川建议投资茶叶生意，为他的老板接纳并委以重任。随后划定霍童为中心收购茶叶，不久扩展到屏南、周墩等地。当年旗开得胜，此后不断扩展。同治年间，缪济川在霍童开办"兰成茶行"。之后又在宁德蕉城海滨路下尾街，建"兰成茶铺"商号，供霍童茶商和土特产等商人之用。随着茶贸进一步拓展至省城，而福州却无宁德茶商落脚处。为突破瓶颈，缪济川组织缪兰成、郑实圃、陈中和、宋大成、肖万澡、肖方仞、周声着、魏衡卿八大茶商，成立茶商理事会，于同治元年筹备在福州铺前鼎建"宁周会馆"。"宁周会馆"成为宁德商人货物集散中心、文化交流中心；同时，促进商人发展省外贸易⑥。

五福亭碑。五福亭位于宁德、罗源交界处。亭中有石碑4方，其中，《起步岭碑》记录了光绪五年（1879年）宁德、福安、寿宁三县茶商捐资重修飞鸾岭道的过程，内容翔实。捐资茶商，包括宁德林理斋"一团春"、福安"泰大来""福兴隆""祥记"等等。董事李世镐、王正卿、胡兆江、吴步森四人均为福安赫赫有名的大茶商，王正卿（1822—1890年）、胡兆江（1829—1895年）和后面一方碑中提到的吴步云（1826—1891年），是福安"坦洋工夫"五大创始人之三。第四方"重建五福亭"正文竖排刻有："龙飞光绪十二年（1886年）岁社丙戌九月十八日丑时吉旦，福安理洋监生王正卿、监生施长寅、监生吴步云，环溪职员吴光清同建。"⑦

周宁（1945年前属宁德辖区）。周墩产物所制之品唯有茶叶一宗，清同治初年至光绪

① 施寿钧：《先考和竿公行状·坦洋施氏族谱》。

② 蓝图：《近代闽东茶叶贸易与早期资本主义全球化——以福建坦洋茶叶贸易研究为中心》，《历史地理》，2010年第24期，第221页。

③ 宁德市蕉城区茶叶协会：《宁川茶脉》，北京：中国农业出版社，2015年，第169、175、177页。

④ 清同治六年（1867年），山东"京帮"谢姓茶商于天山绿茶原产地之一的洋中章后村鞠多岭头路口建立了"全祥"茶庄。宁德市蕉城区茶业协会编：《宁川茶脉》，北京：中国农业出版社，2015年，第14页。

⑤ 飞鸾岭五福亭《起步岭碑》记录光绪五年（1879年），宁德、福安、寿宁三县茶商捐资重修飞鸾岭道过程。宁德市蕉城区茶业协会编：《宁川茶脉》，北京：中国农业出版社，2015年，第184页。

⑥ 宁德市蕉城区茶叶协会：《宁川茶脉》，北京：中国农业出版社，2015年，第172页。

⑦ 宁德市蕉城区茶业协会编：《宁川茶脉》，北京：中国农业出版社，2015年，第113页。

十年，售价甚多，工用甚薄，地方利益为之骤增①。如清同治初年以“金泰兴”为首的萌源 18 家茶行，年销茶七八千箱（60 斤/箱）。清同治光绪年间，从政和县的澄源村到周宁县七步村，共有 13 家茶行②。清同治、光绪年间，周宁茶行遍布全县，以周墩、萌村、七步、浦源、端源为最，连当时偏僻的竹下村也有茶行，七步后门洋广源盛茶庄③。广源泰是周宁解放前 18 家私营茶行之一，也是最出名的一家④。据福州宁周会馆后立第一面石碑上刻建馆董事名单等，萌源萧万藻公为建馆董事之一，其捐款数额也最多。建馆时立碑之记载：周宁茶商捐献者达 60 余户（由邑人郑漠光先生勒碑记名）⑤。

古田。同光年间，茶业为本地出产品一大宗，茶行众多⑥。“五口通商”后，福州、厦门两口岸开放，古田茶叶多从福州出口，销售国外。清同治、光绪年间，县城及西区七保（今桃溪），北区平湖，大东杉洋、鹤塘等地均有茶行。特别如凤埔乡的曾邦雄、曾邦銮、曾邦位、曾邦煊开设茶行⑦。

凤埔曾氏茶行。凤埔乡位于古田县北部。清咸丰、同治年间，凤埔有茶楼（制茶作坊）10 余处。凤埔的曾氏家族成立数个茶行，以曾邦雄、曾邦銮、曾邦煊、曾邦位 4 位堂兄弟创办的 4 个茶行最具代表性。他们前往屏南、建瓯、政和等地设立收购点，或就地焙制、加工、包装运回，或直接将毛茶运回凤埔进行加工、包装，然后运至谷口或水口装船顺江而下至台江码头，售给洋行买办及洋行代理人。至今所知名号只剩曾邦雄所创的“如意芳”。曾邦雄人和善，善经营……老幼皆尊称其为“邦雄伯”，其消息灵通，也助其茶行壮大，并带领曾氏各茶行扩大发展⑧。

屏南。咸丰、同治、光绪年间，屏南茶叶鼎盛，茶行遍地。主要有建于清道光初年的寿山村大茶商苏兆尧家族经营的晋丰茶行等。茶行经营实现生产、加工、包装、运输、销售一条龙。据载，仅光绪年间，寿山茶行就收购当地茶叶 1000 多担。寿山既生产绿茶，也生产红茶。红茶质量仅次于崇安（今武夷山市）“正山小种”，被称为“副（外）山小种”⑨。此外，更为突出者数六合春茶行。

六合春茶行由周绍京、周绍虞、周绍垫三兄弟创办于清同治十一年（1872 年）。六合

---

① 周墩区志编纂局：《周墩区志》，台北：成文出版社有限公司，1975 年，第 48 页。
② 周宁政协文史委编：《周宁文史资料》第三辑，第 4 页。
③ 周宁政协文史委编：《周宁文史资料》第五辑，第 9－10、15 页。
④ 周宁政协文史委编：《周宁文史资料》第十四辑，第 86 页。
⑤ 孙绍旭：《周宁茶文化》，福州：福建人民出版社，2017 年，第 131 页。
⑥ 郑鹤龄主编：《古田县茶业志》（未刊），大事记。
⑦ 郑鹤龄主编：《古田县茶业志》（未刊）第十章、第一节。
⑧ 郑鹤龄主编：《古田县茶业志》（未刊）附录。
⑨ 苏维邦：《屏南百年茶行》，转引自李步泉等主编：《闽东茶叶历史文化》，福州：海峡出版发行集团，海峡书局，2015 年，第 314 页。

春茶行打造出“新山小种”，在周边数县都设立茶行分号，并以统一的品牌对外销售，有“茶管九县”之说。周绍京联合兄弟周绍虞、周绍垫创办六合春茶行，主要经营外销红茶。在茶行生意蒸蒸日上之时，六合春的经营者以其过人的胆识和魄力，于光绪九年成立“六合春”总茶行，并在屏南及周边数县设立“玉和生”“玉成春”“四兴隆”“福昌隆”“广升隆”“广福昌”“广泰隆”“恒升隆”“万和隆”“生记茶庄”“政邑生记”等19个茶行分号。光绪十二年（1886年）出口外销量达3万余箱2万多担。六合春在省城福州设钱庄、布庄，在福安有专用茶码头，有商船8艘，在天津、上海、汉口、宁波、福州等五大口岸往来运货。“六合春”经营有“玉库”“奇种”“凤眉”“上品”“英华”“茗香”“冠霞”“及第”等多个红茶品牌。周氏兄弟“以茶致富”后，还发展经营了钱庄、布庄、酱园、国药、百货等7个行业。在出口红茶的同时，还进口煤油、牛奶等货物。长兄周绍京主要在古田、福州经营，二兄周绍虞主管周氏产业的财务，三弟周绍垫主要在屏南当地经营①。

寿宁。清咸丰、同治年间（1851—1874年），寿宁县生产的红茶“坦洋工夫”开始大规模出口，经福州口岸，远销香港、台湾及东南亚各国甚至远达欧洲的英国、德国等国。茶叶贸易亦水涨船高，邑内的斜滩、武曲、凤阳诸乡镇，茶行、茶栈大量建立。而寿宁籍在外创办茶行、生产茶叶诸业者中，最著名者当数凤阳乡北山村的王家财（又名王正卿）。王家财于清道光年间（1821—1850年）随父携家迁至福安坦洋谋生。道光二十年（1840年），开始进入茶行业。其首创“祥记”茶行……是“坦洋工夫”茶的最早创始人之一②。

清同治、光绪年间在闽东经营茶叶的茶行以家族式经营为主，更多体现族群的内敛。在闽东这一政治控御相对较弱的地区，宗族力量在一定程度上扮演管理市场、规范市场的角色。这主要源于中国传统社会根深蒂固的家族文化，“血浓于水”“非我族类，其心必异”等的潜移默化，以及闽东山区地理、人文和政治控御，家族势力与生存空间的关系等因素共同作用的结果。正是这种宗族文化基础上的信用成本、族群之间的相互信任使得在资金不足的前提下通过赊销等方式能够运作茶叶商品流通。在经营中主要以家族势力、威望、财力、信用为保障，家族成员的茶青、粗制茶多选择卖给家族茶庄，甚至等家族茶庄卖出成品茶后再返还家族成员的茶青或粗制茶的钱。茶庄大部分使用家族成员管理，特别是重要的环节由家族中最为亲密的成员把控，或者是值得信赖、长期跟随自己、具备拟血缘性质（同门师兄弟、同窗、干儿子、结拜兄弟等）的非家族成员管理，当然，这种情况较少。由于血缘纽带牵扯，大家能够较为尽心尽力，这种情况可以在一定程度上减少监督

① 苏旭东：《屏南六合春茶行》，转引自李步泉等主编：《闽东茶叶历史文化》，福州：海峡出版发行集团，海峡书局，2015年，第315－317页。

② 寿宁县茶业局编：《寿宁县茶叶志》，福州：海峡出版发行集团，海峡文艺出版社，2017年，第168－169页。

和管理的成本。于是随着茶叶外贸的大发展，闽东涌现第一批发家致富的传统茶商。闽东此时的畲汉族茶庄大体与萌源萧氏相近，为以血缘纽带为主线的家族经营①。畲族茶庄与汉族茶庄的最大区别是畲族成员以族为单位的族群认同，畲族茶农首先选择将茶青或粗制茶卖予本族茶庄，即使价格还较周围汉族茶庄低些。

1853 年以后，闽茶直接由福州出口，市场扩大到英国、美国、澳大利亚等地，其中尤以英国为多。福州每年输往英国的茶叶数量占茶叶出口总量的 2/3 以上，成为伦敦茶叶市场的主要供应者。上下杭地区聚集大量茶行，多系茶商大户，资金雄厚。“福州茶业有恒元堂毛茶帮，其毛茶栈（即茅茶），均开设在下杭街和下靛街一带，有十余家，如生顺、明兴、宏春、富春等。而生顺可称为茅茶帮之王。据调查，生顺行鼎盛时期年销售量两万多担。”②

朱英认为，五口通商后“新兴茶商直接到产茶区收购，同时还有不少茶商开设专与外商交易的茶栈和加工精制茶的茶厂、茶号。至甲午战争前，经营出口茶叶的华商已积聚了大量商业资本，建立了从口岸到茶区的收购网，并成立了许多茶业公所，发展成为新式出口商人”③。即五口通商开拓了更多方便的茶叶流通渠道，带动中国茶叶对外贸易发展的同时，一些茶商突破原来的茶叶预购制度，直接到产茶区收购茶叶，成为新兴茶商。不仅如此，这些茶商还在茶区建立茶厂、茶号，在口岸建立茶栈，佐助外销茶叶发展。经过数十年的发展，至甲午中日战争前，茶区与茶叶输出口岸间的联系越加紧密，生产与销售网络亦日趋完善。伴随着茶叶对外贸易的发展与成熟，茶叶输出口岸建立了许多茶业公所，新兴的茶商也进一步转型为新式出口商。而这一时期的闽东茶商的发展自然也经历了这样的过程，只是在程度上有些不同，特别是因为闽东茶叶输出的口岸在福州，虽然部分县建立了所谓会馆，但其涵盖的面毕竟有限。一部分本地小茶商限于资金不足等多挂靠福州的闽南商人或福州商人茶栈，分工合作；而因为闽东浓厚的家族血缘纽带和乡土这一“关系”社会限制和排挤外人等，外地茶商出于投入和产出等效益的考虑，也乐意发挥乡土茶商的作用。

2. 茶商组织。闽海关时期的闽东茶商组织主要是以传统会馆为载体，在此期间的闽东各县会馆主要有福安会馆、宁周会馆、寿宁会馆，会馆主要为驻榕客商集体议事、谈生意、客商住省、进出口货物存放等提供稳定场所，有助于各地商界调解纠纷、交流商业信息，一定程度上促进商业贸易，带动经济发展。当然，也有商会和宁帮茶商公所等。

（1）福安会馆。福安会馆在清代台江区八一七中路 792 号。“福安会馆，在省城外南

---

① 孙绍旭：《萌源古村》，延吉：延边大学出版社，2010 年，第 107 页。
② 黄清敏：《双杭名埠》，福州：海峡出版发行集团，福建美术出版社，2016 年，第 17 页。
③ 朱英：《晚清经济政策与改革措施》，武汉：华中师范大学出版社，1996 年，第 93 页。

台惠泽境，坐西向东。乾隆以来，邑商选购翁晋夫、许光斗等房屋十余座。中祀天后，旁为邑人客到者旅馆。咸丰初，正座火，仅余馆舍数楹。同治七年（1868 年），董事李常荣等十三人倡募重建天后庙并韩阳公所由庙直入五座，计深三十余丈有奇；由公所直入四座，计深二十六丈有余，统共周十丈前至街，后至山，四围馆墙为界。……前宫，后山，界以本馆墙围。"①

（2）宁周会馆。为解决宁德茶商到福州的不便，缪济川提议组合"藺成"、郑实圃、陈中和、宋大成、萧万澡、萧方仞、周声著、魏衡卿八家殷商成立茶商理事会，缪为理事长，于同治元年（1862 年）筹备在福州铺前顶建宁德（应为宁周）会馆。由于当地人不肯出让土地，缪济川等精心谋划，分步实施：先建一座戏台，演戏给群众看；取得当地人的同意后，再建一座"魁星阁"，庇佑孩子读书有成；然后又建一座下婆宫保佑当地小孩与妇女健康平安；接着继续扩建，最后建成"宁周会馆"。茶叶贸易鼎盛时期，茶商上百人②。

（3）寿宁会馆。位于上杭路 115 号，建郡会馆南侧。建于清代，坐南朝北，占地面积 2000 平方米。正面红砖清水墙，中开大门，用石门框，左右为石拱顶边门，进门依次为戏台、走楼（中为天井）、正殿、厢房。正殿祀天后，面阔三间，进深七柱，穿斗式减柱造木构架，重檐歇山顶，正殿翘角，十分壮观。殿中藻井特别精美。殿旁两边有墙弄，历阶而上可达后进厢房。寿宁会馆的开支，则靠茶叶厘金收入。"寿宁的红茶都从福州口岸外销，每年有八九千至万多担，厘金由闽粤人经营的茶栈代扣，到十月结算……"负责馆务的人，称会馆先生。馆务委员每年开三四次会，第一次会议研究全年工作，一般定在每年清明前召开③。

除会馆外，福鼎巽城林嗣元（1781—1872 年）曾创立宁帮茶商公所（商帮的雏形）④。光绪十一年（1885 年），成立福安县商会，首任会长洪加恩，继任会长陈琼燕、王邦溪等；光绪二十四年（1898 年），成立古田平湖商会，设董事 5 人⑤。密布于闽东的茶庄、延伸于省会的会馆和为商人利益而组建的商会等展示了闽东以茶叶外贸为主导的商业以及商人网络的壮大和延展的变迁态势。

鸦片战争和五口通商，中外茶叶贸易规模不断扩大。口岸数量增多、环节增多，公行

---

① ［清］张景祈纂：《福安县志》（清光绪十年），福安县地方志编纂委员会整理，1986 年，第 292 页。

② 宁德市蕉城区茶叶协会编：《宁川茶脉》，北京：中国农业出版社，2015 年，第 173 页。

③ 杨济亮：《福州上下杭会馆群落——由政治中心演变为商业都会》，王日根主编：《中国老会馆的故事》，济南：山东画报出版社，2014 年，第 63 页。

④ 曾云端：《福鼎巽城茶人及茶肆》，转引自李步泉等主编：《闽东茶叶历史文化》，福州：海峡出版发行集团，海峡书局，2015 年，第 280－281 页。

⑤ 参见宁德地区地方志编纂委员会：《宁德地区志》，北京：方志出版社，1998 年，第 978 页。

垄断变成公行和私行并存，洋商与中国茶商接触面扩大，但至少在闽海关时期，茶叶外贸交易线路图和外贸管理无质的变化。

五、 外贸交易线路图和茶税管理

闽海关时期，闽东茶叶多通过各级商人运往福州。鉴于茶叶贸易成本高，闽东商人多受资本限制；而聚集于福州的外贸茶商亦权衡利弊，于是，达成茶叶种植运销各环节的分工合作以完成生产至消费的循环对接。这是茶叶外贸交易线路图。当然，其也必然涉及过关缴税等系列管理问题。

制茶

1. 茶叶外贸交易线路图。中国茶叶贸易被洋商控制的局面直至全面抗战爆发后的茶叶统制才有所改变，因此，林景亮的《福建茶叶运销状况（附表）》中的流程应适用于此前①。

茶叶外贸行业是需要雄厚资本的，正如邓九刚在《茶叶之路》中所言，需要四套资本才能顺利营运。有鉴于此，内地茶商多资本不足，须向福州茶栈借款。借款利重，偿还期促。茶商既仰给于茶栈，茶栈又仰洋商鼻息，以故借期一到，茶价虽贱，不得不售；且茶商与洋商无直接交易，向例茶叶到省投栈，即听凭茶栈与洋商议价，茶商不能过问。及过磅时，茶栈又一听洋商之折扣，不为茶商调剂，因茶栈与洋商生气联络，茶商势居间接，无可如何，且财政权操于茶栈；势不能不居间接。此种对外对内交易手续，本省各处莫不皆然②。

茶叶由内地运至各出口埠，先交代报行（即专代茶客代运代报，其手续费以件计，每件约两分五厘），由该行发专船票通知当地轮船，经公司登记后，暂装洋船上，然后向当

① 该文写于 1937 年 1 月 10 日，必调研于此前，其基本流程应符合闽海关时期茶叶外贸线路图实际。

② 林景亮：《福建茶叶运销状况（附表）》，《中国建设（上海 1930）》，1937 年第 16 卷、第 2 期，第75 - 76 页。

地海关报税，申请实行海关手续完毕后，始行装运，同时由轮船公司发提单交于代报行，以便将前项提单分寄福州各该关系之茶行，并由各出口埠之轮船栈将起运之件数电告福州总公司，总公司则向福州海关请发起货准单，轮船运至福州时，即可将所载卸于洋船以待海关查验后，由各茶行将提单送至轮船总公司以便派小船前往洋船凭单提回茶栈。茶由内地集散处运至出口码头，所需运费及什耗多由代办行代垫，然后开单向采办商照算，其由各出口地运至福州之运费及一切开耗均由轮船公司代发，而后向福州茶栈取偿。茶栈则俟茶脱售时开单向采办商照算①。

当然，三都澳开埠前闽东茶叶主要是运往福州销售，而当时福州茶叶交易多集中于双杭商埠。福州茶叶贸易情形，大致可分为采办及运销两种。采办有两帮，即茅（毛）茶帮与箱茶帮。茅茶帮有十几家，专采绿茶，帮名“恒远堂”茅茶的经营方式有二：一是先将现款货与山客，名为“在山”，例定年所采之茶须先投入该栈。当首春茶运投该栈时，茶栈照茶价给予现款，其在山之款留备采二春三春之茶。这种营业性质，茶栈的主要收益是佣金。二是直接采办，一般是资本雄厚者为之。茶价的涨落及营业之盈亏，均由茶栈自行负责。东路（包括福安、福鼎、寿宁、宁德、周宁、柘荣、霞浦、罗源、古田、连江、闽侯等县）是福州毛茶的另一茶源产区。古田、罗源两县茶叶经水路运往福州，闽侯、连江两县的茶叶运输则有赖于人力。福州的箱茶帮当时亦有十余家之多，专采办箱茶，帮名公义堂。箱茶与前述茅茶不同，已由在山制好，直接装箱运至福州转售，不须再行加工。贸易方式亦分直接、间接两种，前者由箱茶栈自行赴山采办，后者则由山客投运于箱茶栈，由其代售②。

由于闽东茶叶多外贸茶叶，因此还须经运销出口环节。从事运销出口的茶帮数目众多，主要可分为天津帮、京东帮和洋行帮。天津帮有20余家，专售绿茶至天津、牛庄、烟台等地。原来只属于一个公帮，后则一分为二：福长兴帮和福泉兴帮③。天津帮的茶叶多购自茅茶栈，在茅茶栈内加工精制后运装至天津，或自行开店经营，或委托代售。该资本雄厚，每年营业约达300万元，主要分布在上下杭地区。福长兴帮计有8家，多为长乐人所开。福泉兴帮有十余家，多为福州、泉州人所开。京东帮多由北京、安徽人组成，共有三四十家，分为京徽帮和直东帮两大部分，主要运售绿茶至平津各港口。他们的贸易方式有三种：一是直接向各茶山采办茅茶，在福州本行内加工；二是向福州各茅茶栈购买茅

① 林景亮：《福建茶叶运销状况（附表）》，《中国建设（上海1930）》，1937年第16卷、第2期，第79页。

② 黄清敏：《双杭名埠》，福州：海峡出版发行集团，福建美术出版社，2016年，第18页。

③ 茶商业早期按地域有“本地帮”和“客地帮”之分，统一经营多种茶类产品；继之范围逐渐缩小，按经营业务分为“红茶”“茅茶”“花茶”“市茶”；再后来在此基础上又组织了“福兴长”“福泉兴”“恒元堂”“公益堂”等茶类单一品种的公帮（林精华：《福州商贸文化纵谈》，（闽）新出（2013）内书第69号。福州：福建文史研究馆编，2013年，第242页）。

茶，再加工制造；三是转运安徽各地所产绿茶到福州熏花加工，然后再运销外地。京东帮主要分布在下渡、泛船浦一带。洋行帮亦名洋茶栈，由福州各洋行装运箱茶出售外洋。福州是洋行购销茶叶的重要据点，主要有：协和洋行、大兴洋行、德兴洋行、禅臣洋行、天祥洋行、裕昌洋行、义和洋行、凌德洋行、美亚洋行等 10 家。他们运销的系类以红茶中的工夫、小种为最多，其次是白毫，再次为绿茶。洋行主要是向福州箱茶帮购买后，照原装运销俄国、日本等国。箱茶须经由洋行转往外国，而洋行购茶时又须由茶栈代为采办，两者互相依存。每年装运出口之茶，约有 50000 担，贸易额达 400 万元①。

2. 茶税管理。

（1）闽海关税制概况。鸦片战争前，闽海关税制虽然粗糙落后，但仍处于独立自主地位。鸦片战争后，随着中国社会走向半殖民地化，关税也开始失去自主权。道光二十三年（1843 年），根据“秉公议定则例”原则，英国强迫中国订立了第一个不平等的片面协定税则。该税则虽没有正式确立“值百抽五”征税原则，但所列货物税率大致皆在 5%，而且税则还规定：“出口货有不能赅载者，即论价值若干，每百两抽银五两”；进口货“有不能赅载者”，除香料、木料、钢铁、铅、锡等类货物“值百抽十”外，其余均“值百抽五”。咸丰八年（1858 年），英法等国用武力再次迫使清政府修改、订立了《通商各口进出口应完税则》，正式确立“值百抽五”的关税原则。自此，“值百抽五”协定税沿用数十年之久②。闽东外贸茶也遵此税制。清同治五年（1866 年）置茶税局于福安社口坦洋村③。

（2）厘金。闽海关时期实行的厘金税制依据 1865 年制定《福建省百货商行厘金章程》，之后经多次修改税率，一直执行到辛亥革命为止。据该章程，所有货物依据“两起两验”的方法，在运输途中每遇厘金局都要交纳厘金税（遇卡纳税），一般经过四次课税。经过初起厘、初验厘、二起厘、二验厘等四关课税后的货物，方才算畅通无阻，即使再次遇到厘金局，也不必缴纳税金。有些偏僻的山区还没有设立厘金局。这些地方的土特产品在运到其他地方的途中遇到的第一个厘金局叫“起局”。如果在运输途中未及时办理纳税手续，那么一旦被发现，货主不仅要补交逃税额，还要受处罚，而且起局涉嫌查税疏漏，等待总局的处置。商人和商行要把货物运到外地，首先必须向厘金局提出申请，接受检查……货物运输的申报单要随附货物发货票和行程单，接受厘金局的检查。如果发票与行程单所记载的事项与实物不符，那么货主将依法受到处罚。可以用任何货币交纳税金。但是，计算税金有统一标准。银两以二七库平银为标准。外国银货只能使用墨银，另收贴

① 黄清敏：《双杭名埠》，福州：海峡出版发行集团，福建美术出版社，2016 年，第 18 - 19 页。
② 福建省地方志编纂委员会编：《福建省志——海关志》，北京：方志出版社，1995 年，第四章、第一节。
③ 林桂镗：《福安市茶业志》（油印本），1996 年，第 5 页。

水（手续费），标准为税额的6%。逃税、漏税者不仅要补交该交的税金，还要被处以3倍的罚款。其一半奖励揭发者，另一半作为厘金局的收入。对于用海船运送的货物，不仅征收内地厘金税，还要征收进口或出口厘金税。这部分税金用于补充军饷。从外省运入的货物，凭外省厘金局的发票只征收起验厘。对于未列入本章程税率项目的货物，由各个厘金局参照相近项目征收厘金，并向总局报告。总局根据地方厘金局的报告制定新的税率项目①。

据《皇朝经济文新编》税则卷引云："查茶叶每担抽银二两五钱，当1858年时，茶价每担五十两，原不过值百抽五，现在茶价减至十五两，所抽之数已自值百抽五加百抽十六有半矣。印度、锡兰茶叶出口，一概免税，中国茶叶日坏，亦未始非重始之所致也。"又云："茶叶厘金名为每担二两二钱，实则须加另费，共约二两八钱……以上厘金之外，茶叶自福州以北各地运来者，尚须加抽渡厘，自西以来者加善举银三钱，是以茶叶厘金总共或不止二两八钱。若将茶叶价每担作为十五两，则由中国出口时，所需各项厘金，连出口税即算五两三钱，已照价值百抽三十五分矣。或同茶商何以不请半税执照，若请执照，茶叶由内地运至福州，每担不过还税银一两二钱五分。"苛刻的厘税关税导致茶叶成本的居高不下，在对外贸易竞争中失去优势。因此，黄国盛先生在分析近代中国经济落后的原因时说："当涉及华商如何发挥本国资源优势，通过直接贩运茶丝出洋，以利于华商获取商业利润的发展大计时，清政府宁可肥水外流，也要对华商加以抑制。"②

此外，1853年在福建设立近代民族银行"永丰关局"，其后分局在福州南台、厦门以及汀州、台湾、福宁、建宁设立③。这是外国在华设立银行对中国金融产生了一定冲击的背景下出现的，对需要大资本运作的茶叶外贸当然会在一定程度和范围内带来影响。

本章小结

茶叶海外消费市场的形成和扩容，卖方市场引发供应圈层扩大和仿制技术的传播，闽东典型的沿海丘陵地带与茶叶这一特殊植物对地理位置要求的最佳组合的实现，交通成本随着顺流而下水路运输的充分利用和倒腾环节的减少而降低，女工童工的大量使用，宗族文化中诚实守信在法治不健全情况下对茶产业的守护；而该区域地理环境的有限性，与西

① ［日］东亚同文会编纂：《福建省全志（1907—1917）》，李斗石译，延吉：延边大学出版社，2015年，第437－438页。

② 黄国盛：《鸦片战争前的东南四省海关》，福州：福建人民出版社，2000年，第345页。

③ 林楠虹：《近代福州茶叶对外贸易下的城市发展》，《福建商业高等专科学校学报》，2016年第2期，第24页。

方近代技术相比较以及传统生产技术、运输工具、信息网络、营运主体、近代促销技术的使用，“洋商”把控产业链的关键性环节等多种要素的综合作用，推进闽东茶产业在原有基础上以市场为导向，层层相因，环环相绕，起伏波动，曲折发展。

第一，太平军战事触发闽东茶叶各种要素优化配置。近代闽东茶叶外贸是唐宋以来，特别是明末清中期以来茶叶外贸在经济全球化大背景下，受特定历史事件触发，各种要素优化配置共同作用的结果。福州开埠成为茶叶输出大港，拉动地处福州北部的闽东地区外贸茶叶的发展。太平军战事触发闽东茶叶外贸各要素重组的同时，也造就印度、锡兰、日本、苏门答腊等新兴茶叶外贸国的出现和发展，于是，国际市场华茶独断格局被打破，竞争日趋激烈，华茶外贸市场份额不断被挤占、名次被赶超。为挽回利权，扭转茶叶国际竞争劣势，规避美日企图租占三都澳野心，处理大量赔款等，三都澳开埠。

第二，闽海关时期闽东茶叶外贸的收益。根据以上叙述，闽东外贸茶叶的经济收益，按国际茶叶市场供需不同可分成三个阶段：第一阶段，从 1853 年至 19 世纪 60 年代初，30 万担/年左右。第二阶段，19 世纪 60 年代中期至 19 世纪 80 年代末，30 万—40 万担/年。前两个阶段是卖方市场，给闽东带来丰厚的经济收益。第三阶段，从 19 世纪 80 年代末至三都澳开埠，闽东茶叶输出预估年均 6 万—20 万担；全国茶叶在竞争中出现高台跳水等，闽东茶业应与此相同，区别之处是相对全国而言好些，总体经济效益减少。当然，此中还有外贸茶叶的价格随着竞争加剧不断下降的趋势问题。闽东外贸茶叶经历 45 年的发展，为闽东社会经济文化方面的影响打下基础，为三都澳开埠后的发展埋下伏笔。

第三，闽东茶叶外贸发展的内外不平衡性。关于闽东茶叶外贸外部的不平衡体现在茶叶国际消费市场的此消彼长，即由三都澳开埠以前的英、美、俄为主向三都澳开埠以后的俄、美、英转变。而关于闽东茶叶内部的不平衡即以明末清中期以来茶叶外贸为基础的闽东茶叶贸易，在区域内的不平衡性体现在 1853 年至三都澳开埠期间：首先，以闽东地区与南平地区交界处发展最为迅猛，最为突出者应是古田水口左近区域，当然其商路以武夷山为中心，而武夷山茶叶则因闽江航道而更为繁荣。其次，具备沿海、沿河特点的白琳工夫产地的福鼎大部和霞浦一部，坦洋工夫产地的福安、寿宁大部和宁德、屏南、古田一部。

第四，传统商人向近代商人转变。借助于诚信（民风朴实，民国以前的诚信故事、推崇儒商、注重经营以德，民国以后商会等机构），通过家族或亲族等血缘和拟血缘关系，通过家族成员中新式教育弥补不足、做大盘子。迎合市场需要且基于物美价廉等，这一时段处于闽东地域范围和自由竞争阶段的闽东茶商（资本并不雄厚）为获得利润，确保营运，通过宗族文化等提倡诚信，基于乡村这一“熟人的社会”特性，通过对乡村公共设施（路、桥、亭）建设的意义的认识，自觉加大建设力度；通过对劳动者人性化关注，以及捐纳等途径获取身份的认同等达成取信于乡里，利用人际关系信用成本做好茶叶生意。三都澳开埠前资本最为雄厚者多在传统文化熏陶下以经营茶叶为主，兼及区域日用百货等多种经营的商人，经营范围主要是以本土为基础，延伸至省会福州，为三都澳开埠后继续发展打下坚实的基础。

第五，经过1853年至1898年的茶叶外贸的大发展，硬环境和软环境不断提升和优化。首先，交通运输网络不断向沿海转移，陆路、水路和海路的运输渐次完善，特别是陆路运输的完善最为明显，如茶商出资修桥铺路，传统慈善事业被推向高峰；交通工具的制作，特别是传统造船业迎来大发展。运送茶叶的队伍不断优化和完善，效率不断得到提高。其次，传统信息网络不断延伸。个人信息网、血缘和拟血缘网络等传统网络的提质作用外，通过建于福州的闽东各县会馆以及与洋庄和洋人打交道中各类信息的搜集、梳理和判断，对闽东茶商作出正确判断，进而转向红茶的大生产起到很大的作用。最后，因福州开埠，闽东外贸茶叶大发展，于是以外贸茶叶为龙头的商业集市迅猛发展。基于水运的优势，这些集市的特点是沿海、沿河展布。

第四章　福海关时期闽东外贸茶叶发展（1898—1949年）

1898年，三都澳开埠了。三都澳开发，至少可追溯至五代闽王王审知时期。明景泰三年（1452年），在此设河泊所管理渔课；清康熙二十三年（1684年），设宁德税务总口。“道光元年（1821年），设渔课，管理渔业船舶。”[①] 清光绪二十五年（1899年）五月八日在三都岛建立福海关，负责监管进出口货物、征收关税、查缉走私，同时兼办邮政业务。1931年，在区内的三沙、沙埕、秦屿、牙城、硖门、东冲等地设海关分所[②]。1933年，赛岐开港[③]。1942年4月，福海关改为三都澳分关，直隶闽海关。后因日军登岛，三都澳分关迁至赛岐，1945年9月迁回三都澳，时称三都支关。1952年，因三都澳列为军港而闭港撤关[④]。

第一节　三都澳的开埠

三都澳，概称三沙湾，位于福建省东北部的宁德市境内。湾口东有西洋、浮鹰诸岛为屏障，湾内的三都澳是世界著名的天然深水良港。该澳是由东北之太姥山仙霞岭和西北之展旗峰两支分脉，经百里蜿蜒东走，而陡然入海的东冲、城澳二半岛合抱而成。她汇聚了闽东的赛岐、霍童、盐田三大溪河的全流域，近乎囊括蕉城、福安、霞浦三个县（市、区）的全海域，并延及毗邻罗源、连江、福鼎三个县（市）的部分沿海地带。而此一偌大澳区，竟然是由一个宽不过3公里、长约6公里的口门出入，有着“水深波平浪不惊、

---

① 《宁德市志》，北京：中华书局，1995年，第15页。

② 《宁德地区志》，北京：方志出版社，1998年，第706页。

③ 蓝图：近代闽东茶叶贸易与早期资本主义全球化——以福建坦洋茶叶贸易研究为中心，《历史地理》，2010年第24期，第217页。

④ 《宁德地区志》，北京：方志出版社，1998年，第706页。

口小腹大好控守”的自然条件，堪称“福宁门户，五邑咽喉”[1]。

茶商执照

三都澳与福州海路距离 70 海里，与宁德（蕉城区）海路距离 30 华里，与福安相距 185 华里。三都澳市街南面依海拔 150 米高的山，对岸亦有海拔 180 米的山脉。山与山相夹的海面成为船舶抛锚之地，平时风平浪静，即使台风来袭，影响也极小，是个良好的海港[2]。三都开埠后，基础设施按照发展需要不断完善。仅海关部分记录，胪列如下[3]：

1899 年，三都澳由中国当局与闽海关税务司共同组成的委员会控制着道路的修筑、海关地点的扩充设置等。

1900 年，海关完成两项工程：一是验厂，二是海关码头。政府建了一座茶叶仓库和一些茶行供出租之用；建好一座西式房屋，但无人居住。还有海关银行和一个衙门……。码头长度超过 500 英尺……已经出版一份三沙湾海图。

1905 年，新区的面貌在各方面都大有改进，兴建了一些栈房和店铺，堤岸加长了 500

① 宁德市蕉城区茶叶协会编：《宁川茶脉》，北京：中国农业出版社，2015 年，第 106 页。

② ［日］东亚同文会编纂：《福建省全志（1907—1917）》，李斗石译，延吉：延边大学出版社，2015 年，第 44 页。

③ 福州海关编：《近代福州及闽东地区社会经济概况》，北京：华艺出版社，1992 年，第 446、448 - 449、475、465、483、485、498、530、536 页。

英尺，并在必要地点竖起路灯。同年 6 月，在新区开设了一个电报局。

1908 年，海关新办公楼年初落成……西洋岛、七星岛和冬瓜山均于该年各建一座灯塔。已经考虑修建货栈的问题。并有了具体措施，旧码头已沿直角处延伸 100 英尺，后来又建议征用陆上和防洪堤三间的土地来建仓库。

1912 年，本口长期盼望银行——福建银行三都分行于年终开设。

……

1925 年，亚细亚公司拟建油池 4 座，现暂建一座。此外另造栈房一座，面积 30 方尺，为囤贮罐油之用，附建机器房及工人住室堆栈码头等。

1927 年，海岸巡防处拟在东冲建设无线电台，传递消息，以防海盗……

从以上的记录，大体可以看出三都澳自开埠以来根据贸易发展的需要进行的系列工程建设，其市场对码头基础设施需要的有序推进明显。《福建省全志（1907—1917）》记载："此地……一年四季都能停泊巨型船只……现在贸易很发达，仅戎克贸易（民帆贸易）达二百至三百万两，一年的贸易总额为五六百万两。"①

三都澳商船速写

第二节　福海关时期闽东外贸茶叶的发展概况

华茶经历了从五口通商开始的大发展，全国出现广州、上海和福州三大茶叶出口港，到 19 世纪 80 年代末达到顶峰；但 1890 年前后，华茶外贸在新兴茶叶外贸国的冲击下，

① ［日］东亚同文会编纂：《福建省全志（1907—1917）》，李斗石译，延吉：延边大学出版社，2015 年，第 19 页。

高台跳水，且每况愈下。经历1853—1898年曲折发展后，闽东此前茶叶外贸发展虽也基本循着全国发展大势，只是下降的趋势没有一些地区那么大；而三都澳开埠则在一定程度上遏止了这一下降趋势。

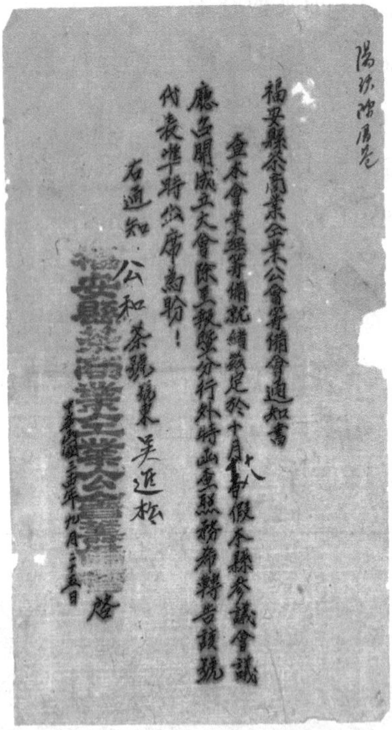
福安縣茶商業公會籌備會通知書
查本會業經籌備就緒茲定於十月十八日假本縣參議會議廳召開成立大會除呈報暨分行外特函奉懇務希轉告該號代表準時出席為盼！
右通知
公和茶號號東吳近松
福安縣茶商業公會籌備會啓
中華民國三十五年九月二十五日

福安茶商同业公会筹备会通知书

一、 总体概况

福海关时期茶叶外贸大体分成清末（1898—1912年）和民国（1912—1949年）两个时期。

1. 1898—1912年闽东外贸茶叶概况。清光绪二十五年（1899年），三都澳开埠后"罗源、宁德、福安、寿宁、霞浦、福鼎各县之茶及海产，前此均由闽侯输出，自均改由澳出口"[①]，出口茶叶以闽东所产茶叶为主，有"白琳工夫""坦洋工夫""白毫银针""七境堂绿茶"等[②]。光绪二十八年（1902年）茶叶出口达10多万担[③]。"1904年，从本口（福州）直接出口的红茶价值228.60万海关两，另有194.40万海关两的红茶是用轮船从其他地方（主要三都）运到福州复出口的……出口红茶（外国）10.10万担，复出口近

① 陈文涛：《福建近代民生地理志》，福州：福州远东印书局，1929年，第36页。

② 叶乃绍：《宁德茶叶志》，福州：福建人民出版社，2004年，第35-42页；郑乃辉、杨江帆：《论五口通商至清末福建茶叶的发展与进步》，《福建农林大学学报（哲学社会科学版）》，2006年第3期，第90-91页。

③ 福建省地方志编纂委员会编：《福建省志·商业志》，北京：中国社会科学出版社，1999年，第十章、第一节。

7.90 万担……”① 1905 年 7 月铺设电缆后，三都澳已与福州、温州和台湾有贸易往来，与福州联系尤其紧密，以福安为主的旧福宁府辖下各县茶叶产地的大宗茶叶先汇集到三都澳，再经由福州出口到海外各国②。“（辛亥）革命爆发，给福海关的贸易并无任何效果。今年开春大吉，整年天气都很好，茶叶获利甚大。”③ 关于 1899—1912 年三都澳输出茶叶情况如表 4－1 所示。

表 4－1　　1899—1912 年三都澳与全国茶叶出口量　　单位：市担

年份		全国茶叶出口总量	三都澳茶叶出口量	三都澳占全国的比重（%）
1899		1630895	89753	5.50
1900		1384324	102596	7.41
1901		1157993	99958	8.63
1902		1519211	88345	5.81
1903		1677530	104919	6.25
1904		1451249	103162	7.11
1905		1369298	111187	8.12
1906		1404128	109928	7.83
1907		1610125	105250	6.53
1908		1576136	119239	7.56
1909		1498443	109414	7.30
1910		1560800	123934	7.94
1911		1462803	120197	8.42
1912		1481700	107241	7.24
累计	总量	20784635	1486105	7.15
	年平均量	1484616	106150	7.14

资料来源：丁俊之《世界茶叶产销图表》，省茶叶协会，《福建茶叶》资料附刊，1984 年 12 月；谢天祯《有关近代中国茶叶贸易兴衰的统计资料》，刊《福建茶叶》，1984－4－54；黄苇：《上海开埠初期对外贸易研究》，上海：上海人民出版社，1979 年；海关资料：1900—1932 年贸易报告、统计册等；《吴觉农选集》，上海科技出版社，1987 年；林桂镗《茶业科技必将再登上新台阶》，刊《福建茶叶》，1992－3－2；福建省农业厅《福建茶叶》（初稿），1959 年 9 月；福安专署茶业局、福安专区茶科所《闽东茶树栽培技术》，福州：福建人民出版社，1960 年。

根据表 4－1 数据，1899—1912 年，三都海关输出茶叶 1486105 市担，占全国总输出

① 林校生主编：《闽商发展史·宁德卷》，厦门：厦门大学出版社，2017 年，第 135 页。
② ［日］东亚同文会编纂：《福建省全志（1907—1917）》，李斗石译，延吉：延边大学出版社，2015 年，第 44 页。
③ 福州海关编：《近代福州及闽东地区社会经济概况》，北京：华艺出版社，1992 年，第 491 页。

量的7.15%，年均输出106150市担，占全国年均输出的7.14%[①]。当然，因处于福海关开关初期，港口交运网络的拓展和延伸需要时间，福海关输出的茶叶与闽东输出的茶叶之间应有差距，即闽东福鼎北部小部分茶叶输出瓯海关，古田闽江流域部分茶叶走闽江航运，屏南靠近武夷山区域茶叶乃经过武夷走闽江航线；与此同时，闽北之政和、松溪、浦城以及浙江泰顺等亦有部分茶叶走三都澳。

2. 1912—1949年闽东外贸茶叶概况。民国时期，福海关茶叶外贸经历三起三落，具体如下。

第一次起落（1912—1921年）。1912年经福海关出口茶叶107241担。1915年增长到的142586担，比1912年增长24.7%。[②]“（1916年）贸易情况……总无起色，至茶一项，因欧洲战事延长，亦大受‘池鱼之殃’也。……计名茶较去年茶短28015担。”[③] 特别如以德国为销售地的福鼎白毫，……第一次世界大战的影响（德国战败）白毫茶市一落千丈，价格惨跌，每担从260两跌到120两。……甚至土庄每箱只售八元，各茶庄血本无归，一律倒闭。[④]（1918年）至于出洋华茶，备受种种困难：一因俄国及西伯利亚一带，华茶贸易，概行停止；一因英政府优待印度茶，减轻进口税，故华茶几无立足余地。[⑤] 幸好次年（1919年），采取开辟国内市场免税三年的政策，增加生产，输出优质天山绿茶到我国北方市场，茶季开市也比往年早，茶叶产销得以稳定。[⑥] 其后，茶叶出口量跌至1921年的88533担，比1915年减少54053担。[⑦]

第二次起落（1922—1936年）。1922年起出口茶又恢复至104619担。1923年，茶叶出口量迅速恢复到1915年的水平，达142829担。“春间绿茶，在北方销路广，每担值十二两至二十八两（关平银）。”[⑧] 1926年，出口茶叶恢复征税，1925—1931年输出量在10万—12万担。1925年，虽然工人罢工此起彼伏，且天气异常，给三都澳口岸造成一定影响。还好，当年俄国成为三都澳出口茶叶最多的国家，所以茶叶畅销，价格好，“年中甚昂，于是业茶者，反能市利三倍也”[⑨]，具体如表4-2所示。

---

① 按林校生教授的统计，从清光绪二十五年（1899年）三都澳开埠到民国改元（1912年）的13年中，经三都澳福海关输出茶叶共计1378.62万担，平均年输出茶叶约11万担。这期间福海关的茶叶税收总额为164.94万两（林校生主编：《闽商发展史·宁德卷》，厦门：厦门大学出版社，2017年，第135-136页）。

② 甘福覆：《福海关1915年度报告》，福州海关编：《近代福州及闽东地区社会经济概况》，北京：华艺出版社，1992年，第502页。

③ 福州海关编：《近代福州及闽东地区社会经济概况》，北京：华艺出版社，1992年，第505页。

④ 游通儒：《介绍福建的特种茶叶：白毫》，《闽茶季刊》，1941年第1卷、第2期，第99-100页。

⑤ 福州海关编：《近代福州及闽东地区社会经济概况》，北京：华艺出版社，1992年，第515页。

⑥ 福州海关编：《近代福州及闽东地区社会经济概况》，北京：华艺出版社，1992年，第520页。

⑦ 宁德市蕉城区茶叶协会编：《宁川茶脉》，北京：中国农业出版社，2015年，第96页。

⑧ 福州海关编：《近代福州及闽东地区社会经济概况》，北京：华艺出版社，1992年，第520页。

⑨ 福州海关编：《近代福州及闽东地区社会经济概况》，北京：华艺出版社，1992年，第529页。

表 4-2　　1925 年和 1926 年三都澳出口茶叶贸易值一览表　　单位：关平银（两）

货别	1925 年茶值	1926 年茶值	增减之数
红茶	1051300	1277093	+225793
绿茶	1090780	1750436	+659656
茶片	15059	15528	+469
茶梗	594	432	-162
茶末	84	348	+264
总数	2175817	3043837	886020

资料来源：海关资料，民国十五年华洋贸易统计报告书。

1928 年 8 月间，飓风暴雨相继而来，山崩屋损，茶叶生产更受其害，种植茶农或经销商均难售出，茶多亏本。幸好绿茶销售于北方，贸易顺好①。1931 年“九一八”事变发生，国家危难，出口销路遭阻。1934 年前后，由于国内外花茶需求的扩大，福州花茶产销再度兴盛，致使宁德县及邻县所产的绿茶或花茶多由三都澳转口到福州或北方，故而三都澳茶叶输出量达到 115490 担，恢复到 1931 年前的水平②。然而，1935 年，出口茶量仅剩 43133 担，减 99696 担③。依据各茶区产量所需要工人数估计如下：闽东茶区 65000 人，闽北茶区 25000 人，闽南茶区 15000 人，合计 105000 人。茶厂数，闽东区 195 家，闽北区 134 家，闽南区 95 家，合计 424 家④。至全面抗战爆发前的 1936 年和 1937 年闽东茶叶情况如表 4-3 和表 4-4 所示。

表 4-3　　1936 年福建省和宁德地区战前茶地面积茶农户数及产量

县别	茶地面积（亩）	茶农户数	茶农人数（人）	产量（市担）	价值（元）
福安	60000	28000	28000	40000	2750000
福鼎	46950	6630	32368	38746	2648600
寿宁	57264	7632	23202	20890	1185000
霞浦	18000	2540	15000	10900	542000
宁德	48800	17940	83890	32000	1860000
屏南	10680	7120	12610	3500	181000
柘洋	3000	1200	3800	2200	106000
周墩	6700	7000	28400	6000	351200
古田	30000	2532	9280	9620	572400

① 宁德市蕉城区茶叶协会编：《宁川茶脉》，北京：中国农业出版社，2015 年，第 92 页。
② 宁德市蕉城区茶叶协会编：《宁川茶脉》，北京：中国农业出版社，2015 年，第 96 页。
③ 宁德市蕉城区茶叶协会编：《宁川茶脉》，北京：中国农业出版社，2015 年，第 96 页。
④ 庄晚芳：《闽茶战时之损失及目前之救济（附表）》，《闽茶》，1945 年第 1 卷、第 1 期，第 6 页。

续表

县别	茶地面积（亩）	茶农户数	茶农人数（人）	产量（市担）	价值（元）
宁德合计	281394	79394	236550	163856	10196200
全省合计	540749	107533	361421	214930	17596400

注：1. 资料来源：庄晚芳：《闽茶战时之损失及目前之救济（附表）》，《闽茶》，1945年第1卷、第1期，第3－5页。

2. 茶地占全省耕地2.3%，茶农占全省农户总数的6.5%，占全省出口贸易的43.5%。

3. 产量及价值以民国二十五年计。

表4－4　　1937年各县区茶叶产销统计一览表

县别	茶农户数（户）	茶农人数（人）	茶园（亩）	茶商（含茶贩）（人）
全省总数	63818	261508	233277	3299
闽东总数	46891	211311	147429	2846
福鼎	6450	30916	—	66
霞浦	248	288	285	—
福安	4000	67000	75000	695
宁德	13771	41313	4880	1547
古田	800	3200	800	450
屏南	3500	7000	—	32
寿宁	7632	23202	57264	44
三都	660	1012	—	4
周墩	6830	28380	6200	8
柘洋	3000	9000	3000	—

资料来源：《统计副镌》，1938年第4期，第3页。

第三次起落（1937—1949年）。全面抗战爆发期间福建省茶叶的损失如表4－5和表4－6所示；而福建与闽东茶叶全面抗战爆发前后的比对如表4－7所示。1937年，抗日战争爆发后，沙埕、三都等出海口被封锁，商业日见萧条。1939年9月，1940年7月，日本侵略军先后两次登陆三都进行烧杀。1944年6月，日军再度轰炸三都，各业凋零。茶叶、烟叶、明矾等土特产品出口受阻，进口商品货源断绝，大部分私营商业被迫停业或倒闭①。1937年后两年出口量又落到8万多担，到1939年输出量跌至42954担。1940年福海关被日本毁坏②。1945年抗日战争胜利后，港口航运恢复，市场随之复苏，私营商业有所回升。抗日战争胜利后虽有所恢复，但由于国共内战，商业萧条，金圆券、银圆券急剧

① 福建省地方志编纂委员会编：《福建省志·商业志》，北京：中国社会科学出版社，1999年，第十章、第一节。

② 宁德市蕉城区茶叶协会编：《宁川茶脉》，北京：中国农业出版社，2015年，第96页。

贬值，到 1949 年三都澳出口量仅剩下 41467 担，中华人民共和国成立后，三都澳走完出口茶叶的历程，受命停止出口，结束历史使命①。

表 4－5　　闽茶因受战事影响损失概算②

年份	各类茶叶输出总量（市担）	指数	因战争影响而输出量减少（以 1938 年为准）	因输出之减少损失总值（元）
1938	220000	100	—	—
1939	180000	81.8	40000	4800000
1940	70000	31.8	150000	18000000
1941	30000	13.6	190000	22800000
1942	15000	6.3	205000	24600000
1943	10000	4.5	210000	25200000
1944	5000	2.2	215000	26040000
合计	—	—	1010000	121200000

据表 4－5 可知，1938—1944 年闽茶输出量逐年递减，1944 年输出仅 1938 年的 2.2%。因战争影响而输出量减少，1944 年是 1939 年的 5.38 倍，因输出之减少损失总值 1944 年是 1939 年的 5.43 倍，可见一斑。

表 4－6　　抗战前后福建茶叶产量一览表③

时间	红茶	绿茶	青茶	白茶
抗战以前	20 万担以上	20 万担左右	2.5 万—3 万担	0.7 万担
抗战期间	15 万担左右	10 万担左右	2 万担左右	0.3 万—0.4 万担
抗战以后	5 万担	4 万担	1.2 万—1.5 万担	0.2 万担

注：1. 红茶产于闽东，包括福安、福鼎、周墩、柘洋、寿宁、政和等，崇安星村。

2. 绿茶产于宁德、罗源、政和等。

3. 青茶产于崇安、建瓯、水吉、安溪、永春等。

4. 白茶产于福鼎、政和等。

据表 4－6 可知，在抗战以前、抗战期间、抗战以后福建红茶、绿茶、青茶、白茶减产显著，红茶、绿茶、青茶、白茶战后分别是战前的 1/4、1/5、1/2 弱、2/7，降幅巨大。而闽东民国期间茶叶占福建的 60%，其降幅首当其冲，数量可想而知。

① 宁德市蕉城区茶叶协会编：《宁川茶脉》，北京：中国农业出版社，2015 年，第 96 页。

② 庄晚芳：《闽茶战时之损失及目前之救济（附表）》，《闽茶》，1945 年第 1 卷、第 1 期，第 7－8 页。

③ 佩文：《福建富源之一——茶叶》，《华侨工商导报》，1948 年第 4 期，第 4－5 页。

表 4-7　　1934 年、1938 年和 1939 年福建省及闽东各县茶叶情况①

	1939 年	1938 年	1938 年	1934 年	1934 年
	面积（市亩）	面积（市亩）	产量（担）	输出量（担）	产量（担）
福建省	540749	584365	245500	201110	9094300
宁德市	281434	244580	170250	142520	5884810
福鼎	48990	40990	39460	36570	1457600
福安	60000	60000	51000	42100	1994500
霞浦	18000	22000	12900	10380	427350
宁德	48800	490810	38590	27000	1080000
屏南	10680	5680	2840	2250	80506
寿宁	57264	44600	22300	17350	642500
古田	30000	16500	8250	6870	192360

《福建茶叶产销概况》显示，全省产茶地达 33 县，计 1443 个茶区。在闽东地区中，古田 37 个茶区，福鼎 80 个茶区，霞浦 33 个茶区，寿宁 140 个茶区，福安 104 个茶区，宁德 95 个茶区，周墩 42 个茶区，柘洋 28 个茶区，屏南 90 个茶区。据表 4-7 可知，宁德地区占全省的 45%。全省茶叶面积：1938 年 584365 亩，1939 年降至 540749 亩，减少 7.44%。1934 年全省产业产量 9094300 担，闽东 5884810 担，占 64.7%；全省茶叶输出量 201110 担，闽东输出量 142520 担，占 70.87%。1938 年全省茶叶面积 584365 市亩，闽东茶叶面积 244580 市亩，占 41.85%；全省茶叶亩产 0.42 担，闽东茶叶亩产 0.696 担，是全省茶叶亩产的 166%。

二、各县情况

福海关时期的闽东茶叶，变化最大的是福鼎县，光绪三十二年沙埕分港成立，为福鼎县及其左近区域茶叶输出带来便利。此时，三都澳开埠且逐渐发展成闽东商业中心，闽东其他区域的茶叶输出路线，特别是闽东闽北交界处、闽东与浙江温州地区交界处，继续向三都澳方向作出调整，与此同时，寿宁和宁德茶叶也不断超越，而福安茶叶则有所下降，现分述如下。

1. 福鼎县。产白毫、红茶及青茶，其中白毫茶以桐山和白琳为第一，与武夷山名茶并称，尤以大姥、小姥二山产者最佳。大姥山际冬春之交雨露下降，甚为适度，茶叶发芽极为良好，年产约 3 万担。红茶产于白琳桐山及县内附近，年产约计 2 万担。青茶产于湖

① 詹英贤：《福建省茶叶鸟瞰（附表）》，《农报》，1941 年第 6 卷、第 25-27 期，第 36、40 页；《福建省茶叶产销情形调查（附表）》，《农业统计资料》，1943 年第 2 卷、第 11-12 期，第 3 页。

坪及谷部地方，年产1万担①。每年的茶季（4—9月），县内各主产区每月开一次茶市，福州、广东以及本地茶客在此设临时采购点大量收购茶叶②。清至民国时期，广东茶行“广泰”号、闽南茶行“金泰”号（合称“南广帮”）等在白琳开设茶馆。县内各商号精制的茶叶由“南广帮”收购。上海、福州洋行也委托当地茶商收购。除红茶收购毛茶再加工精制外，其他类茶均收购茶青制成精茶交茶行或洋行收购③。光绪三十二年起，福鼎沙埕分港成立，福鼎的红茶、白茶与绿茶等改由沙埕港出口。经沙埕港出口的茶叶计350吨；由茶商、茶行向洋行承包精制包装输往指定港口，销往港、澳地区以及欧、美各国④。清光绪三十二年（1906年），出口白茶年销2000箱（50市斤/箱）、绿茶年销150吨。白琳有30家茶馆，茶商云集，仅来自浙江平阳的茶贩就有2000多家。1926年，全县有可采茶园4.7万亩，年销往国外茶叶1400吨⑤。霞浦茶业远不及福鼎白琳之“大白毫”、寿宁之“乌龙”，其产量不及福鼎十之二，福安十之四⑥。按此记录，在民国期间，福鼎茶叶产量已然超过福安，成为闽东第一。据《福建之茶》记述，自1931年中苏贸易协定签订后，福鼎红茶多水运至营口，转运满州里销往苏联；白茶外运港、澳转销东南亚各国；绿茶则少有出口，大多行销国内。1912—1934年沙埕出口茶叶情况如表4-8所示。

表4-8　　1912—1934年三都和沙埕出口茶叶情况一览表⑦　　单位：担

年份	福建省	三都出口		沙埕出口			总计
		红茶	绿茶	红茶	绿茶	白茶	
1912	229160	67000	42000	13000	14000	2000	138000
1915	275798	92000	50000	20000	16000	1000	179600
1919	211787	70000	42000	14000	12000	1000	139000
1921	201130	48500	40000	10000	15000	1000	114500
1923	265823	75000	68000	12000	19000	1500	175000

① 张景崧：《福建茶叶之史略》，《实业季报》，1935年第2卷、第3期，第55页。另据《福建省全志》载，从丹洋到三都澳的挑夫工钱和民船运费合计为1.30元/担，从三都澳到福州的轮船运费为1.30元/担，合计2.60元/担。福安茶的茶税及各种费用计3.088元/担。茶客在丹洋和穆洋市场上收购半成品茶，然后汇集到三都澳，并委托当地的茶栈卖到与自己有交易往来的茶店（［日］东亚同文会编纂：《福建省全志（1907—1917）》，李斗石译，延吉：延边大学出版社，2015年，第255-256页）。

② 杨应杰：《福鼎茶叶传统生产经营过程》，李步泉等主编：《闽东茶叶历史文化》，福州：海峡出版发行集团，海峡书局，2015年，第184-185页。

③ 福鼎县地方志编纂委员会：《福鼎县志》，福州：海风出版社，2003年，第234页。

④ 宁德地区地方志编纂委员会：《宁德地区志》，北京：方志出版社，1998年，第695页。

⑤ 福鼎县地方志编纂委员会：《福鼎县志》，福州：海风出版社，2003年，第331页。

⑥ 徐友梧：《霞浦县志（下）》（1929年），霞浦县地方志编纂委员会整理，1986年，第8页。

⑦ 福建省政府建设厅：《调查福建北路茶叶报告》，转引自李步泉等主编：《闽东茶叶历史文化》，福州：海峡出版发行集团，海峡书局，2015年，第491页。林景亮：《福建茶叶运销状况（附表）》，《中国建设（上海1930）》，1937年第16卷、第2期，第71-72页。

续表

年份	福建省	三都出口		沙埕出口			总计
		红茶	绿茶	红茶	绿茶	白茶	
1927	227228	60000	63000	12000	17000	1000	153000
1931	226005	40000	75000	8000	12000	1000	136000
1932	—	23000	62000	7000	8500	5000	101000
1933	—	18000	52000	7000	13000	5000	95000
1934	—	22000	45000	8000	12000	5000	92000

注：表列以担为单位，红茶两箱，绿茶两袋为一担；表列数量系按茶额变动较烈之年份列人，余从略。

1936 年，全县茶园 46990 亩，产量 1937. 3 吨。日军侵华后，茶市萧条，茶园面积逐年减少[①]。对清末民初传入的黄茶，1937 年，福鼎县开始规模产制，输出量达 479. 5 吨[②]。1937 年，福鼎有茶厂 33 家（桐城 22 家，店头 3 家，白琳 7 家，前歧 1 家）。各种茶叶除运福州外，其余均转由（上海）转运营口销售[③]。据《福建之茶》记述，1939 年，福鼎产制的各类茶叶由中国茶业公司设于福鼎白琳、点头的仓库验收，并由沙埕出口。到 1949 年，全县茶园面积仅剩 29520 亩，产量 517 吨，亩产 35 市斤[④]。此时期福鼎茶输出情况和 1937 年福鼎县港口茶叶输出情况如表 4 – 9 和表4 – 10 所示。

表 4 – 9　　1934—1940 年福鼎县输出各类茶叶统计　　单位：市担、万元（法币）

年份	合计		红茶		绿茶		白茶	
	输出量	产值	输出量	产值	输出量	产值	输出量	产值
1934	32010	203. 5	6840	48	24600	146	570	9. 5
1935	29985	182. 0	6000	34. 8	23500	140	485	7. 28
1936	38746	264. 8	8930	75	29200	180	616	9. 86
1937	32795	220. 45	8160	46	24160	164	475	10. 45
1938	35580	231. 3	11000	66	23930	155	650	10. 3
1939	36700	290. 18	15400	133. 98	20600	144. 2	700	1. 2
1940	17363	214. 22	14392	183. 46	906	11. 78	1620	18. 24

注：1. 1940 年输出量、产值合计数包括副茶 445 担，产值 7427 元[⑤]。

2. 民国三十年调查显示，福建省 35 产茶县茶农数 150030 人，茶商数 1691 人；宁德市茶农数 139991 人，茶商数 844 人[⑥]。

① 福鼎县地方志编纂委员会：《福鼎县志》，福州：海风出版社，2003 年，第 225 页。

② 福鼎县地方志编纂委员会：《福鼎县志》，福州：海风出版社，2003 年，第 231 页。

③ 佚名：《福建福鼎茶叶状况》，《茶报》，1937 年第 1 卷、第 2 期，17 页。

④ 福鼎县地方志编纂委员会：《福鼎县志》，福州：海风出版社，2003 年，第 225 页。

⑤ 福鼎县地方志编纂委员会：《福鼎县志》，福州：海风出版社，2003 年，第 234 – 238 页。

⑥ 佚名：《福建省茶叶产销情形调查（附表）》，《农业统计资料》，1943 年第 2 卷、第 11 – 12 期，第 12 – 13 页。

据表 4－9 可知，1934—1940 年福鼎茶叶输出情况为，1936 年最高，为 38746 担，1939 年第二，为 36700 担，1938 年第三，为 35580 担；产值 1939 年最高，为 290.18 万元，1936 年第二，为 264.8 万元，1938 年第三，为 231.3 万元。其中绿茶输出最多，红茶第二，白茶第三。红茶输出不断增加，绿茶和白茶相对平稳。

表 4－10　　1937 年福鼎县港口茶叶输出一览表

单位：输出数值（万元），每包重量（市斤）

货名	等级	产地	运往何处	包装及运输	输出量	输出数值	每包重量
25 大斗白毫	上等	白琳	由福州外运	木箱封闭民船运至沙埕出口	537 件	9.1	43
茅白毫	中等	白琳	由福州外运	同上	80 件	0.495	45
25 工夫红茶		本县	由福州外运	同上	500 件	1.6	50
绿茶		本县	福州上海	水运袋装篓装	13.95 万斤	3.104	
白茶		本县	同上	水运箱装	54.9 万斤	6.1	
白毛猴	上等	白琳磻溪	同上＋国外	水运箱装	3.78 万斤	4.53	
莲心茶	中上	本县	同上	水运箱装	107.3 万斤	11.55	
黄茶	中等	本县	同上	水运袋装篓装	95.9 万斤	9.55	

资料来源：福鼎县交通局：《福鼎交通志》（内部资料），1991 年，第 34－35 页。

据表 4－10 可知，1937 年白琳是福鼎主要产茶区，多中上等茶叶，皆经福州中转，多木船运至沙埕出口，总量达 281 万斤。相较于据表 4－9 中所示的 32795 市担，有很大出入，说明统计不全面，如表 4－9 中红茶 8160 市担，而表 4－10 中为 250 市担。此外，表 4－10 中还有大量黄茶和连心茶，而表 4－9 却没有。仅以 1937 年计，加上未列入的 200 余万斤的黄茶和连心茶，那 1937 年福鼎茶叶输出量应更为可观。

2. 霞浦县。霞浦县虽然茶产量不及福鼎、福安，所产茶叶质量也不及福鼎白琳、寿宁乌龙，但上东、中东、下西、上西、小南各区，“皆有种茶”①。清后期至民国前期是霞浦县茶叶产销最盛时期。黑茶每年约有 1000 担销往荷兰和葡萄牙；开目绿和明前茶几十担销往港、澳等地，一斤价银十几元大洋；几千担莲心茶销往东南亚；桂花茶和茉莉花茶销往北方各省②。清末民初，客商在水门武坪开设茶行，收购莲心茶、黑茶、福宁清水绿，销往港、澳和东南亚市场。其中黑茶远销荷兰、葡萄牙等国，被誉为茶的“历史之王”，年出口 50 吨以上③。“民国以来多办绿茶。绿茶售于京帮或天津帮。其运赴也，从前以陆，

① 刘以臧：《霞浦县志》（民国版），卷十八。

② 霞浦政协文史委编：《霞浦文史资料》，第七辑，1989 年，第 73－79 页。

③ 霞浦县地方志编纂委员会：《霞浦县志》，北京：方志出版社，1999 年，第 495 页。

其后以海，设行于三都、沙埕。”①

3. 福安县。福安茶叶以丹阳、洋头最重要，红茶、青茶最多，次之为乌龙和新芽等，年产额45000担②。茶经三都澳，轮船转运福州。丹阳的茶客有泰大来、裕大、祥记、生成、泰源、泰隆、豫外春、森泰隆，阳头有发春泉，梅溪有广泰隆。茶店信誉很好，与福州的各茶栈有业务往来，他们之间有的统一核算共同经营③。清至民国期间，境内遍地植茶。1934年，全县7个区99个乡镇，共有茶园6万亩，产量2550吨。抗战爆发后，茶园荒芜④，1949年，全县茶园只剩万亩，产量1.05万担，单产仅15公斤⑤。

福海关关署落成仪式合影

① 徐友梧：《霞浦县志（下）》（1929年），霞浦县地方志编纂委员会整理，1986年，第8页。

② 张景崧：《福建茶叶之史略》，《实业季报》，1935年第2卷、第3期，第55页。（［日］东亚同文会编纂：《福建省全志（1907—1917）》，李斗石译，延吉：延边大学出版社，2015年，第255－256页。）

③ ［日］东亚同文会编纂：《福建省全志（1907—1917）》，李斗石译，延吉：延边大学出版社，2015年，第255－256页。

④ 福安市地方志编纂委员会：《福安市志》，北京：方志出版社，1999年，卷十五，第一章、第一节。

⑤ 林桂镗：《福安市茶业志》（油印本），1996年，第57页。

4. 宁德县。三都澳开埠，水运优势得到更好的发挥，为宁德茶叶带来利好，霍童溪流域许多村落茶叶发展迅猛。地处街头亭附近的外表（外渺），凭借河港的优势很快成为茶叶疏散地，贡川、枣岭、咸村、川中（里渺）、杉洋、梅山等地的茶叶源源不断输送到此，沿霍童溪出八都，至三都澳。该流域此间建成的大量砖木结构，马头墙，装饰讲究，用材考究的大量民居和宗族、宗教建筑即为佐证。1945 年，抗日战争胜利后，港口航运恢复，市场随之复苏，私营商业有所回升。据 1947 年对蕉城、霍童、八都、赤溪、洋中、飞銮、碗窑、漳湾、三都、七都等集镇统计，共有私营商业 595 家①。1947 年，仅八都乡的茶园面积有 4500 亩，产精制茶 6000 担。咸杉乡产红茶 300 担、绿茶 1000 担②。咸村洋中孙玉钧，从宁德莲峰书院毕业，乃咸村小学创始人孙声蕉长子、清光绪年间四川资州罗泉井分州别驾翼如公长孙，经营“钧记”茶庄，诚实守信，结交南京等地大商人，盈利颇丰。咸村还有“广泰珍”“高达成”等绿茶庄和李西栓红茶庄等。抗日战争胜利后虽有所恢复，但由于国共内战的爆发，金圆券、银圆券急剧贬值，到 1949 年三都澳出口量仅剩下 41467 担③。

5. 古田县。清光绪二十七年（1901 年）至宣统二年（1910 年），每担茶叶价格为 11—18 元（大洋）④。1932 年，全县茶园 2 万亩，年产茶 8000 担。1936 年产茶 9500 担。1937 年产茶约 8000 担。1938 年产茶 8600 担。1939 年降至 4920 担⑤。1939 年茶叶产量仅为 1936 年的 51. 79%。至 1949 年，全县茶园面积降至 1. 3 万亩，年产量 1565 担，仅为 1936 年的 16. 47%⑥。1939 年，毛茶收购价格为每担 15—25 元。1941 年，收购炒青每担 42—48 元⑦。

6. 屏南县。1919 年《大中华福建地理志 · 地方志》记载：“屏南茶为大宗，年约六万元。”从民国版《屏南县志》中一诗可窥斑见豹：“乡村日落渐黄昏，伛偻行人入市忙。一阵风香肩贩出，旗枪争上买茶场。”落日余晖，茶商云集，茶市交易空前繁忙⑧。屏南除六合春等茶庄持续发展，忠洋仰赖茶业成为屏南县第二大村、屏南东南的经济重镇。光绪年间创立“福记”茶行即为代表之一。该区域三四十个小山村都是在那个时代崛起的。民国初，忠洋村家家户户种茶，年产 600 余担，本村“敏记”（庄主为韦顺豪和韦顺概）

---

① 宁德市蕉城区茶叶协会编：《宁川茶脉》，北京：中国农业出版社，2015 年，第 96 页。
② 宁德市蕉城区茶叶协会编：《宁川茶脉》，北京：中国农业出版社，2015 年，第 118 页。
③ 宁德市蕉城区茶叶协会编：《宁川茶脉》，北京：中国农业出版社，2015 年，第 96 页。
④ 福建省古田县茶业管理局编：《古田县茶志》，福州：福建省地图出版社，2021 年，第 151 页。
⑤ 佚名：《民国二十八年福建省各县茶叶生产量值》统计资料。
⑥ 福建省古田县茶业管理局编：《古田县茶志》，福州：福建省地图出版社，2021 年，第 5 页。
⑦ 福建省古田县茶业管理局编：《古田县茶志》，福州：福建省地图出版社，2021 年，第 151 - 152 页。
⑧ 屏南县地方志编纂委员会编：《屏南旧志集（4）》，福州：福建人民出版社，2017 年，第 698 页。

商行年收茶叶400担，户年收10担茶的数以十记，其中韦学延在坑里厂垦植茶园3所，年收茶叶30担，年景好时每担大洋20元，时为新兴大户。棠口、寿山、双溪，平湖、霍童的茶商，穿梭于古田旧城—梧山—七茶洋—墘头—樟源—岭尾店—忠洋—玉洋—梅鹤、文峰—霍童—福州，从福州码头运抵天津港，远涉重洋，到达欧洲①。

7. 寿宁县。民国初期，全县茶叶种植面积约3万亩，年产毛茶约1万担②。1936年，种植面积一度达到5.73万亩，毛茶年产量达到20890担。1938年产量9719担，产值659567元；1939年产量7670.5担，产值584672元。1938—1941年，寿宁茶商共运出红茶516.25吨③。民国后期，受战争影响，茶叶滞销，茶园抛荒，全县茶叶种植面积降至3万亩左右，毛茶年产量降至8000担。1949年，种植面积降至2.48万亩，毛茶年产量降至6483担④。

关于民国期间闽东茶区的规模，《福建茶产之研究》一文明确记载："以上二十县虽均产茶县份，然就全体比较而言尤以福安、宁德、寿宁及安溪等县之产量及茶树之分布最多。"⑤ 由此可见福安、宁德、寿宁茶区分布之广泛，不但在闽东，而且在全省，也是名列前茅，具体如表4－11所示。

表4－11　　1934—1941年福建省及宁德各县茶叶产销量一览表⑥　　单位：市担

年份	1934	1935	1936	1937	1938	1939	1940	1941
福建省	218030	193915	349300	212950	225770	209950	178184	166420
宁德市	144300	130445	163856	139665	142080	138780	119610	108910
福安	32500	31000	40000	34000	30000	33000	31000	28500
福鼎	32010	29985	38746	32795	35580	36700	32750	20000
寿宁	22300	17500	20390	16600	19150	18300	13100	12700
霞浦	9600	8000	10900	8370	10300	8800	8200	7700
宁德	28200	27000	32000	30000	25200	25000	22000	20300
屏南	2840	3300	3500	3600	5700	5000	4000	3100
柘阳	2300	1960	2200	2000	2150	1800	1500	1500
周墩	6300	5100	6000	4300	5400	5360	3210	1710
古田	8250	6600	9620	8000	8600	4920	3850	3800

资料来源：《福建省茶叶产销情形调查（附表）》，《农业统计资料》，1943年第2卷、第11－12期，第12－13页。

① 郑玉晶：《一缕茶香贯忠义》，甘代寿、张少忠主编：《中国传统村落——忠洋》（屏南文史资料第三十辑，福建省邮电印刷厂，2017年，第115－117页。

② 寿宁县茶业局编：《寿宁县茶叶志》，福州：海峡出版发行集团，海峡文艺出版社，2017年，第43页。

③ 寿宁县茶业局编：《寿宁县茶叶志》，福州：海峡出版发行集团，海峡文艺出版社，2017年，第40、118、120页。

④ 寿宁县茶业局编：《寿宁县茶叶志》，福州：海峡出版发行集团，海峡文艺出版社，2017年，第43页。

⑤ 寿宁县茶业局编：《寿宁县茶叶志》，福州：海峡出版发行集团，海峡文艺出版社，2017年，第40页。

⑥ 佚名：《福建省茶叶产销情形调查（附表）》，《农业统计资料》，1943年第2卷、第11－12期，第4－5页。

由表 4－11 可知，1934—1941 年宁德茶叶产销量，除 1936 年占全省 46.9% 外，其他年份都占 60% 以上，最高占 67.12%（1940 年），可见此阶段宁德茶叶在全省产销量的比重之大。当然，宁德地区较为突出的县是福鼎、寿宁、宁德和福安。

第三节　茶叶制造技术的改进

福海关时期，在全国乃至福建省茶叶外贸高台跳水，不断被茶贸新兴国赶超的情况下，闽东茶叶却能够相对企稳（从表 4－1 比例来看，一直稳定在 7% 左右）。例如，过去茶叶采摘多为一把抓、一扫光。民国元年“茶农们终于已开始意识到盲目采摘茶叶的危害”①。1913 年“7、8 月……乡间停采，茶树因得葆其元气，转年出茶必茂”②。这就是当代推广的茶叶采摘留养的先进技术。除此之外，如下几方面颇值一提。

一、 茶叶新品类和品牌创新

1. 宁德窨花茶。清末，福州开始加工窨制花茶，并于 19 世纪末 20 世纪初形成了花茶帮。花茶以茉莉窨制为主，亦有用珠兰、水圭、柚花、木兰、白玉兰等。花茶运销于北京、天津、烟台、青岛等地，最盛时有六七十家。花茶行最大的三家则是洪怡和、福胜春、洪春生，是南帮洪家开的，为苍霞洲茶帮之魁。油巷下张德生茶行规模也相当大，该行自制锚缆船（大型木帆船），将茶叶运销山东等地③。

宁德县及邻县绿茶多运到福州窨制花茶。与此同时，宁德县三都、城关等地开始试种茉莉花、试制花茶。据英国人 Percy R. Walsham 的报告，“三都‘公众事业委员会’开始栽种茉莉花……”1909 年初地方公益社（三都）开始栽种茉莉花，从福州聘来一位园艺专家，在他的监督之下，5000 株幼苗已经栽种。1910 年“一些农夫（农民）表示愿意种植茉莉。公益事会定为他们免费提供树苗，种植成功后，只需付树苗原来的成本价……”1911 年，“前几份报告所提及的茉莉花试种已经获得成功，但要实行茶叶就地加香，直接从本区出口华北，还需要相当长的时间”④。果然，实现这一创新并取得成功需要大量精力和财力。

但与海关记述相左者，即调研显示，经营“一团春”茶行的宁德林昆生兄弟于清光绪三十四年（1908 年）在宁德镜台山的“可园”及宁德大桥头溪边开始种植茉莉花、玉兰

---

① 福州海关编：《近代福州及闽东地区社会经济概况》，北京：华艺出版社，1992 年，第 492 页。
② 福州海关编：《近代福州及闽东地区社会经济概况》，北京：华艺出版社，1992 年，第 499 页。
③ 黄清敏：《双杭名埠》，福州：海峡出版发行集团，福建美术出版社，2016 年，第 17－18 页。
④ 福州海关编：《近代福州及闽东地区社会经济概况》，北京：华艺出版社，1992 年，第 480、484、489、494 页。

花等窨制花茶的香花。清宣统二年（1910 年），“一团春”茶行试制玉兰片花茶成功，民国年间加工花茶 1000 担运至天津、上海、香港等地。1915 年，在巴拿马万国商品博览会上，宁德县“一团春”茶行产制的“玉兰片花茶”荣获银质奖①。霞浦也有窨制花茶记录。据载，清末至民国期间，茶商茶贩根据霞浦县花卉情况，以手工加工少量茉莉花茶、玉兰花茶、桂花花茶、柚花花茶、玫瑰花茶等销往京津等地②。关于窨花茶工序，《宁川茶脉》中有较为详尽的记述③。花茶在宁德本地加工后运往北方，自然节约了成本、提升了竞争力。

2. 福鼎白毫和白琳“橘红”。白毫采制始于清光绪十年（1884 年），光绪十五年（1889 年）至二十年有采摘但数量很少，外销时期是光绪十六年（1890 年）至光绪三十年，全盛时期在 1912—1916 年，年销往德国 1000 担，价格在 210—260 两/担。但第一次世界大战德国战败，白毫价格一落千丈，每担跌到 120 两。茶庄血本无归，一律倒闭④。白毫的鼎盛虽没有持续太久，但品牌效应已形成。

20 世纪初，袁子卿创立了“合茂智”茶叶品牌，发明了“橘红”白琳茶，驰名中外，远销日本、俄国、欧美及东南亚一带。“橘红”是白琳工夫红茶之代表。“橘红”将白琳工夫红茶推向历史巅峰，成就一代茶商⑤。“橘红”成就了袁子卿，初显创新之效益并鼓励和引领着茶区的人们。

3. “周源丰”和“永和春记”。周赞绪（1889—1968 年），号周源丰、乃贞，民国期间寿宁斜滩工商业资本家，1923 年创立工夫红茶“周源丰”品牌。据传，1936—1948 年是“周源丰”红茶的鼎盛时期，销往欧洲的茶箱回收时，只要写上“中国·斜滩周源丰”字样，即可直达寿宁斜滩⑥。

凤阳的“永和春记”茶行，由于注册了“夺花”与“夺美”两个商标，生意兴隆，且开了寿宁与闽东商标注册之先河⑦。驰名商标的效应可窥一斑。

4. 双溪“六合春”。据对双溪“六合春”的调研可知，其商标、品牌意识浓厚：其一，“小种红茶”和“新山小种”。“工夫红茶”是在“小种红茶”的基础上发展的，“小种红茶”是最古老的一种红茶。可见屏南的红茶属于“小种红茶”，而“小种红茶”里最

---

① 宁德市蕉城区茶叶协会编：《宁川茶脉》，北京：中国农业出版社，2015 年，第 95 页。

② 佚名：《霞浦茶业志》（未刊），第二章、第四节。

③ 宁德市蕉城区茶叶协会编：《宁川茶脉》，北京：中国农业出版社，2015 年，第 218 页。

④ 游通儒：《介绍福建的特种茶叶：白毫》，《闽茶季刊》，1941 年第 1 卷、第 2 期，第 99 - 100 页。

⑤ 杨应杰、白荣敏：《橘红的发明者——袁子卿》，李步泉等主编：《闽东茶叶历史文化》，福州：海峡出版发行集团，海峡书局，2015 年，第 271 页。袁子卿发明“橘红”，详见《福鼎文史资料》第 23 期。

⑥ 李步泉等主编：《闽东茶叶历史文化》，福州：海峡出版发行集团，海峡书局，2015 年，第 286 页。

⑦ 寿宁县茶业局编：《寿宁县茶叶志》，福州：海峡出版发行集团，海峡文艺出版社，2017 年，第 168 - 169 页。

著名的是“正山小种”，以及与之相对应的“外山小种”。“新山小种”则是六合春周氏兄弟在其鼎盛时期打造的一种新的“小种红茶”品牌。其二，出口商标。“六合春”茶行有一台外国制造的铜杆木质的磅秤；印章里有“磅”的标识，还有中英文对照、图文并茂的出口商标，商标上中文为：“本庄在福建设厂认真选用武夷岩种聘请名师加工精制小种名茶叶厚水浓清香无匹持神消食最合卫生久已驰名客商赐顾”，英文为：“PR. . UCED IN FUKIEN CHINA”意思是：“中国福建生产。”这意味着“六合春”茶行已经与国际接轨，“六合春”茶行将茶叶直接出口海外，而不仅仅是一般的供货商或贴牌加工商了①。1947 年“六合春”红茶参加福建农业博览会获金奖②。

此外，吴庭元于 1907 年在香港注册“元记”商标③。马玉记老板利用福鼎白茶获得 1915 年巴拿马金奖④。宁德的“一团春”申报了商标保护，“坦洋工夫”获得 1915 年巴拿马金奖，等等。以上记录亦印证福海关时期闽东茶叶发展的不平衡，发展迅猛的宁德、福鼎、屏南、寿宁等在品牌创新方面走在前列。

二、 防潮包装

过去，茶叶装袋，为防潮、防水，只用竹叶编成内衬。1907 年始，改用“铅”（铝箔）作为茶箱的内衬。据载，1923 年“茶季畅盛之时，用作茶箱衬里之铅（铝箔）块，亦源源而来（进口）”⑤。就茶叶包装而言，铝箔更利于防潮、防水，且很规整，深受欢迎。

三、 化肥使用

过去茶叶作物所施用肥料，多为黄肥、胶泥、豆饼、石灰及农家肥，民国年间引进硫酸铔（疑为硫酸铵）等农业化肥及牛骨肥等，据载：“硫酸铔肥料则渐见行销，历年进口列入统计者，为数颇巨。”⑥ 相较于农家肥，化肥是近代科技的产物。使用化肥范围不断拓展，亦在一定程度上说明茶区对新生事物的接受度。

四、 茶叶产学研

为有效解决三都澳茶贸下降问题，经过调研，决定采取措施。其中最为重要的是闽东

---

① 苏旭东：《屏南六合春茶行》，转引自李步泉等主编：《闽东茶叶历史文化》，福州：海峡出版发行集团，海峡书局，2015 年，第 315 – 317 页。

② 沈久聪、薛徐燕：《屏南小种制作技艺》，转引自李步泉等主编：《闽东茶叶历史文化》，福州：海峡出版发行集团，海峡书局，2015 年，第 187 – 188 页。

③ 李健民：《坦洋茶商家族的百年沧桑》，转引自李步泉等主编：《闽东茶叶历史文化》，福州：海峡出版发行集团，海峡书局，2015 年，第 248 页。

④ 冯文喜：《福鼎茶人梅伯珍》，转引自李步泉等主编：《闽东茶叶历史文化》，福州：海峡出版发行集团，海峡书局，2015 年，第 266 – 267 页。

⑤ 福州海关编：《近代福州及闽东地区社会经济概况》，北京：华艺出版社，1992 年，第 520 页。

⑥ 福州海关编：《近代福州及闽东地区社会经济概况》，北京：华艺出版社，1992 年，第 579 页。

茶叶产学研，具体情况如下。

宣统二年（1910 年）福安茶商成立茶叶研究会①。因时局动荡，工作成效有限。1935 年创办“福建省立福安农业职业学校”，同时在社口乡创办“福建省建设厅福安茶叶改良场”，张天福为场长，干部 8 人、工人 20 余人。改良场有平地 36 亩，山地 200 亩，建起厂房、场屋、宿舍各一座和一个测候所，开辟茶园，进行了各项试验。改良场主要工作如下：第一，栽培方面，包括茶树品种比较、施肥、扦插、压条、茶子采收贮藏、台刈、茶树栽植方式、茉莉防冬等。第二，制造方面，包括茶叶采摘与制茶品质、发酵时间等试验。1936 年 2 月，张天福从日本购进全套红茶机械制造设备，于 1937 年投入生产。投产当年，制茶 81 箱，由香港英商裕昌洋行以每 50 公斤 75 两成交（当时福安一般红茶最高价为 56 两）。1938 年，制茶 28 箱，中国茶叶公司、商检局、汪裕泰茶号与茶叶专家吴觉农、冯绍裘等审议，认为堪与“祁红”媲美；此产品由茶业管理局在香港以每 50 公斤 130 元港币出售，与当年福安、寿宁各县出售的红茶最高价 95 元港币相比，高出 37%②。1941 年，在社口茶区研制“918”型简便揉茶机，为福安机械制茶创造了良好开端③。1942 年后，该场由福建农林公司接管④。

李联标于 1935 年毕业后，在福建省福安茶叶改良场从事茶叶研究工作，任副技师并兼任福安农业职业学校教师，讲授茶学专业课。吴振铎于福建省立农学院毕业后，应聘福建省福安农业职业学校⑤。庄晚芳于 1938 年在福安茶业改良场和福建省立福安农业职业学校从事茶叶科学研究和讲授茶叶专业课。黄桐孙（1920—1993 年）1938 年毕业于福建省立福安高级农业职业学校后，在福建农学院就读不到半年，便被张天福召唤去协助工作⑥。此外，还有童衣云、庄灿彰等茶叶科研人员。

改良场成立三周年之际，张天福主任（兼福建省立职业学校校长）撰写《三年来福安茶的改良》一书（16 开本铅印，80 余页，10 万余字）。农校与改良场配套呼应，改良场技术人员兼农校教员，茶叶科研与教学相结合，改进茶叶技术与培养茶叶人才双管齐下，事半功倍。

1940 年秋，福安县长高诚学复办茶业职业学校，简称“茶职校”。茶职校成立后，高

---

① 福建省地方志编纂委员会编：《福建省志——农业志》，北京：中国社会科学出版社，1999 年，概述。

② 林光华：《福安茶业改良场的创建》，转引自李步泉等主编：《闽东茶叶历史文化》，福州：海峡出版发行集团，海峡书局，2015 年，第 194－195 页。

③ 林桂镗：《福安市茶业志》（油印本），1996 年，第 120 页。

④ 陈成基：《福安茶业改良场》，转引自李步泉等主编：《闽东茶叶历史文化》，福州：海峡出版发行集团，海峡书局，2015 年，第 196 页。

⑤ 李步泉等主编：《闽东茶叶历史文化》，福州：海峡出版发行集团，海峡书局，2015 年，第 260、262、264 页。

⑥ 佚名：《霞浦茶业志》（未刊），第五章、第二节。

诚学兼任校长，直至 1942 年春季。那时茶职校“设三班，学生 175 人，设备六百余件”，可见已初具规模①。

在茶业改良场、示范茶厂与茶叶研究所的推动下，福建的植茶事业颇见改良，而制茶工厂亦如雨后春笋，纷纷兴建②。1938 年，闽茶销往海外数量达 99 879 件，贸易额达 369 万元③，其销路几占年华茶出口总量的一半，价格更打破闽茶价格之纪录④。1939 年，虽因欧战爆发，欧战及北非的市场疲弱，但该年闽茶输出仍达 183273 件，价值 636. 6 万元，在全国外销茶叶省份中居于首位⑤。

五、 茶叶生产和经营管理改良

关于华茶改良和提升以适应国际市场需要的问题，清末以来就不断被认识和提出。20 世纪 30 年代的茶叶专家通过调研，概括出生产和经营上的“不合理现象”如下。

第一，在栽培上，区域散漫、园地零落、品种杂乱、茶树衰老、株丛粗大、虫病流行。第二，在采摘上，摘期失中、次数不清、留蓄不当。第三，在制造上，设备不全、生叶失调、揉捻不中、干燥不足、经营太小、折耗太大、过火太多。第四，在营销上，毛茶久置、分类太旧、包装不善、手续太繁、优劣悬殊、名目特繁⑥。

福海关时期闽东茶叶的改良主要发生在福安、霞浦和寿宁，具体情况如下。

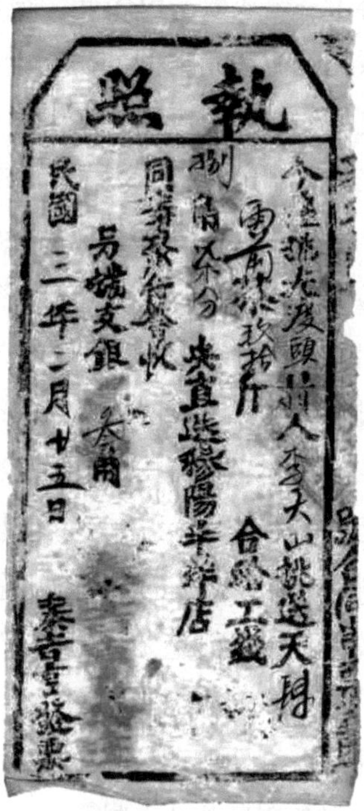

核验工钱执照

宣统二年（1910 年）福安茶商吴步洲为首，组织了“福安茶叶研究会”最先提倡改进传统制茶工艺技术等办法⑦。研究会立有公议会则十五条，大要如下：限期摘制（提前采摘，期满停止采制）。红、绿茶分区采制。严禁假茶，假片及搀和泥沙等。严禁买卖湿茶。划一用秤。三都配轮由会办理，不准接水私擅配

① 郭孝卿：《民国福安县长高诚学的茶缘》，转引自李步泉等主编：《闽东茶叶历史文化》，福州：海峡出版发行集团，海峡书局，2015 年，第 253 – 255 页。

② 佚名：《中国第二历史档案馆中国旧海关史料（136）》，北京：京华出版社，2001 年，第 92 页。

③ 福建省政府建设厅：《福建经济概况》，1947 年，第 74 页。

④ 严家淦：《如何增进闽茶输出》，《闽茶季刊》，1940 年第 1 期，第 11 页。

⑤ 福建省政府建设厅：《福建经济概况》，1947 年，第 75 页。

⑥ 吴觉农、胡浩川：《中国茶叶复兴计划》，上海：商务印书馆，1935 年，第二篇、第一章。

⑦ 林桂镗：《福安市茶业志》（油印本），1996 年，第 5 页。

运等，尚有关于保护茶业之规定数条，颇适应当时之需要①。1934年福安设立“省立福安农业职业学校”，设农、茶二科。1935年，福建省建设厅委派张天福在福安社口创办“福安茶业改良场”致力于复兴华茶之事业，成为全国最早的三大（祁门、修水）茶叶研究机构之一②。1937年，茶业改良场开始茶叶制作上的试验，对福安红茶发酵萎凋方面的缺点加以改良，并试制91箱用新方法发酵萎凋的红茶③。1938年该场继续试制红茶，结果在条索及香味方面取得极大的改进，运到香港销售，每百斤可售港币130元，比该年福安、寿宁等县红茶95元的最高售价还高出37%价格。可见改良场在制茶技术提高方面取得了一定成效。1938年，该场还进行了下列制造试验：（1）茶叶采摘老嫩对于质量的关系；（2）发酵时间的研究；（3）毛火程度的研究；（4）滚筒机毛火时间的研究。均取得良好的结果。1940年2月，示范茶厂成立后，改良场被并入示范茶厂④。以统制红、白茶工艺和制定运销办法，对改变当时工艺技术和不合理制度起了一定的示范推动作用⑤。

1938年，霞浦县商品检验局福州检验处发布“茶商注意”的布告：“本处办理茶叶检验，对于出口每批茶叶，必须经过严密检验。其目的在于防止各种劣茶及不良包装的输出，籍以提高国际贸易的信誉，推广闽茶的销路……：（1）不要搀和茶末……茶末（通过1英寸具十六网眼之筛的茶末）含量在5%以内的。（2）不要多染乌烟：不少闽东红茶，多半着乌烟，以致香气减低，水色变浊，不能卖好价……（3）不要作假掺杂：本省运往南洋名埠……（4）包装要改良（略）。”1939年5月9日，霞浦县政府发电纸（一科）118号文：“改良茶叶意见曰：1938年全县茶叶输出三千担……价值三千万元以上，较之抗战以前毫无逊色……”⑥

1939年4月，福建省建设厅设立福鼎茶业管理局。福鼎县茶叶产、购、销由中茶公司驻闽办事处负责。1941年，曾派余养铭为常驻福鼎县指导员，负责茶叶技术指导、巡视与监督各商号茶叶产制⑦。

1939年10月，寿宁县政府为打开因战乱而停滞的茶叶销路，先后组织成立7所茶叶专营合作社，联合茶农粗制毛茶，然后交给茶社精制，由省茶叶管理机关统一出口⑧。以县为单位组织合作社在种制茶叶方面走联合道路，显示了一定的效益是这一时期寿宁茶叶

---

① 陈鸣銮：《福建福安茶业》（1935年），转引自李步泉等主编：《闽东茶叶历史文化》，福州：海峡摄影集团，海峡书局，第479页。

② 林桂镗：《福安市茶业志》（油印本），1996年，第5页。

③ 潘健：《抗战前福建的茶业管理》，《福建茶叶》，2014年第3期，第54页。

④ 潘健：《民国时期福建茶业的技术改良》，《蚕桑茶叶通讯》，2014年第4期，第36-37页。

⑤ 林桂镗：《福安市茶业志》（油印本），1996年，第5页。

⑥ 佚名：《霞浦茶业志》（未刊），第一章、第一节。

⑦ 福鼎县地方志编纂委员会：《福鼎县志》，福州：海风出版社，2003年，第七篇、第四章。

⑧ 寿宁县地方志编纂委员会：《寿宁县志》，厦门：鹭江出版社，1992年，第232页。

大发展的主导因素。

综上所述，清末以来，伴随茶叶外贸危机，在全国茶区茶叶改良背景下，闽东茶叶也不甘落后，除以茶庄为主体的些许改良外，有代表性的如宣统年间福安的改良；但茶叶改良最为突出者应为国民政府统治时期，基于坦洋工夫对闽东乃至福建的贡献，首先成为关注对象，因此最为典型，其茶叶产学研成绩也最为突出。

第四节　茶叶的运输、市集和茶叶组织

一、三都澳开埠后的交通

商业网络依附于交通网络，但又有自己的特点，而层次性是明显的特点之一。例如，近代出口货物的运销网络至少由三层市场组成，港口城市是终端市场，农村市场是初级市场，两者之间一般还存在着由城镇构成的中级市场。中级市场位于港口和腹地间交通网络的重要节点，它既通过主要的交通道路连接着以港口城市为终端的整个网络，又通过次要的交通道路联系着以它为终端的次一级的市场网络。没有这样的中级市场，就没有港口和其腹地的紧密联系，当然也没有终端市场和初级市场的繁荣[①]。三都澳开埠后，以三都澳为中心形成闽东地区外海轮运和内河轮运网络外，梳理整合了以三都澳为中心的县际、县内古道网络和基于三都澳中心的邮政网络。

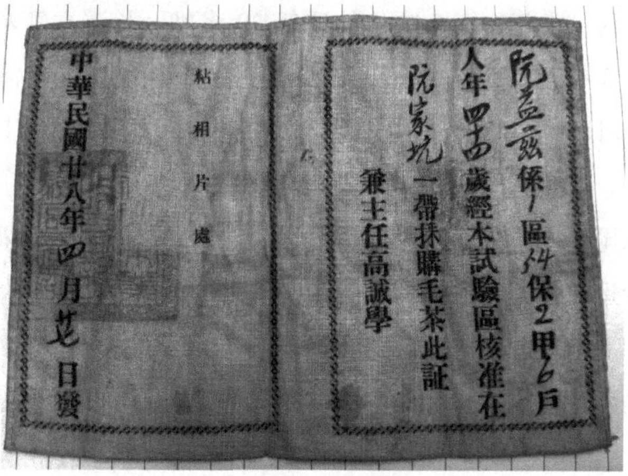

毛茶采购资格证

1. 以三都澳等为中心的陆运。1898 年，三都澳开埠，闽东的茶叶运输线路发生更为

---

① 吴松弟：《港口—腹地和中国现代化空间进程研究概说》，《浙江学刊》，2006 年第 5 期，第 29 页。

巨大的变化，特别是水运线路更为有效的利用，形成以三都澳为中点的辐射网络。三都澳除因茶叶与福州港建立更为密切的联系外，与此同时，外塘人苏兰金、苏妹湖、苏水旺、苏清宽等驾船航行于北方港口，开辟北方航线①。以三都澳为终点的闽东交通网络见表4－12。

表4－12　以三都澳为终点的闽东交通网络一览表

起点	途径	终点
福宁	霞浦（山路，40华里，路面铺石，宽3尺）—盐田（水路，116华里）—三都澳	三都澳
松溪	松溪（山路，40华里，路面铺石）—政和（山路，175华里，路面铺石）—寿宁（山路，120华里，路面铺石）—福安（山路，5华里）—阳头（35华里，小船）—赛岐（50华里，戎克船）—白石（水路，100华里）—三都澳	
连江	连江（山路，105华里，路面铺石）—罗源（35华里，路面铺石）—飞鸾（水路，30华里）—三都澳	

资料来源：［日］东亚同文会编纂：《福建省全志（1907—1917）》，李斗石译，延吉：延边大学出版社，2015年，第215－223页。

据表4－12可知，以三都澳为终点的闽东交运扇面形成。北面，以福宁线为主，福鼎、柘荣及浙江温州内陆县与闽东交界处；中部闽北、浙西南的茶叶交通线；南部连江、罗源部分茶叶汇聚飞鸾运至三都澳。

2. 闽东河运。三都澳开埠后，闽东水运系统作用极大地得到发挥。霍童溪在清末至民国初期，仅莒洲一村，常年有2.5吨位的溪船20多艘。长溪在赛江以上河流主要使用形状如梭、载重量0.5吨至2吨的溪船，赛江可通航千吨级船舶，海口地段可通万吨巨轮。据1939年3月统计，仅福安流域就有船舶524艘②。寿宁县的渡口从清初的9处，至民国期间增到17处③。除此之外，霞浦和古田颇值一提。

民国初期长溪水尾宫十分兴盛。大京、罗浮、斗米的海产品及从福安、宁德运来的各类产品常在此集中后运往各地；沙塘是船舶的交泊之处，冬季北头的咸带鱼、北礵的孟钓带鱼与蚝均在此起卸后被运往后港；高罗、渔洋是商船云集之所，内外海货物的出口和运入均经此地，特别是盛产的蝌蛳，运往台南、水浦等地；县城的鱼货常在后墩起埠，运往各地。自1934年起，盐田至飞鸾，三沙至后港，洪江至长春、下浒，县城至盐田、蒋洋均设有运输队。1940年2月，成立船舶运输处，编组民船，由省运输公司统筹办理驿运业

① 林校生主编：《闽商发展史·宁德卷》，厦门：厦门大学出版社，2017年，第137页。
② 宁德地区交通局编：《宁德地区交通志》，厦门：鹭江出版社，1997年，第30－32页。
③ 《寿宁县交通志》（内部资料），1990年，第105页。

务，民船运输随之活跃一时。1949 年，霞浦全县有个体木船 83 艘 587 吨，年货运量为 1.34 万吨，周转量为 10.7 万吨海里①。

古田县渡口分溪渡与江渡两种。民国时期，全县共有渡口 24 个，其中溪渡 18 个，江渡 6 个②。古田溪航道上溯至屏南长桥，下游出水口达闽江，以载重 1 吨左右的翘尾船为主要工具，年运输量约 2000 吨。民国初期，闽江轮船运输崛起，地处闽江中段的古田深受影响，一些地方人士购置轮船或成立运输企业，经营闽江水运。抗战初期，轮船达 27 艘③。有关古田县航道具体如表 4－13 所示。

表 4－13　　古田县航道④

溪名	起点和终点	航运（公里）	船类	备注
富洋溪航道	屏南长桥至平湖溪	20	雀船	
官洋溪航道	平湖新舫至旧城北门	20	小木船	顺水 0.6 吨，逆水 0.45 吨
剑溪航道	北门船头站至旧城六堡尾	6		
古溪航道	时坪至水口	6	船	1 吨

"古田水路交通惟西南滨江之水口、谷口、黄田等埠。有汽船、民船行驶于省会及上游各市镇，有县民集资自办者，有航行过境者，往来旅运咸称便利。至于境内则湍流滩急，滩浅不便，航行仅有小舟，往来于县城及北区平湖，小东区官洋运载农产品、肥料及砖、瓦、材、草等物，固不足于言交通也。此外，尚有城区之东门头、二保、三保、四保、淋洋等渡，大东区之三十九都双口渡、小东区之四十都马家岭渡，南区之一都朝天桥、水口、两渡，西区之三都虎潮渡、北区之十二都狐狸坂，十五都之阳谷仕坂，十七都之杭下、过溪等渡。"⑤

1944 年 8 月，古田、福州、闽清、闽侯的私营航商联合成立福州平水轮船股份有限公司，古田人魏墀任经理。该公司拥有轮船 27 艘，1350.89 吨位，股东 222 人，员工 400 多人。经营范围自福州万寿桥至尤溪口，辟有福州至甘蔗、源口、水口、谷口、尤溪口 5 条航线，除客轮外，轮船也兼营江水上客运业务⑥。

3. 闽东海运。闽东茶叶输出路线简况为：福鼎茶叶通过沙埕港运福州，霞浦茶叶通过牙城、三沙、瓯港、盐田运福州，寿宁和福安茶叶通过赛岐港（或三都澳）至福州，宁

① 霞浦县交通局：《霞浦县交通志》（内部资料），1991 年，第 68－69 页。
② 古田县交通局：《古田县交通志》（内部资料），2004 年，第 73 页。
③ 宁德地区交通局编：《宁德地区交通志》，厦门：鹭江出版社，1997 年，第 30－32 页。
④ 《古田县交通志》（内部资料），2004 年，第 70－71 页。
⑤ 民国《古田县志》，《中国地方志集成——福建府县辑（15）》，上海书局、巴蜀书局、江苏古籍出版社，第 521 页。
⑥ 《古田县交通志》（内部资料），2004 年，第 87 页。

德茶叶通过三都澳至福州。此外，福宁府的福鼎茶叶经沙埕、温州至上海、天津、牛庄，宁德茶叶经县口、三都、马尾至上海、天津、牛庄，福安茶叶经赛岐、瑞安至上海、天津、牛庄[①]。

（1）福鼎。沙埕开辟口岸，福鼎县茶则集中沙埕港外运出口[②]。各地距沙埕路程为：桐城 90 里，店头 60 里，白琳 80 里，前歧 60 里；沙埕至上海船十日一班[③]。白琳的茶叶从后岐码头装船，桐山的茶叶从罾坪码头装船，巽城的茶叶从巽城码头装船，店下和点头都有各自内港码头，集中运抵沙埕港码头（部分运输至三都澳），再由大船转运至福州、广州、上海。部分茶商贩雇人力把成品茶从官道即从福鼎、点头、白琳、五蒲岭、三十六弯运至霞浦，再运往福州茶商行[④]。1932 年，福鼎前岐李怀珍、林兆晖等与上海沪兴公司在沙埕合资开设谦益南北货栈，开拓了申沙航线[⑤]。

（2）霞浦。光绪二十四年（1898 年）后，霞浦的茶叶贸易基本上由东冲口出关[⑥]。"上、下东运省之茶，三都开港，多由三都海运……下西之茶，自杯溪抵盐田、三都，海运至省。自盐田经三都约百六十里之遥，至省城约五百里之遥，自七都至东冲约二百余里之遥。中、小南西向，包括东虎洋、西港洋、官井洋，虽颇辽阔，内江往来，要皆彼此相望。以外海言之，县东自松山、后港、后岐、北岐、后墩、陇头、青皓、三沙、青湾司、七都港；县西南自高罗、罗浮、大金、闾峡、百壁、东冲，皆面太平洋。东北航路可循东北海岸，而达上海、天津、旅顺；西南航路可循西南沿海，而达厦门、汕头、香港、交趾、印度等处；偏东航路，可达澎湖、台湾、日本以及南洋群岛。"[⑦]

（3）福安。"一般上半县的茶叶运往同台后，再转运赛岐港……"[⑧] 从江口到赛岐，船舶可满载逆水而上，赛岐上游河段，换载小型溪船到福安。往返于三都澳与福安之间的客船，通常使用比船体大的风帆。赛岐是货物转运地，到三都澳只需一天的航程，所以在此地民船很多，平常至少有五六艘戎克船，伺机出航。福安码头设在阳头，在此停泊的船只通常约有 100 艘[⑨]。从赛岐港起运的茶叶全程走海路直达福州口岸，不再走飞鸾岭官道。

---

① 林景亮：《福建茶叶运销状况（附表）》，《中国建设（上海 1930）》，1937 年第 16 卷、第 2 期，第 78 页。
② 李步泉主编：《闽都茶文化》，福州：海峡书局，2015 年，第 222 页。
③ 《福建福鼎茶叶状况》，《茶报》，1937 年第 1 卷、第 2 期，第 17 页。
④ 李步泉主编：《闽都茶文化》，福州：海峡书局，2015 年，第 185 页。
⑤ 福建省地方志编纂委员会编：《福建省志・商业志》，北京：中国社会科学出版社，1999 年，第十章、第一节。
⑥ 李步泉主编：《闽都茶文化》，福州：海峡书局，2015 年，第 219 – 220 页。
⑦ 徐友梧：《霞浦县志（下）》民国十八年版，霞浦县地方志编纂委员会整理，1986 年，第 29 – 30、30 – 31 页。
⑧ 林桂镗：《福安市茶业志》（油印本），1995 年，第 171 页。
⑨ ［日］东亚同文会编纂：《福建省全志（1907—1917）》，李斗石译，延吉：延边大学出版社，2015 年，第 184 – 185 页。

三都澳成为赛江航运业的转运口岸和以茶叶为主要出口商品的关税码头①。除少数由赛岐直至瑞安转运上海，其余皆以福州为集中地。其运输方法大抵先由各茶庄雇夫肩挑箱茶至溪流之处，装载民船，经赛岐至福州②。

（4）宁德。清光绪二十四年（1898 年）三都港开埠。木帆船为货运的主要工具。1900 年日本商人经营的小轮船 1 艘，定期穿行于福州与三都之间，年运行 51 航次，载货 800 多吨，1902 年转由英国商人营运。每当茶叶上市季节运输繁忙，增加两三艘外港籍轮船运载茶叶。印度某轮船公司的“江生”号轮船有时也来到三都港营运货物，其运销口岸主要是上海、福州、厦门、天津、营口等地。进口货物有煤油、铁线等工业品，运抵三都后转驳到其他口岸③。北路茶的起运点除赛岐外，宁德县北部山区绿茶沿霍童溪运至八都码头转宁波船出口；屏南、古田和宁德的虎贝、洋中、石后等地出产的绿茶先集中宁德铁沙溪（今蕉城濂坑村），然后出西陂塘，经三都澳运往福州④。

（5）古田。水口位于南平下游、闽江一支流富阳溪河口左岸，是闽江下游的商业中心地，也是闽江中游与下游的分流处。闽江自此至福州有 220 里，水势平缓，河道宽阔，故水口福州间可通行载客用的小蒸汽船，也可航行五六百担民船。然而从事本航路的民船多为七八十担至二三百担的闽船，次之为鸡公船、刀子船。水口至古田、屏南间以富阳溪水路为主要交通，然其两岸山峦重叠，水流湍急，河中岩石突出，且水量极少，舟楫不行，仅古田至水口间百余里可通二三十担小舟，因而古田成为地方商业的小中心地，屏南县下所产的茶、米、木油均由古田输出，古田从水口处转来的货物则有石油、杂货等⑤。

（6）屏南。福海关成立后，屏南茶叶有的通过三都海关直销外洋，有的由此海路经福州等口岸输往海内外，有的仍通过古田水口运到福州交易，西北部少数乡村还保留直接销往建瓯等茶市⑥。

（7）寿宁。1932 年，赛岐开港后，寿宁茶叶多从该处输出。寿宁外销茶使用民船，从寿宁县经斜滩、武曲、社口至赛岐；从赛岐至福州，用轮船运。1937 年，每天进出斜滩的斜滩艚超过 200 艘⑦。大商家复兴号平时有 40 艘，最多时达 93 艘。顺流运货，一天即可到达福安赛岐⑧。

---

① 李步泉主编：《闽都茶文化》，福州：海峡书局，2015 年，第 222 页。
② 英华：《经济调查 · 闽省福安茶业之调查》，《中外经济情报》，1936 年第 9 期，第 4 – 5 页。
③ 宁德市交通局：《宁德交通志》（内部资料），1991 年，第 104 – 105 页。
④ 李步泉主编：《闽都茶文化》，福州：海峡书局，2015 年，第 222 页。
⑤ ［日］东亚同文会编：《中国省别全志》第十四卷，东京：东亚同文会，1920 年，第 267 – 320 页。
⑥ 沈久聪：《屏南贩茶古道》，李步泉主编：《闽都茶文化》，福州：海峡书局，2015 年，第 237 页。
⑦ 《寿宁县茶叶志》，福州：海峡出版发行集团，海峡文艺出版社，2017 年，第 38、120 页。
⑧ 李步泉主编：《闽都茶文化》，福州：海峡书局，2015 年，第 226 页。

综上所述，鸦片战争以前，闽东交通网络向内地推进为主，同时向东北、南和西南拓展；水运多逆流而上，货运量少、倒腾次数多、运输成本高。鸦片战争至三都澳开埠，交通运输网络向沿海推进，货运顺流而下，成本降低，进口货运多从福州和温州挑入；古田水口物流周转作用凸显。三都澳开埠后，交通网络更为拓展，三都澳至霍童溪和交溪，沙埕至福鼎延伸，水口向古田和屏南延伸，进出口货物迅猛发展。从某种程度来说，闽东土货茶叶的外贸出口引发三都澳开埠，而三都澳开埠后闽东各县运输上陆路、水运和海运系统在茶叶运输上被整合并得到充分发挥。沿海四县除利用内河水运外，沿海水运（内海水运）亦得到充分的利用；山区各县水运作用亦极为明显，特别是古田的闽江航线、寿宁的斜滩河港、宁德霍童溪的作用，鉴于水运的利用和货物倒腾的次数减少，运输成本进一步降低。与此同时，借助于茶叶外贸交运网络系统，闽东其他土货出口量不断增加，洋货和土货也被源源不断运入。

二、 运输情况

1. 传统的溪河运输。

（1）闽江航运：福州至水口，150 公里，溯航三日，下航二日，可通航 400—500 担大型民船，主要货物如龙眼肉、纸张、香菇、笋、盐、茶、面粉、杂货等。

（2）闽江支流古田溪航运：水口至古田，70 公里，溯航二日，下航半日，可通民船，以载重 1 吨左右的翘尾船为主要工具，主要货物如茶、米、木油、石油和杂货，年运输量约 2000 吨①。清末民初水口停泊民船数量为：麻雀船 30 只、福州船 10 只、鸡公船和刀子船 10 只②。民国初期，地方人士购置轮船或成立运输企业，经营闽江水运，至抗日战争初期，轮船达 27 艘。

（3）长溪航运：境内福安、周宁、寿宁和霞浦部分地区的大宗货物大多靠长溪船运。运输船舶差异大、种类多。赛江以上河流主要使用形状如梭、载重量 0.5 吨至 2 吨的溪船（当地人称鼠船），赛江可通航千吨级船舶，海口地段可通万吨巨轮。据 1939 年 3 月统计，仅福安流域就有船舶 524 艘③。斜滩成为寿宁县物资吞吐的集散地和水路运输的枢纽。明、清至民国时期，县内的茶叶、桐、榛油和粮食等大宗物产都要肩挑到斜滩，然后水运外销。内运的盐、糖、水产、棉布及南北杂货，也从赛岐水运到斜滩，再肩挑转运县内各地及浙江的景宁、泰顺、庆元，直通龙泉和江西省广丰县一带。1928—1929 年，斜滩水运最旺盛，每天为陈复兴商号运货的木船就达十余艘。船只分布很广，既有寿宁县的小溪、元

① 《南中国内河水运概况》，1941 年，第 6－10 页，见福建省档案馆馆藏档案号 6－1－68。
② 戴一峰：《近代闽江流域的航运业试探》，《中国社会经济史研究》，1986 年第 3 期。
③ 宁德地区志编纂委员会：《宁德地区志》，北京：方志出版社，1998 年，第 530－531 页。

潭、南澳、大韩、西塘、武曲、南岸等处的“斜滩槽”，也有福安县的社口、秀峰、沙溪、长汀等地的溪船，合计木帆船百余艘，上下来往承运货物。正常水位，顺流每小时速度为5公里，夏季多雨时节，从斜滩顺流运货，一天就可到达福安赛岐，逆水回船从赛岐到斜滩，一般要两天，冬季枯水，则要三天。从斜滩到赛岐码头水路120华里，斜滩艚每船每次运茶20箱，合精制茶1500斤；1933—1934年，共需船运2000船次①。1937年，进出斜淮溪的木船超过200艘。1938年，全县木船88只，编为水上一保，隶属福建省水上保甲第二股管理。抗战胜利后，外海畅通，水运复苏，寿宁县木船又逐渐发展②。

（4）霍童溪航运：沿溪村庄均有以内河运输为业者。清末至民国初期，仅莒洲一村，常年有2.5吨位的溪船20多艘③。此地的民船，全部都是船长13米左右的小型船舶④。停泊在三都澳码头的民船，普通小船有70艘，大船10艘⑤。

2. 轮船为主的运输。

（1）三都澳轮船运输。清光绪二十五年（1899年），轮船开始被应用于运输闽东茶叶。光绪二十六年，有1500吨的茶叶分别由两艘轮船陆续运往福州。当年进出闽东的轮船结关吨位达到47080吨，茶季过后仅剩日本大阪轮船株式会社的一艘小轮船做全年每月4次的定期航行⑥。1903年，进出三都澳的货船已达228艘，年运载货物76142吨⑦。1907年，“本港轮船运输主要靠1艘小轮长年与福州往来，茶季开始时，增加至3艘同类船只”⑧。三都澳发往福州的航班使用小蒸汽船……平时在此航运的小蒸汽船有太安公司的两艘定期航班（每周一次）和干记洋行的两艘不定期航班。每年阴历5月、7月，寿宁地区的茶叶云集此地，每天都有一两艘轮船进出⑨。三都澳与外省之间的交通主要靠船舶。三都澳通往福州的轮船，吨位达到两三百吨的小蒸汽船通常只有一两艘。与福安之间有民船和轮船航班，从离福安5华里处的阳头乘船，顺着阳头溪航行35华里到赛岐三江口。此地是两条河汇合入海处，河宽且深，轮船通航至三都澳为150华里，顺潮时需六

① 李健民：《赛岐：闽东海上茶路的光辉起点》，李步泉等主编：《闽东茶叶历史文化》，福州：海峡出版发行集团，海峡书局，2015年，第222页。

② 寿宁交通局：《寿宁交通志》（内部材料），1990年，第114-115页。

③ 宁德地区志编纂委员会：《宁德地区志》，北京：方志出版社，1998年，第530-531页。

④ ［日］东亚同文会编纂：《福建省全志（1907—1917）》，李斗石译，延吉：延边大学出版社，2015年，第185页。

⑤ ［日］东亚同文会编纂：《福建省全志（1907—1917）》，李斗石译，延吉：延边大学出版社，2015年，第44页。

⑥ 福州海关编：《近代福州及闽东地区社会经济概况》，北京：华艺出版社，1989年，第554页。

⑦ 蔡泽扬：《建国前三都澳水上交通》，蕉城区政协文史委编：《宁德文史资料》，第六辑，2010年，第67页。

⑧ 福州海关编：《近代福州及闽东地区社会经济概况》，北京：华艺出版社，1989年，第554页。

⑨ ［日］东亚同文会编纂：《福建省全志（1907—1917）》，李斗石译，延吉：延边大学出版社，2015年，第185页。

小时。福安至三都澳之间的民船顺潮时需一昼夜，逆潮时需两天①。茶叶兴盛后为解决海上交通问题，宁德缪济川等宁周会馆茶商联合购买了轮船一艘，以供三都澳至福州航线之用②。

（2）福鼎运输。1906 年，英国义和商行 150 吨轮船通航沙埕港，这是外国籍轮船首次驶入福鼎县港口营运，主要运载烟、茶、什货，往返于沙榕之间。紧接着，福州乾太轮船公司的“海邹”号、“玉江”号轮船及其他航运业的“国和”号、“公益”号、“川平”号、“鳌江”号等轮船也先后从事沙榕、沙鳌间的海上运输。这个时期的海外运输大多由外地大轮船经营，本地民船则往返于三都澳以北的近海各地港澳。1930 年春，福鼎县前岐和沙埕等地商人联合沪兴公司在沙埕合资开设“谦益南北货栈”，经营航运业务，拥有“新瑞平”和“老瑞平”各为 300 吨的两艘轮船，运载茶叶、明矾到上海，带回面粉、大豆等，每月往返三趟③。福鼎外海运输船只，在民国时期还是以木帆船占主要地位，但在装载能力上有很大发展，千石帆船已不罕见。据 1937 年 4 月《福建省统计年鉴》记载，福建省船舶管理所沙埕办事处所管理的福鼎、霞浦两县的船舶有 1320 艘。抗日战争爆发之前，福鼎县年输出的明矾、茶、烟等土特产品约为 3500 吨，价值约达 60 万元。抗战期间，福鼎县前岐“李坤记”等商行先后向厦门英商德意利士轮船公司租用“海阳”号、“海坛”号、“新海门”号等各载重为 400 吨位的货轮，装运明矾外销。县城“北茶邦”的鲁忠金、鲁忠全兄弟租用上海英商怡和洋行和葡萄牙飞康轮船公司约计 3000 个吨位轮船，从沙埕运载“二五”工夫红茶、银针白毫茶、莲心和明矾往申、榕等地④。

“霞浦的七都港出口茶与烟叶少许。上、下东运省之茶，三都开港，多由三都海运。近三沙亦有轮船，每茶季按期停泊搭茶，烟叶亦有少许。下西之茶，自杯溪抵盐田、三都，海运至省。盐田、三都和沙埕开埠，茶运已归三都与沙埕，盐田渡馆渐就荒废。三沙，至光绪中，三都、沙埕先后开港，航业大减。东冲，近惟扼关税，航业大势全归三都。至闾峡、大金，商市顺集，商船可以达台湾、漳、泉闽海各处。百辟即八壁、斗米，避风之良港，商船亦颇有集。下浒塘一埠，凡四礵、西洋多由下浒过牙，而内江外运之货，亦莫不自下浒塘出口。长溪水尾宫，……此南半县船运之大略也。”⑤ 随着三都澳和沙埕的渐次开埠，霞浦大部分之港口逐渐衰落。

1929 年，古田县旧域五保街叶寿轩和罗华村魏继保等合股筹资 1.5 万银元，建造

① ［日］东亚同文会编纂：《福建省全志（1907—1917）》，李斗石译，延吉：延边大学出版社，2015 年，第 44－45 页。

② 宁德市蕉城区茶叶协会：《宁川茶脉》，北京：中国农业出版社，2015 年，第 172 页。

③ 福建省地方志编纂委员会编：《福建省志·商业志》，北京：中国社会科学出版社，1999 年，第十章、第一节。

④ 福鼎县交通局：《福鼎交通志》（内部资料），1991 年，第 34－35 页。

⑤ 徐友梧：《霞浦县志（下）》（1929 年），霞浦县地方志编纂委员会整理，1986 年，第 30－31 页。

“谷龙”号轮船，该船有 48 匹马力，40 吨位，经营谷口至福州航线的货运业务。1935 年，罗华村魏墀和岭尾村林新华，合股修造轮船 1 艘，创办春风轮船公司。接着“长安”号、“振华”号、“三象”号“秋江”号、“建泰”号、“民生”号、“江鸥”号、“江鹏”号、“泰和”号等 9 艘轮船相继问世，经营谷口、黄田至福州的货运业务。1944 年 8 月，闽江中游私营轮船 27 艘，组合成立福州平水轮船股份有限公司，并在福州南台恒昌埕修建专用码头、购置房地产、兴建办公大楼和货仓，同时又建立船厂和木工厂，为建造与维护船舶服务①。

随着三都澳开埠，一些商人和船业主在沿海 4 个县的主要港口相继办起海运企业。清光绪三十年（1904 年），王泰和从香港购回“江门”号轮船，在福州成立泰安轮船公司，为闽东境内设立的首家轮船公司②。赛岐港运茶多由福州的福泰轮船公司运往福州、厦门、广州等地出售③。1927 年，坦洋茶商胡修诚在赛岐创办“裕通轮船公司”；几年以后，福安茶商成立了“福寿轮船公司”，实现了用轮船将茶叶从赛岐直接运往福州的愿望④。1933 年，福安人创办的王隆泰玉记船队，还有其他私人经营的海运船舶，开辟北至辽宁营口、南至海南岛、东至日本的航线⑤。此外，福安还有利宁轮船公司和福康轮船公司，福鼎有谦益南北货栈船队，霞浦有新宁轮船公司等。20 世纪 30 年代，三都澳已发展成为介于福州马尾和浙南温州两港之间的一个商业港⑥。抗战期间，海运企业相继倒闭，海上运输遂停⑦。

抗战胜利后，闽东与外界的海上交通逐渐恢复，区内商人和船业主集资重兴海运。其中较重要的有福安赛岐的永宁、福康轮船公司，霞浦的霞兴、永宁轮船公司。由“金沙江”号海轮兼航两线：逢一开三都、赛岐，逢五开三沙、沙埕；并在三都设立办事处，赛岐、沙埕各设运输代理处⑧。

经过三都澳开埠及其茶叶外贸的发展，闽东各县的陆路、河运、海运与海外市场的对接更为密切，各类运输环节梳理更为顺畅，倒腾的环节也更少些，交通运输成本在茶叶外贸中占比重更小，相较于以前而言，竞争力有所提升，有利于促进贸易发展。

---

① 古田县交通局：《古田县交通志》（内部资料），2004 年，第 90 页。

② 1922 年福安人王泰和在福州创办“泰安轮船公司”，航行三都至福州之间运输茶叶（宁德市交通局：《宁德交通志》（内部资料），1991 年，第 106 页）。

③ 林桂镗：《福安市茶业志》（油印本），1995 年，第 171 页。

④ 李健民：《赛岐：闽东海上茶路的光辉起点》，转引自李步泉等主编：《闽东茶叶历史文化》，福州：海峡出版发行集团，海峡书局，2015 年，第 223 页。

⑤ 宁德地区志编纂委员会：《宁德地区志》，北京：方志出版社，1998 年，第 531 页。

⑥ 福建省地方志编纂委员会编：《福建省志・商业志》，北京：中国社会科学出版社，1999 年，第十章、第一节。

⑦ 宁德地区志编纂委员会：《宁德地区志》，北京：方志出版社，1998 年，第 531 页。

⑧ 宁德地区志编纂委员会：《宁德地区志》，北京：方志出版社，1998 年，第 531 – 532 页。

三、 商业市集

市场引发交通运输网络的调整和提升，进而推动商业集市在布点、功能和规模上更切合实际之需。以外贸茶叶为主的运输从初级市场到中心市场并不是一步完成的，往往需要通过一个所谓的“中级市场”。对于闽东茶叶来说，这个中级市场就是三都澳。“三都澳位于三都岛之南岸，距宁德海路约 30 里，距福安约 185 里，距福州海路约 70 里，于 1899 年开为商埠，正式设关综理输出之税务，以商务言，则远不及福州与厦门两地；惟本省北路茶叶，多以此为输出中心，输出之量仅次于福州，远过于厦门，实际上可以称为中级市场。”[①] 关于三都澳开埠后的闽东集市，也分成内地集市、河港集市和海港集市进行叙述。

1. 内地集市。据《福建之茶》可知，在产区初级市场有 31 个。集散中心不下百个[②]。闽东 7 个县县城商业发展迅速，而周墩和柘阳等次中心也快速发展，与此同时，县域内其他市集在容量和规模上也不断扩大，向四周的辐射力渐次加强。

（1）福鼎县城。位于马溪流域盆地，离沙埕湾西北岸 5 华里。东北与浙江平阳县毗邻，两地相距 190 华里；离省界分水关 80 华里；西南部与福安县相连，相距 190 华里；人口约 2000 户数 5000。县城街道分城内和城外。连接去往平阳的北门街相对繁华……主要建筑物有县衙门、谘议局和高等小学堂等。城内商家都是小零售商，洋货是从温州经平阳送达。本地物产有烟叶和茶叶，由义和洋行分店收购并运往福州。去往平阳的陆路……,去往霞浦、福安、泰顺等地通陆路，去往温州和福州有水陆通道，茶叶和烟叶等货物，利用沙埕—福州的轮船[③]。1933 年，福鼎县城有南门“小海”市场、北门鱼市、溪西桥山货市场等，县城有商店 700 多家，其中批发店 3 家、印刷店 1 所、书店 1 家，其余有京果、食馆、铁店、酱园店、布店、竹器店、粮食店、成衣铺、鱼货店、肉铺等，尚无当铺、钱庄；旅馆 18 家，开在北门的旅馆入住的主要是泰顺旅客。交通尚称便利，有红茶号数家，茶市颇不恶。此外，尚有前岐、流美、沙埕等地商号[④]。

（2）霞浦县城。清乾隆至宣统年间，城中有 9 街和城外东郊塔头、西郊埠头 2 街。民国初，仓前街改称下弄街，塔头街改称塔旺街。1929 年有 16 街，城外 48 条主要巷弄。1932 年，萨镇冰来霞浦倡建东关有秋路。1940 年，城区编制门牌，统一街道名称，取消横贯县城东西主街的 8 段街名，以茶亭头为中心，分称县东街、县西街，其余南街、北街等 58 条街、弄、巷名称仍旧。1945 年，县政府着手整顿市容，路面拓宽 3930 米，街面、

---

① 蓝图：《近代闽东茶叶贸易与早期资本主义全球化——以福建坦洋茶叶贸易研究为中心》，《历史地理》，2010 年第 24 期，第 217 页。

② 唐永基、魏德端：《福建之茶》，福建省政府统计处，民国三十年（1941 年），第 236 – 241 页。

③ ［日］东亚同文会编纂：《福建省全志（1907—1917）》，李斗石译，延吉：延边大学出版社，2015 年，第 139 页。

④ 《宁德茶志》编委会：《宁德茶志》，福州：福建科学技术出版社，2020 年，第 387 页。

下水道均用毛坯石砌成。沿街拆除商店、民宅 604 间，拓宽工程历 3 年，费资 10 余亿元（法币），1947 年底竣工。城区街巷全长 19.6 公里，总面积 6.49 万平方米，路网密度 1.26 公里/平方公里①。1933 年，县城有商店 300 余家，以药铺、布店、京果、杂货的规模最大，小工艺店也很多。有铜店十余家，营业者多为长乐人；铁店 3 家，营业者为浙江秦顺与瑞安县人；经营竹店者为福安与温州人；杂货店 10 家，经营者为福州人，批发行亦为福州人；锡箔店半为福鼎人；细木店 5 家，营业者为长乐人与泰顺人；东门外之小买卖商店全为浙江之平阳人。此外还有柴房店、照相店、西医店、补牙店、钟表店等②。

（3）福安县城。位于福鼎西南，两地相距 190 华里，陆路旅程需三天……阳头溪流自城北沿着城西的仙洞鼻山脚往南流。县城坐落于阳头（地名）东部 5 华里处，阳头溪左岸的盆地，南距三都澳 190 华里。城内和西门外总人口约 8000 人，户数 1500 户。著名建筑物有县冲门、天主教堂、高等小学堂、农商务总会等；此外，还有很多如森林研究会、禁烟会等各种自治机构。商家都是小零售商。物产有茶叶、桐油、茶油、棉花和谷类，但产量不多，全部经三都澳运送到福州。交通最为繁忙的是往寿宁县的通路，从福安到寿宁一般走陆路，而从寿宁返回福安可选择水路。去往宁德，可沿着大溪水路至三都澳，然后从三都澳去往宁德县各地，两地里程 220 华里，需 2 天。至福鼎和福州有海陆两条通路③。1933 年，福安县城有商店 200 多家，以布店、鱼店居多，其次为杂货店和粮店、药店、书坊、工艺店等，此外还有集加工生产和销售于一体的制面、制香、铁店、铜店、器店、竹店等。县城有钱庄 13 家、当店 2 家。此外，有城关池小贸易市场，商品有粮食、猪肉、食盐、咸水产品、茶油、土红酒、家禽、柴炭、棉布等。民国后期，一些集市有小量洋油（煤油）、洋钉（铁钉）销售。上市物资中以食盐、水产品、茶叶、糖、桐油、榛油等为大宗④。福安县上杭和阳头街道均属茶贸旺市所在⑤。

（4）宁德县城。据载，自明代至清代，宁德县城中有五条街，城外亦有五条街。当时，街道甚窄，店尾皆跨出官蒲。1916 年，知事沈宇经以火患堪虞，令各店皆退入官蒲以内，拓宽街道。民国时期，城内分四隅：东为东门兜、竹兜街、街尾下、前林坪，西为西门街、棋盆头、上企头，南为南门兜、潭尾陈、学前街、鹏程境、下企头，北为北门街、金峤陈、韩厝下、总衙前、辕边井，中央为衙前街、状元里、街中头。东门外为金鳌桥、

① 《霞浦县志》，北京：方志出版社，1999 年，第 418 页。

② 《宁德茶志》编委会：《宁德茶志》，福州：福建科学技术出版社，2020 年，第 389 页。

③ ［日］东亚同文会编纂：《福建省全志（1907—1917）》，李斗石译，延吉：延边大学出版社，2015 年，第 141 页。

④ 张研、孙燕京主编：《民国史料丛刊》第 371 册，民国 22 年铁道部业务司调查科编：《京粤线福建段经济调查报告书》，商业篇，大象出版社，2009 年，第 261 页。

⑤ 《宁德茶志》编委会：《宁德茶志》，福州：福建科学技术出版社，2020 年，第 385 - 386 页。

下土主宫前、盐君前、下尾街、江家巷、海关前、河下街、船头街、水湟头、碧山街、溪头坑、马厝坪。1930年，邑人张恒明以个人名义在县城募捐修路，由北门外修至西门外。其中，毓秀小学围墙外往白鹤岭的太尉宫一段铺设小石路。同时，将城内的杰头街、前林巷、七层企、上企头等地的石阶路障全部铲除，降低路面坡度，路旁还挖暗沟。1940年，县政府决定并实施拆除城墙，平整墙基，开辟环城路。次年，为改变集市拥挤状况，将状元里、街尾下、东门里街、宫前街拓宽至6米，改称中山路与中正路①。1933年，商店以粮食店、鱼货商店为最发达，京果店次之。因成本关系，多与苏广店合开，苏广店多营各种罐头。锡箔店极多，药材店规模颇大，全城有10余家，西医店4家，补牙店1家，小保险公司2家。工艺店有铁店、铜店、木器店、竹店等。原有当铺4家，1927年受残兵过境影响，全部停业；钱庄2家，资本2万元。宁德县城苏厂店销售货物品种齐全，有手电、缎鞋、热水壶、纸烟盒、细瓷杯、丝织品、鞋套、花边等。此外，有饼店等数十家②。

（5）古田县城。旧城城垣始建于明弘治十五年（1502年），至民国期间，还保存有城墙门楼9座、城堡67座、瞭望台10座、城垛1600多个、城铺56所，城墙上铺砌的马道计480米。1940年，县长黄澄渊命令将西北跨山的部分城墙拆除，将砖石移作构筑碉堡工事之用。1944年，县长梁辅丞又令将南门至西门靠山一段城墙拆除，挖取砖石用以修造大街排水沟。旧城街道有大街、中街、后街、横街和十字街等主要街道11条。1943年，旧城区街巷串连组合成十路街道，名为中山路（四保大街至北门路段）、正气路（一保大街至较场坪）、浩然路（北门至王厝井巷）、中华路（窗前街至南门路段）、民族路（三保后街吉祥寺至油巷口，原四保中街）、民权路（府管口至下马亭路段）、民生路（二保后街至三保后街路段）、中正街（十字街至南门）、大同路（十字街至西门）等。十条街路统贯全城。此外，还有紫桥、中山公园、公共体育场等设施③。县城较大商号，棉布业有生泰、鼎昌等4家，医药业有远源栈、新春等10家，京果业有资发、泰源等6家，百货业有懋春信、复隆等2家，糕饼业有聚米轩、美叶轩等3家，酱园业有源泉、天泉等4家，还有义和号盐店和经营饮食、迷信品商店等④。

（6）屏南县城。清乾隆元年至三年（1736—1738年），知县沈钟集中工匠建造城墙，置东西南北4座石拱城门。城墙内外有走马道，宽2米，外马道一侧有排水沟。城墙内侧挖砌有护城、排水两用的"玉带河"。至同治八年（1869年），先后4次重修。民国时期，

① 《宁德市志》，北京：中华书局，1995年，卷四，第一章、第一节。

② 张研、孙燕京主编：《民国史料丛刊》第371册，民国22年铁道部业务司调查科编：《京粤线福建段经济调查报告书》，商业篇，大象出版社，2009年，第261－262页。

③ 《古田县志》，北京：中华书局，1997年，第464页。

④ 《宁德茶志》编委会：《宁德茶志》，福州：福建科学技术出版社，2020年，第392页。

部分女墙破损。乾隆元年始设 10 条街。光绪三十年（1904 年），设 27 条街、巷、同、里。1939 年，改东街、衙前街、六如巷为中正路，改南大街、均和里、近仁里、新善里、凝熏里、明伦堂为中山路，改西门街为三民路，改西后街为振武路，改邻圣里、龙湫同、文庙里、茶园境、停车同、仁美里、鹅湖里、六一衙、里厝街为修文路，改侯门埕、同善巷为自强路。据载，南门还有新善里、凝熏里、侯门埕。西门有后街（西后街）、西门街。北门有邻圣里、文兴里、龙湫同、文庙里、茶园境、停车同、仁美里、鹅湖里、六一衙、里厝街、北城街[①]。双溪商店多系混合经营，销售面粉、糖类、土布、土纸、盐、鱼等生活必需品，商店买卖亦有以物易物，资本大部分在 200—500 元。进货靠人工往福州、宁德、古田、福安等地采购挑回。农闲、年关及庙会期间，增设临时性商店。1942 年，福州、长乐、莆田一带商人携资到屏南开店，商业比抗战前增加，有京果布匹店 123 户，豆腐店 42 户，旅店 30 户，点心店 29 户，糕饼面食店 25 户，成衣和中药店各 23 户，其他如烟酒、酱园、洗染、金银、理发计 34 户，合计 329 户[②]。

（7）寿宁县城。位于福建省东北部，距西北福安 120 华里。县城四周被东山、西山和单架山等包围。有三四百户居民，人口 2000 人左右。寿宁县城位于高山地带，空气清新，但县城内街道狭窄，街容不整洁。这里店铺门口都放置着养猪箱，同时也是售货柜台，其他地方少有此俗。县城内的房屋一般都是土坯结构或木质结构。除了初等国民学校和高等小学外，没有值得一看的建筑物。寿宁的主要物产是米（红米）、茶叶、纸、桐油、大豆，除了茶叶和桐油以外基本用于本地消费。茶叶以红茶为主，纸类有二等纸和纸箔等，茶叶的产量非常大。有通往福安、屏南和政和等地的三条通路[③]。1939 年，全县有商店 347 家，其中，鳌阳有 65 家，按行业分，有杂货、医药、茶业、布匹等，县城商号以同仁堂、协兴等资金较为雄厚[④]。

（8）周墩城。近代周墩经营商业种类主要有食盐、水产品、日用百货、土洋棉布、干果杂货、茶叶土产、饮食糕饼等。较大商号有京果业的坤泰裕、泰兴号、周甡春、周瑞昌、协和泰，百货业的万利珍、瑞同和、坤泰裕、陈振记、周永茂、郑儒兴、协泰吕、聚祥兴等，国药店有新德昌、益元堂、益元贞、延寿春等，通常是批零兼营。除这些知名的商店外，其他经商者多属小店摊点和行商小本经营性质。抗日战争爆发后，闽东海口被日军封锁，导致茶行倒闭，商品货源枯竭，社会购买力降低，商业日渐萧条。1945 年周宁建县时，全县有私营商业 160 户，其中经营百货业 14 户、京果业 36 户、饮食业 18 户、旅馆

---

① 《屏南县志》，北京：方志出版社，1999 年，第 398 页。
② 《宁德茶志》编委会：《宁德茶志》，福州：福建科学技术出版社，2020 年，第 393 页。
③ ［日］东亚同文会编纂：《福建省全志（1907—1917）》，李斗石译，延吉：延边大学出版社，2015 年，第 143 页。
④ 《宁德茶志》编委会：《宁德茶志》，福州：福建科学技术出版社，2020 年，第 391 页。

业 18 户、医药业 15 户、屠宰业 12 户。商品货源主要从福鼎、平阳、赛岐、穆阳肩挑运入①。

（9）柘洋城。近代柘洋还是霞浦县的一个区，因与霞浦县城相距太远，西与福安、北与泰顺往来密切，境内没有集中的市场，但商铺众多，集市颇盛，在今县城位置私营商店有 120 多户，其中仅溪坪街就有 72 户，比较有名的商号有张万兴、袁义盛、新福利、谢永泰、义泰和、吴佑和、陶仁寿和下城的袁裕昌等。抗日战争时期，外省花纱布和卷烟等商品来源紧缺，境内代之以土靛印染土布和手工卷烟，印染业发展至 13 户，卷烟业 6 户②。

与此同时，县域内其他市集在原来的基础上继续发展。现列霞浦、宁德、古田和寿宁情况如下。

霞浦有市集 29 个：东乡有三沙市、牙城市、后山市、雉溪市、湖坪市、石门坑市、垅头市。西乡有柘阳、上城市、下城市、溪坪市、富溪市、王家店市、杯溪市、杯溪上城市、杯溪下城市、东坡街市、横江街市、崇儒街市。南乡有长春街市、间峡街市、下浒街市、厚首街市、沙洽街市、水潮街市、大金街市、南塘市、溪南市、盐田市③。

宁德有市集 23 个：二都飞鸾街、碗窑街。三都蛇琦塘、官井洋。五都漳湾、六都河源、七都浦村、八都牛渡头、十都黄田、十一都赤溪、十二都霍童、十四都川中。周墩城中的十字街、西门街、中华街。集有八浦、萌源、浦源、贡川、咸村、石堂、富贝、溪门、洋中、凤翅洋④。

古田有市集 22 个：大东区有杉洋村市、益竹村市、岭里村市、鹤塘村市、西洋村市、卓洋村市，小东区有巷头坪村市、大桥头村市，西乡有湾口村市、谷口村市、黄田村市、三都口村市、下双坑村市、罗举村市、高路村市、凤埔村市、七保村市、罗华村市、局下村市，南乡水口大街，北乡有平湖市、高攀桔市⑤。

寿宁有市集 6 个：南阳，与浙境邻，离寿宁仅 20 余公里，人口千余，有茶号 3 家。平溪，为第三区所在地，盛时有茶号十余家，经厘息后，破瓦，景象然，各山茶亦多荒，现仅有茶号两三家。南溪，地邻政和县，所产茶，品质甚优，政和茶多来此收购毛茶，故茶市佳。下坪峰，地处边境交通不便，前此茶市商盛，近因外销不振，市况稍差。桃洋，属第三区，市之盛，与平溪相颉颃。武曲，在社口之北，附近梅溪各地，均盛产茶，茶市

① 《宁德茶志》编委会：《宁德茶志》，福州：福建科学技术出版社，2020 年，第 391 页。
② 《宁德茶志》编委会：《宁德茶志》，福州：福建科学技术出版社，2020 年，第 389 – 390 页。
③ 霞浦县地方志编纂委员会：《（民国）霞浦县志》，福建省霞浦县印刷厂，1986 年，第 138 – 139 页。
④ 郑宗霖：《宁德县志（三）》，宁德市蕉城区政协，2011 年，第 142 – 145 页。
⑤ 民国《古田县志》，江苏古籍出版社、上海书局、巴蜀书社，福建省府县志辑（15），第 366 – 367 页。

景况，不亚桃洋①。

沿海的霞浦和宁德有52个集市，福鼎与福安二县如以霞浦和宁德二县平均数计，亦有26个左右；山区县之古田与寿宁共计28个，屏南以二县平均数计，则为14个。那么闽东市集约146个。

当然，闽东各县商业发展从城中街道、城外街道和乡村街道等情况亦可窥斑见豹。关于民国时期闽东街道情况见表4－14。

表4－14　民国时期闽东街道情况一览表

单位：处

	福鼎	霞浦	福安	宁德	古田	屏南	寿宁	周宁	柘荣
城中街道	6	10	17	9	8	10	10	3	3
城郊街道		6		17	5				
乡村街道	8	24	17	20	35	10	9	4	2
合计	14	30	34	46	48	20	19	7	5

资料来源：《宁德市志》，北京：中华书局，1995年，卷四、第一章、第一节；徐友梧：《霞浦县志（上）》民国十八年版，霞浦县地方志编纂委员会整理，1986年，第138页；郑宗霖：《宁德县志（三）》，宁德市蕉城区政协，2011年，第142－147页。民国《屏南县志》，福州：福建人民出版社，2017年，第531页；《古田县志》，北京：中华书局，1997年，第391页；《寿宁县志》，厦门：鹭江出版社，1992年，第467－471页；光绪《福安县志》，卷之三；《福鼎县志》，福州：海风出版社，2003年，第328页。

如表4－14所示，民国闽东街道总计223处。民国时期，主要对部分街道进行整顿。如街道拓宽、路面铺三合土等，福安、周墩、霞浦、福鼎等县都有相关记录。例如1945年至1947年12月，霞浦县县长刘仇拓宽东起塔旺街、西至韩头街、北起县政府门前、南至城门兜两条主要街道，全长3930米，城区宽8米（包括两边行人道2米）、郊区6米（不包括行人道）。路面铺设乱毛石，路中砌块石及沟道，中筑三合土，行人道条石砌边，同时拆除、改建沿街商店及住宅危房604间，明、清时期建的石坊牌楼，亦同时迁移他处，工程费资法币10亿多元②。

2. 河港集市。三都澳开埠后，在外贸业牵引下，闽东一些河港集市在量和质上有了很大提升。商品在品种和数量上不断增多，出现一些新兴河港集市。

（1）巽城集市。沙埕港自清光绪三十二年（1906年）开埠以来，举凡福鼎乃至邻县霞浦、福安、柘荣以及浙江的泰顺、平阳、苍南等地，许多小宗货物都从巽城渡上埠下海，巽城渡遂成为沙埕港内水陆交通的重要枢纽和主要渡口之一。清代以来巽城既出产茶

① 《宁德茶志》编委会：《宁德茶志》，福州：福建科学技术出版社，2020年，第391－392页。

② 《宁德地区志》，北京：方志出版社，1998年，第590－591页。

叶，又兼海陆交通两便，渡船航运、茶叶贸易一度兴盛，适逢华茶出口之大潮，遂成为与白琳、点头、店下、桐山并称的福鼎茶叶集散地①。

（2）白琳茶市。清末至民国间，白琳集中“南帮”与“广帮”茶商，设馆（厂）制茶、购茶，白琳及周边茶叶云集于后岐码头。后岐码头成为专门运输茶叶的码头，建有前、中、后三个码头，白琳的茶叶先挑运至后岐，再船运到沙埕港。白琳老镇成为茶商云集的专业集市，为福鼎茶号密集之区，每届茶季，由浙江平阳等地来此制茶之工人，不下数千，茶市之盛，为全县之冠②。

（3）霞浦“茶亭头”。原来称为“塘塍头”。为防海潮侵入，城南面筑一条海塘。当时霞浦城关的集市中心在东门头石坊兜至曲街头一带。塘塍头比较偏僻，适合于茶叶集市。茶商们便在这里开辟几家收购茶叶的场所，后来逐渐成茶庄。茶商林风炽等人在此开设“隆泰德记茶庄”“顺茂茶庄”等。茶商们在塘塍头茶坊周围设立茶农们歇脚的地方，建盖临时木柱草亭，亭内有坐凳、水烟筒、干烟筒、茶水等。每年茶市时刻，这里喧哗热闹，吸引饮食业等的小商贩③。

（4）坦洋集市。民国期间，坦洋街区商号林立，贸易货物和服务设施齐全，仅致富茶商就有近百家之多，为保护人丁和生产的安全，从上桥头口处开始，绕过后门山，筑起了一道坚固厚实的围墙，街头，街中、街尾、后门山，每道栏门都建有四方形的炮楼。武装卫队最多时达360余人。坦洋制茶历史极早，且为红茶产制中心，故该县及寿宁、宁德各县所产之茶，概有坦洋工夫之称，附近产茶甚富，茶号林立。④

（5）铁砂溪集市。位于宁德市金涵畲族乡濂坑村南面。宋以前大金溪改道于此，元始为一天然埠头，明末清初渐趋繁荣。清咸丰七年（1857年），增开“朝熙”茶站等。三都澳开埠后，基于逃避官税之便等，屏南、古田、虎贝、洋中、石后等地茶叶出口，温州平阳、福清、兴化等地货物进口于此。外商开的“如意茶行”影响甚巨。铁砂溪亦招来上海、浙江、福州、台湾等地的茶贩，从清明节至9月，日均出茶200余担。据调查，1928年，有茶行7家、糖店2家、布店1家、盐行2家、鱼行1家、油行1家，还有经销杉木、香菇、乌笋等货栈，糕饼、切面、酒店等⑤。

（6）黄田镇集市。位于闽江北岸，与上游延平相距150华里，与下游水口距离50华里。镇里有西北—东南走向街道，长约300米。镇东有小溪汇入江，小溪对面山丘临岸而

① 李步泉主编：《闽都茶文化》，福州：海峡书局，2015年，第283页。
② 《宁德茶志》编委会：《宁德茶志》，福州：福建科学技术出版社，2020年，第387页。
③ 《霞浦茶业志》（未刊），第六章、第九节。
④ 《宁德茶志》编委会：《宁德茶志》，福州：福建科学技术出版社，2020年，第386页。
⑤ 《中国三都澳》（宁德文史资料第六辑），宁新出（92）内书第006号，第163－166页。

立。镇西是低洼地，一条流自西北的小溪在此注入闽江，对岸的丘陵被开垦成田地。镇北背靠山，中间有农田相隔。此地约 130 户，人口不过 800 人。此镇作为本地中心市场，且因制作酱油、大酱而闻名，酱油质地浓稠、风味甚佳，年产值达 3 万元。酱油店、海产品店、杂货店等皆聚集在镇西。比较有名的建筑如古田西区农会、耶稣教堂、吉和隆号（酱油商）等。道路由鹅卵石铺成，河岸为高 5.5 米的悬崖，设有两处石阶，以供通行①。

（7）水口镇集市。位于闽江北岸，与上游黄田镇相距 50 华里、下游的闽清水路距离 70 华里，背靠山，约 300 户 1700 人。该镇街区从上游依次是新兴铺、高场铺、街头铺、坪街铺、关前铺、店前铺、仓王铺。坪街铺商业最为兴旺，街长约 36 米，宽 2.7 米，街道用长方形石头铺设，旅馆、洋货店、杂货店、海产品商铺等稍大些的商店都在此。主要建筑物有水口汛守府、古田分县衙门、良宁监务处、青山书院、天后宫、真武殿、毓麟宫、明王庙、初级小学校、天主教堂等。该地是福州与延平间最大货物交易市场，与福州主要通过小蒸汽船往来；码头位于离街头河岸 22—24 米处。福州运来货物，经此运往各镇。水口是闽江流域重要的商业地带，十分富裕，生活水平较高。当地旅馆的设备也较齐全，大旅馆如高陛客栈、泰和旅馆等②。1938 年，古谷公路通车。1940 年，古田成立驿运分处，组织民间运力，疏运三都、宁德、福州一带物资，其时有板车 70 多辆③。

（8）斜滩市场。斜滩地处寿宁、福安两县的中部，上接寿宁城关及政和、浙江边界，下有水路直通福安、赛岐、霞浦、宁德等沿海城镇，人口约 4000 人。民国初期，斜滩商业有所发展。1924 年以后，斜滩已成为兴旺的集市贸易中心，有坐商、批发店、零售店，生意兴隆。政和、泰顺、庆元、景宁等县的掮客坐贾云集斜滩，穿梭往来，坐商中先后出现经营茶叶、苏广布匹、食盐、京果、南北货、国药等专业性商业，对外贸易以茶叶出口为主，辅以桐油、榛油及农副产品，换来外货。溪上货船川流不息。1931—1946 年是商业发展鼎盛时期，陆续成立油盐业、茶叶、京果业等商业同业工会。资本额较为雄厚者有同仁堂国药店、柳裕利南北杂货店、厚丰苏广布店，年营业额均在 3000 元以上，突出者如柳裕利店，年营业额近 6000 元。当时斜滩镇共有坐商 150 余户④。

3. 海港集市。三都澳开埠后在外贸业大力牵引下，闽东海港的扩容提质明显。自北

---

① ［日］东亚同文会编纂：《福建省全志（1907—1917）》，李斗石译，延吉：延边大学出版社，2015 年，第 67 页。

② ［日］东亚同文会编纂：《福建省全志（1907—1917）》，李斗石译，延吉：延边大学出版社，2015 年，第 68－70 页。

③ 宁德地区交通局：《宁德地区交通志》，厦门：鹭江出版社，1997 年，第 126 页。

④ 福建省地方志编纂委员会编：《福建省志·商业志》，北京：中国社会科学出版社，1999 年，第十章、第二节。

而南的桐山港、姚家屿港、沙埕港、峡（硖）门港、三沙港、古镇港、漳湾港、三都港、赛岐港①，都成为集市。现以沙埕港，峡（硖）门港，三沙、盐田、东冲和赛岐港集市为例，叙述如下。

（1）沙埕港集市。陆路距福鼎县45公里，水路北距温州港81海里，南距福州125海里，与台湾基隆相距142海里。港内两岸为高山，港面广，风平浪静，水深在20米以上，最深处超过50米，可停泊万吨级轮船多艘，是主要的海上物资集散地。同治四年（1865年）省税厘局成立……其三都、沙埕两处则自轮船通行后所添设，原北路之茶均由此两路出口。沙埕港集市位于沙埕湾北端，港内水深，足可以停泊大船。福州的义和洋行用自家船航运在福州—沙埕—上海航线上，茶叶产期另外派一艘小蒸汽船往福州运送货物，本港只有400—500户居民，但此港前景不可限量②。

（2）硖门港集市。位于福鼎县城以南100华里处。与福州、兴化和宁波之间的交易往来频繁。港内水深，但风浪很大。人口1000多人，商店50—60家。从本港至福州只需一昼夜，运出烟叶、茶叶和明矾等土货，运回京果、中国货和洋货。至兴化需两天时间，运送柴薪、干茄，运回盐。至宁波需五六天，运出明矾，运回棉布、京果、洋货、大豆和小麦③。

（3）三沙、盐田、东冲茶市。三沙位于霞浦县东部沿海，距县城15公里，有居民千余家，市盛，输出货以海味为大，商贸最为繁荣。盐田在霞浦县域西20公里，设有常关，为西部出入必经之地，地位颇为重要。东冲为霞浦县南部入海之咽喉，背山面水，为福宁府属出入之门户，常关所在。捐税之机关林立，有商店十余家，居民600人。此外，鸥港、牙城，均为茶叶运出之地④。

（4）赛岐市场。赛岐地处福安中南部，距城关20多公里，海陆交通结合条件好。赛岐下游的白马港长2.9公里，宽2公里至4公里，深20米至40米，可进万吨级轮船，为天然避风良港。赛岐—下白石—三都澳是三沙湾内五叉港道中的主航道，有“黄金水道”之称。内河沿溪河北上可至福安城关、社口（福安以北），向西可溯至穆阳，均能通航木船。自明清以来，赛岐就是闽东的主要商埠和港口，此处有渔行、茶行、糖行；外国商人在此设立代销办事处，兴办英康、美孚公司，推销“哈德门”香烟和煤油等商品；设有利宁、福康轮船公司和闽江下游轮船公司，其所属的船只常与福州、厦门、漳州、上海、台湾、温州、香港等省内外大中小城市通航、通商，运进粮食、棉布、棉纱、煤油、香烟等

① 宁德地区交通局：《宁德地区交通志》，厦门：鹭江出版社，1997年，第116－125页。
② ［日］东亚同文会编纂：《福建省全志（1907—1917）》，李斗石译，延吉：延边大学出版社，2015年，第140页。
③ ［日］东亚同文会编纂：《福建省全志（1907—1917）》，李斗石译，延吉：延边大学出版社，2015年，第140页。
④ 《宁德茶志》编委会：《宁德茶志》，福州：福建科学技术出版社，2020年，第389－390页。

商品，运出茶叶、生猪、食盐、明矾等土特产品①。

总之，唐宋以来至鸦片战争前，闽东大陆交通网络不断向四周延伸，鉴于当时闽东政治、经济等中心未形成，陆路是以各县治和县治次中心（屏南、福鼎、周墩、柘阳）为圆心四散分布，河运和海运所发挥的作用不大。当然，闽东基本的交通网络骨架形成，特别是嘉靖年间福温路的修建，三条省道基本串联闽东地区。而鸦片战争至三都澳开埠前，特别是 1853 年太平军战事，使福州成为茶叶输出大港，闽东茶贸顺势而起，外贸茶叶形成主要以福州港为中心四散运输之势，主要如古田和屏南一部以水口等河港为圆心、水运和陆路为扇面运往福州；屏南和寿宁等与闽北地区交界处村落继续走武夷山运输线，如屏南的谢坑村；闽东与浙江交界处的部分区域继续走温州、宁波线；闽东大部分地区走陆路到河港或海港、陆路或海路到福州；三都澳开埠后，茶叶倒腾次数减少，于是闽东绝大部分区域形成以三都澳为中心的陆路、水路和海路的运输网络成型。基于此，闽东的集市在此三阶段，也相应随交通网络的变化而兴衰不一。鸦片战争以前的内陆市集、河港市集和海港市集数量少、规模小、容量有限、相对孤立，集市往内陆和经济较闽东发达地区延伸明显些。鸦片战争至三都澳开埠前内陆市集、河港市集和海港市集在茶贸龙头的拉动下进出口贸易不断发展，在此期间以茶叶为外贸主产品，其周转的河港和海港在外贸商品数量和品种上纵深发展，从业人口也随之增加。集市数量、规模和密切度上有所增加，集市往水路和海港延伸突出。而三都澳开埠后，助推闽东商贸更大规模地发展，在茶叶主产业的拉动下，以茶贸为龙头的集市迅猛增加的同时，部分旧的集市在容量上也不断提升，各县城及其县城次中心商贸迎来大发展，以茶产业为主的内陆市集、河港市集和海港市集不断增加，商品多元发展，进出口贸易全面发展。因此，基于不同时期产业的发展，随着时间的推移，由沿海、沿河、内陆交通枢纽向四周不断扩散，内陆市集、河港市集和海港市集鳞次栉比，循序推进，渐次扩散至闽东大地。

施坚雅估计，在 20 世纪初中国这种集市多达 63000 个②，这些数以万计的基层集市又与两种较高级的市场——中间市场和中心市场——发生关系，最后则与天津、上海和广州这样的沿海大贸易城市连接起来。闽东大地通过以七县城为中心的一定半径的各“扇面”，或直接通过以河港为圆心的一定半径的“扇面”，或以海港为圆心的一定半径的“扇面”，将茶叶汇总至三都澳、沙埕港和水口，再汇总到福州等地，最后运往海外消费市场的商业运输网络已经不断成熟。

---

① 福建省地方志编纂委员会编：《福建省志 · 商业志》，北京：中国社会科学出版社，1999 年，第十章、第二节。

② ［美］施坚雅：《中国农村的集市和社会结构，第二部分》，《亚洲研究杂志》，卷 24、第 2 期（1965 年 2 月），第 227 页。

四、 茶商与茶叶组织

福海关的建设，使闽东对接外部世界更为便捷；于是茶商与茶叶组织受国际市场和规则的影响更为明显，如通过教育提升能力、通过拼盘组合实现能力互补等方面的变化。闽东地区，至清咸丰前，因为东、西、北三面受太姥山、洞宫山和营峰山三大山脉阻隔，域内腹地不大，“轮蹄罕至”，陆运极其不便；南面海道，亦水运不畅，无法发挥应有效益。在这样一个相对封闭的地域内，商业很难有大的发展机会，加上盗贼频出，资本积累，乍聚即散，巨商大贾，千年难现。因此，本区域有的只是一些小富即安的鱼盐小贩，从事境内粮油、副食品加工、贩运的小商小贩和从事日常生产生活必需品加工的作坊主、加工商。清咸丰以来，闽东茶市走红，境内才有了真正意义上的商人。当然，早期的茶商，还是以往来于天津、上海、宁波、温州和福州间内贸居多；但是，晚清出现的茶商无论人数、拥有的资本，还是经商方法视野、对社会的贡献和在地方影响力上，都是此前的鱼盐商贩无法比拟的。晚清茶商虽然还远非巨商，却是闽东有史以来真正意义上的商人①。当然，福州成为三大茶叶输出港口以来，外贸茶叶大发展，红茶外贸比重大些；而三都澳开埠后，绿茶产量渐多，特别如花茶生产的发展，内销比重不断提高，但外贸主体并没有变化。

1. 茶商。关于茶商的管理，最为突出的是全面抗战爆发后茶业统制时期，虽然此前亦有会馆或商会等机构对部分参加的茶商进行所谓的管理。现以国民政府统治时期，特别是抗战前后为例，阐述如下。

（1）茶商的发展和管理。

A. 茶商的发展。据 1939 年民国政府的登记，福鼎共有茶行 98 家，特别如“双春隆”“合茂智”“恒春祥”“广泰”“林鹤记”“公益成”“福泰兴”“福德兴”等，注册资本在 1000 两至 6000 两白银之间②。抗战前期巽城茶产业进入了全盛时期，据《福鼎县茶叶厂花名册》记载：1941 年前后，巽城共注册茶厂 13 家，注册资本达 31300 元。如陈炽昌的联成有资本金额 3000 元。除林大钰、林嗣元等外，“施仁泰”“林长盛”等均是从巽城老街走出来的茶界重要商号。据统计，巽城这个区区五百余户的沿海村落，财主达 19 户之多③。

---

① 林校生主编：《闽商发展史・宁德卷》，厦门：厦门大学出版社，2017 年，第 137 页。

② 杨应杰：《福鼎海上茶路探源》，转引自李步泉等主编：《闽东茶叶历史文化》，福州：海峡出版发行集团，海峡书局，2015 年，第 213 页。

③ 曾云端：《福鼎巽城茶人及茶肆》，转引自李步泉等主编：《闽东茶叶历史文化》，福州：海峡出版发行集团，海峡书局，2015 年，第 283 页。姓名：陈炽昌；年龄：50 岁；籍贯：福鼎；营业种类：茶；职务：主体人；公司行号工厂地址：点头；备注：联春泰联号（陈振团、冯文喜：《福鼎茶商陈炽昌轶事》，李步泉等主编：《闽东茶叶历史文化》，福州：海峡出版发行集团，海峡书局，2015 年，第 274 页）。

霞浦的盐田码头附近茶庄林立，有二十多家。据清光绪年间驻守盐田关口的邓轩武官的后辈回忆，盐田的“李福兴”“何协成”“也双成”等茶庄便是先辈留下的[①]。牙城茶商林文恒说：“1925 年邱茂盛茶行收购烘青莲心茶，每百斤（千五罗秤）五十元大洋。”[②]仅盐田码头就有茶庄 20 余家，而且莲心茶的价格不菲。

1935 年统计，福安全县共有茶庄、茶厂 67 家[③]。坦洋尚有 11 家茶庄[④]。1948 年坦洋村有茶厂 13 家，胡氏冠新春经理胡承鳌，资本金达 5 亿元。福安全县登记注册的茶厂茶号共计 82 家。赛岐巨商高而山的高旭记茶厂年产茶叶 8000 担[⑤]。经过清末茶叶大发展后的福安，在三都澳开埠后虽发展速度不如以前，但茶商在资本、规模和影响力等方面还是领先于闽东各县的。

民国中后期，已知宁德县有茶庄、茶行、茅茶行、花茶行等 100 多家，其中较大的城关 10 家、八都 3 家、九都 1 家、霍童 13 家、洪口 1 家、赤溪 3 家、石后 2 家、洋中 21 家、虎贝 4 家、飞鸾 2 家[⑥]。据 20 世纪 40 年代的《宁德县茶叶输出同业公会会员》名录，有福生春、一团春、冯合兴、林恒记、义泰兴、春发泰、怡春茂、义春林等 37 家[⑦]。三都澳开埠对宁德茶叶的推动最为直接，其发展迅猛，在茶庄数量、影响力等方面表现突出。

民国初期，古田平湖镇有天生春茶行，杉洋镇的济记、聚安生、协成、两春生、照安生茶行，凤埔有曾氏 4 兄弟建的 4 茶行。1937 年，全县上市茶叶 8000 担[⑧]。福建出口红茶运销的会员茶栈有古田茶商林捷丰、林祖厚、吴凤韶三人[⑨]。1942 年，古田县的茶行有元茂隆、杏记、万成、万春、华来、福记、春林、成记、豫丰正、广福春、宁记、华中、华昌、恒昌福、祥记、豫丰寿、盛记、义丰、瑞昌隆、同太、通余、孟记芝、新慎隆、同康民、中和、泉春生等 25 家，年销 6000 担左右[⑩]。因为属于闽江流域，古田县的茶行、茶商发展较闽东其他县更具独立性和延伸度。

---

① 佚名：《霞浦茶业志》（未刊），第六章、第十节。

② 当时按千五罗称一千五罗一担合市称一百二十五斤，当时的稻谷千五罗价二元四角大洋，一担干毛茶可换二十五担稻谷，说明当时茶叶是很昂贵的农产品（佚名：《霞浦茶业志》（未刊），第一章、第一节）。

③ 李健民：《赛岐：闽东海上茶路的光辉起点》，转引自李步泉等主编：《闽东茶叶历史文化》，福州：海峡出版发行集团，海峡书局，2015 年，第 223 页。

④ 据陈鸣銮：《福建福安茶业》，福安县立职业学校茶场丛刊，第一种，1935 年。

⑤ 李健民：《赛岐——闽东海上茶路的光辉起点》，转引自李步泉等主编：《闽东茶叶历史文化》，福州：海峡出版发行集团，海峡书局，2015 年，第 224、245 页。

⑥ 宁德市蕉城区茶叶协会编：《宁川茶脉》，北京：中国农业出版社，2015 年，第 95 页。

⑦ 甘峰：《宁德县百里茶道往事》，转引自李步泉等主编：《闽东茶叶历史文化》，福州：海峡出版发行集团，海峡书局，2015 年，第 230 页。

⑧ 古田县茶业局编：《古田县茶志》，福州：福建省地图出版社，2021 年，第 146 页。

⑨ 福建出口红茶运销处中古田茶栈为：公泰、宇同、吴健和，栈址在下杭路，呈报资本 2000 元、2000 元、1000 元（范和钧：《闽省茶叶调查（附表）》，《茶报》，1937 年第 1 卷、第 2 期，第 14 页）。

⑩ 古田县茶业局编：《古田县茶志》，福州：福建省地图出版社，2021 年，第 5 页。

屏南县除六合春等茶庄外，民国版《屏南县志》载："茶行，在城、棠口、漈头、官寿兜各乡，每年谷雨后，采买红绿各茶，运售外洋。欧战后，销路稍减。"① 屏南县更多的是在原来发展的基础上出现如六合春茶庄那样的综合集团公司，除销售茶叶外，还经营百货商品等。

至民国初期，寿宁县开设茶行上百家，仅斜滩一镇，即开设有茶行24家。诸茶行中，较出名者有斜滩的周元丰号、复兴号、振泰源号、郭怡成号、张月宸号、张坤记、春记、振记；凤阳的刘守安号、刘同登号、永和春记；武曲的刘照庭号、和春记等，年贸易量都在千箱以上。尤其是周元丰号茶行，其独家经营精制茶，年贸易量均达3000箱以上②。1936年，全县有茶行47家（其中斜滩25家），茶贩267人③。寿宁县的茶叶除发挥后发优势散布县境外，更为突出者是向斜滩集中的趋势明显。

B. 茶商的管理。1935年，福建省建设厅设立茶叶管理局后，每年对茶商、茶店进行登记，发放营业许可证，规定出口红茶一律由茶业管理局经营④。闽东各县市遵照指示进行登记。1939年，福建省茶业管理局制定《茶商登记规则》，茶商、茶贩须经登记许可方可给予贷款和分派生产任务。到产地收购毛茶的茶贩须携带营业许可证，并遵守公平买卖《四条守则》，违者吊销营业许可证⑤。与此同时，1939年6月25日，省政府电告：闽东茶叶偷运沪、浙甚多，造成出口箱额不足，亟应严予取缔，速派员严密查缉。县政府命令各区署、办事处和警察所严厉查察，如发现出境茶叶，未持省茶叶管理局出口证明的，即予截留，并将人犯送政府惩办。1941年6月，省建设厅茶叶管理局发出申请登记通告：对茶商、茶店，合作社，茶贩进行登记；对准入资格（经营时间、资金、营业许可证）作出规定⑥。对闽东茶区茶商的规范化管理迈出了巨大的一步。

（2）市场与人才并重。清末至民国时期，茶叶销售方式是茶商向洋行或大茶行承包制造精茶（成品茶）并运往指定港口交货，由洋行、茶行外销港澳及欧美。其间也有一些资本雄厚的茶商如白琳的"双春隆""合茂""恒丰泰"、城关的"蔡瑞兴"等摆脱控制，将茶叶直接运往营口、上海、福州及香港等地销售⑦。邵维羡在白琳开茶庄，生意做到福州等地，往来福州省城20多年⑧即为佐证。

---

① 屏南县地方志编纂委员会编：《屏南旧志集（4）》，福州：福建人民出版社，2017年，第626页。
② 寿宁县茶业局编：《寿宁县茶叶志》，福州：海峡出版发行集团，海峡文艺出版社，2017年，第168－169页。
③ 寿宁县地方志编纂委员会：《寿宁县志》，厦门：鹭江出版社，1992年，第228页。
④ 寿宁县地方志编纂委员会：《寿宁县志》，厦门：鹭江出版社，1992年，第232页。
⑤ 福鼎县地方志编纂委员会：《福鼎县志》，福州：海风出版社，2003年，第234页。
⑥ 寿宁县地方志编纂委员会：《寿宁县志》，厦门：鹭江出版社，1992年，第232页。
⑦ 福鼎县地方志编纂委员会：《福鼎县志》，福州：海风出版社，2003年，第234－237页。
⑧ 杨应杰：《清代福鼎茶商邵维羡》，转引自李步泉等主编：《闽东茶叶历史文化》，福州：海峡出版发行集团，海峡书局，2015年，第277－278页。

清光绪二十六年（1900 年），宁德县西乡洋中的洋中街周洪烈等于金涵乡濂坑村铁砂溪埠头开设“如意茶行”，专营“天山绿茶”转出口①。光绪三十一年（1905 年）缪济川孙子缪兰成的后代在上海、北京等地用“兰成”做茶叶生意②。民国初年，天山山麓的宁德西乡洋中村成为天山绿茶集散中心，兴办起许多茶庄。其中，由周洪意、周伏增、周吉朝、周苦营、周玉坎等 7 户联办的“同泰店”经营天山绿茶大桩生意，是当时宁德西乡闻名的大茶庄③。

林廷伸把“一团春茶行”总行设立在天津，并在北平、青岛、上海、宁波等地分设“茶庄”，委派第五子振琼住津门主理“茶叶运销事”。振琼，毕业于上海惠灵英文专修学校，曾供职湘、鄂、赣、皖四岸食盐济运局及南京邮政储金汇业局，有深厚的英文功底，工作历练，由他经营，得心应手。林廷伸又让毕业于福州格致书院的第六子振士主理茶厂制造事④。

为了使茶叶在船上不受潮，林廷伸还创新包装，用杉木制成茶箱，板块间用炒竹钉契实，围、底板锯成三角集头卯眼，相互扣牢；规格统一，装叠轻便，牢固防潮。装茶时，先在箱的内底、四边铺敷一、二层箬叶片，再套上布袋，然后往袋里装实定量茶叶，袋头还要压上箬叶片，扣下盖子，即成一箱。陆运的，则把茶袋套在竹茶笼里，袋的内底、边敷上箬叶片，然后往袋里各装实 70 斤茶叶，再压上箬叶，捆袋头时扎个便利上扁担的布环⑤。

吴庭元 20 岁时继承其父辈的事业，对红茶产销情有独钟。他思想开放，富有近代经营理念，不但把茶行开到福州，而且在香港注册“元记”商标，成为当时闽省有名的茶叶巨商。1910 年，元记茶行与俄罗斯客商签下一笔 50 吨坦洋工夫红茶的订单，让同行瞠目结舌，成为茶界佳话。元记茶庄鼎盛时有茶山 4 座、精制茶厂 1 家、铺面 36 间，每年雇用茶师、拣工、店员三四百人；茶厂生产设备先进，年产工夫红茶两千余件，产品行销英俄等国⑥。

王种云（1870—1937 年），17 岁中秀才。祖父王家财费巨资送其到北京学习英语，两年后，回福安坦洋协助其祖父、父亲经营茶叶生意。种云跟随祖父王家财在福州用英语与

---

① 宁德市蕉城区茶业协会编：《宁川茶脉》，北京：中国农业出版社，2015 年，第 14 页。

② 黄鹤：《缪济川与“兰成茶铺”轶事》，转引自李步泉等主编：《闽东茶叶历史文化》，福州：海峡出版发行集团，海峡书局，2015 年，第 293 页。

③ 宁德市蕉城区茶业协会编：《宁川茶脉》，北京：中国农业出版社，2015 年，第 15 页。

④ 陈玉海：《宁德“一团春茶行”》，转引自李步泉等主编：《闽东茶叶历史文化》，福州：海峡出版发行集团，海峡书局，2015 年，第 294 – 295 页。

⑤ 陈玉海：《宁德“一团春茶行”》，转引自李步泉等主编：《闽东茶叶历史文化》，福州：海峡出版发行集团，海峡书局，2015 年，第 294 – 295 页。

⑥ 李健民：《坦洋茶商家族的百年沧桑》，转引自李步泉等主编：《闽东茶叶历史文化》，福州：海峡出版发行集团，海峡书局，2015 年，第 248 页。

外商洽谈业务、签订合同，使王家茶叶生意越做越大[①]。

从以上所列可以看出，这一时期的有代表性的茶商在拓展业务和站位上已有很大的提高，通过延伸到码头或重要市场以把握市场信息和动态，通过联合以壮大力量，通过培养各方面人才以达成最佳配置等，较传统商人而言，无论在眼界、站位、对市场的理解和把握、对消费市场的把脉等都有很大的进步。

（3）重信守诺讲规矩。梅伯珍（1875—1947 年），一生行茶商，把福鼎白茶推销到天津、香港、南洋等地，声闻闽江，榕城人尊称他为“梅伯”。梅伯珍的《筱溪陈情书》中写道：“递年往省售茶，结帐尽归余负责，对于往来交易，概无失信用。”其座右铭是“宁可自己吃亏，也不亏损他人”[②]。

广源泰以诚实守信著称。据传，某次春茶交易中，陈步桐与在福州的外籍茶商结算茶款时，外商不慎多付给大洋 100 块。陈步桐回会馆核算后如数退还，博得赞扬，其诚信第一的行为赢得名誉，茶叶生意越做越大。

诚信经商、童叟无欺、质量第一等多为中华民族传统商人的座右铭，在家族文化浓厚的闽东地区，这一优良的习俗为一些茶商传承和发扬光大，在外贸茶叶发展中展示闽东茶商的“义利并重”的人格魅力，发挥着积极的作用。

2. 茶叶组织。福海关时期规范调节闽东外贸市场发展的茶叶组织数量不断增加，功能更针对市场之需，主要如会馆增建、研究会和商会创建等。

会馆增建。随着三都澳开埠，闽东各县在福州的会馆除原来的福安会馆、宁周会馆和寿宁会馆外，福鼎、霞浦和古田会馆也建立；此外，还有宁德会馆和周宁会馆。福鼎会馆位于福州台江区高顶路，民国初年由福鼎商帮集资建造[③]。光绪二十九年（1903 年），霞浦寓榕商人在福州南台安民里崎下建立霞乡会馆[④]。光绪二十四年（1898 年），由古田米商陈必光牵头，鼎建古田会馆，1904 年，古田茶帮首次捐款[⑤]。周宁会馆位于上杭路 173 号，清末，周宁商帮集资建造；宁德会馆位于横街，现八一七中路 731—733 号，为宁德在榕商帮所建[⑥]。大量会馆的建设说明闽东商人在省城的发展需要及其经济实力的不断增

① 寿宁县茶业局编：《寿宁县茶叶志》，福州：海峡出版发行集团，海峡文艺出版社，2017 年，第 238 页。

② 冯文喜：《福鼎茶人梅伯珍》，转引自李步泉等主编：《闽东茶叶历史文化》，福州：海峡出版发行集团，海峡书局，2015 年，第 267 页。

③ 杨济亮：《福州上下杭会馆群落——由政治中心演变为商业都会》，王日根主编：《中国老会馆的故事》，济南：山东画报出版社，2014 年，第 77 页。

④ 宁德市地方志编纂委员会：《宁德市志》大事记，北京：方志出版社，1995 年，第 15 页；《霞浦县志》大事记，北京：方志出版社，1999 年，第 21 页。

⑤ 郑鹤龄主编：《古田县茶业志》（未刊），大事记。

⑥ 杨济亮：《福州上下杭会馆群落——由政治中心演变为商业都会》，王日根主编：《中国老会馆的故事》，济南：山东画报出版社，2014 年，第 75－77 页。

强，同时，其为闽东商人到省城直接对接茶商等方面提供了诸多便利。

研究会和商会等。光绪三十二年（1906 年），成立霞浦县商会，地址在霞浦县城北社龙王庙。宣统二年（1910 年），成立福鼎县商会，并成立三沙商务分会①。1910 年，福安茶业商人吴步洲组织“福安茶业研究会”②。宣统三年（1911 年），继寿宁斜滩盐业同业公会后茶业、油业、南北杂货、百货业同业公会相继成立。清末民初的商会不仅是商人统一的组织形式，而且是商人社会地位和参政意识提高的产物，在稳定当时市场经济秩序、保护工商业者利益方面具有进步意义③。福安于 1912 年有茶叶会馆组织④。1934 年，斜滩茶商何瑾、周孝达等发起组织斜滩镇茶业同业公会筹备会。1936 年 3 月 1 日，正式成立茶业公会，旨在立足大局、谋求发展，确保茶业行业规范统一、增加效益。至 1948 年，进行 4 次改组⑤。民国时期，柘荣（1945 年前霞浦辖区）有闽荣茶业联合号、荣兴茶业联合厂、双城茶业生产运销合作社等⑥。此外，福州闽东茶叶商会成立⑦。

清末商会的建立与发展，对中国近代政治、经济、文教以及商人的成长壮大，产生了不可忽视的影响。闽东各地商会既不是官办机构，也不是半官方的组织，而是带有一定“官督”色彩的商办民间社团。当时商会钤印由农商部发给，县商会可以直接呈文给农商部交涉相关事项，如福安湖山初高等小学校建立即可佐证。1908 年，由福安商会出面请建湖山初高等小学校，受到多方阻挠，无法立案。后来县商会呈文报请农商部转咨教育部立案，才正式创办县立湖山初高等小学校，可见商会办事力度。1905 年，福建省北路茶商以福安、宁德、寿宁三会馆名义，呈请闽督，设立合群会馆，揽运茶叶，年上缴潘库 4000 元⑧，亦可佐证。而古田禁毒再度佐证商会的力量。据《古田县志》载，鉴于烟祸蔓延，召集全邑以差社员，开会议决，在县城设去毒支社，隶于省城总社，即以统各乡分社之事，借以逐渐进行禁烟……在全国未禁运时，提前禁运……在商人率先开展禁毒后，近代闽江流域社会各界纷纷投身这一运动⑨。由此不难看出商人团体成为一支重要的社会力量，亦可看出会馆对当时社会发展的影响度。

---

① 宁德地区地方志编纂委员会：《宁德地区志》，北京：方志出版社，1998 年，第 978 页。

② 林桂镗等编：《福安市茶业志》（油印本），1995 年，第 12 页。

③ 宁德地区地方志编纂委员会：《宁德地区志》，北京：方志出版社，1998 年，第 978 页。

④ 英华：《闽省福安茶业之调查》，《中外经济情报》，1936 年第 9 期，第 4 – 5 页。

⑤ 寿宁县茶业局编：《寿宁县茶叶志》，福州：海峡出版发行集团，海峡文艺出版社，2017 年，第 204 页。

⑥ 柘荣县地方志编纂委员会：《柘荣县志》，北京：中华书局，1995 年，第 349 – 350 页。

⑦ 转引自李步泉等主编：《闽东茶叶历史文化》，福州：海峡出版发行集团，海峡书局，2015 年，第 286 页。

⑧ 《东方杂志》卷一、第 3 期，转引自徐晓望：《福建通史》第五卷，福州：福建人民出版社，2006 年，第 363 页。

⑨ 黄澄渊等修，余钟英等纂：《古田县志》（民国）卷三十八，《烟禁小史》，民国三十一年铅印本，第 1 – 3 页。

第五节　茶叶外贸管理

福海关时期闽东茶叶外贸管理与近代管理技术对接更为密切。三都澳海关管理执行的是赫德主持建立的具有近代色彩的海关组织与制度。新的海关组织划分为国家和地方两级。形式上分别接受税务处和海关监督的督查，实际上无异独立行使关税权力行政，总税务司署下设机要、总务、汉文、财务、审计、税则、缉私、诊叙、统计等9科和留京、驻外两办事处，各地海关则在税务司督率下，处理关税征收事务。税务司由总税务司任命。各关署分设总务、秘书、会计、验估4课，负责税务工作。整个海关组织职掌分明，隶属关系清楚，颇能收臂使指应之效①。

清末民国时，华茶在国际市场上可谓是跌宕起伏。从绝对垄断高位，到断崖式的高台跳水，紧接着不断被后起产茶国超越。伴随着垄断地位的被打破、市场份额的被挤占、排名不断退后的冲击，国内掀起一场复兴华茶运动②。而茶叶外贸管理是复兴之一部分。闽东茶叶外贸的管理，随着中国茶叶外贸形势的日益严峻也被重视起来。

一、 茶叶外贸管理记录

福海关茶叶外贸经历清末新政、民国初年北洋军阀割据、国民政府时期。前两个阶段鉴于时局，虽提出振兴华茶，但即使有出台政策等，在执行力度上亦大打折扣。而国民政府时期形式上结束军阀割据，民族自尊再度被激发，在各方面都取得一定成绩，特别是茶业国营成效最为突出。本部分以国民政府时期茶业国营为主，对茶叶管理阐述如下。

1. 茶叶统制政策。吴觉农认为，茶叶统销创始的原因具有重要的意义。“盖抗战军兴，中苏签订互不侵犯条约，中国需要苏联供给军火，所有款项于中国物产中择定茶叶为彼等最欢迎之物品，于1938年初即提出要求，于五六月间订立易货合约。查1914年华茶出口苏联者，占茶叶出口总额的70%以上。1938年所需占生产量一半以上，六月间因有一部分茶叶已运上海，销售他处，政府为履行合约，乃由贸易委员会实施全国茶叶统购统销，建立全国茶叶统制之初基。”③

---

① 周念明：《中国海关之组织及其事务》，上海：商务印书馆，1934年，第1-12页。

② 具体参见孙绍旭：《晚清时期（1870—1911年）华茶报道和研究述论——以〈晚清期刊全文数据库〉收藏为例》，《农业考古》，2018年第2期；《北洋政府时期关于茶叶的报道和研究述论——以〈民国时期期刊全文数据库〉收藏为例》，《农业考古》，2017年第2期；《抗日战争时期关于茶叶的报道和研究述论——以〈民国时期期刊全文数据库〉收藏为例》，《宁德师范学院学报（哲学社会科学版）》，2018年第1期。

③ 吴觉农：《抗战以来的中国茶叶》，《江西茶叶》，1940年第1卷、第2期，第2-3页。

1938 年，福建省设立茶叶管理局，从事技术指导和制茶资本的放贷。放贷首批春红白茶，以内地四百余家制茶商人作为对象。指导他们联合组成茶号 88 个单位，指派技术人员到制茶厂指导监督，制成茶叶全部运屯香港茶栈，由贸易委员会负责推销。按港币法定汇率结算成法币，汇付福建茶商，抽手续费 3%①。从茶叶统制背景和执行茶叶统制在种制运销环节的规定、线路图等可以看出，茶叶统制政策还是关照到种制、运销各环节主体的利益。

2. 关于茶叶成本核算。外贸茶叶成本包括种植、制作、包装和税收以及物流成本等。在传统社会里，限于交通等，闽东茶叶成本中最大者乃物流成本。该成本包含肩挑成本、水运成本和海运成本，具体如下。

第一，肩挑成本。（1）福鼎。1938 年，福建盐务管理局核定，凡各盐店距离盐仓在 10 公里以内者，每百市斤运费 6 角（旧币），在 10 公里以外者，每增 5 公里增加运费 2 角。1945 年 10 月 22 日，福鼎县盐务支局代电通知，城内挑力费每百市斤 35 元（旧币），距盐仓 5 公里以上，每增加 5 公里，每百市斤挑力费 70 元②。

（2）福安，挑运价。挑运价有两种计价方式：一种是以日计工价；另一种是以里程运量计工价。1939 年，按福安县俗例一担（50 公斤）与 5 公里 0. 30 元给费。挑运军用物资，每日（8 小时）按 0. 80 元或每 5 公里 0. 30 元给价。20 世纪 40 年代后期，通货膨胀，挑运价有不以货币计算，而是以米支付。当时每挑 50 公斤，城关至穆阳挑运价为 2. 5 公斤大米③。

（3）宁德。民国及其以前，宁德县的搬运装卸被行帮、把头所把持。人们叫这些把头为“甲头”，叫工人为“甲哥”。民国期间从下尾道头到城关各商店的挑运费，每百公斤只有 4—5 角。各乡镇街道也有“甲”的组织，如北门甲、西门甲、竹兜街甲、小东门甲、碧山街甲、三都甲、八都甲等，承运所在区域的货物，但因货源不足，多数工人以农业为主、搬运为辅④。

（4）古田，人力挑运。民间职业性挑运有 2 种：一为“担回头”。民国时期，县城有挑工百余人，长年累月跋涉于县城至宁德、谷口、水口等地，靠“担回头”养家口。二为“甲哥”，即为雇主短途挑运的搬运工人。此外，古田还有板车货运。1936 年，旧城五保河尾人谢为恒，制造首辆大型硬木轮板车，载重 500 公斤，4 人推拉。此后，城内匠人相继仿制 10 余辆，往返于谷口、玉山、建瓯、建阳、浦城、崇安等地，并远至江西省上饶

① 徐学禹：《抗战后福建省的茶叶（附表）》，《茶声半月刊》，1939 年第 8 期，第 89 - 90 页。
② 福鼎县交通局：《福鼎交通志》（内部资料），1991 年，第 185 - 186 页。
③ 福安市交通局：《福安交通志》（内部资料），1995 年，第 155 页。
④ 宁德市交通局：《宁德交通志》（内部资料），1991 年，第 152 页。

和河口等地。其后，工匠改制推广单人小型硬木轮板车。抗日战争期间，福建省驿运管理处在古田设立驿运分处，组织单轮手推车70辆，疏运宁德、三都、福州的囤存物资到古田等地①。

(5) 寿宁。自1941年以后，斜滩至鳌阳每百市斤的挑运价格，约大洋一元。但1947—1949年，其挑运价格也根据银元1元的标准折算（约合国币120万元)②。

据此可以看出闽东陆路运费，一般是10公里每百斤运费为0.6元左右，同时考虑路况和时间紧迫程度，通过协商达成；如果通过"甲哥"这一组织，则须缴纳管理费。当然，也出现借助于板车货运等，价格亦更便宜些。

第二，水运成本。1945年10月12日，福鼎县盐务支局通知，县内运盐船只运价：县城至前岐、沙埕，船费均50元（旧币)③。(福安）水上货物运输视船舶载重量和行程以包船计价。1938年20担（1吨）船穆阳至赛岐4元（银元，下同)；200担（10吨）船上湾至福州96海里运价20元；400担（20吨）船甘棠至三都8元，至宁德、飞鸾10元；70—80担（3.5—4吨）船甘棠至三都2元；至宁德、飞鸾3元：5担（0.25吨）船甘棠至奎藤、连芦、长岐0.30元，至顶头、码头0.50元；30担（1.5吨）船赛岐至飞鸾、盐田1.20元④。(三都澳）船长13米左右的小型船舶租用一天的租金为3元左右⑤。情况如表4-15所示。

表4-15　　1945年斜滩溪木船运价

起讫地点	数量（斤）	运价（元）	备注	起讫地点	数量（斤）	运价（元）	备注
斜滩—福安	100	1.32	顺水	福安—斜滩	100	1.80	逆水
斜滩—赛岐	100	1.55	顺水	赛岐—斜滩	100	2.07	逆水
武曲—赛岐	100	1.15	顺水	赛岐—武曲	100	1.55	逆水

资料来源：寿宁交通局：《寿宁交通志》(内部资料)，1990年，第116页。

据表4-15，斜滩至福安、赛岐，武曲至赛岐，货物数量和顺水、逆水价格不同，可以看出，逆水运价高出顺水运价的30%—40%。当然茶叶都是顺水运出的，可见水运成本所占比重。

第三，通海航道。福鼎县通海航道和帆船水运行程差价如表4-16所示。

① 古田交通局：《古田交通志》(内部资料)，2004年，第84-85页。
② 寿宁交通局：《寿宁交通志》(内部资料)，1990年，第150页。
③ 福鼎县交通局：《福鼎交通志》(内部资料)，1991年，第179-180页。
④ 福安市交通局：《福安交通志》(内部资料)，1995年，第156页。
⑤ [日] 东亚同文会编纂：《福建省全志（1907—1917)》，李斗石译，延吉：延边大学出版社，2015年，第185页。

表 4 - 16　　1939 年福鼎县帆船水运行程差价调查一览表

起讫地点	里程（里）	上水日数（天）	差价（元）	下水日数（天）	差价（元）
县城—福州	730	5	30	5	30
县城—三都	450	3	14	3	14
县城—霞浦	320	2	12	2	12
县城—三沙	200	2	10	2	10
县城—福安	340	3	12	3	12
县城—连江	420	3	14	3	14
县城—温州	240	2	10	2	10
县城—瑞安	200	2	10	2	10

注：民船种类为舥艍船，载重 220 担（50 公斤/担）。

资料来源：福鼎县交通局：《福鼎交通志》（内部资料），1991 年，第 179 - 180 页。

据表 4 - 16，福鼎县城上至温州、瑞安，下至三沙、霞浦、福安、连江、三都、福州间的里程、上下水天数和价格为，200—320 里 2 天可达，但 320 里价格 12 元；340—450 里 3 天可达，但 420 里和 450 里的价格 14 元；而到福州 730 里，需 5 天，价格达 30 元，此中之别除里程和倒腾外，应涵盖边际效益。不然货船可先运至连江，再到福州则运费可省 4 元。林景亮在《福建茶叶运销状况（附表）》中亦有记录，由出产地挑至溪边或出口埠头 5 分/斤，由航船或轮船运至福州等 3. 3 分/斤①。

综上所述，三沙湾沿岸地方之制茶系集于三都澳，用小汽船输至福州。白琳至三都澳的挑工及船费合计两箱需运费大洋 1. 78 元，由三都澳至福州汽船运费 1. 3 元；又白琳茶需 1. 4 元，合计为 4. 48 元。计至福州市场除运费和茶捐外，茶客于每百斤只赚 1—2 元之利益矣。福安茶叶……买卖用正大六秤，以百斤起码。其输送概从三都澳海路至福州。从丹阳至三都澳的运资及船费计百斤 1. 3 元，三都澳至福州汽船费 1. 3 元②。

第四，种植成本。民国档案记载，1946 年和 1947 年两年中，每百斤茶叶的平均生产成本，分别 25 万元（法币，下同）和 35 万元，平均售价为 35 万元和 45 万元（因茶品质不同，1947 年茶售价最高为 80 万元，最低为 30 万元），平均利润空间只有十余万元。但在 20 世纪三十年代，宁德县茶叶规模、效益，均远胜于抗战的萧条时期③。关于此，可参合表 4 - 17。

① 林景亮：《福建茶叶运销状况（附表）》，《中国建设（上海 1930）》，1937 年第 16 卷、第 2 期，第 75 页。

② 张景崧：《福建茶叶之史略》，《实业季报》，1935 年第 2 卷、第 3 期，第 55 页。另据《福建省全志》载，从丹洋到三都澳之间的挑夫工钱和民船运费合计为 1. 30 元/担，从三都澳到福州的轮船运运费为 1. 30 元/担，合计 2. 60 元/担。税金和其他各种费用情况（福安茶的茶税及各种费用计 3. 088 元/担）。茶客在丹洋和穆洋市场上收购半成品茶，然后汇集到三都澳，并委托当地的茶栈卖到与自己有交易往来的茶店（日本东亚同文会编纂：《福建省全志（1907—1917）》，李斗石译，延吉：延边大学出版社，2015 年，第 255 - 256 页）。

③ 甘峰：《宁德县百里茶道往事》，转引自李步泉等主编：《闽东茶叶历史文化》，福州：海峡出版发行集团，海峡书局，2015 年，第 230 页。

表 4－17　　闽北（东）地区每亩茶园生产成本及收入比较

	垦殖费用（元）	年培育支出（元）		年收入（元）	盈亏情况
开垦土地人工费	10.50	中耕人工费	1.75	生叶22.50	
种子	0.60	除草人工费	1.40		
分栽	7.00	施肥费	0.40		
管理及利息	36.42	地租及税	3.00		
合计	54.52	垦殖利息	10.79		
		采叶人工费	3.00		
		杂费	1.00		
		合计	21.43	22.50	净余1.16

注：（1）本表数据取自南洋协会台湾支部编《福建建设报告》第二辑，第117页。而该书则系採福建省政府建设厅民国25年2月所发表之《闽北茶业调查报告》节译成日文。（2）表中开垦土地人工费系以30个工，分栽按20个工，中耕按5个工，除草按4个工，每工工资0.35元计算；施肥费系以每担肥料0.05元单价计算；垦殖利息系以月息1分6厘半计算；生叶收入按每亩150斤，而该年价格每斤最高0.25元，最低0.06元计算。

第五，闽东外贸茶叶的包装和税收等。“盖茶价以春茶论之，粗制茶每斤之农场价格为大洋八角，制成精茶时，须损失15%，每斤仅值九角四分；然事实上不然，除制茶之成本外，尚须加如下费用：当地学校当年经费捐1.6分/斤。当地民军护路捐3.3分/斤……每斤成本升至1元1分多。此外还有中间人渔利、店税等。”① 红茶概用木箱外裱花纸，箱之材料多用松木和杂木。普通杂木每箱价约0.15元，倘用松木则每箱价格约需0.17元。装箱及钉口工资，每箱以6分计。外裱之花纸每箱5张，价约2分；每箱用铅以3.5斤计约需0.6元，加以锡焊每箱5分，造工7分，则一罐之费约计0.72元；其余每箱用钉2分及箱面所抹之猪血与桐油约4分；每箱广纸5张，棉纸8张，价约0.1元，总计一个木箱装潢需费1.2元左右。绿茶除宁德茉莉花茶直接运往福州者用木箱装运外，其余概用布袋装载，内套白竹叶以防中途潮湿，故亦称袋茶。装袋后将袋口缝紧，加盖印记然后运往福州茶栈。查每布一匹价约7元，可制袋16个，每袋约需0.44元，制工6分，加以内衬竹叶约5分，布袋颇耐用，即使破裂稍加修补就可应用，故有商民专制布袋出租者。租金每袋0.1元，凡资本微薄之茶庄，多租用②。此外，每百斤需交正税六钱、耗银七分二厘、厘金七钱、军饷二钱二分八厘、起运一钱三分五厘、正税加补水一钱六分、起运加补水一分三厘五，共计一两九钱八厘五③。此外，白石海关及茶捐0.1元/百斤，三都澳海关税0.346元/百斤，三都验税2.5元/百斤，三都福州间保险费0.03元/百斤，三都仓库费

① 林景亮：《福建茶叶运销状况（附表）》，《中国建设（上海1930）》，1937年第16卷、第2期，第75页。
② 林景亮：《福建茶葉之製造（附表）》，《农学》，1937年第3卷、第4期，第88－89页。
③ 佚名：《中国三都澳贸易现况及将来之豫想》，《湖北商务报》，1899年第33期，第39页。

0.03元/百斤，杂费0.05元/百斤，福州大柄小税0.032元/百斤[①]。

总之，从茶客的角度而言，茶叶成本包括运输成本（肩挑、水运、海运）、种植成本（种茶利润除外）、包装费和税收，当然，还有制作成本，茶客于每百斤只赚1—2元。

二、茶叶价格管理

清朝宣统二年（1910年），福建省就有对头春茶、二春茶和三春茶定价的材料。据《福建财政沿革利弊说明书》表中所列的六类茶，三个时段的价格等都显示在此前后对闽茶的关注度、对闽茶各方面进行梳理和管理等方面的思考和改进[②]。三都澳占闽茶出口的一半以上，其无疑是重中之重。关于福海关时期的茶叶管理，在国民政府时期体现得最为突出。1934年，陈仪任福建省政府主席，经过一番调研，省政府决定"用政治的力量，争取茶市，以市场的情形，计划茶政"[③]。省政府的茶叶政策对于闽东茶叶的影响不言而喻。对于茶叶价格的管理主要体现在全面抗战爆发以后的茶叶统制政策之中，具体见表4－18。

表4－18　　1938年闽茶运港每担价格

名称	价目（元）	名称	价目（元）	名称	价目（元）
福鼎白毫	480	政和工夫	80—135	坦洋小种	36—64
政和白毫	240	正山小种	49—200	坦洋工夫片	14—26
政和白毫二春	365	邵武工夫	25—95		
福鼎工夫	38—130	坦洋工夫	25—95		

资料来源：詹英贤：《福建省茶叶乌瞰（附表）》，《农报》，1941年第6卷、第25－27期，第534页。

从表4－18中可以看出，当时列入价格的闽茶10种，闽东茶叶占一半。其实泛而言之，自三都澳开埠后，政和、闽北的松溪和蒲城，乃至浙江的泰顺等地的茶叶也从三都澳输出，因此，表4－18所列三都澳腹地茶叶占80%。从闽茶运港每担价格可以看出闽东茶叶种制技术、水利之便等，因此价格较低，竞争力较强些；而价格高者如白毫，主要是新品种，再加上运输、采制等成本等。

毛茶山价见表4－19、表4－20。

---

① 张景崧：《福建茶叶之史略》，《实业季报》，1935年第2卷、第3期，第55页。另据《福建省全志》载，从丹洋到三都澳之间的挑夫工钱和民船运费合计为1.30元/担，从三都澳到福州的轮船运费为1.30元/担，合计2.60元/担。税金和其他各种费用情况（福安茶的茶税及各种费用计3.088元/担）。茶客在丹洋和穆洋市场上收购半成品茶，然后汇集到三都澳，并委托当地的茶栈卖到与自己有交易往来的茶店（日本东亚同文会编纂：《福建省全志（1907—1917）》，李斗石译，延吉：延边大学出版社，2015年，第255－256页）。

② 佚名：《福建财政沿革利弊说明书》，清朝宣统二年（1910年），第一卷、第二节。

③ 高登艇：《闽茶之茶市与茶政》，《闽茶季刊》第1期（1940年10月版），第4页。

表4－19　　1940年度内销绿茶毛茶山价　　单位：元/市斤

县别	茶类	最高	中心	最低	县别	茶类	最高	中心	最低
罗源	炒青	0.70	0.50	0.40	寿宁	绿茶	0.45	0.35	0.30
	烘青	0.56	0.40	0.30	屏南	烘青	0.40	0.32	0.28
福鼎宁德	炒青	0.51	0.37	0.30	古田	绿茶	0.40	0.32	0.28
	烘青	0.46	0.36	0.28	霞浦	绿茶	0.48	0.36	0.30
福安	炒青	0.45	0.35	0.30	连江	绿茶	0.40	0.32	0.28
	烘青	0.40	0.32	0.28	闽侯	绿茶	0.40	0.32	0.28

资料来源：佚名：《霞浦茶业志》（未刊），第一章、第一节。

表4－20　　1940年度外销青茶毛茶山价　　单位：元/担

茶别	最低价	中价	最高价	茶别	最低价	中价	最高价
建瓯乌龙	40	45	55	水吉莲心	30	35	45
建瓯水仙	45	50	60	政和白毛猴	50	55	65
赤石莲心	50	55	65	闽北白牡丹	65	70	80
福鼎、霞浦莲心	60	65	75	闽北龙鬚	50	55	65
福鼎白毛猴	60	65	75				

资料来源：佚名：《霞浦茶业志》（未刊），第一章、第一节。

据表4－19和表4－20可知，闽东各县内销绿茶山价居中下，而外销青茶毛茶山价则偏高些。当然，战争阻隔外贸市场、影响外销的情况下，闽东各县迎合国内需求，生产绿茶，因成本低、质量好，竞争力自然强些；而外销青茶本非闽东区域特长，因此生产成本相对高些。当然，关于这一时期安徽、浙江、江西和福建茶叶山价情况如表4－21所示。

表4－21　　1939年、1940年各省毛茶标准中心山价　　单位：元/市担

省别	茶类	1939年山价	1940年山价	1940年较1939年增加（%）
安徽	屯绿	44.00	60.00	36.4
	祁红	30.00	50.00	66.7
浙江	遂淳	27.20	55.00	102.2
	平水	24.65	55.00	123.1
	温红温绿	23.70	46.00	94，1
江西	婺绿	36.00	60.84	69.0
	宁红	25.00	35.75	43.0
	河红	26.00	37.18	43.0
	五绿	30.00	50.70	69.0
	浮红	31.00	44.33	43.0

续表

省别	茶类	1939 年山价	1940 年山价	1940 年较 1939 年增加（%）
江西	五红	25.00	35.75	43.0
	上饶绿	30.00	50.70	69.0
福建	福安工夫	20.00	34.00	70.0
	宁德工夫	20.00	36.00	80.0
	寿宁工夫	20.00	36.00	80.0
	屏南沙县福清工夫	20.00	32.00	60.0
	政和松溪工夫	25.00	42.00	68.0
	崇安邵武工夫	35.00	52.00	49.0
	福鼎红茶标	22.50	38.00	68.0
	福安福鼎宁德绿茶	18.75	32.00	71.0
	崇安邵武小种	47.50	58.00	22.0

资料来源：《华茶的对外贸易》，《经济研究》，1941 年第 2 卷、第 11 期，第 71－73 页。

据表 4－21 所示，1939 年四省产茶叶 21 种，闽东 6 种都是传统茶类，有着较为悠久的生产和贸易历史，山价在 20 元左右，低者福安、福鼎、宁德绿茶 18.75 元/市担，高者福鼎红茶标 22.50 元/市担，都是山价最低的茶。而相较于 1940 年，闽东这 6 类茶价每市担在 32—38 元，也是当时价格最低的茶叶。由产地达内地集散区转运至溪流处，非肩挑不可，运费以各地与溪流处之距离不等而异，近者数角，远者二三元；然溪运者每船可装运十担，如福安内地运同台，每担须费三四角，每次需三四元。肩挑者每十里挑工三角。茶叶运入福州即行投栈，计自产地起至福州止每担运费什耗约计绿茶七两、红茶达十八两左右①。价格低且产量不低，部分原因是成本低，而成本则取决于亩产、技术、运输费、税收等。

1941 年，福建省茶业管理局规定红毛茶收购价最高每市担 60 元（法币），中心价 52 元，最低价 45 元；白毛猴每市担最低价 72 元，莲心每市担最低价 72 元，同时拟定外销红茶（精茶）每市担中心价 167.61 元，莲心每市担 178.22 元，白毛猴每市担 166.17 元②。1941 年，举办"1940 年福建省工商品展览会"，霞浦县有李干、茶叶、麻苧等十多种展品……当时参展的白毫茶产于县城郊，二十市斤价值 120 元大洋，销福州等地，最高价 9 元/市斤，最低价 4 元/市斤。1942 年，霞浦绿毛茶拟订价为 60 元大洋/担，公布山价为 40 元（大洋）/担③。1942 年闽东部分绿茶价格情况如表 4－22 所示。

① 林景亮：《福建茶叶运销状况（附表）》，《中国建设（上海 1930）》，1937 年第 16 卷、第 2 期，第 78 页。
② 福鼎县地方志编纂委员会：《福鼎县志》，福州：海风出版社，2003 年，第 234 页。
③ 佚名：《霞浦茶业志》（未刊），第一章、第一节。

表 4－22　　1942 年闽东绿毛茶价格　　单位：元/担

茶别	拟订价	公布山价	茶别	拟订价	公布山价
福鼎烘青	66	44	罗源烘青	90	60
福鼎炒青	72	48	闽侯绿茶	75	50
福安烘青	63	42	屏南绿茶	68	45
福安炒青	68	45	古田绿茶	60	40
宁德烘青	75	50	霞浦绿茶	60	40
罗源炒青	68	45	连江绿茶	60	40

资料来源：佚名：《霞浦茶业志》（未刊），第一章、第一节。

据表 4－22，1942 年闽东绿毛茶山价与拟订价每担相距 20—30 元，其种植运销的利润空间应较为合理。此外，1949 年初 1 斤白毫银针可卖 2 个银圆，相当于 1 担谷①。亦可以看出白毫银针相对于水稻种植的效益。

综上所述，全面抗战爆发后，为了通过茶叶换取外援，政府对茶叶进行统制，而价格是调节市场的抓手，为最大限度达成博弈，政府对各种茶类、各县茶叶按照质量、运输成本等制订茶叶高中低价格，以在确保茶农种制茶叶积极性的同时，能够生产出更多的茶叶获取外援，支持抗战。当然，鉴于红茶外贸市场萎缩，转变思路，生产绿茶等。战时的特殊性在各方面都得到体现，如货币贬值等。

三、 茶叶运输仓储管理

根据潘健先生《抗战前福建的茶业管理》中所提，在此期间，福建省政府对闽东茶叶在码头仓储、贸易手续、贷款和垫付海关轮船公司税银等作出规划。1935 年 4 月，由政府核准的第一茶仓设立，规定凡闽东运到省会的茶叶，均须靠泊台江第四、第六浮船码头，以方便入仓……为防止三都、赛岐两地茶叶在转装轮船前被盗或遇水破袋霉变，建设厅还在两地各设茶仓分所一所……订立沿途交接办法，各尽其职，杜绝……破烂水湿与偷窃短少弊端。茶仓成立后在当年就取得成效，1936 年进出茶仓的茶件多达 20 余万件，均无缺斤短两现象。1937 年 1 月，恢复设立茶业管理所，并在三都、赛岐设立两个分所，派人分赴闽东各产茶县进行红茶茶号登记等工作，并继续办理茶仓业务②。

四、 改革弊政陋规

闽东茶区茶叶弊端陋规颇多，特别表现为乱收费。辛亥革命后颁布了《闽省暂行商捐

---

① 杨应杰：《福鼎茶叶传统生产经营过程》，转引自李步泉等主编：《闽东茶叶历史文化》，福州：海峡出版发行集团，海峡书局，2015 年，第 184－185 页。

② 潘健：《抗战前福建的茶业管理》，《福建茶叶》，2014 年第 3 期，第 54－55 页。

章程》十条和《护商经费章程》四条以及《特减税章程》六条，并于民国元年三月一日开始征收商捐。《闽省暂行商捐章程》的修改要点如下：第一，把厘金税的征税原则“两起两验”修改为“一起一验”。第二，税率确定为货价的3%。第三，停止征收厘金以外的各种附加税。第四，统一纳税货币的换算率。《护商经费章程》是《闽省暂行商捐章程》的补充规定，主要规定护商经费的征收方法。护商经费是历年征收的税种，主要对通过特定厘金局的民船征收的一种通行税。《特减税章程》是规定择减税的征收方法。择减税是仿照进口货的抵代税征收的税种。抵代税制是指，外国人把进口货运到内地时，只要交纳一定的抵代税，就可以免交其他所有通过税的制度。军政府仿照这一旧税制，对中国人从进口港运送到内地的特定进口货征收择减税，之后就允许免交一切内地税。这一税制只是把名称改为特减税，其实就是旧制的沿用①。闽东地区税收混乱，例如1923年“本境所驻军队，全系闽人，对于地方尚能相安无事。7月间，厘局以维持军饷为名，增加厘损二成。10月间，又加收善后捐三成；而从前所有一成赈捐至今仍照征收。迨至年终，商民因负担过重，嗟怨之声，盈于道路，然军饷之积欠如故也。本处乡民所有田产每亩抽收大洋五元。闻各县所收者，尤不止此”②。闽东部分地区抽取茶税情况见表4－23。

表4－23　　闽东部分地区抽取茶税情况一览表

<table>
<tr><th>县别</th><th>抽取机关</th><th>地址</th><th>税额</th><th>抽取名义</th><th>备考</th></tr>
<tr><td rowspan="2">周墩</td><td>周墩特种区</td><td>周墩</td><td>四角/担</td><td>义壮常备队经费</td><td>附抄呈该区署所发訓令</td></tr>
<tr><td>礼门小学</td><td>周墩</td><td>六分/担</td><td>学校经费</td><td></td></tr>
<tr><td>柘洋</td><td>柘洋特种区</td><td>柘洋</td><td>五角/担</td><td>义教经费</td><td>附呈该区署所发给收据</td></tr>
<tr><td rowspan="8">福安</td><td>三兴茶号</td><td rowspan="2">东昆</td><td rowspan="2">四角/担</td><td rowspan="2">学校壮丁以及修理宫庙</td><td></td></tr>
<tr><td>兴华茶号</td><td></td></tr>
<tr><td rowspan="2">福源茶号</td><td>上白石</td><td rowspan="2">五角/担</td><td rowspan="2">代联处并小学抽收</td><td rowspan="2">联保处三角，小学二角，共计五角</td></tr>
<tr><td>沙坑</td></tr>
<tr><td>一昌茶号</td><td>杨桥</td><td>六角/担</td><td>厘金</td><td></td></tr>
<tr><td>吉祥茶号</td><td>晓洋</td><td>六角/担</td><td>代联处抽收</td><td></td></tr>
<tr><td>穆洋茶叶公司</td><td>穆洋</td><td>六角/担</td><td>厘金</td><td>当福安农校所派指导员到达时，该公司曾贴布告停止，兹附呈该公司原布告</td></tr>
</table>

资料来源：张天福向省建设厅呈报的《各县区抽取茶税一览表》，《中国历史名茶坦洋工夫》，2009年。

针对诸多弊政等，1934年后福建省政府对茶业陋规加以整顿，规范“提样”、杜绝杀

① ［日］东亚同文会编纂：《福建省全志（1907—1917）》，李斗石译，延吉：延边大学出版社，2015年，第437－438页。

② 福州海关编：《近代福州及闽东地区社会经济概况》，北京：华艺出版社，1992年，第519页。

价、统一用秤、设立福州出口红茶联合运销办事处等。1936年2月福建省政府拟定贷款办法，闽东的茶商受益颇多。过去承运三都、赛岐两口绿茶的轮船，向例须代茶商完垫海关税银。以每袋绿茶约须完税2元计，一艘轮船运载一次绿茶须备现金四五千元乃至万余元，这对轮船公司而言是个沉重的负担。为此，政府为载茶轮船担保，向福建省银行与交通银行福州分行订立信用来往透支及抵押贷款28万元，专为垫付全部关税与一部分水脚之用，同时规定不许增加水脚价目，防止茶轮联合起来垄断牟利。此外，政府着代报行于所收茶商代报资项下，提出若干投保水险，减轻茶商负担①。

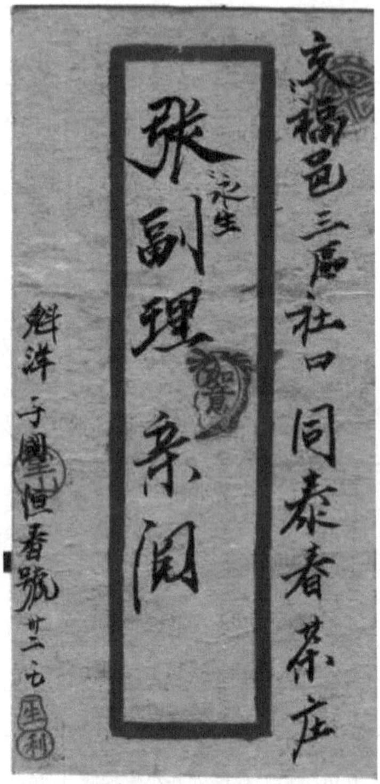

同泰春茶庄信封

本章小结

闽东外贸茶叶经过1853—1898年的发展，随着三都澳的开埠，终于在华茶低迷的大势下止住下滑态势，企稳并有所回升。与此同时，外贸茶叶继续以区域龙头产业的地位影

① 潘健：《抗战前福建的茶业管理》，《福建茶叶》2014年第3期，第54－55页。

响着区域社会发展步伐。

第一，闽东在经历 1853—1898 年茶贸的发展基础上，也面临华茶不利大势的影响。主要如新兴茶贸国的激烈竞争和国内管理的混乱等，与此同时，为规避美日企图租占三都澳野心，三都澳开埠。闽东茶叶外贸虽凭借各方面改进和创新，在夹缝中求生存，因战争引发并迎来大发展的闽东外贸茶叶，却也因更大范围的战争（“二战”）而走向衰落。此外，这一期间中国乃至世界出现的一些事件如民国建立（茶季过后）、“一战”（除对本占有量极低的白茶市场影响外，虽英国限制华茶，但苏俄进口量大增）等对闽东茶叶影响都不大。而华茶颓废之际亦是应变之时，其中三都澳开埠即属此列。

第二，三都澳开埠后的闽东茶叶外贸收益。三都澳开埠至 1948 年，闽东茶叶输出 20 万—5 万担/年茶叶，走向衰落时期。依此可以看出，自 1853 年以来，近百年时间里，闽东外贸茶产业这一区域主导产业已然形成一个巨大的网络，所有在闽东区域活动的人、事、物都与茶产业密切相关。

第三，传统商人向近代商人转变。福海关阶段闽东出现真正意义的茶商。闽东茶商具有如下特点：首先，三都澳开埠后闽东商人接受西方文化教育的新茶商渐渐参与和主导了茶业经营，主营茶叶比重提高，经营范围向三都岛推进，除福州外，还在天津、上海、南京等大商埠有分店。其次，三都澳开埠后闽东出现真正现代意义的商人，在前期资本积累的基础上，分工更为合理，经营更加规范，懂得、善于分析和利用广告等有利条件，注重产品的创新，重视眼界的开拓，利用有利因素，通过教育、文化、管理、技能对茶叶外贸的佐助，发展茶叶贸易，且直接与外商联系。最后，与资源地结合更为密切，出现区域性大茶商，除坦洋茶商、白琳茶商等外，出现合茂志、周源丰、六合春等跨区域茶商。而且，在某种程度上，商人影响社会力量突出，特别是戒烟方面，如古田商人。

第四，政府从重农抑商向重视商业发展的渐变。清末民国，中国与世界的对接益加紧密，作为中国外贸大宗的茶叶外贸首当其冲。伴随经济全球化浪潮，中国茶叶外贸从绝对垄断高位，到断崖式的高台跳水，紧接着不断被后起产茶国超越。伴随着垄断地位的被打破、市场份额的被挤占、排名不断退后的冲击，复兴茶叶的呼声和行动也纵深发展。随着茶叶外贸危机的加深，政府的作用也经历了从自发到自觉的发展过程，这在闽东茶叶外贸中得到明显的体现，三都澳开埠后，采取免税降税、处理市场混乱等措施；在全面抗战时期的茶叶贸易统治阶段，突出之处有社会调研的运用、科学的质量检测系统的建立、茶叶研究的专刊的出现、研究茶产业专家队伍的形成、茶产业管理渐趋成熟、西方先进的科学技术和管理技术的应用、茶叶贸易体系等。这些对于复兴华茶的作用与意义是不可否认的。当然，限于清末民国时期中国所处之国内外环境、各个时期统治者对形势的认识等自身因素、国内各阶层力量等，复兴华茶目标未能达成。

第五，在闽东茶叶外贸中，各种社会组织发挥了积极作用。围绕茶叶外贸，除前文所提传统宗族文化外，从三都澳开埠前通过在福州的各县会馆等的作用向利用会馆、商会、行业协会等转变；进而通过报刊媒体、新闻报道、科技机构、教育机构等增强中国茶叶在国际市场上的竞争力，达成一定效果。当然在茶叶外贸不同区域这些要素作用的发挥存在程度上的不同，三都澳开埠前以坦洋为中心的福安、以水口为辐射区的古田等作用不甚明显，而宁德因三都澳开埠、福鼎因沙埕港通商等潜力进一步挖掘，还有如寿宁、屏南、霞浦这方面作用也极为明显。

第六，以三都澳为中心的闽东商业网络初步形成。自明末到鸦片战争，闽东虽形成以福宁府为中心的所谓政治中心，限于交通等因素，中心向心力极为有限；而经济也四面分散，就茶叶贸易而言，福鼎和霞浦之一部通过沙埕对接温州，闽东闽北交界取向武夷地区，福安、宁德、寿宁、屏南和霞浦之一部水路通往福州。三都澳开埠，交通条件和运输工具改进，以三都澳为中心的商业中心正式形成，闽东大部（古田水口走闽江）和浙江泰顺、闽北松溪、政和等皆成为三都港口的腹地，而且西方近代科技、教育，通信和运输网络，天气预报，农药化肥等多通过三都澳向闽东腹地输出。

第七，三都澳与腹地在货物交运上的不便。三都澳开埠不完全是当地经济发展的实际需要，是基于面对美日觊觎而清政府无能力拒绝，又想不被租借采取的权宜之计。将福海关建于三都岛上，随着赛岐港的开辟，使得输入闽东货物与腹地存在货物再次倒腾的不便和成本增加。为此，输入闽东的货物多不经过三都岛，因此其中转作用有限而无法使其进一步发展。当然限于当时的科技水平，没能形成公路、铁路等陆路交通网络，无法进一步延伸三都澳腹地，因而限于货物数量和品种等无法突破发展瓶颈。

第八，三都澳成为闽东通向世界的窗口。福海关按照近代资本主义海关管理模式的目标建设，外国入驻机构肯定使用西方管理方式，中国在三都澳上建立的与外国机构对接的机构应也与西方管理模式相同或相近，还有一些原来没有、后面建立的如电报局等自然也是用西方管理模式。随着都市雏形的形成，三都澳作为闽东通向世界窗口的作用越来越大，西方近代思想也不断向闽东扩散和浸润，区域乡村社会近代化步伐正不断地推进。因此，三都澳成为闽东窥探和向西方学习的窗口。当然，也因海岛与腹地的交通，沟通受限。

经过闽东茶叶长时段、全区域、深层次的发展，形成了区域主导的龙头茶产业，增加区域居民经济效益，拉动居民消费，改善生产生活，形成外贸茶产业大网。闽东居民或多或少、直接间接受到茶产业的影响。

第五章　闽东茶叶外贸的特点

1853年，太平军切断了福建茶叶经江西往广州和上海的内地运输路线，福州和厦门的出口贸易地位才真正引起重视。特别是福州口岸可凭借闽江航线联通武夷山外贸茶区；与此同时，福建北路茶（闽东茶）亦因福州开港而能很快进入国际茶叶消费市场，通过福州港口不仅节约时间，还能节约成本，于是，福州迅速崛起，成为茶叶输出大港。具体如表5－1所示。

表5－1　　1843—1859年中国茶叶出口统计

年份	总计（磅）	广州		福州		上海	
		数量（磅）	%	数量（磅）	%	数量（磅）	%
1843	17727750	17727750	100	—	—	—	—
1845	80194000	76393000	95.3	—	—	3801000	4.7
1851	78926500	42204000	53.5	—	—	36722500	46.5
1852	93292250	35617250	38.2	—	—	57675000	61.8
1853	105081000	29700000	28.3	5950000	5.7	69431000	66.1
1854	119034000	48200000	40.5	20490000	17.2	50344000	42.3
1856	130677000	30404400	23.3	40972600	31.4	59300000	45.4
1857	92435100	19638300	21.25	31882800	34.5	40914000	44.3
1859	110915200	25184800	22.7	46594400	42.0	39136000	35.3

资料来源：彭泽益：《中国近代手工业史料》（第一卷），第490页。

从表5－1记录可见，从1849年开始，广州出口茶叶地位逐渐为上海所夺，但福州通商后，其地位越发凸显。1853年，福州茶叶出口仅占全国出口额的5.7%，1856年，出口贸易赶超广州，占31.4%。“这件事为茶叶贸易开辟了一个新纪元。”[①] 1856—1860年，福州的茶叶出口一般都占到了全国的40%以上[②]；1859年，福州的茶叶出口额占42%，超

① 姚贤镐编：《中国近代对外贸易史资料》第1册，北京：中华书局，2000年，第611－612页。
② 郝延平：《中国近代商业革命》，上海：上海人民出版社，1991年，第321页。

过上海，首次夺冠。“自 1866 年起至 80 年代中期，是福州港茶叶贸易的鼎盛时期，出口不仅呈上升趋势，而且超过广州、上海，成为全国最大的茶叶出口地，每年的出口量占全国的 1/3 以上。”① 鼎足之局面形成。

福建茶的市场由福州、三都澳和厦门三地构成，但集散于厦门的茶叶每年仅 1 万担，所以外贸茶叶市场绝大多数是在福州和三都澳。而在三都澳集散的茶叶中，其一半以上，也就是 10 万担运送到福州。从海关统计的纯输出量来看，福州和三都澳的交易量差距仅仅为二三万担……再从其集散途径来分析，东部茶和西部茶以及北部茶的约一半通过闽江水路汇集到福州。北部茶的另一半首先汇集于三都澳，然后通过轮船和戎克船进行再输出。三都澳开港之前，北部茶主要是通过陆路。但三都澳开港以后，北部茶就直接从三都澳或沙埕海路运送到福州。因为运输方便，北部茶压倒西部茶，在福州茶中占据绝对优势②。仅从以上之叙述，可以看出闽东地区（北部茶）在福建外贸茶叶中的比重。

在闽东茶叶外贸的发展过程中，逐渐形成了自己鲜明的区域特征。本章主要通过福建北路茶与西路茶、南路茶外贸的比较，三都澳与东南沿海之开放港口如温州、宁波、福州、厦门茶叶贸易的比较，以及闽东茶叶外贸与新兴茶叶外贸国如印度、日本、爪哇、苏门答腊等的比较，来阐明其外贸特征。

栋头狮

第一节　福建的北路茶

福建茶叶以省会福州为中心，按地区分为北路茶、西路茶、南路茶和东路茶，而东路

① 廖大珂：《福建海外交通史》，福州：福建人民出版社，2002 年，第 425 页。

② ［日］东亚同文会编纂：《福建省全志（1907—1917）》，李斗石译，延吉：延边大学出版社，2015 年，第 249 页。

茶包括古田、连江、闽侯、罗源等地。鉴于古田茶叶占东路茶的一半左右，且古田目前为闽东所辖，而罗源等县的茶叶亦有小部分从三都澳出口，所以本部分仅就闽东、闽北和闽南茶作出阐述。

一、西路茶和南路茶简况

清中后期，随着茶叶对外贸易发展，出口激增，闽茶进入鼎盛时期，茶区更加广泛发展，几乎县县产茶。闽茶按贸易习惯和地理情况可分东西南北四路：西路包括闽江上游、南平以北茶区，计有崇安、邵武、建阳、政和、松溪、浦城、建瓯、沙县、水吉等 9 个县，产茶占全省五分之一强。水吉最多，建瓯次之。产茶最早、历史最久，在福建省产茶史上占有重要地位。北路包括闽东一带福安、福鼎、寿宁、周宁、霞浦、宁德、屏南、柘荣等 8 县，产茶占全省三分之二左右。福安最多，福鼎次之，寿宁再次之。此路茶叶发展较迟，但后来居上，产量最多。东路包括古田、罗源、连江、闽侯等 4 县，产茶占全省十三分之一，古田占一半以上。此路产茶较早，但发展较慢。南路包括安溪、宁洋、大田、永春、南安、晋江、诏安、长泰、平和、漳平、龙岩、华安等 12 县，产茶占全省十三分之一强，安溪占一半以上。此路茶区较广阔，群众多有饮茶习惯，自用茶比例较大，有很大发展潜力①。

本书的研究区域，除包含以上四区之北路范围，还包括东路的古田。《福建省志——农业志》数据显示，闽东茶区产茶 8187 吨，占福建省的 66.85%②，其规模可见一斑。关于北路茶区之历史和外贸概况，如本书第二、三、四章所述，现对西路茶和南路茶的历史简单梳理如下。

1. 西路茶的简况。以武夷山为中心的茶区，自唐历经两宋、元、明、清初，一直名列第一。产茶最早、历史最久，代表传统社会最高茶艺技术，产业链齐全，品牌效益突出。西路茶区，又称闽北茶区，即邵武集中界首、崇安集中星村经江西到上海，建瓯经鲁口到南平再到福州③一线的茶叶的总称。在传统社会中，最具代表性的是北苑贡茶和御茶园。

官营茶苑可以建安北苑为代表。五代闽王王延钧龙启年间（933—934 年），建安县吉苑里人张晖“以所居北苑地宜茶，悉输之官”。这就是北苑的起源。北苑在民国时期即被列为王家御茶苑，所谓“以供玉食也”，南唐、两宋北苑一直是皇室茶苑，是历代贡

① 福建省地方志编纂委员会编：《福建省志——农业志》，北京：中国社会科学出版社，1999 年，第五章、第一节。
② 福建省地方志编纂委员会编：《福建省志——农业志》，北京：中国社会科学出版社，1999 年，第五章、第一节。
③ 省政府建设厅：《福建茶产之研究》（民国二十四年），转引自李步泉等主编：《闽东茶叶历史文化》，福州：海峡出版发行集团，海峡书局，第 548 页。

茶的主要生产地，产品供皇室和高官贵族消费。武夷山御茶园设置于大德六年[①]。自元朝开始，建茶贸易的重点从建瓯转到崇安武夷一带。“武夷茶虽萌芽于宋，然未甚。传至元，置官局于此，始废北苑而专武夷，其时采摘尚少。”[②] 在等级森严的中国传统社会里，不同地位、身份的人的衣食住行在一定程度和范围内即其等级标志。特别如官营茶苑自然是当时社会最高品质的象征，于是自此，北苑贡茶和御茶园即中国最高品质的茶叶的代名词，其被推崇度可想而知，仿制和附会纷至沓来。前文所提闽东的工夫和小种即佐证。

明初承袭宋元旧制，索取传统腊贡茶。《明史·食货志》载，天下贡额4032斤，福建2250斤，其中武夷贡茶941斤，几乎是全国的四分之一。明初茶禁甚严，诏载建茶入海者斩。永乐十五年（1417年），郑和第五次下西洋，随带武夷茶为外交礼品，闽北茶叶开始名扬海外。万历三十五年（1607年），荷兰及英国东印度公司开始从澳门和岭南收购武夷茶，经爪哇输往欧洲[③]。据徐渤《茶考》：明万历年间，武夷茶“岁所产十万肋，水浮陆转，鬻之四方，而武夷之名甲海内矣”。鉴于朝贡制度和泱泱大国之心理，礼物自然也是身份的象征之一，于是作为外交礼品的武夷茶走向海外并被接受和推崇。

清康熙六十年至雍正八年（1721—1730年），英国东印度公司输入武夷茶1250吨；乾隆十六年至二十五年（1751—1760年），增至8850吨，占全国茶叶输出量的63.78%。乾隆二十二年（1757年），“遍谕番商，嗣后口岸定于广东”。建茶便由陆路，从江西铅山顺信江而下，经鄱阳过大庾岭，由广州十三行代理向外商销售（禁止私商交易）[④]。乾隆年间（1736—1795年），良种大白茶在政和铁山村大量繁育，政和工夫茶和银针茶亦名扬中外，远销俄、美、德等国。全区有10多种名茶折1.5万吨经广州口岸输往英美，占广州口岸出口贸易的三分之二[⑤]。晋商历经艰险，开辟了从福建武夷山、湖南安化、湖北羊楼洞，途经鄱阳湖、汉口，河南赊旗镇、洛阳，穿越太行山，过太原、雁门关，出杀虎口、张家口，北上呼和浩特、乌兰巴托，直抵恰克图，然后远销莫斯科、欧洲的万里国际茶路[⑥]。据《福建历代茶政沿革考》载：“道光十二年（1832年），出口茶叶40.4万市担，价值1500万元，其中约有四分之三是福建武夷茶。”[⑦] 受武夷茶发展的影响，闽北许

① 徐晓望：《福建历代茶政沿革考》，《福建茶叶》，1986年第1期，第31-32页。

② ［清］蒋衡：《云寥山人文钞》卷四，引自彭泽益编：《中国近代手工业史资料》第一卷，北京：中华书局，1962年，第303页。

③ 南平地区地方志编纂委员会：《南平地区志》，北京：方志出版社，2004年，卷八，第五章、第一节。

④ 南平地区地方志编纂委员会：《南平地区志》，北京：方志出版社，2004年，卷八，第五章、第一节。

⑤ 南平地区地方志编纂委员会：《南平地区志》，北京：方志出版社，2004年，卷十九，第一章、第一节。

⑥ 高春平：《晋商与中俄恰克图茶叶贸易——纪念伟大的茶叶之路》，《全球史评论》，2010年第3期，第270页。

⑦ 南平市地方志编纂委员会编：《南平名产》，福州：海峡出版发行集团，海峡书局，2016年，第72页。

多地方如崇安（今武夷山市）和瓯宁水吉（今属建阳市），后邻近的浦城、建阳、邵武等茶叶迎来大发展。海外饮茶市场的形成、扩大和成熟，一口通商加剧供需关系矛盾等更提高茶叶价格，进而武夷茶叶给供需双方以“拜物教”特性。

鸦片战争后，外销的需要出现精制茶庄，进行茶叶加工。当时武夷山已有茶叶再加工业，梁章钜《归田琐记》记载：“浦城茶之佳者，往往转至武夷加焙。”全盛时期，武夷山有茶厂130多家、茶庄180多家，武夷青茶庄资本在1.5万—7.0万元。“五口通商”后，福州、厦门两口岸开放，促进闽北茶叶发展①。咸丰九年（1859年），福州口岸茶叶出口量10.27万吨②。清同治十一年（1872年）和光绪二年（1876年），俄商先后在延平创办2座砖茶厂，使茶叶贸易更趋活跃，茶农种植热情随之高涨③。同治、光绪初，武夷茶外销进入极盛时期，福州口岸年输出武夷茶3.5万吨以上。光绪四年（1878年）福州口岸出口80多万担，约占全国出口总量三分之一，其中武夷茶占十分之一。光绪六年（1880年）输出达4.01万吨，创福建茶叶输出最高纪录④。光绪中期，武夷山输出青茶300吨，平均值50万元；输出的红茶20万斤，约20万元⑤。光绪年间（1875—1908年），武夷岩茶产量30万斤，最高年份产茶50余万斤；南平的茂地、里村、王台、大历、岚下、大洋等地茶山遍布⑥。西路茶输于福州城西门，1899年16万箱⑦。宣统二年（1910年），茶园6.19万亩，收茶375余吨⑧。

1914年，詹金圃、杨瑞圃、李泉丰茶品在巴拿马赛会上分别获一、二等奖⑨。民国初年，因不法商人盗用商号，茶叶掺杂做假、以假乱真，南平茶信誉受毁⑩。1917年，受第一次世界大战影响，伦敦茶市关闭。1918年，禁止华茶入口，闽北茶叶逐渐衰落，尤其崇安输欧洲的红茶已基本绝迹。是年张源美茶行商标茶“白毛猴”，参加建瓯茶叶展览会，评为优等奖，茶叶生产又有起色。1922年，改制“白毛猴”4000箱，运销安南（越南）和东南亚一带。是时，红茶价跌，白茶兴起。1925年，中俄贸易恢复，开辟赤石到恰克图国际茶叶商路和北非新市场，红绿茶出现生机，次年正山小种输出达300余吨。厦门口岸

---

① 南平地区地方志编纂委员会：《南平地区志》，北京：方志出版社，2004年，卷八，第五章、第一节。

② 南平地区地方志编纂委员会：《南平地区志》，北京：方志出版社，2004年，卷十九，第一章、第一节。

③ 南平市志编纂委员会编：《南平市志（上下册）》，北京：中华书局，1994年，卷十五，第二章、第三节。

④ 此数据来源有待进一步考证。4.01万吨等于80余万担，而当年闽海关出口茶叶也仅次数而已，但闽海关出口的茶叶除西路茶外，还有东路茶和北路茶（《南平地区志》，北京：方志出版社，2004年，卷十九，第一章、第一节）。

⑤ 南平地区地方志编纂委员会：《南平地区志》，北京：方志出版社，2004年，卷十九，第一章、第一节。

⑥ 南平地区地方志编纂委员会：《南平地区志》，北京：方志出版社，2004年，卷八，第二章、第四节。

⑦ 佚名：《中国三都澳贸易现况及将来之豫想》，《湖北商务报》，1899年第33期，第36页。

⑧ 南平地区地方志编纂委员会：《南平地区志》，北京：方志出版社，2004年，卷八，第二章、第四节。

⑨ 南平地区地方志编纂委员会：《南平地区志》，北京：方志出版社，2004年，卷十九，第一章、第一节。

⑩ 南平市志编纂委员会编：《南平市志（上下册）》，北京：中华书局，1994年，卷十五，第二章、第三节。

输出8064担，至1926年骤增至595吨，增长47.6%，其中大部分来自闽北。1926年，政和白毫银针畅销德国，每担收购价达326元，最多年出口达50多吨。1926—1930年，崇安全县茶叶输出约2500吨。1934年闽北产茶2550吨，占全省总产量的23.3%①。1930年，闽北六县（建瓯、建阳、崇安、松溪、政和、邵武）输出36500担，1931年33250担，1932年30940担，1933年24620担，1934年21150担②。抗日战争时期，福建茶叶实施统制政策，保证茶叶出口，稳定国外市场。1938年闽北产茶2455吨，占全省总产量的23.4%；出口2.03万件，价值105.29万元。1939年闽北茶叶出口4.99万件，价值198.24万元，分别增长145.8%和88.28%。1939—1940年，崇安示范茶厂对九大茶行联号及桐木关红茶厂发放贷款22.11万元，制茶6060箱。太平洋战争爆发后，海路阻断，茶叶外销大受影响，绿茶、青茶失去国外市场，闽北茶区茶山抛荒，茶厂倒闭，茶行关门，茶业衰落。1940年，武夷岩茶只有24.9吨。至1949年闽北茶叶衰败，年产不及500吨③。

总之，在传统社会，西路茶历史悠久，代表传统社会的最高制茶技艺，品高质优；明清以来通过西客、闽南商人和广东商人运销俄罗斯和西欧，培养了海外饮茶习俗和巨大消费市场，并推动中国茶区的扩展和商品化进程。

2. 南路茶的简况。南路茶系以厦门港口为中心的福建南部的广大地区，即大田县和永春县茶叶集中安溪，经厦门出口④的茶叶。

明代以来，闽南地区海运发达。在东南亚，福建海商的帆船贸易早已成熟。欧人东渐之初，最先在东南亚接触的即中国漳泉海商⑤。明前期，尽管朝廷视海上私人贸易为非法，但与中外海商并未发生严重的流血冲突⑥。由于违禁私人贸易已成为对外贸易的主要途径，洪武至隆庆（1368—1567年）二百年间的主要对外贸易港口，并不是市舶司所在的港口，而是位于比较隐蔽地方、官方控制比较薄弱的违禁私人贸易港口。明代的私人贸易港口众多，南从广东的东莞、汕头，北至南直隶的丁屿、马迹，不下于数十处⑦。特别是英宗天顺年间（1457—1464年）以后，东南沿海各地对海上私人贸易“守臣不敢问，戍哨不能阻……一向蒙蔽公法”；这种局面“相延百数十年”“人情安于睹记之便，内外传袭，以为生理之常”⑧ 早期规模最大、时间较长的港口，分别是泉州府的安平港、捂屿港、漳州

① 南平地区地方志编纂委员会：《南平地区志》，北京：方志出版社，2004年，卷八，第五章、第一节。
② 佚名：《闽北各县之茶业（附图）》，《福建省统计月刊》，1936年，第2卷、第5期，第14页。
③ 南平地区地方志编纂委员会：《南平地区志》，北京：方志出版社，2004年，卷八，第五章、第一节。
④ 省政府建设厅：《福建茶产之研究》（1935年），转引自李步泉等主编：《闽东茶叶历史文化》，福州：海峡出版发行集团，海峡书局，第548页。
⑤ ［荷］包乐史：《中荷交往史》，庄国土译，香港：路口店出版社，1989年，第189页。
⑥ ［明］陈子龙等《明经世文编》，北京：中华书局，1962年，卷270。
⑦ ［明］陈子龙等《明经世文编》，北京：中华书局，1962年，卷282。
⑧ ［明］陈子龙等《明经世文编》，北京：中华书局，1962年，卷270。

府的月港[①]。“海上亦无盗警”的局面一直延续到嘉靖二年（1523 年），该年，明朝罢市舶司，而且“严其私请，商市渐阻”[②]；数年以后，朝廷开始武装镇压卷入沿海贸易的中外商人，直到隆庆元年（1567 年）于漳州月港重开部分海禁，“易私贩而为公贩”[③]，局面才有所改观。早在月港开禁以前，胡宗宪就已指出：私商为了躲避政府查处，往往“见本处禁严，勾引外省。在福建者，则于广东之高、潮等处造船，浙江之宁、绍等处置货，纠党入番”[④]。换言之，即福建海商于广东造船，到浙江进货，至外国贸易。

锚

由于乾隆二十二年（1757 年）清朝撤消江、浙、闽三海关，规定“夷船将来只许在广东收泊贸易”（《东华续录》，乾隆四十六年），学者在论及鸦片战争前的上海港时，往往忽略其对外贸易的存在。但据近年的研究，从康熙二十三年全国开放海禁，到 1840 年鸦片战争发生，一百五十余年间，只有康熙五十六年至雍正五年约十年短时间地禁止中国帆船到南洋贸易，其余时间对外贸易和航运一直属于开放状态；乾隆二十二年并未禁止中国帆船出洋到各国贸易，上海、宁波、厦门和广州都是政府规定的通洋正口，此外东洋船只仍可分别到上海、宁波等地贸易[⑤]。

茶叶贸易兴起后，在东南亚地区与漳泉海商进行贸易活动，逐渐成为荷兰等欧洲国家

---

① 吴松弟：《明清时期我国最大沿海贸易港的北移趋势与上海港的崛起》，《复旦学报（社会科学版）》，2001 年第 6 期，第 29 页。

② ［明］胡宪宗：《筹海图编》卷 11，《四库全书本》。

③ ［明］陈子龙等《明经世文编》，北京：中华书局，1962 年，卷 400。

④ ［明］陈子龙等《明经世文编》，北京：中华书局，1962 年，卷 267。

⑤ 吴松弟：《明清时期我国最大沿海贸易港的北移趋势与上海港的崛起》，《复旦学报（社会科学版）》，2001 年第 6 期，第 33 页。

在中国一口通商前获取中国茶叶的主要途径。

明中后期漳州月港虽一度开放，但限于各种原因，月港未能让漳州繁荣。于是商贸中心转至厦门。厦门是福建乌龙茶出口的传统口岸，郑成功据守厦门开展海上贸易时，茶叶是输往日本、东南亚的重要货物之一。17 世纪后半期，英国东印度公司商船来厦门时，茶叶是他们主要的采购物品①。1644 年后不久，英商在厦门建立贸易据点，经营茶叶输出。英语“茶”（Tea）的发音，就是来源于闽南方言②。但清初政府镇压了以郑成功为首的东南沿海地区反清斗争并下令“片板不准下海”。与此同时，鉴于猖獗的海盗，清政府取消各口岸的贸易权，只许广州一口通商，福建茶叶外贸一度衰落，当然包括闽南茶叶。

十三行是清政府指定专营对外贸易的垄断机构，从康熙二十五年（1686 年）设立，至咸丰六年（1856 年）被毁，其行使茶叶贸易的垄断权近两个世纪之久。在十三行时期，福建商人，主要是闽南商人也形成贸易优势。行商垄断时期，“闽皖商人贩运武夷、松萝茶叶，赴粤省销售，向由内河行走”③。如 18 世纪初，厦门的皇商老安官（Anqua）、秀官、寇官（Cowlo）、葵官（Quiqua）和唐官（Tonqua）都到广州与英国公司从事长期的茶叶交易④，即闽南商人贩运武夷茶至广州与外商交易之例；据乾嘉年间的广东十三行中，同文行（潘启创）、怡和行（伍国莹创）、义成行（叶上林）、丽泉行（潘长耀）、东裕行（谢嘉梧）、东兴行（谢有仁）、资元行（黎光华）各行俱闽籍，且都是漳泉人⑤。这些与洋商进行茶叶交易的行商也大多是闽籍人。由此可见，不仅在海外贸易网络上为茶叶运销提供了条件，而且在国内的港口转运、与洋商贸易等都离不开闽南人的支持。而闽南客商与在闽北从事茶叶生产销售的闽南人存在地缘、方言甚至或多或少的血缘关系，对闽北茶叶的外销起了很大作用。据周丽群对闽南茶商的研究，在十三行垄断外贸时期，十三行商人，特别是十三行中的闽南籍茶商在推进和发展福建茶叶外销的过程中起着举足轻重的作用。闽南茶叶外贸中茶商及其家族特别如十三行商人潘振承家族和伍秉鉴等，作用巨大。具体如下。

（1）潘振承。同文（孚）行是广州十三行中成功进行福建茶叶外销的外贸世家之一，由闽南籍茶商潘振承创立，历经潘振承、潘有度及潘正炜三代（潘振承在 1742 年左右开设同文行，潘振承去世后由潘有度管理同文行至 1807 年关闭，1815 年潘有度重新出任洋

---

① 厦门市地方志编纂委员会：《厦门市志》，北京：方志出版社，2004 年，卷二十七，第一章、第一节。

② Willian H. Uker All About Tea Vol 1. p. 38。

③ 《钦定大清令典事例》卷 63，嘉庆二十二年上谕，《续修四库全书》807《史部・政书类》，上海：上海古籍出版社，2002 年。

④ ［美］马士：《东印度公司对华贸易编年史》，区宗华译，广州：广东人民出版社，2016 年，卷 1－2，第 158－174 页。

⑤ 梁嘉彬：《广东十三行考》，广州：广东人民出版社，1999 年，第三章，第 256－342 页。

商后将同文行更名为同孚行)。潘振承为福建同安人，小时候由于清廷实行“海禁”致家境穷困。1727 年，清廷取消禁止商人出海到南阳贸易的禁令后，14 岁的潘振承随即下海做船工，并在后来离闽入粤从商。他初到广东之时先是在陈姓洋商的商行中经理事务，在积累了足够的经验和资金后创办了同文行。潘振承及潘氏家族以诚信为本的经营理念、务实进取的经商之道和创新开放的经营思想使得同文（孚）行跨越乾隆、嘉庆、道光三朝经营对外贸易，对清代福建茶叶出口的贡献颇多，特点为：诚信为本的经营理念，务实进取的经商之道，创新开放的经营思想，亦商亦儒的儒商风范①。

（2）伍秉鉴。2001 年，美国《华尔街日报》曾统计出 1000 年来世界上最富有的 50 人，其中有 6 名中国人，伍秉鉴位居其中，并且是唯一凭借商业贸易成为世界首富的中国人。伍秉鉴，祖籍福建安海。其父伍国莹为躲避战乱、逃离贫穷，于康熙初年举家迁往广东，并在潘振承家担任账房，后来创办怡和行。1801 年，32 岁的伍秉鉴接手其父亲创办的怡和行后，凭借着超前的经营理念在茶叶对外贸易中迅速崛起，成为十三行中著名的行商之一。伍秉鉴的经营哲学主要体现在三个方面：诚信真挚的商业交流，开阔的国际视野，巧妙的协调能力②。

具有“八闽门户”之称的厦门港，昔日为中国乌龙茶输出最大的港口，也是茶叶出口最大的输出口岸。1689 年，厦门出口茶叶 150 担，开中国内地茶叶直销英国市场之先③。19 世纪中后期，茶叶曾占厦门出口总值的 40%④，主要是福建本地的茶叶。19 世纪 70 年代中叶后，从国内输出的茶叶开始减少，此时台湾茶叶生产却发达起来。台茶从淡水等运往厦门再转运出口，因此厦门茶叶贸易仍方兴未艾。台湾茶业与厦门关系密切，茶叶的种植就是从闽南一带传过去的。1865 年，英商都德洋行首先在台湾购买毛茶运厦焙制加工出口，此后厦门商人也纷纷前往台湾开设茶行，“在厦门的洋行都附设分行在台湾，在那里都有一名或两名的代理人，他们在台湾购买茶叶，存栈，而后运载来厦门”。每当茶季，常有小型轮船行驶在厦门与淡水之间⑤。光绪三年（1877 年），茶叶出口达到高峰，为 5.50 万公担，厦门港成为当时西方人心目中的“中国第一输出茶叶的港口”。19 世纪末以后，国际茶叶贸易竞争激烈，厦门茶叶因以次充好，无法与台湾、日本产品竞争，建茶对欧美出口逐步衰落。民国时期，每年出口仅数百吨⑥。1923 年，厦门成立茶叶同业公会，

---

① 周丽群：《清代福建茶叶出口中的闽籍茶商及其经营》，《发展研究》，2012 年第 3 期，第 87－88 页。
② 周丽群：《清代福建茶叶出口中的闽籍茶商及其经营》，《发展研究》，2012 年第 3 期，第 88－89 页。
③ 陈慈玉：《近代中国茶业的发展与世界市场》，台北：“中央研究院”经济研究所，1982 年，第 183－184 页。
④ 厦门市地方志编纂委员会：《厦门市志》，北京：方志出版社，2004 年，卷二十七，第一章、第一节。
⑤ 胡刚：《近代福建茶叶对外贸易的盛衰》，《中国经济问题》，1985 年第 1 期，第 50－51 页。
⑥ 厦门市地方志编纂委员会：《厦门市志》，北京：方志出版社，2004 年，卷二十七，第一章、第一节。

有茶行茶庄40多家，此时出口局限在东南亚①。

明清以降，“溪茶遂仿岩茶样，先炒后焙不争差”②。安溪靠近厦门，出口方便，茶价又较便宜，因此，武夷岩茶的市场逐渐为安溪茶所代替，安溪茶开始在福建茶叶生产中占有重要地位③。1835年至1839年，年均有11万磅安溪茶输往英国④。晋江的清源茶，南安的英山茶，安溪茶的乌龙、铁观音、奇兰等都闯开了销路，其中“铁观音以松林头、破坑、长坪、西坪、刘坑、龙地、园潭等所产者为上……主要品种有红芽、竹叶两种，以红芽最优”⑤。

总之，南路茶的最大特点是除与武夷山茶叶种植运销关系密切外，特别与海外航路网络以及贸易往来密切联系。宋元明时期闽南因人口压力迁徙闽北和江西，部分人融入武夷茶产业，特别是明中后期以来，闽南商人中的闽南海商控制东南亚与中国大陆的海运、海贸局面与欧洲商人的茶叶外贸作用尤显突出外，清代闽南商人参与十三行中的茶叶贸易对闽茶的作用巨大，而将茶叶引种台湾和使台茶转口厦门贸易也与闽南商人关系密切。

二、 西路茶、 南路茶与北路茶

福建的西路茶、北路茶、东路茶和南路茶有着极为密切的关联。市场起到决定作用，当然还有其他要素。总之，诸多要素积累到一定程度，在特定环境下触发、配置、整合而成。

1. 西路茶与南路茶。相较于北路茶，从历史渊源、移民开荒、资金技术等而言，西路茶与南路茶关系更为密切些。福建各地区陆续开发，北路茶所属的闽东因为区位地理交通等开发最迟。沿海地区的闽南则地贫齿繁，出海谋生九死一生，人数毕竟有限，故一部分人向闽北（西路茶区）移民。以南平县为例，“依山傍谷，诛茅缚屋而居，曰棚民。携山禾、山芋、桐、茶、杉、漆、靛、竺、番薯之种，挈眷而来，披荆棘，驱狐狸种之，率皆汀、泉、漳、永之民……”⑥ 早期武夷茶就是由僧人经营的，而这些“武夷寺僧多晋江人，以茶坪为业，每寺订泉州人为茶师”⑦。同样，武夷道士也“多种茶”⑧。据说武夷岩茶就是由逃难到武夷山定居的安溪难民创制的，还有一部分难民逃到江西上饶、广丰一带定居，到茶季才来武夷山制茶⑨。可见此时段闽北茶叶技术也是得自闽南人民，连具体的

---

① 蔡清毅：《建茶在海上丝绸之路中的地位与历史影响研究》，《福建茶叶》，2015年第6期，第3页。
② 阮旻锡：《安溪茶歌》，引自乾隆《泉州府志》。
③ 苏鑫鸿：《抗日战争时期安溪茶叶生产的几个侧面》，《中国社会经济史研究》，1985年第4期，第98页。
④ 姚贤镐：《中国近代对外贸易史资料1840—1895年》（第1册），北京：中华书局，1962年，第282页。
⑤ 费梅儿、林仁川：《泉州农业经济史》，厦门：厦门大学出版社，1998年，第134－137页。
⑥ ［民国］《南平县志》卷11，《礼俗·引旧志》。
⑦ ［清］郭柏苍，胡枫泽校点：《闽产录异·茶》，长沙：岳麓书社，1986年，第15页。
⑧ ［清］林估：《武夷种茶歌》，［清］董天工：《乾隆武夷山志》，北京：方志出版社，2007年，第45页。
⑨ 陈椽、杨晓牛：《武夷茶三起三落》，载陈椽主编：《中国名茶研究选集》，安徽科委、安徽农学院1985年印本，第30页。

采摘制作工作很大部分由闽南人来做[①]。

由于闽南人大量长期经营武夷山茶叶，于是，久而久之，闽南语成为武夷茶营销的通用语言，“盖以前岩茶所有者多漳、泉、厦一带人，名茶师亦多闽南籍，包头自须娴厂主之语言，以减少主佣之隔阂”[②]。持有白银的这些海商，从海外贸易中获得了西方对茶叶需求的信息，进而携银到闽北来租山种茶，甚至开办茶厂组织茶叶的生产、加工制作，被称为“银主”[③]。他们用资金扶植或直接加入茶叶的生产制作，对扩大茶叶种植、促进茶叶生产发展、满足市场的需求起了极其重要的作用。此外，从闽北运茶到广州的茶商大多也是闽南人，甚至那些为茶商收购茶叶的小贩，也是闽南人占大多数。可以说，闽南商人、武夷寺僧及闽南茶师，形成了武夷茶栽培、制造到贸易的网络系统[④]。

清道光（公元1821—1850年）前后，外地到武夷经营者有“三帮二客”。三帮是：“广州帮”（包括香港）、“潮州帮”（包括广东汕头）、“下府帮”（包括厦门、晋江、南安、泉州、永春等）。两客是：“山西客”和“江西客”。这些外地商贾以“百数十万”作资本，或延聘当地有权势者当“茶头”“监工”，或雇用人员四处购买茶山、茶园和毛茶，或招收流民、农妇等采摘鲜叶并加工，或就地设厂（场）制茶。如“（建）贩（建）宁一邑，不下千厂。每厂大者百余人，小亦数十人”，规模之盛可想而知。这种租山设厂（场）的做法，既加速了资本主义生产方式的萌芽与发展，也繁荣了武夷茶区。每年初春，富商大贾自福州结伴溯江而上，各种工匠筐盈于山，担属于途，络绎不绝，负贩之辈运载转销长城内外、大江南北、两广和海外[⑤]。

西路茶的发展源于武夷山的天然禀赋、区位优势、政府重视。西路茶的品牌效应吸引了善于开拓进取、面临人口巨大压力，掌握一定市场如资金、海上交通和有一定海上贸易经验的闽南商人。

2. 南路茶与北路茶。西路茶与闽南茶商、资金、技术等密切关系，而北路茶也是在学习和提升武夷红茶发展而来，有着间接的联系，而南路茶商的出现多在福州成为茶叶输出大港后，福州南台地区。随着福州成为茶叶输出大港，拥有雄厚资金和丰富经验的闽南商人齐聚福州。福建的西路茶、东路茶和北路茶等通过闽南商人完成了与外商的对接，输出海外。19世纪中叶，福州是洋商买办采买茶叶荟萃云集之地，福州南台“为省会精华之区，洋行茶行，密如栉比，其买办多广东人。自道（光）咸（丰）以来，操是术者，

① 徐栋、丁日昌辑：《保甲书籍要·成规上》卷2，台北：台北成文出版社，1968年影印清同治十二年刊本。
② 唐永基、魏德端：《福建之茶》，福建省政府，1942年，第71页。
③ 杨国祯：《明清土地契约文书研究》，北京：人民出版社，1988年，第280页。
④ 张晓宁：《天子南库》，南昌：江西高校出版社，1999年，第86页。
⑤ 林岑：《福建茶事略考》，《福建论坛》，1982年第4期，第77－78页。

皆起家巨万"[①]。当然，鉴于十三行时期闽南商人在一定范围上主导福建外贸茶叶，且闽南与广东地域上毗邻交接，对于南来之商人多称之为广东人，由于没能明确区分，则记录为“多广东人”。天津帮分为福长兴帮和福泉兴帮。天津帮的茶叶多购自茅茶，在茅茶栈内加工精制后运装至天津，或自行开店经营，或委托代售；该资本雄厚，每年营业约达300万元，主要分布在上下杭地区。福长兴帮计有八家，多为长乐人所开。福泉兴帮有十余家，多为福州人、泉州人所开[②]。

紧接着，许多外商直接接手茶叶交易，1872年，俄国在福州开设砖茶厂，仅五年间，俄国在闽茶厂增至九家[③]。与此同时，1875年，福州商人在福州开设三家砖茶厂。1885年，我国茶叶占全俄进口总量的三分之一，其中有相当部分是在福州生产、装运的福建茶叶[④]。而这些加工之茶叶有一半以上源于闽东地区。

传统社会的茶叶外贸是大资金、长周期的产业，在近代茶贸发展初期，闽东地区的茶叶贸易缺少资金，而闽南资本雄厚的商人的加入无疑对闽东外贸茶叶系统的完善发挥作用。因此，南路茶与北路茶之关系更多体现在南路茶商雄厚资金、丰富经验、营销网络与北路茶区丰富的茶叶资源在福州开埠后的南台地区的密切对接，进而完成北路茶种植运销网络向海外拓展、延伸，实现生产者与消费者的密切对接，进而源源不断引导闽东茶叶投入海外消费市场。

3. 西路茶与北路茶。清代的闽北，茶叶种植随处可见。正如徐经所言：“履者外夷赴粤市，茶不知出于何地，其时建人以武夷所产出易于粤，亦甚寥寥，其后招集粤人聚于星村，通洋之市遂以武夷主之而凡建属之产尽冒武夷，于是有山无不种茶。”[⑤] 随着市场的发展，原来的武夷茶向工夫茶和小种红茶发展。早在18世纪初，工夫茶就作为更高级的红茶，与武夷茶一同出现在英国的茶叶采购单中，但在18世纪80年代中叶之前，出口的比例远不及武夷茶。《归田琐记》记载：“武夷茶有四等：……最著者曰花香，其由花香而上者曰小种，山中则以小种为常品，其等而上者曰名种，此山以下多不可得，得即泉州、厦门人所讲工夫茶，号称名种者，实仅小种也。”《闽产录异》又云：“又有就茗柯择嫩芽，以指头入锅，逐叶卷之，火候不精，则色黝而味焦，即泉、漳、台、澎人所称工夫茶。”可见，工夫茶是改良的武夷茶[⑥]。

“武夷山遍地产茶，近因采办过度，所产不足供天下之需，于是官商黠贾，运他郡茗

① 彭泽益：《中国近代手工业史资料》第一卷，北京：中华书局，1962年，第480页。
② 黄清敏主编：《双行名埠》，福州：海峡出版发行集团，福建美术出版社，2006年，第18页。
③ 李文治编：《中国近代农业史资料》第一辑，北京：三联书店，1957年，第407、404页。
④ 李文治编：《中国近代农业史资料》第一辑，北京：三联书店，1957年，第405、490页。
⑤ 徐经：《雅歌堂全集》卷十，上制府议禁种茶书，雅歌堂全集本。
⑥ 清蒋衡：《云寥山人文钞》卷四，转引自彭泽益编：《中国近代手工业史资料》第一卷，第303页。

芽，赴武夷制造，以假混真，而武夷遂有名无实。"[①] "武夷九曲之末为星村，鬻茶者骈集交易于此。多有贩他处所产，学其焙法，以赝充者，即武夷山下人亦不能办也。"[②] "山之第九曲尽处有星村镇，为行家萃聚。外有本省邵武、江西广信等处所产之茶，黑色红汤，土名江西乌，皆私售于星村各行。而行商则以之入于紫毫芽茶内售之，取其价廉而质重也……"[③]从以上记载可知，随着武夷茶叶对外贸易的蓬勃发展，供不应求极为严重，茶叶价格攀升，利润丰厚。于是，一些商人从武夷茶区周边的府县甚至是江西省广信府运来茶叶，在星村镇左近集中加工，卖于当地茶行。其生产技术和茶叶品质竟赶超武夷山的山下人所制，几至以假乱真。当然，武夷茶叶贸易的丰厚利润也影响其周边的府县，不仅扩大茶叶种植规模，还将生产的茶叶运往武夷山并用创新的加工技术进行加工，卖给武夷山茶行，又经本地茶行售给国外商人。据学者研究，同治年间闽江流域的茶市除原来的星村、水口等处外，赤右街、莒口、邵武界首、浦城、峡阳、洋口、政和、东风塘、南雅口、建阳、河口、黄坑、王台、书坊街、曹墩仔、高桥、高沙、将口、小湖、麻沙、永安，沙县等地纷纷出现茶叶市场，到了光绪年间顺昌、松溪、将乐、大湖、拿口、光泽、明溪等地也陆续形成了茶市[④]。与此同时，一些原来存在的茶叶市场这时却因地理位置的不利而走向衰落，以崇安的星村、下梅为例，这个时期逐渐为赤石茶市所替代。林馥泉称："其时（清初）武夷茶商集中崇安下梅，每日竹筏三百艘，转运不绝……尚有山西茶商称为西客，每家资本二三百万元，货物往返，络绎不绝，极盛一时……以光绪年间为全盛时期，此时茶市由下梅而移赤石。"[⑤] 于是，为区别缘于桐木关正山小种红茶与其他产区的红茶，"假小种"或"烟小种"的名称产生了。有此区别，并不等于"假小种"或"烟小种"品质不如正山小种，"假小种"或"烟小种"品质达到"以假混真"甚至赶超正山小种，至"即武夷山下人亦不能办也"的程度[⑥]。

当然，对于外国人而言，其对武夷山的概念是宽泛和模糊的，并不能很好辨别正山小种所在武夷山区域与武夷山脉。美国传教士卢公明（后来参与茶叶外贸）的《英华萃林韵府》（Vocabulary and Hand—Book of the Chinese Language）佐证这一事实，据书中记载：在福州销售的红茶中，"最上等的品种如工夫和小种，主要来自下列地区：它们大都位于

① ［清］彭光斗：《闽琐记》，转引自朱水涌：《武夷山世界文化遗产的监测与研究》，厦门：厦门大学出版社，2005 年，第 253 页。

② ［清］梁章矩校，于亦时点校：《归田琐记》，上海：上海古籍出版社，2012 年，第 146 页。

③ ［清］刘靖：《片刻余闲集》，乾隆十九年刊本，转引自陈宗愈：《中国茶经》，北京：光明日报出版社，1999 年，第 114 页。

④ 戴一峰：《近代闽江流域的航运业试探》，《中国社会经济史研究》，1986 年第 3 期。

⑤ 林馥泉：《武夷茶叶之生产制造与运销》，农业经济研究丛刊第二号，福建省农林处农业经济研究室，1943 年，福建省档案馆馆藏档案号 5－4－115。

⑥ 林伟龙：《武夷茶叶对英贸易研究（1843—1894）》，江西师范大学，2017 年，第 13－14 页。

福建武夷山，如星村，赤石街，侣口，邵武，建阳界首，水吉浦城，荚阳，洋口，政和，东风塘，南雅口，建宁府，河口，黄台，书坊街，曹墊仔，黄坑，伯林，北岭，坦洋。福州的青茶，如乌龙和宝春，大部分来自下列地区，如沙县、高桥、高沙、洋溪、尤溪、永安、福安、宁洋。最好的白毫则大部分来自邵武、梨源、将口、小湖、麻沙、仁寿、屏南、坦阳、白琳”①。按书中所列，至少坦洋、福安、屏南、白琳等闽东地区与正山小种所在的武夷山地区相去甚远，但其也多少与武夷山脉沾边。何况当时的外国人要的是自认为品质好（好喝）的红茶，至于何地生产、有何特色则更多属于茶文化范畴需更深入的品饮后的事。

随着供需市场的变动，茶农在生产过程中积极探索，发明和制造了品类众多的茶叶，尤其是福建外销茶受挫时期，新的茶叶品种争先恐后地涌现。鉴于成本与效益的关系，许多茶农创新制作技术，新品种逐渐取代武夷红茶。如前所述，闽东外贸茶类中的坦洋工夫、白琳工夫、东洋工夫、政和工夫、古田小种、屏南小种等是由正山小种发展而来，都是因为外贸市场上供不应求、利润丰厚，引发市场创新，模仿正山小种，进入市场；后被消费者接受，打出新品牌，占领更大市场。最终导致自闽北停产红茶后，福建输出的红茶主要来自闽东②。

民居木雕图

北路茶赶超西路茶至少在三都澳开埠之前。当然，更多的是国际市场的竞争更为激烈，且西路茶虽然走闽江航线，在运费上（在传统社会中的国际贸易，运费占成本很大的

① Vocabulary and Hand—Book of the Chinese Language，1872，Vol. II，pp. 632—633。
② 詹宣猷：《建瓯县志·实业》卷25，建瓯芝新印刷所排印本，1929年，第2页。

部分）已经有很大的降低，但与北路茶相比较，成本还是高的。民国时期的北路茶已经远超西路茶。以民国二十八年为例，闽北（六县二区：福安、福鼎、寿宁、霞浦、屏南、宁德，柘洋、周墩）产茶133860担，占当年闽省总产量（209950担）的63.76%，闽西（八县一区：崇安、邵武、建阳、政和、松溪、蒲城、建瓯、沙县，水吉）则产49140担，占23.41%，两区合计共占全省总产量的87.17%①。如加上东路的古田（现在属于闽东地区）则此比例将更高些。关于西路茶区与北路茶区人口、户数的比对见表5－2。

表5－2　　1912年、1938年福建部分产茶县人口户数、户均人数、人口年增长率比较表②

县别	面积（平方公里）	民国元年				民国二十七年				
		户数（户）	人口（人）	户均数（人）	人口密度（人/平方公里）	户数（户）	人口（人）	户均数（人）	人口密度（人/平方公里）	年增长率（‰）
福安	1950	33402	355100	10.63	182.10	49827	283965	5.70	145.62	－8.6
霞浦	2120	29507	69154	2.34	32.62	37702	205389	5.45	96.88	42.8
宁德	2050	45833	191721	4.18	93.52	39754	194527	4.89	94.89	0.6
福鼎	2070	28914	170809	5.19	82.52	43708	252316	5.77	121.89	15.1
屏南	1400	17024	82212	4.83	58.72	15302	76459	5.00	54.61	－2.8
寿宁	1770	17011	71633	4.21	40.47	24395	117782	4.83	66.54	19.3
合计	11360	171691	940629	5.48	82.80	210688	1130438	5.37	99.51	7.1
崇安	2170	34952	115887	3.32	53.40	13232	58389	4.41	26.91	－26.0
邵武	2570	32602	117496	3.60	45.72	19442	95015	4.89	36.97	－8.1
建阳	1750	27431	95122	3.47	54.36	19646	84718	4.31	48.41	－4.4
政和	1620	16371	110836	6.77	68.42	15437	74651	4.84	46.08	－15.1
松溪	950	15331	75210	4.91	79.17	12302	58887	4.79	61.99	－9.4
蒲城	2800	42537	177723	4.18	63.47	42133	189889	4.51	67.82	2.6
建瓯	5120	72725	534847	7.35	104.46	48764	204870	4.20	40.01	－36.2
沙县	2850	39790	159371	4.01	55.92	26595	116067	4.36	40.73	－12.1
合计	19830	281739	1386492	4.92	69.92	197551	882486	4.47	44.51	－17.2

资料来源：（1）民元年资料转引自陈汉光《福建人口简介》，载于《福建文献》第2卷、第7期，第12－13页，而敲文所用资料转引自民国6年日本外务省通商局编《福建事情》。民国二十七年资料取自《闽政月刊》第3卷、第5期，第53－54页，民国二十七年各县区保甲户口统计，人口密度及每户平均人数人口年增长率则系自行算出。（2）周墩拓洋水吉三特区，由于民元年无此数字，故未列入计算。

---

① 《民国二十八年福建各县茶生产量值》，《闽政月刊》，第7卷、第4期，1941年12月31日，第87页。

② 李国祁：《民国时期福建产茶区的农村经济——以闽北闽西为例》，“中央研究院”近代史研究所编：《中国近代农村经济论文集》，1989年12月，第420页。

表5－2展示了民国元年和民国二十七年北路茶区和西路茶区在面积、户数、人口、户均数和人口密度的比对，北路茶区6县在人口密度上年均增长7.1。具体而言，两县负增长，且年负增长数据并不大，都在10以内；四县正增长，三县年增长在两位数，特别如霞浦竟达到42.8；而宁德则略有增长。相对于西路茶区的8个县，人口密度年负增长17.2。具体而言，只有蒲城为正增长，且只有2.6；四县年负增长两位数，高者达36.2；三县年均负增长在10以内。在传统社会里，仅从经济与人口关系角度考虑，人口增长受当地经济发展制约，区域经济承载力下降的明显表现即人口负增长，而对于原重要外贸茶区而言，茶产业的破败自然首当其冲。当然，北路茶区中早期外贸茶叶较充分发展的福安和屏南人口外流，霞浦、寿宁、福鼎则为人口增加和流入区。而古田茶区的人口向海外迁移。古田籍海外移民始于20世纪初，是在基督新教教会的组织与帮助下完成的。1900年、1901年和1902年，前后三批共有1000多名“福州十邑”的民工到马来西亚砂罗越江呼开发“新福州”，三批都是由基督新教会的牧师组织和带领的，其中大多数成员都是基督徒和他们的家属、亲友①。闽西茶区则普遍出现人口负增长。关于福建北路茶和西路茶产业链情况如表5－3所示。

表5－3　闽北、闽西茶园面积茶农人数户数及茶商家数统计

县别	茶农			茶园			茶商			
	茶农户数（户）	茶农人数（人）	户均人数（人）	茶园总面积（亩）	户均亩数（亩）	人均亩数（亩）	茶商家数（家）	茶农户数/茶商	茶农人数/茶商	茶园亩数/茶商
闽北										
福安	4000	67000	16.75	7500	1.88	0.11	695	5.76	96.40	10.79
宁德	13771	41313	3	44800	3.54	1.18	1574	8.90	26.71	31.54
周墩	6830	28380	4.16	6200	0.91	0.22	8	853.75	3547.5	775
福鼎	6450	30916	4.79	46990*	7.29*	1.52*	66	97.73	468.42	711.97
屏南	3500	7000	2	10680*	3.05*	1.53*	32	109.38	218.75	333.75
寿宁	7632	23202	3.04	57264	7.50	2.47	44	173.45	527.32	1301.45
合计	42183	197811	4.69	177434	4.21	0.9	2392	17.64	82.70	74.18
霞浦	248	288	1.16	18000*	72.58	62.2				
柘荣	3000	9000	3	3000	1.00	0.33				
合计	45431	207099	4.58	198434	4.37	0.96				

① 游巧华编：《古田基督新教崇尚史》，古田县基督新教两会印刷，第32页。

续表

县别	茶农			茶园			茶商			
	茶农户数（户）	茶农人数（人）	户均人数（人）	茶园总面积（亩）	户均亩数（亩）	人均亩数（亩）	茶商家数（家）	茶农户数/茶商	茶农人数/茶商	茶园亩数/茶商
闽西										
崇安	1100	4300	3.91	29900 *	27.18	6.95	22	50	195.45	1359.09
邵武	482	3000	6.22	67300	139.63	22.43	12	40.17	250	5608.33
建阳	80	400	5	3400	42.5	8.5	4	20	100	850
松溪	456	1800	3.95	13006	28.52	7.23	32	14.25	56.25	406.44
蒲城	25	30	1.2	700 *	28	23.33	2	12.5	15	350
沙县	150	260	1.73	5000	33.33	19.23	3	50	86.67	1666.67
合计	2293	9790	4.27	119306	52.03	12.19	75	30.57	130.53	1590.75
政和	179	621	3.47	2704	15.11	4.35				
建瓯				45500 *						

资料来源：（1）表内“＊”之数字系民国二十八年数字，采自福建建省厅编《福建经济概况》，第68页；（2）表内其他数字取自《闽政月刊》，第3卷，第4期，第50页。

根据表5－3可知，1939年北路茶区茶农户均人数（4.69）是西路茶区的1.1倍，这符合传统社会农人通过较大家庭组合以增加抗拒风险实力的措施；北路茶区人均茶园面积不足1亩，而西路茶区则是北路茶区的13倍多；北路茶区的茶商数是西路茶区的31倍多，因此，茶农户数/茶商、茶农人数/茶商、茶园亩数/茶商自然远逊于西路茶区，但“商而通之”，对于外贸茶区而言，一定比例的商人的积极作用发挥了产业链平衡的作用。

三、 运输成本降低推进大发展

从唐历宋、元、明、清至民国，千余年来，闽茶茁壮成长，得益于五代、两宋、元明清，历朝统治者的高度重视。西路茶以传统最高之工艺备受皇亲贵胄青睐，更为文人骚客推崇，被捧为珍品。宋元时期福建沿海，特别是闽南地区人口稠密，北苑贡茶和御茶园的品牌效益吸引着部分闽南人向闽北迁徙，即使入住武夷山的闽南籍和尚、道士皆与武夷茶紧相关联，这为明清时期掌握外贸通道、擅长对外贸易的闽南商人奠定将武夷茶叶推向欧洲的基础。也鉴于闽南海商打响武夷茶在欧洲的品牌效应，闽东的福建北路茶开始模仿、改进、提升小种红茶，创新了如坦洋工夫、白琳工夫、政和工夫、东洋工夫、屏南小种、外山小种等红茶系列，降低了成本；太平天国战乱整合了闽东诸多有利于外贸茶叶发展的要素，迎合了欧洲人的喜好，创造了北路茶的辉煌，推动闽东近代化进程。可以说，伴随着闽茶的传承和创新，从武夷山推向福建各个区域，在历史的不同时段，福建各路茶“八仙过海，各领风骚”。

美国托马斯·莱昂斯对1862—1925年福建港出口与复出口的茶叶类别做了详细论述。其中海关统计的红茶类别共十一小类，分别是工夫、小种、包种、乌龙、安溪、白毫薰花茶与白毫、白毫橘茶与白毫橘花薰茶、普通马槟榔、花香马槟榔、其他、混合的或为分类的①。这十一个小类中，既有归结为红茶的工夫和小种，也有归为青茶的乌龙、安溪，还有归为白茶的白毫薰花茶与白毫、白毫橘茶与白毫橘花薰茶等，却少有坦洋工夫、白琳工夫、东洋工夫、政和工夫、古田小种、屏南小种等名称，而这些按地域命名的茶叶名称却蕴含着降低成本和技术创新，其最为明显的体现即闽东茶叶外贸的不断发展。

1. 三都澳开埠后茶叶出口在福建和全国的比重。

第一，三都澳开埠后茶叶出口在福建的比重。关于三都澳开埠后闽东茶叶出口在福建省的比重如表5-4所示。

表5-4　　三都澳出口茶叶占福建省总量的比重（1899—1949年）　　单位：市担

年份	福建省茶叶出口总量	三都澳茶叶出口总量	三都澳占福建省比重（%）
1899	480000	89735	18.69
1916	200000	111344	55.67
1926	200000	119857	59.92
1929	350000	112919	32.26
1936	245000	115490	47.14
1949	76800	41467	54.00

资料来源：（1）林桂镗《茶业科技必将登上新台阶》，《福建茶叶》，1992年第3期；（2）福建省农业厅《福建茶叶》（初稿），1959年9月；（3）海关资料：三都澳1899—1932年贸易报告、统计册等；（4）福安专署茶业局，福安专区茶科所《闽东茶树栽培技术》，福州：福建人民出版社，1960年。

根据表5-4可知，自开埠以来，三都澳茶叶出口数量在10万担左右，即相对而言，三都澳出口是稳中有进，但就福建省而言则未必尽然，因此，其比例升高的主要原因是在全福建茶叶输出总体下降态势下，三都澳输出相对稳定且有增加之故。

太平军战事对中国传统茶区的冲击巨大，因为战区几乎与传统茶区重叠。当然战争给某些遭受战祸区域带来破坏的同时，也给某些未遭受和少遭受战祸区域带来商机。老茶区增加了种植面积，新茶区不断成长起来。如福建武夷山区，1852年，“上万英亩的土地都种着茶树，而且大部分土地显然是最近几年开垦和栽种起来的”②。“海禁大开，各县所产

① ［美］托马斯·莱昂斯：《中国海关与贸易统计1859—1948》，毛立坤等译，杭州：浙江大学出版社，2009年，第89页。

② R Fortune：“Travels in the Ten Countries of China”，p. 263。

之茶，集中平水，加工精制为圆形绿茶，大量输出，以供国外市场之需要，昔日供应全国之日铸茶，遂一变而为运销海外之平水茶。”① 同样在浙江省，四明山区横跨数县，“采购人员接踵上山，刺激了山上农民种茶的劲头，于是大片荒山与部分林区，披荆斩棘，锄石松土，开拓平整，尽皆栽种了茶树。就此以后，茶叶便成了四明山区的主要生产”②。又如驰名中外的安徽祁门红茶，最初是由当地一名叫胡元龙的人“于前清咸丰年间，即在贵溪（村名）开辟荒山五千余亩，兴植茶树”③。后来，根据北洋政府的农商统计，到1914年我国的茶叶出口已呈衰弱之时，全国尚有茶农935337万户，茶田面积5353万亩，各类茶叶（包括红茶、绿茶、茶末、茶子、茶芽）产量735769万斤④。而太平军战事使闽东诸多有利于外贸茶叶发展的要素实现最佳的优化配置。三都澳开埠进一步节约闽东外贸茶叶的成本，特别是运输成本，提升竞争力。

第二，三都澳开埠后茶叶出口在全国的比重。从自开埠后输出的茶叶数据可见，三都澳出口相对较稳，如表5－5所示。

表5－5　　1899—1931年三都澳与全国茶叶出口对比一览表　　单位：市担

年份	全国茶叶出口量	三都澳茶叶出口量	三都澳占全国比重（%）	年份	全国茶叶出口量	三都澳茶叶出口量	三都澳占全国比重（%）
1899	1630895	89735	5.50	1916	1542633	111344	7.22
1900	1384324	102596	7.41	1917	1125535	108832	9.63
1901	1157993	99958	8.63	1918	404217	92285	22.83
1902	1519211	88345	5.81	1919	690115	111507	16.15
1903	1677530	104909	6.25	1920	305906	—	—
1904	1451249	103162	7.11	1921	430328	—	—
1905	1369298	111187	8.12	1922	576073	104619	18.16
1906	1404128	109928	7.83	1923	801417	142829	17.82
1907	1610125	105250	6.53	1924	765935	134735	17.59
1908	1576136	119239	7.56	1925	833008	118965	14.28
1909	1498443	109414	7.30	1926	839317	119857	14.28
1910	1560800	123934	7.94	1927	872176	122322	14.02
1911	1462803	120197	8.21	1928	926022	116692	12.60
1912	1481700	107241	7.24	1929	947730	112919	11.91

① 吕允福：《浙江之平水茶叶》，《国际贸易导报》，1934年，第6卷、第6期。

② 陈一鸥：《浙东茶叶剥削简史》，《浙江文史资料选辑》第11辑，1979年1月。

③ 佚名：《农商公报》第20期，摘自彭泽益：《中国近代手工业史资料》第二卷，第104页。

④ 佚名：《第四、五次农商统计表》，转引自许道夫编：《中国近代农业生产及贸易统计资料》，上海：上海人民出版社，1983年，第238页。

续表

年份	全国茶叶出口量	三都澳茶叶出口量	三都澳占全国比重（%）	年份	全国茶叶出口量	三都澳茶叶出口量	三都澳占全国比重（%）
1913	1442109	111948	7.76	1930	694084	102485	14.76
1914	1498799	112739	7.54	1931	703000	111199	15.82
1915	1782353	142586	7.99				

资料来源：宁德市蕉城区茶叶协会编：《宁川茶脉》，北京：中国农业出版社，2015 年，第 74、77－78 页。

如表 5－5 所示，三都澳茶叶输出以十万担为轴线上下波动。除个别年份如 1899 年、1901 年、1902 年、1918 年略少于 10 万担，其余年份皆在 10 万担以上。如此稳定向好的趋势显示三都澳腹地扎实的茶叶种制运销的基础和稳步的拓展势头，最为显著的是闽北的政和、松溪，浙江温州与闽东交界处的茶叶因为三都澳成为稳固集散中心，由三都澳潜在腹地变成稳定供应源。当然，此间亦有宗族文化中优秀部分发挥的作用。中国宗族文化源远流长，特别是闽东地区因闭塞而使宗族文化精华部分在茶叶外贸大发展时期，在市场这一法制经济尚未出现时，在某种程度和范围上代行近代立法，规范闽东茶叶外贸市场，主要表现在如下几个方面：一是家族企业的分工与协作。明确家族经营目标，通过教育达成核心成员特长互补，向心力强，思想统一，已形成齐心协力共同经营好茶叶外贸事业的基础。二是诚实守信。儒商是传统社会中国商人追求的最高目标。特别是闽东茶商，在经商过程中秉持质量第一、诚信经营、童叟无欺，在经商致富后多乐善好施，特别表现在修桥铺路、普及私塾教育、建设宗祠等深受好评。三是宗族文化对整个家族的规范作用。用伦理力量、行会规则等保证种制运销环节符合保质保量的内在需求。于是，闽东地区茶叶营运有序推进。即使外部社会动荡不安，但在某种程度和范围内的承受力保证了近百年茶叶外贸的繁荣进而推动闽东社会的发展。

2. 降低运输成本是实现福建北路茶外贸大发展的基础。在近代社会，经济全球化背景下的海外市场，降低成本是其实现发展和繁荣的前提条件，而众多的成本中，又以运输成本为第一。现以此为例，对福建茶叶外贸运输成本做些比对，以揭示闽东茶叶外贸中运输成本降低等的意义。

（1）武夷茶广州线路。关于此，姚贤镐先生描述如下："每当产茶季，茶贩纷纷深入闽北各穷乡僻壤收购茶叶，然后运到崇安县星村镇，卖给与外销有联系的茶商，加工成各种牌号的箱茶，再雇挑夫，翻山越岭，运至江西河口镇。河口镇是一个重要的茶叶转运站，这里茶行林立，广东的许多茶商在此收购茶叶，装上平底大船，顺信江而下，水运到鄱阳湖，再由鄱阳湖转入赣江，溯流而上，经南昌、抵赣州，从赣州沿章水继续运到大余，在大余起岸后，雇挑夫翻过大庾岭，挑到广东始兴县重新装船，然后运到韶州府的曲江县，沿北江直达广州。”①

据此记录，武夷茶叶运输路线分为四段：第一段，茶商雇挑夫（苦力）将箱茶由星村镇翻过崇安的分水关，挑运至江西广信府河口镇；第二段，从河口镇装船运输，沿着信江、赣江到江西省南安府，途经江西省的广信府、饶州府、南昌府、临江府、吉安府、赣州府、南安府等地；第三段，雇用挑夫从南安府大庆县（今赣州市大余县）出发，经大庾岭，将箱茶挑运至南雄州始兴县；第四段，箱茶在南雄州始兴县装船运输，途经南雄州、韶州府、广州府，最终到达茶叶外贸商指定的地点②。

武夷茶叶在福建省建安府崇安县星村镇集中，然后运输至广东省广州府共计 3020 里路，合计经过建宁府、广信府、饶州府、南昌府、吉安府、饶州府、临江府、吉安府、赣州府、南安府、南雄州、韶州府、广州府等 13 府。以往茶叶从武夷山运往广州，需六星期或两个月③。

（2）武夷茶上海线路。简述如下：福建省崇安县星村镇—福建省崇安县—江西省广信府铅山县—江西省广信府河口镇—江西省广信府玉山县—浙江省衢州府常山县—浙江省宁波府奉化县江口镇—浙江省杭州府仁和县黑桥—江苏省松江府上海县。武夷茶叶经过上海运销英国的路线，全长 1860 里，具体如表 5－6 所示。

表 5－6　　武夷茶叶运往上海贸易线路情况一览表

路线	水、陆路	路程（里）	时间（天）
崇安县—河口	陆路	280	6
河口—玉山	水路	180	4
玉山—常山	陆路	100	3
常山—杭州府	水路	800	6
杭州—上海	水路	500	5
总计		1860	24

资料来源：Robert Fortune. A Journey to the Tea Countries of China，262－270，引自姚贤镐：《中国近代对外贸易史资料》，第二册，北京：中华书局 1962 年，第 1539－1542 页。

① 姚贤镐：《中国近代对外贸易史资料第三册》，北京：中华书局，1962 年，第 1538 页。

② 武夷山到广州线路如下：福建省建宁府崇安县星村镇—福建省建宁府崇安县—江西省广信府铅山县—江西省广信府河口镇—江西省广信府弋阳县—江西省广信府贵溪县—江西省饶州府安仁县—江西省饶州府瑞洪镇—江西省南昌府—江西省南昌府市搓镇—江西省南昌府丰城县—江西省临江府漳树镇—江西省临江府新涂县—江西省临江府峡江县—江西省吉安府吉水县—江西省吉安府—江西省吉安府太和县—江西省吉安府万安县—江西省吉安府皂口镇—江西省赣州府赣县—江西省南安府南康县—江西省南安府大庆县—广东省南雄州始兴县—广东省韶州府曲江县—广东省韶州府清溪镇—广东省韶州府英德县—广东省广州府清远县—广东省广州府佛山镇—广东省广州府。

③ R. Fortune：A Journey to the Tea Countries of China，pp. 264，266。

从以上两条线路的比对可以看出，武夷山茶叶运到广州需6星期或两个月，而到上海则只需24天，于是上海开埠后从1843年开始，武夷茶叶对外贸易开始走上海线，而且随着茶叶外贸的发展，武夷茶叶经过上海口岸出口呈现上升趋势，这一过程一直延续到1853年太平天国定都天京，切断武夷茶叶往上海的运输路线止。武夷茶叶经过陆路和江河运输到广州、上海对英出口贸易，路途遥远、税卡林立、运费昂贵，导致成本高企。从星村将武夷茶叶运输到广州，全程为2800多华里，哪怕是从星村将武夷茶叶运输到上海，全程也有1800多华里，“运费为每担1.359两，此外，还要加上茶叶成本费、加工烘培费、包装费、厘金及出口税，茶叶运至上海的总费用为每担9.773两。武夷山茶在上海的售价，一般每担在11两至12两上下”①。因此，随着国内茶叶市场的发展，供给数量不断增多，价格逐渐下滑。而随着价格的下滑，武夷茶叶运输到广州、上海销售利润越来越单薄；且随着太平天国阻隔武夷茶叶外贸通道，开辟新茶路迫在眉睫。

（3）武夷茶福州线路。福州港距武夷茶区近，水运相对方便。武夷茶叶从星村集中装船，顺江而下，只需要4天时间，就可到达，因此，西方茶商迫切希望开辟由武夷到福州的茶叶运输路线。早在鸦片战争前，德国传教士郭士立就已经进入武夷茶区考察。胡夏米在《航行报告》中也提道：“当我在这个口岸（福州）停留的时候，我很注意打听关于如何采购和载运茶叶的方便方法。”并推测武夷茶叶运输福州销售的价格，要比武夷茶叶运输广州低大约30%，因而，“仅就运茶到广州与福州之间的费用的差别来说，一年每担可节省四两，那么每年十五万担，就是节省六十万两”②。运输费用的降低，促使销售价格下降，从而带动武夷茶叶销量的增加。

闽江是福建省最大的河流，“闽江主流全长559公里……南平以下称闽江，至长门口（连江县）长211公里。南平以上习惯上称上游，有沙溪干流和富屯溪、建溪两条支流；南平至安仁溪口为中游，右有尤溪支流，左有古田溪支流汇入，安仁溪口以下至长门口为下游”③。即武夷茶叶闽江通道，在上游则主要是通过建溪来实现的。“建溪是闽江上游三大溪中最大的溪流……占闽江流域的27%。河系贯通崇安、建阳、浦城、松溪、政和、建瓯、南平七个县市……建溪的主支流南浦溪、崇阳溪分别在长源、湖塘下一公里处汇流，并在建瓯通济门附近接纳松溪。上游三溪汇流后，河面渐宽，河床趋于平直。从建瓯徐墩的长源村至南平延福门全长180公里，后与沙溪、富屯溪汇合，注入闽江干流。建溪主航道崇安至南平全长197.5公里，河床系岩石、卵石，其中崇安至建瓯129.1公里，枯水航

---

① 林仁川：《福建对外贸易与海关史》，厦门：鹭江出版社，1991年，第234-235页。
② 福建师范大学历史系：《鸦片战争在闽台史料选编》，福州：福建人民出版社，1982年，第83页。
③ 福建省地方志编纂委员会：《福建省志——交通志》，北京：方志出版社，1998年，第111-112页。

道水深 0.3 米，航道宽度 5—6 米。”①

根据以上描述可知，建溪所贯通的崇安县、建阳县、建瓯县、浦城县、松溪县、政和县、南平县等七个县市，清朝中后期基本都属于武夷茶区，而正是闽江上游的建溪，将武夷茶区的茶叶源源不断汇聚于闽江航线之终点福州港，并通过停泊在福州的轮船运出。

现以武夷茶叶从桐木关、崇安县城（赤石）集中运往福州的路径为例做些说明。崇安县下水，三十里武夷山（山景绝胜），四十里兴田骚，五十里天滩，挂滩，走马滩，考亭（朱子书院），五十里漳滩（险），五十里双溪口，五里白沙铺，五里和尚滩，叶坊骚（属欧宁县），共四十里。羊角滩，青铜滩，挨脚滩，建宁府，共四十里。太平骚，四十里大横骚，二十五里张湖，十五里黯淡滩（险），五十里延平府，五十里茶阳骚，二十里罗汉阁，二十里沧峡，二十里黄田骚，三十里水口骚，三十里大薯铺，五里小署铺，八十五里白沙骚（属侯官县），六十五里羊源骚，廿里福州府三山骚②。据此可知，崇安县到延平府的闽江上游，水程 440 里；延平府至水口驿的闽江中游，水程 140 里；水口驿至福州府三山驿的闽江下游，水程 205 里。也就是说，茶叶集中于崇安县装小船下水，到福州府的茶叶行栈的水路总程 785 里。如果加上从桐木关到崇安县，从三山驿到闽江出海口的距离，也不超过 1000 里。相较于武夷茶叶经过上海线的 1860 里和武夷茶叶走广州线的 3020 里，其距离可是大为缩短。因而，尽管武夷茶叶闽江水路相对于广州运输路线和上海运输路线中的水路而言，运输条件差些；但水运路程较短，一水可通，无须水陆倒腾，运输时间也缩短，这是广州路线和上海路线无法企及的，于是 1853 年以后武夷茶叶改走闽江水运线。

（4）北路茶运输路线。根据第四章中的表 4 - 12 显示，福宁（霞浦）到三都澳，陆路 40 华里，水路 116 华里；松溪到三都澳，陆路 340 华里，水路 185 华里；连江到三都澳，陆路 140 华里，水陆 30 华里③。三都澳与福州海路距离 70 海里，与宁德海路距离 30 华里，与福安两地相距 185 华里④。如按水程计之，福安到三都澳 185 华里，宁德到三都澳 30 华里，福宁到三都澳 116 华里。加上三都澳到福州 70 海里（合 260 华里），那么福安到福州水路 445 华里，福宁到福州 376 华里，宁德到福州 290 华里。这些都短于崇安县到福州府的水路总程（785 华里）。综上所述，茶叶成本特别是运输成本的降低促成北路茶外贸的大发展。

---

① 福建省地方志编纂委员会：《福建省志——交通志》，北京：方志出版社，1998 年，第 115 - 116 页。

② 袁蝉：《明清时期闽赣地区山林产品流通与贸易研究》，北京：北京林业大学，2010 年，第 22 页。

③ ［日］东亚同文会编纂：《福建省全志（1907—1917）》，李斗石译，延吉：延边大学出版社，2015 年，第 215 - 223 页。

④ ［日］东亚同文会编纂：《福建省全志（1907—1917）》，李斗石译，延吉：延边大学出版社，2015 年，第 44 页。

(5) 运输价格。民国时，周宁运力无固定组织，狮城平时从事挑运者仅30—40人，茶季时多至百七八十人。长途运输，一般挑60公斤左右，每日运程20公里左右。为防止土匪抢劫，长途运输皆结队成行，前导者称“带肩”，起步、歇脚均由带肩者提前三、五步以杖击地预示。一般以“上岭三十步，下岭三十步，平路五十四步”为一肩。每队挑必同肩，以便与他人交会。交会时遵循“下岭让上岭，轻挑让重挑，徒步让挑担”“下岭须放杖，上岭可撬肩”的习俗。人力肩挑价格，历来均由货运双方根据农事忙闲、路况好坏、运输难易自由约定。1941年2月，周墩特种区的评价委员会评定肩挑每50公斤5公里运价0.80元，每吨公里3.2元[①]。

由内河港口集中三都澳运费。从穆洋到赛岐运费为：红茶每箱一角，加下水挑工三分；绿茶每袋一角，加下水挑工三分。寿宁县斜滩经武曲、社口至赛岐每箱工夫，头春二角五分（头春茶旺时小船缺乏，供不应求则须赶载加赏每箱一角至二角）[②]。福宁府福安县的丹（坦）洋、穆阳、阳头为主产区，红茶、绿茶、青茶最多，其他乌龙茶、杂茶也有，其运输路线大概也是经过三都澳通过海路到达福州，运输费从丹（坦）洋到三都澳之间挑工、船费合计一百斤一元三十仙[③]。

八都为集中地，八都出水到三都澳的村庄如咸村、占家洋、川中、云门、高山、坊亭、芽村、占家洋、梧桐坑、下坑、坊亭、玛坑、坑门里、宝岭里、茶园、紫竹坑等44地。咸村至外表15里，外表至霍童15里，霍童至九都20里，九都至八都2里，八都航船往三都、福州。据《调查福建北路茶叶报告》可知：由内地产茶乡村至集散地，每担每十里挑工二三角。宁德县城或八都、二都口岸茶栈运到埠头，每担挑工一角五分，另加下水挑工每担六分五厘（此项挑力非常昂贵，系宁德特殊情形）。咸村距霍童三十里，航运可达，普通仍用肩挑，或挑二十里至鹦表（外表），会该处之茶，再用民船运至霍童，转往八都[④]。

陆路运费二箱福宁府至炎平（盐田一日）地方40华里，运费500文，炎平至飞鸾船资百文，是为一定赁银，飞鸾至福州陆路运赁客头春价格2800文，二春2200文，三春1800文。股份制的广顺祥借用法国“海澜”号轮船从三都往福州运茶二五箱70仙，比本年陆路运赁头春茶省80仙，二春省60仙。福宁府至飞鸾水路同至三都。福宁府至炎平至飞鸾一日半或二日，飞鸾至上楼至汤岭至福州北门各70华里，需3日。共计费4、5日。

---

① 叶申礼：《周宁县交通志》，福建省周宁县交通局，1992年，第93-94、117页。

② 福建省政府建设厅：《调查福建北路茶叶报告》（民国二十四年），转引自李步泉等主编：《闽东茶叶历史文化》，福州：海峡出版发行集团，海峡书局，2015年，第489页。

③ 《民国十七年的福宁茶叶的产销资料》，转引自李步泉等主编：《闽东茶叶历史文化》，福州：海峡出版发行集团，海峡书局，2015年，第466页。

④ 李步泉等主编：《闽东茶叶历史文化》，福州：海峡出版发行集团，海峡书局，2015年，第489-490、634页。

而轮船从三都到福州仅7个小时。每大斗箱茶收载费一元。每二五箱茶收载费七角。袋茶每袋收载费七角。铅条每条收载费一元二角。银元每担收载费一元二角[①]。产额年17万—18万箱（两箱近一担），三都至福州陆路一人肩挑二箱，费事三日，运费二元。轮船从三都到福州仅十点钟，费用一元二三角[②]。

此外，茶叶亩产也体现茶叶成本高低，详见表5-7。

表5-7　　1915—1929年中国各产茶省茶园面积和产量平均数

省份	茶园面积（亩）	产量（担）	亩产	省份	茶园面积（亩）	产量（担）	亩产
湖南	694529	2919917	4.200	广东	77227	167045	2.163
湖北	521775	417698	0.800	广西	77898	302174	3.879
江西	1267935	208872	0.165	云南	—	158086	—
安徽	750119	499288	0.666	四川	327188	278594	0.851
江苏	885977	327770	0.370	贵州	1645	2996	1.821
浙江	624060	256144	0.410	陕西	2529	906	0.358
福建	122475	680000	5.552	河南	—	84	—
总计					5353355	5915574	1.105

资料来源：杨贻诗：《农村复兴中之中国茶叶问题》，《新广东》，1934年第21期，第58-59页。

据表5-7可知，1915—1929年中国主要产茶省亩产1担以上的省5个（两个阙如），亩产第一者为福建省（5.552担），紧接着是湖南（4.200担）、广西（3.879担）、广东（2.163担）、贵州（1.821担）。这从某种程度上可以看出福建茶叶的效益。

民居石雕

如前所述，北路茶没有如西路茶那样历史最久、技术最精湛、产业链齐全、品牌效益最突出，且有着通俄国恰克图茶贸的历史和与广州十三行以及上海通商口岸等悠久的茶叶

① 佚名：《中国三都澳贸易现况及将来之豫想》，《湖北商务报》，1900年，第33期，第37-38、40页。

② 佚名：《福州三都澳闲运送制茶业：译通商彙纂（东八月）》，《湖北商务报》，1900年，第57期，第25页。

对外贸易历史优势，也没有如南路茶地区那样掌控东南沿海乃至东南亚海运网络，经过较为全面的海上贸易训练和垄断贸易时期贸易特权，拥有雄厚实力的大商人。但在以北路茶为中心的宁德地区茶叶外贸却能够从1853年始拥有近百年的繁荣，几占福建外贸茶叶鳌头，其原因复杂，除此前的商业网络和植茶历史等，还有如本书第三章第一节所列的太平军战事、区位优势、人口压力、税率较轻，以及轮船、电信、化肥等近代科技，最为重要的是那一时代的闽东商人利用积累，顺势而为，在局势巨变之时抓住时机，将区位的水利之便优势发挥到极致，吸收武夷红茶工艺，结合本地实际，通过创新节省成本，符合市场规律，走出一条适合宁德实际的外贸茶叶之路，后来居上。

第二节　三都澳之于东南沿海开埠的港口

“港口”指沿海沿江的港口城市，“腹地”指港口城市各自的腹地，从贸易的角度指位于港口城市背后的货物吞吐和旅客集散所及的空间范围，通常情况下这一范围内的客货经由该港进出在运输上比较经济与便捷。在这里，港口城市是一个点，腹地是一个面，交通和商业网络是口岸城市和广大腹地之间物流、人流、资金流和信息流的通道。港口—腹地的近代化研究，从地理学的本身而言，就是研究近代化进程中的这种点（港口城市）、线（交通路线）、面（腹地）之间的空间关系，正是这种空间关系决定了中国近代的经济地理格局，并一直影响到今天①。本节基于港口腹地的定义，按照海关报告、同时期经济调查和进出口商品的销售地域来界定腹地的范围。

一、 港口与腹地的时空变化

近代港口始于《南京条约》签订后的五口通商。紧接着，随着一批批港口不断的开埠的步伐，西方资本主义势力向中国腹地拓展。本节所及之东南沿海港口包括福建的厦门、福州和三都澳，浙江的温州、宁波和杭州。

1. 港口开放的时间视野。以上六大港口中，厦门、福州、宁波为第一批开埠的港口，三大港相对独立地发挥该区域物流吞吐的作用，且不断拓展腹地空间，基本无交叠区域。

随着温州港的开埠，宁波港腹地中靠近温州部分出现变化。“温州现在已从我们的子口税单表上消失。在1876年甚至在1877年，它还是我们的棉花和毛料的主要市场。尽管

---

① 吴松弟主编：《中国百年经济拼图——港口城市及其腹地与中国现代化》，第一章，济南：山东画报出版社，2006年，第4页。

处州仍继续从本地运走大量同类产品，但最终它将从温州得到这些产品。”① 温州港的发展对宁波港和福州港虽产生冲击，但其作用有限。自从开埠以后，本口岸贸易的增长不是一种实质性的增长，而是一种供应渠道替代另一种供应渠道的结果。通过外国船只出口的货物增加了，很缓慢但很稳定，而且这一增长有可能继续下去，直到温州吸收那部分地理上属于本口岸，而实际上前往福州和宁波的贸易②。而芜湖港的开埠对宁波也产生冲击，宁波，1884 年“可能由于扬子江内地贸易的扩张以及两个新口岸的开放——扬子江上游的芜湖和宁波南海岸的温州，我们在这十年间的转口贸易量下降超过 40 万海关两”③。

就福州而言，1878 年，汉南（Hannen）指出：“我在 1877 年福州的贸易报告中提到过，那时我不可能对邻近地区新口岸的开放对本地造成的影响程度发表可靠的观点。但是现在已完全能够作出这样的结论——照目前情况下的温州口岸，福州的茶叶贸易不可能受到影响，但值得注意的是有些最好的茶叶产自温州地区，通过陆路运到这里，只要得到官方的支持，向那些能在这一地区建立茶叶行的人提供方便，那么温州随时都能展开福州茶叶的贸易，尽管不可能占很大的比例。”④ 但汉南所言只针对闽东福鼎县北部靠近温州区域而言或许效果明显些，限于传统交通运输网络、交易习惯、行政归属、人际网络，以及福州作为当时全国三大茶港之一地位的影响等，闽东运往温州的茶叶是很有限的。

然而，温州港茶叶输出则一定程度和范围上视上海和福州茶叶市场行情发挥着中转之作用……大多数供应国内市场的工夫茶运往上海和杭州，但如果在福州能卖到好价钱时，商人们就会从产地经陆路直接把茶叶运到那个口岸。通过这种方法他们为自己节省下部分运费和地方税费及所有更多的开支。当茶叶在福州作为出口商品打入外国市场时，由外商支付出口税，商人们则马上可以回收资本；而当商人把茶叶船运往上海时，他必须支付运费，还必须在上海支付土货复进口半税……茶商后来请求温州茶叶运至上海时能享受与宁波茶叶同等的待遇，即由茶船船东出具保结，而不是支付上述税项。他们的请求得到了批准，无疑这样一来他们将有更多的资本，能做更大的买卖，茶叶贸易也将更为频繁……三等劣茶，离开产地直接到宁波、上海、台州和其他地方，如果在这里装船出口是无力承担所需关税的。茶叶种植面积没有扩展，也无种植特殊品种。但茶叶因其质量好，多年来都很有名。估计 1891 年从本地区出口的各种茶叶达 18000 担，比前一年更多⑤。

紧接着杭州和三都澳开埠。1896 年浙江省省会杭州开埠……主要是所有的徽州茶贸易都

---

① 陈梅龙、景消波译编：《近代浙江对外贸易和社会变迁》，宁波：宁波出版社，2003 年，第 132 页。
② 陈梅龙、景消波译编：《近代浙江对外贸易和社会变迁》，宁波：宁波出版社，2003 年，第 133 页。
③ 陈梅龙、景消波译编：《近代浙江对外贸易和社会变迁》，宁波：宁波出版社，2003 年，第 132－133 页。
④ 陈梅龙、景消波译编：《近代浙江对外贸易和社会变迁》，宁波：宁波出版社，2003 年，第 132－133 页。
⑤ 陈梅龙、景消波译编：《近代浙江对外贸易和社会变迁》，宁波：宁波出版社，2003 年，第 135－136 页。

转到了杭州，还有几乎一半的鸦片贸易也转到那里。平水茶和其他重要商品看来也会出现类似的情况[①]。而三都澳开埠，如前所述，闽东和浙南泰顺等茶叶通过该港转运福州港等。

2. 港口与腹地的空间变化。经济腹地的大小和腹地社会生产力水平的高低，直接关系到口岸贸易的盛衰。现对闽浙东南沿海 6 大港口和腹地作些比较。

第一，宁波港的腹地。在五口通商时期，宁波港的腹地为浙江的宁波、绍兴、杭州、严州、金华、衢州、台州、温州、处州，安徽的徽州和江西的广信，而浙江的湖州和嘉兴是上海港的直接腹地。在温州、芜湖开埠之后，宁波港的腹地缩至宁波、绍兴、严州、金华、衢州、广信、处州的大部和台州的北部，杭州、徽州成为上海和宁波两港的混合腹地，而温州、处州的东部一小部分、台州的南部和福建紧邻温州的一小部分成为温州港的腹地，处州最终成为温州港的腹地。宁波港的腹地因杭州开埠而日益缩小，徽州、严州、金华、衢州逐渐成为杭州的腹地。最后，宁波港的腹地便只局限于旧宁波府、台州府和绍兴府的南部，即宁波府管辖的 7 个县：镇海、鄞县、慈溪、定海、奉化、象山、南田，绍兴府的余姚、上虞、嵊县、新昌，以及台州南部的临海、宁海、天台、仙居、黄岩等[②]。处州紧邻温州，对于处州这块较大的经济腹地，温州本可“近水楼台先得月”，处州却在更大程度上属于宁波经济腹地。“宁波与处州之间水路交通有钱塘江极为方便，而温州之所以还能争得一小部分，那是处州之南端几个地区毗邻温州而已。但宁波那边厘金比温州低，而且多年来，宁波与处州已是老主顾了。”[③]

第二，温州港的腹地。温州，方圆 18 里，位于瓯江的南岸，距海约 20 英里。海关和厘金局都位于北门外，坐落在河岸边，恰与双塔岛相对，那里有英国领事馆和海关的城外办事处。温州府东西宽 179 里，南北长 820 里。温州府辖 5 个县和 1 个厅：永嘉县、乐清县、瑞安县、平阳县、泰顺县和玉环厅是温州港和腹地。在 1879—1896 年的 18 年间，经瓯海关运入内地的货物，主要集中在平阳、龙泉、处州、桐山、台州、乐清、松阳等温州附近地区，而且价值量不大[④]。这一时期，隶属于温州府的瑞安、泰顺、玉环等地从瓯海关运入的货物价值较少[⑤]。而温州、处州的东部一小部分、台州的南部和福建紧邻温州的一小部分成为温州港的腹地，处州最终成为温州港的腹地[⑥]。《分省地志・浙江》认为：“永嘉本浙江南部一大口岸，以瓯江之交通与各县互相联络，为十五县之门户，自成一经

① 陈梅龙、景消波译编：《近代浙江对外贸易和社会变迁》，宁波：宁波出版社，2003 年，第 52 页。
② 王列辉：《近代宁波港腹地的变迁》，《中国经济史研究》，2008 年第 1 期，第 43 – 53 页。
③ 徐蔚葳：《近代浙江通商口岸经济社会概况》，杭州：浙江人民出版社，2002 年，第 503 页。
④ 陈梅龙、景消波译编：《近代浙江对外贸易和社会变迁》，宁波：宁波出版社，2003 年，第 128 页。
⑤ 常晓强：《新式交通与近代温州经济变迁》，《温州职业技术学院学报》，2014 年第 3 期，第 15 页。
⑥ 王列辉：《近代宁波港腹地的变迁》，《中国经济史研究》，2008 年第 1 期，第 48 页。

济区。”① 该经济区域以永嘉为中心，其余的县份为其“经济势力范围”（即经济腹地），包括旧温州府属和旧处州府属各县，即永嘉、乐清、玉环、瑞安、松阳、遂昌、景宁、云和、龙泉、平阳、泰顺、青田、丽水、缙云、庆元15个县②。应该说，这样的划分很符合当时温州经济腹地范围，但其实际的经济腹地范围还应包括闽北、台（州）南的部分地区。

第三，杭州港的腹地。杭州为浙江省的省会，也是浙江省最大的城市和最重要的贸易中心，位于钱塘江的左岸。地处西部的杭州、北部的上海与南部的宁波构成了一个等边三角形，每边长约100英里。杭州与宁波的直接交通较困难，船运起码要3天半，有些转口贸易，经由上海比较方便，只需36小时。从上海到杭州，用通常所说的“拖船”运输只需要24小时。“拖船”在下午6点离开上海，从苏州河的码头，经过白渡桥驶入黄浦江。沿着黄浦江向南到达三江，它的西部是一个设有城墙的城市——松江，继续沿着西南方向，出江苏省进入浙江省，到达嘉兴——也是一个设有城墙的城市，那里有受杭州海关管理的海关站。大运河经过嘉兴，“拖船”继续沿西南方向经过一些不太重要但很拥挤的地方，直到塘栖——那里有一个庄严的楼阁遗址，建在运河中游的一个小岛上，吸引许多人前来观光。从塘栖到杭州的公共租界约18英里，几乎是沿着正南方向③。杭州开埠后，宁波港的徽州、严州、金华、衢州逐渐成为杭州的腹地④。

第四，福州港的腹地。福州港地处北纬26°06′、东经119°18，和北纬25°59′、东经119°27′之间，处于福建省海岸线中点、闽江下游的河口段，北距沙埕港125海里，南距泉州港157海里、厦门港200海里⑤。在福州港开埠至1899年三都澳开埠期间，福州港的腹地包括闽江流域及其以北的福建地区以及江西、浙江与福建交界的部分地区。1899年三都澳开埠，闽东地区（除古田水口和黄田之闽江流域）与闽东交界的南平一部，赣北、浙西南一部成为三都澳港口的腹地。民国时期的地方文献称流域内各县间的通航情况为：“由闽江口至罗星塔可以通行大船；自闽侯至水口镇百二余里可以通行小轮。自水口至南平二百里可以通大民船。南平以上江分三支，溯富屯溪自洋口至邵武二百四十里，可通民船，至光泽三百二十里亦可通行船只，上流水浅运货皆用木筏。溯建溪自同南平至建阳一百廿五里可通大民船，建阳而上又分东西二溪，东溪通政和松溪，西溪通浦城、崇安，皆可通行小船。溯沙溪自洋口至永安计程三百四十里，可通大民船。永安以上亦分南北二溪，一

① 实业部国际贸易局：《中国实业志·浙江省》，上海：实业部国际贸易局，1933年，第166－167页。
② 葛绥成：《分省地志·浙江》，上海：中华书局，1939年，第122－123页。
③ 陈梅龙、景消波译编：《近代浙江对外贸易和社会变迁》，宁波：宁波出版社，2003年，第211－212页。
④ 王列辉：《近代宁波港腹地的变迁》，《中国经济史研究》，2008年第1期，第48－50页。
⑤ 福州地方志编纂委员会：《福州市志》，北京：方志出版社，1998年，第443页。

通宁化，一至连城。”①

第五，厦门港的腹地。厦门位于北纬24°23′—24°54′、东经117°53′—118°26′，地处台湾海峡西岸中部，闽南金三角的中心。东与大小金门碧波相连，南与龙海的港尾镇隔海相望，东北与南安接壤，北与安溪相接，西与长泰、龙海的角美镇毗邻，是中国沿海的重要港口之一。道光二十二年（1842年），厦门被列为中英《南京条约》中的五个通商口岸之一。民国初实行省、道、县制，厦门属南路道。南路道管辖闽南十余个县，观察使署设在厦门。1914年改南路道为厦门道。1925年撤销“道”建制，厦门随思明县直属福建省。闽南地区的泉州、同安、浦南、漳州和白水营5条贸易通道构成商业网络，这一地区的几乎所有乡镇以及附近的沿海地区都属于厦门港的腹地。与此同时，赣南和粤东与闽南交界处的一部和1895年前的台湾等皆为其腹地。

第六，三都澳的腹地。三都澳的腹地主要有闽东地区（除古田水口和黄田之闽江流域部分）、闽东地区与闽北交界的南平一部、赣北一部。浙西南山区的泰顺，离温州港较远、交通不便，其他“百货皆从闽之福鼎、寿宁输入”②。

如前所述，三都澳腹地虽有着很多发展茶叶的优势，但也存在诸多不足。闽东地区作为三都澳港口贸易的依托，却缺乏丰富、充足的货源和活跃、宽广的市场消费能力。闽东地区农业落后，农产品单一、产量低下，又必然导致市场狭小疲软，商业不兴旺，难以形成健全的区域初级市场。“惜三十年来代表本埠富力之出口贸易，尚依然如故，不能发达。考其原因，盖由于附近天然财源有限，人民困苦异常。”③ 福海关税务司欧森在谈到三都澳进出口贸易不平衡原因时说：“这种极不平衡的发展，原因十分简单：三都岛的地点完全不适一般贸易，而它却被选来作为本口的贸易点。因为，虽然三都澳包括了整个三沙湾，海岸线长，面积有2000多平方海里，但货物的装卸地点都在三都。”④ 匪患危害商贸活动的现象屡见不鲜。据载，1918年8月有股土匪在三都澳湾活动猖狂，欲攻宁德县城，虽被军队击溃，但许多都、乡遭其抢掠。“至于海上商民，生命财产受此类损失者，更无记矣。”⑤ “沿海各处，匪气猖獗，福宁地方尤甚，内地亦因匪徒骚扰，致与古田一带之交通，殊感困难。”⑥ 闽浙交界处，土匪更是活跃异常。总之，匪祸相当频繁，有的直接影响了三都澳对外贸易，有的对社会经济起着间接制约作用。海关税务司在当时的贸易报告中就下结论：“三都地方，僻处岛隅，政治影响素鲜所及，但内地匪患频仍，殊为本埠贸

① 陈文涛：《近代福建民生地理志》上册，南京：远东书局，1929年，第19-20页。
② 魏颂唐：《浙江经济纪略：泰顺县》，(出版地不详)，1929年，第5页。
③ 福州海关编：《近代福州及闽东地区社会经济概况》，北京：华艺出版社，1992年，第538页。
④ 福州海关编：《近代福州及闽东地区社会经济概况》，北京：华艺出版社，1992年，第454页。
⑤ 福州海关编：《近代福州及闽东地区社会经济概况》，北京：华艺出版社，1992年，第512页。
⑥ 福州海关编：《近代福州及闽东地区社会经济概况》，北京：华艺出版社，1992年，第521页。

易之梗而以主要出口茶叶，生产及运输所蒙之影响为尤甚也。”[①] 茶叶贸易犹如三都澳之“咽喉”，它一旦受阻，整个口岸贸易将陷于瘫痪，可见匪祸对三都澳经济发展产生多么大的负面作用。

从以上港口的腹地的胪列并参合相关资料可以看出，六大港口中三都澳的腹地最小，主要原因如下：第一，众多开埠港口中三都澳在开埠前非区域行政中心。如前所述，开埠前的闽东并没有形成真正的行政中心，更遑论商业中心。第二，闽东典型的沿海丘陵地带。因为地形地貌，闽东地区的水陆交通受限偏大些而影响到腹地宽广度。港口的腹地在很大程度上取决于交通网络。第三，开埠之前的闽东地区商品经济相对落后，自给自足的自然经济占绝对主导地位。也正因为处于崇山峻岭的半封闭状态，受外界影响小，虽发展缓慢，但总是持续向前推进中。当然，区域发展驱动力和国际大环境方面也存在问题。区域内缺乏增长的基础因素，对外贸易虽然起着“增长引擎”的作用，但受到极大限制；从三都澳开埠的前提条件看，它出现于中国近代后期，是在世界资本主义市场体系和国内条约口岸制度早已形成及条约口岸经济根深蒂固的背景下发展起来的。就根本推动力而言，三都澳开埠既不是由于资本主义经济在中国的充分发展，也不是由于资产阶级革命在中国的发生，而是由于西风东渐、外来势力猛烈冲击的看似间接而非间接的结果[②]。并不主要是中国非条约口岸及其地区内在力量自然积聚生长和有意识的自我开拓，它们主要是一个由外部世界输入的被动接受过程[③]。

二、 东南沿海开放的港口茶叶输出的比较

三都澳之于中国东南沿海其他开埠口岸而言，开埠时间较迟（1898 年）。其是作为一个茶港而开放的，最终的确成为一个名副其实的茶港，这从东南沿海开放港口关于茶叶输出情况可以看出。现对东南沿海开埠港口输出茶叶情况比较如下。

关于江苏省各港情况，可见表 5－8。

表 5－8　　江苏省各港（上海、苏州、镇江、南京）茶叶纯输出量统计

年份	绿茶		红茶		茶末		未焙茶叶	
	担	海关银两	担	海关银两	担	海关银两	担	海关银两
1912	10826	396497	354	9433	1330	10647	119	1921
1913	10535	407758	125	2436	2401	35927	654	9108

① 福州海关编：《近代福州及闽东地区社会经济概况》，北京：华艺出版社，1992 年，第 577 页。

② 梁民愫：《试论三都澳主动开埠后闽东区域社会经济发展的动力因素——兼论近代中国自开商埠体系的历史地位与历史效用》，《中国社会经济史研究》，2001 年第 4 期。

③ 张仲礼主编：《东南沿海城市与中国近代化》，上海：上海人民出版社，1996 年，第 329 页。

续表

年份	绿茶		红茶		茶末		未焙茶叶	
	担	海关银两	担	海关银两	担	海关银两	担	海关银两
1914	8889	358531	398	11744	2782	39802	1619	27661
1915	9209	303986	5125	104091	4908	34936	4073	60335
1916	10576	397113	546	13747	5081	28856	2885	61480
1917	10474	399565	1978	33474	4416	25031	6214	156188

注：绿茶包括上海、苏州、镇江、南京；红茶包括上海、苏州、镇江；茶末包括上海、苏州、镇江、南京；未焙茶叶包括上海、镇江、南京。

据表5－8，江苏四大港口在1912—1917年茶叶纯输出量仅在1万—2万担，最高年份1915年为23315担，最低年份1914年为12629担，与此间三都澳茶叶输出数量相去甚远，因此暂不列入与三都澳的比对之中。以下仅以闽浙两省东南沿海的六大港口茶叶输出情况做横向对比。

1. 闽浙六大港口茶叶输出数量比较。基于相关资料，对闽浙两省诸海港在茶叶出口情况做一比较，如表5－9所示。

表5－9　　1905—1917年闽、浙诸海港茶叶纯输出量统计

年份	杭州	宁波	温州	三都澳	福州	厦门
	担	担	担	担	担	担
1905	112641	87029	16498	111135	94309	—
1906	111235	82820	18069	109906	120163	—
1907	116565	106589	15028	106715	148639	—
1908	116899	105201	28062	115596	135817	—
1909	142334	98116	12586	108081	146858	—
1910	146753	113585	16448	121501	126473	6912
1911	162313	121024	15040	120176	155783	6302
1912	162313	124190	23696	107238	102472	7605
1913	143554	104362	15624	110936	131684	6708
1914	147660	116055	18467	112739	113676	7411
1915	130331	127568	29144	142586	110719	8535
1916	145063	119577	22331	114571	162444	7910
1917	127614	89961	18963	108823	94902	5832

注：温州和杭州茶叶包括红茶、绿茶和茶末；宁波茶叶包括绿茶、茶末和未烘茶叶；三都澳和福州茶叶包括红茶、绿茶和茶末；厦门茶叶包括红茶和茶末。

从表 5－9 中可以看出，在 1905—1917 年闽浙六大港中除厦门港年茶叶纯输出不足万担，温州输出在 1 万—3 万担外，其余四港的输出都在十万担左右；两大省会港区（杭州、福州①）表现突出，宁波与三都澳也不错。在这四大输出港口中，三都澳开埠最迟，而且是自开商埠，没有如其他三港那样，或有着悠久区域行政中心的历史，又是历史悠久的贸易港口。然而，三都澳虽与其他三港在许多地方无法比拟，但相对茶叶输出而言，即使有差距，也不甚大，特别是三都澳茶叶纯输出的波动最小，即使在晚清民初剧烈动荡的时期也不例外。

当然，三都澳茶叶输出相对稳定，对宁波、温州和厦门三大港的更长时段茶叶输出历史的梳理更显清晰。

第一，宁波 1882—1901 年茶叶输出情况如表 5－10 和表 5－11 所示。

表 5－10　　1882—1891 年宁波绿茶出口数量和价值一览表

年份	数量（担）	价值（海关两）	年份	数量（担）	价值（海关两）
1882	14171	2744043	1887	134017	3155994
1883	126441	2583181	1888	156997	4066931
1884	155304	3401531	1889	157080	3681110
1885	166604	4102871	1890	151573	3183409
1886	148214	3507489	1891	159283	3124263

注：绿茶在出口额中约占 2/3。

资料来源：海关十年报告（宁波，1882—1891 年），转引自陈梅龙、景消波译编：《近代浙江对外贸易和社会变迁》，宁波：宁波出版社，2003 年，第 18 页。

表 5－11　　1892—1901 年宁波海关茶叶贸易情况一览表

年份	平水（担）	徽州（担）	合计	年份	平水（担）	徽州（担）	合计
1892	87258	75235	162493	1897	61579	12468	74047
1893	109974	73801	183775	1898	50579	3561	54140
1894	85812	74545	150357	1899	79005	299	79304
1895	98390	90380	188770	1900	68600	—	68600
1896	96897	78660	175557	1901	60072	—	60072

资料来源：海关十年报告（宁波，1892—1901 年），转引自陈梅龙、景消波译编：《近代浙江对外贸易和社会变迁》，宁波：宁波出版社，2003 年，第 60 页。

① 据水海刚研究，近代闽江流域茶叶输出可分为繁荣期、衰落期及恢复期。繁荣期从 1856 年至清光绪中叶。衰落期从 19 世纪 80 年代至 1927 年南京国民政府成立。恢复期从 1928 年至 1937 年（水海刚：《口岸贸易与腹地社会：区域视野下的近代闽江流域发展研究》，厦门：厦门大学出版社，2019 年，第 95 页）。

根据表5－10和表5－11，在1882—1901年的20年间，宁波茶叶输出于1891年达到峰值（159283担），随后渐次下降，输出从10万担（1893年）降到万担以下。这也符合中国茶叶外贸发展历史，当然，除左近区域新埠不断对外开放外，新兴茶叶外贸国涌现，竞争加剧，国际茶叶消费市场方向标的作用和当地经济比较效益等应发挥更为重要的作用。将时间从1882年延续至1917年，宁波茶叶输出的波动性显而易见。

第二，温州茶叶输出情况如表5－12所示。

表5－12　　1892—1901年温州海关茶叶出口一览表　　单位：担

年份	1892	1893	1894	1895	1896	1897	1898	1899	1900	1901
红茶	3009	3976	3362	3831	3256	2511	1692	2297	1863	991
绿茶		1121	1903	5405	3117	4700	6743	7502	5722	6044
生茶	4682	6386	9014	11349	3095	6098	4612	4486	3152	6062
合计	7691	11483	15279	20385	9468	13309	13147	14285	10737	13097

资料来源：海关十年报告（温州，1892—1901年），转引自陈梅龙、景消波译编：《近代浙江对外贸易和社会变迁》，宁波：宁波出版社，2003年，第151页。

如表5－12所示，1892—1901年，温州茶叶输出以万担为主轴上下波动，1893年首次出口绿茶，出口量为1121担，1901年为6044担，茶叶依然是主要出口商品。1891年船运总额为101760海关两，1901年达到157219海关两，大约占总出口额的43%[①]。温州的大宗出口商品茶叶仍保持原有水平，但生茶已取代了绿茶[②]。

1915年红茶贸易繁荣，然而在写这份报告之时，情形已不是很好，需求量削减，主要原因在于俄国市场的停滞，这也是某些国家沉重的保护性关税所导致的结果。据说，在一些地区，茶叶甚至没被采摘[③]。这十年（1922—1931年）初期，茶叶贸易回升。1927年，日本方面需求旺盛，然而好景不长，不久各种茶叶都有下降，从1927年的23368担减少到1931年的20358担[④]。从表5－12来看，温州茶叶输出虽基本在1万—3万担波动，但一直未成规模，与茶港之目标相去甚远。

第三，厦门港茶叶输出的变化如表5－13所示。

---

① 陈梅龙、景消波译编：《近代浙江对外贸易和社会变迁》，宁波：宁波出版社，2003年，第151页。
② 陈梅龙、景消波译编：《近代浙江对外贸易和社会变迁》，宁波：宁波出版社，2003年，第164页。
③ 陈梅龙、景消波译编：《近代浙江对外贸易和社会变迁》，宁波：宁波出版社，2003年，第174页。
④ 陈梅龙、景消波译编：《近代浙江对外贸易和社会变迁》，宁波：宁波出版社，2003年，第187页。

表 5－13　　1874—1933 年厦门茶叶出口的净数一览表①　　单位：担

年份	出口	复出口	合计	年份	出口	复出口	合计
1874	83529	24999	108528	1904	6832	—	6832
1875	70326	47365	117682	1905	6772	94328	101100
1876	64537	52980	117517	1906	6363	82398	88761
1877	91404	80871	172275	1907	5190	25957	31147
1878	69967	78975	148942	1908	5617	16686	22303
1879	64525	102040	166565	1909	6639	14482	21121
1880	48796	87737	136533	1910	6769	21287	28056
1881	70942	93155	164097	1911	6249	18771	25020
1882	48085	96648	144733	1912	7605	22430	30035
1883	27231	112417	139648	1913	6708	17055	23763
1884	43042	107633	150675	1914	7411	12501	19912
1885	49641	124853	174494	1915	8535	6781	15316
1886	40714	118145	158859	1916	7910	11079	18989
1887	41873	120338	162211	1917	5832	274	6106
1888	39304	143358	182662	1918	5324	624	5948
1889	25078	134943	160021	1919	5208	274	5482
1890	24400	113159	137919	1920	7001	228	7229
1891	23966	152065	176031	1921	7018	230	7248
1892	27036	148078	175114	1922	6060	74	6134
1893	25212	141800	167012	1923	7681	—	—
1894	29449	181148	210597	1924	8619	—	—
1895	15932	121280	137212	1925	8064	—	—
1896	32601	180416	213017	1926	15266	—	—
1897	12127	132293	144420	1927	17808	—	—
1898	9453	140969	150422	1928	16743	—	—
1899	9572	119950	129522	1929	14667	—	—
1900	6764	136853	143617	1930	12080	—	—
1901	7017	124052	131069	1931	12580	—	—
1902	6527	133706	140233	1932	9572	—	—
1903	6913	119950	126863	1933	8814	—	—

① 林列：《闽南的茶叶生产（附图表）》，《实业统计》，1935 年，第 3 卷、第 2 期，第 81－83 页。

如表5－13所示，六十年来厦门茶叶出口的总数为137万2900担。截至1922年，厦门茶叶出口和复出口合计，总额505万8998担①。厦门茶叶分三个时期：第一，1868—1881年全盛时期。自1868年始，逐年增长；1877年出口91000担，为最高纪录。第二，1882—1897年，转变时期。因台北殖民开始，台茶产量增多且可直接出口，无须通过厦门转口；1894年甲午战争，特别是1895年厦门失陷，台湾割让，台湾茶直接出口；英国锡兰茶冲击闽南茶的销路，出口数目渐减。第三，1898年后，闽南茶衰落②。

据对宁波、温州和厦门胪列所示，其在茶叶输出中的波动性极大；伴随的是，三都澳茶叶纯输出的波动最小，而六大港口中三都澳腹地最小，且相较而言，无论政治、历史、经济基础等都最差，即使在晚清民初剧烈动荡的社会也不例外。相对稳定的茶叶输出源于相对稳定的茶园面积、制作技术、品牌效应和运输成本的不断降低，此外还有政府、社会、茶叶组织等的综合作用；反之，在一个相对较长的时段内茶产业对区域的影响也持续稳定。当然，依靠单一产业也给区域发展负面作用埋下衰落的伏笔。

2. 闽浙六大港口茶叶输出价值量比较。根据相关资料，闽浙两省东南沿海六大海港茶叶纯输出量和价值情况如表5－14和表5－15所示。

表5－14　　三都澳、福州、厦门海关茶叶纯输出量和价值统计一览表

年份	三都澳		福州		厦门	
	担	海关银两	担	海关银两	担	海关银两
1905	111135	2164170	94309	3605013	—	—
1906	109906	2202988	120163	3353613	—	—
1907	106715	2116548	148639	3746659	—	—
1908	115596	2433717	135817	3211288	—	—
1909	108081	2264512	146858	3742398	—	—
1910	121501	2565566	126473	3141750	6912	168076
1911	120176	2554789	155783	4061491	6302	152818
1912	107238	1804481	102472	2893403	7605	183856
1913	110936	2211208	131684	3782658	6708	165577
1914	112739	2049036	113676	3137049	7411	174345
1915	142586	3273963	110719	3428379	8535	203791
1916	114571	2213033	162444	4469923	7910	196316
1917	108823	1977956	94902	2487708	5832	147581

注：三都澳和福州茶叶包括红茶、绿茶和茶末；厦门茶叶包括红茶和茶末。

① 林列：《闽南的茶叶生产（附图表）》，《实业统计》，1935年，第3卷、第2期，第83页。
② 林列：《闽南的茶叶生产（附图表）》，《实业统计》，1935年，第3卷、第2期，第83－85页。

表 5 – 15　　杭州、宁波、温州海关茶叶纯输出量和价值统计一览表

年份	杭州		宁波		温州	
	担	海关银两	担	海关银两	担	海关银两
1905	112641	5311491	87029	2165127	16498	401770
1906	111235	4950166	82820	2010110	18069	338313
1907	116565	4111020	106589	3114362	15028	296675
1908	116899	4668298	105201	2630028	28062	533188
1909	142334	5210868	98116	2137170	12586	312413
1910	146753	5103239	113585	2446654	16448	432863
1911	162313	5075117	121024	2676317	15040	425264
1912	162313	5668035	124190	2740149	23696	504873
1913	143554	4932241	104362	2274890	15624	344921
1914	147660	7199896	116055	2538842	18467	431415
1915	130331	5584869	127568	3386250	29144	588873
1916	145063	6356789	119577	3558422	22331	397541
1917	127614	5002851	89961	2853872	18963	296815

注：温州和杭州茶叶包括红茶、绿茶和茶末；宁波茶叶包括绿茶、茶末和未烘茶叶。

基于以上表格数据，选取 1906 年、1910 年和 1916 年的每担价值比较如表 5 – 16 所示。

表 5 – 16　　闽浙六港若干年出口茶叶每担价值情况一览表　　单位：海关两/担

	三都澳	福州	厦门	杭州	宁波	温州
1906 年	20. 04	27. 90	—	44. 50	24. 27	18. 72
1910 年	21. 11	24. 84	24. 31	34. 77	21. 54	26. 31
1916 年	19. 31	27. 51	24. 81	43. 82	29. 75	17. 80
三年平均	20. 15	26. 75	24. 56	41. 03	25. 18	21. 27

根据表 6 – 16 可知，闽浙六港中的三年平均价格中最高的为杭州 40. 03 海关两/担，最低者是三都澳 20. 15 海关两/担。民国时期，中国在国际茶叶竞争市场上已经处于劣势，物美价廉在一定程度上是占据市场份额的抓手。价格是价值的货币表现，价值决定价格。即商品的价值量取决于社会必要劳动时间，商品按照价值相等的原则互相交换。低的价值量在一定程度上反映了商品的低成本，相对少的社会必要劳动时间，这是三都澳茶叶在全国外贸茶叶市场低迷的情况下能够相对坚挺的秘诀之一，也正因为能够坚挺，铸就茶产业对该区域持续的影响力。

3. 1901—1931 年三都澳、福州、厦门经济实力比较。三都澳、福州、厦门经济实力比较如表 5 – 17 所示。

表 5－17　　1901—1931 年三都澳、福州、厦门经济实力比较

年份	三都澳			福州			厦门		
	人口（千人）	税收（千元）	船只吨位（千吨）	人口（千人）	税收（千元）	船只吨位（千吨）	人口（千人）	税收（千元）	船只吨位（千吨）
1901	8	219	42	650	1621	906	96	1076	2085
1911	8	247	63	624	1281	1216	114	1359	2480
1921	8	147	59	320.2	1050	1322	300	1136	3143
1931	9	266	129	314.7	3069	1510	166	6612	5659

资料来源：《海关十年报告》及其各附录表，滨下武志：《清末海关财政与通商口岸市场圈》，表 II－3473 页，福建省政府 1935 年编：《福建历年对外贸易统计》。

表 5－17 数据显示，作为港口，三都澳在人口、税收和船只吨位，都无法与福州、厦门相比，正如《福建历年对外贸易统计》所记载："就贸易总值而论，自 1905 年以来，福州大都占 50% 以上，厦门则占 40% 左右，而三都澳则大都不及 10%。"① 但其在特殊时期成为第一个自开商埠（杨天宏，1998 年），多出于政治原因。三都澳北有 1877 年开埠的温州，据温州 145 海里；南部有 1842 年开埠的福州，距福州 66 海里。温州和福州都是有着悠久建城历史，且已经成为区域行政中心所在地，其海上贸易历史亦算源远流长。而在此间，寻找一处名不见经传之地另设新港，特别是距福州仅 66 海里，且是晚清政府主动开埠的；除税收之外（从福州出口照样收税），应有更深层次之原因。当然，此间中国面临被瓜分之命运，朝廷上下亦出现反瓜分之思潮和行动，特别如维新变法、发展工商业、发展教育等等。主动开埠是这一思想上微妙变化的体现。

据吴松弟教授研究，近代以来，我国通过与列强签订不平等条约开放的通商口岸以及各地自行开放的通商口岸，到 1930 年广东中山港开埠为止，共有 104 个开放商埠、4 个租借地，加上香港、澳门，可供通商贸易的口岸达到 110 个②。在众多开放的通商贸易的口岸中，自开商埠共 8 个，见表 5－18，三都澳即其中一个。

表 5－18　　自开商埠情况一览表③

口岸	秦皇岛	岳州	三都澳	吴淞	济南	周村	潍县	南宁
开放年份	1898	1898	1898	1898	1905	1905	1905	1907
设关年份	1902	1898	1899	—	—	—	—	1907

① 福建省政府编：《福建历年对外贸易统计》，1935 年，第 7 页。
② 吴松弟：《港口—腹地和中国现代化空间进程研究概说》，《浙江学刊》，2006 年第 5 期，第 28－29 页。
③ 陈诗启：《中国近代海关史（晚清部分）》，北京：人民出版社，1993 年，第 583－584 页。

当然，自开商埠与被迫开放的商埠肯定有很大的区别，首先是被动与主动、积极与消极的关系。被迫开埠，特别是第一批开埠的港口存在拖延、应付。而自开商埠则体现出一定程度的积极性。其次，自动开埠多根据本地实际需要，同时亦符合国家赋税需要。最后，自开商埠的时段在1898年后。众所周知，甲午中日战争中国战败对整个国家造成冲击，在此前人们认为开埠是耻辱，自动开埠说明人们思维发生大转变。

第三节　闽东茶叶外贸发展与新兴的茶叶外贸国

太平军战事开启闽东茶叶外贸发展之门的同时，也促成新兴的茶叶外贸国的出现和发展。

一、 新兴茶叶外贸国

印度与东南亚的新兴茶叶外贸国的出现最初源于对稳定获取茶叶的担忧，早在此前，担任印度总督的亨利·哈丁（Henry Hardinge）就说道：基于（北京政府完全有可能在几年内将中国的鸦片种植合法化）的推断，最理想的对策是尽可能地鼓励在印度进行茶叶种植[①]。而太平军战事加大了获取茶叶的难度并增加了外商的担忧，“如果叛军能实现他们所声称的占领汉口、九江等沿江口岸的意图，那么不管什么茶，一箱也进不了上海”。韦伯得出此结论并对于下一个茶季非常悲观：“河口地区和宁州大部分地区叛军大肆劫掠，茶行被毁，农民星散，这自然会减产。”[②] 再加上中国地方官员趁乱在茶区肆意收受贿赂，“在外国人购茶款额的总数中，估计有22%或约全数的四分之一是向中国官员们缴纳的税款”[③]。地方官员的贪腐行为，也迫使英国人加紧开辟新的茶叶供应基地。面对茶叶贸易超额利润的刺激与获取茶叶难度不断增加的矛盾，加速培育新兴茶叶贸易国和发展茶产业迅速被提上日程，而新兴茶叶贸易国的出现和成长，意味着全球茶叶贸易体系重构的开启。关于新兴茶叶贸易国的茶叶外贸情况主要如下。

（1）印度茶叶。1834年东印度公司贸易垄断权取消以后，种植茶叶得到认真的考虑。但是，一直到19世纪50年代初，印度茶叶的种植还只是停留在试验的阶段，并没有想到

① ［美］萨拉·罗斯，孟驰译：《茶叶大盗——改变世界的中国茶》，北京：社会科学文献出版社，2015年，第16－17页。

② 郝延平：《中国近代商业革命》，上海：上海人民出版社，1991年，第322－323页。

③ 《领事麦华陀1868年度上海港贸易报告》，《上海近代贸易经济发展概况：1854—1898年英国驻上海领事贸易报告汇编》，李必樟译，上海：上海社会科学院出版社，1993年，第173页。

要在短期内提供一项重要的输出品[①]。如前所述，1838 年印度出口茶叶 500 磅，1849 年印度出口茶叶 1740 担（马士，1963）；1852 年，印度茶叶对英国的出口达到 23 万多磅[②]。19 世纪 50 年代，英、印致力于探讨种制技术，"运用了更多的知识技术及资本"[③]。1853 年，经阿萨姆经理威林生大力提倡，减少 3—4 月的采量，印度茶业才走上正轨。19 世纪 50 年代至 70 年代初，印度茶园面积不断扩大。茶园数量不断增多，植茶公司日益增多，1858 年已有 30 多个[④]。印度茶产稳步增长，已达到相当数量。1852 年，印茶输往英国后比较稳定。1859 年突破百万磅大关，1863 年又比 1859 年增加 1 倍多。1871 年印茶入英为 1531. 16 万磅[⑤]。

（2）锡兰茶叶。1600 年，荷兰人最早试种中国茶树，未能成功。1840 年左右，锡兰移入印度阿萨姆茶苗 200 余株试植，稍有成绩，但发展缓慢[⑥]。1841 年，德国人瓦姆带回中国茶苗植于锡兰塞拉华的罗斯却特咖啡园，其后瓦姆及兄弟将茶苗移植于沙格马繁殖，并在康得加罗种植中国茶籽[⑦]。1854 年成立种植者协会，发展茶叶生产。1866 年，泰勒正式试制样茶成功，在伦敦受到欢迎。翌年开辟茶田 20 英亩，1868 年又输入阿萨姆杂种试种。1873 年，锡兰仿印度采用机器制茶，茶业日益发展[⑧]。19 世纪 70 年代后期，由于"种植园的产品在国内外已经获得很高的评价"，"许多在咖啡业有投资的人，已经把注意力转向种植茶树，即便不以茶树代替咖啡，也以之作为咖啡的辅业"[⑨]。1876 年，锡兰仅出口茶 200 磅，1877 年增至 1700 磅，1880 年后超过 10 万磅[⑩]。1883 年出口达 152. 3 万磅，1887 年出口接近千万磅[⑪]。

（3）日本茶叶。16 世纪末，日本茶产已经发展到全国，主要分为九州、四国、本州三大茶区，其中静冈最为著名[⑫]。1856 年，日本茶叶开始输往美国，是年仅 50 小箱，翌年也不过 400 小箱，数量很有限[⑬]。"安政六年（1859 年），横滨开港，米（美）国商人

① Great Britain Foreign Office：Commercial Reports from Her Majesty's Consuls in China，1875—1876 年，上海，第 27 页。

② China Maritime Customs：Tea，1888，p. 116。

③ Trade Reports，1884，福州，p. 283。

④ 陶德臣：《南亚茶业述论》，《农业考古》，1996 年第 4 期，第 279 页。

⑤ 姚贤镐：《中国近代对外贸易史资料》第二册，北京：中华书局，1962 年，第 1186 页。

⑥ 佚名：《锡兰茶叶》，《中外经济周刊》，1924 年第 93 期，第 24 页。

⑦ 中国史学会编：《鸦片战争资料》（二），上海：新知识出版社，1954 年，第 395 页。

⑧ 陈椽：《茶业通史》，北京：农业出版社，1984 年，第 91 - 92 页。

⑨ 姚贤镐：《中国近代对外贸易史资料》第二册，北京：中华书局，1962 年，第 1188 - 1189 页。

⑩ 海关总税务司署：《访察茶叶情形文件》，Tea 1888. Statistical Dept. of the Inspectorate General of Customs，1889 年，第 92 页。

⑪ 彭泽益：《中国近代手工业史资料》卷二，北京：中华书局，1962 年，第 181 页。

⑫ 夏开儒：《世界茶叶地理概述》，《贸易月刊》，民国 31 年，7—8 月号，第 35 页。

⑬ 姚贤镐：《中国近代对外贸易史资料》（一），北京：中华书局，1962 年，第 657 页。

始稍稍购茶……其后输额递加，栽植益盛。”[①] 19 世纪 60 年代中期，日本茶叶年出口美国 10 万小箱，近 400 万磅，比 3 年前增长 2000 倍。从 1870—1871 年起，日茶始以美国为主要销售对象。1874—1875 年运美日茶第一次超过了中国绿茶，达 2250 万磅。从此以后，销美华茶的劣势地位乃日趋明显[②]。日本出口茶叶情况如下：1868 年，101155 担；1873 年，133398 担；1878 年，197566 担；1883 年，278655 担；1888 年，331684 担[③]。

（4）爪哇茶叶。1728 年，爪哇首次真正植茶。1826 年爪哇又开始新的试植，同时也开始试制茶叶。1838 年，在巴达维亚建立茶厂，收集附近茶园鲜叶加工制造。1839 年，爪哇茶已输入荷兰，但荷印茶质很差，成本昂贵，售一镑要亏本六七角之多。但 1860 年爪哇茶产量约 200 万镑[④]。1884 年，荷印出口茶叶 563.8 万磅，占世界茶市的 1.8%，排名在中国、印度、日本之后[⑤]。

从以上新兴茶叶外贸国的兴起过程可以看出：第一，兴起时间。大多在太平军战事期间，如印度虽在 1838 年首次试验成功，但出口只有 500 磅，合 4.5 担；到 1849 年也仅 1740 担左右，1852 年达到 2104 担。且从《茶叶大盗——改变世界的中国茶》之记述亦可看出，至少 1852 年前，相对于国际茶叶市场消费额而言，其茶叶产量可谓微不足道[⑥]。但此后迅猛发展，1859 年突破百万磅大关，是 1852 年的 4.3 倍以上，年均增长 53.8% 以上；而 1863 年突破 200 万磅，是 1852 年的 8.6 倍以上，年均增长 71.8% 以上。因此，其在太平军战事时期的大发展显而易见，这当然与高额利润刺激分不开，而供不应求是高额利润产生之基础，进而太平军战事在一定程度上加剧供不应求之局面的出现亦显而易见。锡兰于 1854 年成立种植者协会，发展茶叶生产，这从另一个侧面说明茶产业链的初步形成及其对茶产业的重视程度。日本于 1856 年将茶叶开始输往美国，其在太平军战事期间增长的速度几与印度相近。1860 年，爪哇茶产量约 200 万镑等。为什么多在此间出现试验成功和扩大生产呢？是因为太平军战事造成本处于动态平衡的全球茶叶市场出现供不应求的局面（或对供不应求局面的担忧），增加外国茶商获得茶叶的忧患意识，同时高额利润刺激各国加大投入推进研究之故；而此前各国在很长时间内都处于试验阶段，却能在短期内实现突破，虽存在不断探索和积累经验的因素，但是太平天国战争供不应求局面的出现，以

① 黄遵宪：《日本国志》卷 38，天津：天津人民出版社，2005 年，第 8 页。

② Trade Reports，1876 年，福州，pp36，37。

③ Foreign Trade of Japan，A Statistical Survey，pp13，15。

④ 转引自陶德臣：《荷属印度尼西亚茶产述论》，《农业考古》，1996 年第 2 期，第 255 页。

⑤ 吴觉农：《中国茶叶问题》，上海：商务印书馆，1937 年，第 168、169、171、193 页。

⑥ 如果印度 1848 年前茶叶种制成功，则无与罗伯特·福钧签订偷盗中国优质茶种之必要，且按罗伯特·福钧之日记，1849 年秋茶苗偷运至印度成功，根据茶苗生长周期等推知（［美］萨拉·罗斯，孟驰译：《茶叶大盗——改变世界的中国茶》，北京：社会科学文献出版社，2015 年）。当然，发生于 1857—1859 年的印度民族大起义对东印度公司生产茶叶的影响也应被考虑在内。

及超额利润的刺激在一定程度上起着主导作用。第二，发展时期。大体在太平天国战争末期至1880年代。太平天国起义造成重大损失，直至1880年代经济才基本恢复①。此间，印度和日本最为突出。为了获得尽可能多的茶叶，新兴茶叶外贸国发挥后发优势，采用资本主义生产方式，于是茶叶产量迅速提升，终至成为中国的强劲竞争对手，不断抢占全球茶叶市场份额。例如，1867年中国茶叶输出占全球总量的90.02%，但到1886年中国茶叶输出占全球的70.41%，1905年则降至29%。至此，经过太平军战事对茶叶市场的破坏，出于担忧战争影响茶叶的供应，为解决稳定获取茶源问题，促成新的茶叶外贸国的兴起和成长，全球终于出现了由中国垄断世界茶叶外贸市场向由中国、印度、锡兰、日本、爪哇等国共同供应全球贸易茶叶的转变。

当然，闽东外贸茶区与新兴茶叶外贸国之间有很大区别，最明显的特征如下：第一，性质不同。新兴茶叶外贸国虽多为殖民地（日本除外），但其外贸茶叶的种制运销的起步是西方资本主义生产方式，这代表当时最为先进的生产力；而闽东外贸茶区则还是以传统方式生产茶叶。第二，基础与创新的矛盾并存。新兴茶叶外贸国没有茶叶种制运销之基础，虽存在万事开头难的情况，但也有一张白纸好绘画的优势；而闽东茶区则有着悠久和深厚的种茶、卖茶基础，创新乏力，甚至即使是小小的改进也需要巨大之代价。第三，市场经济与法制。新兴茶叶外贸国起始于市场经济，以此经济基础创建符合实际需要的法治构架并不断完善，以达成科学管理之目的；而闽东茶区茶叶贸易则属于传统自然经济向商品经济或者说商品经济更高阶段推进阶段，人治为主，关系网盘根错节，宗族力量几乎控制基层，相对于新兴茶叶外贸国而言其成本耗费巨大。第四，政府的作用。新兴茶叶外贸国为打开茶叶国际消费市场，采取各类鼓励政策，建立各种有利于打开外贸市场的组织；而闽东外贸茶叶苛捐杂税多如牛毛，政府主要关注税收多少，虽也有少数主官重视地区外贸茶叶发展，但多属区域、短期行为等。有鉴于此，正如《上海商报》所言："据该地华商报告：华茶在马来亚市场上之售价，每担四十元。日本在台湾所产的台茶，运费较廉，故成本减低，每担仅售价二十元左右，较之华茶价格，相差一倍之数，难于竞争，亦已明甚。"② 于是，华茶在国际市场上的竞争力不断下降。

二、 三都澳茶叶输出之于世界

通过华茶在世界的输出比率，明晰三都澳外贸茶叶输出之背景，而在此基础上考察三都澳茶叶输出基本情况，有助于进一步明晰三都澳茶叶输出之特点。

---

① 仲伟民：《茶叶与鸦片：十九世纪经济全球化中的中国》，北京：生活·读书·新知三联书店，2010年，第323页。

② 《上海商报（1932—1937）》，1934年5月30日，第0001版。

1. 世界主要产茶国茶叶输出情况。1851—1864 年的太平军战事，对处于战区左近的茶产业人力的损耗，对茶产业各环节的影响，以及巨额战争费用等对茶产业链的冲击破坏，使茶叶供应的增长无法满足世界消费市场的需求速度的增长，造成严重供不应求的态势；与此同时，亦给洋商形成茶叶不易或者无法获得之印象。为获取实现超额利润的茶叶，洋商绞尽脑汁在中国创新获取茶叶途径的同时，也加速推进左近国家和地区茶叶试验、培育和发展，以开拓新的茶叶供应地。于是，开启了全球茶叶贸易体系的重构之门，并在太平军战事后漫长的经济恢复期中（一般认为到 19 世纪 80 年代），世界茶叶贸易体系实现了由中国基本垄断格局向多元供给制格局转变。1873—1947 年世界主要产茶国茶叶输出情况见表 5 - 19。

表 5 - 19　　世界主要产茶国茶叶输出统计（1873—1947 年）　　单位：千磅

年份	统计	中国	印度	锡兰	荷属东印度	其他
1873	233488	215701	—	—	—	17787
1883	302123	264976	—	—	—	37147
1893	495315	242777	115617	82296	6034	48591
1903	675958	223670	209552	140227	21333	72176
1910	750273	208196	256439	182070	33813	69845
1920	657922	40787	287525	184873	102008	42729
1930	921070	92540	362094	243107	180473	42858
1936	—	82198	312706	218068	153393	—
1947	—	23320	406305	287259	7016	—

资料来源：严中平：《中国近代经济史统计资料选辑》，北京：科学出版社，1955 年，第 82 页。

如表 5 - 19 所示，印度率先取得突破，并稳步增长。日本于 1868 年出口茶叶 101155 担；1873 年，133398 担；1878 年，197566 担；1883 年，278655 担；1888 年，331684 担①。锡兰在 1883 年出口达 152. 3 万磅，1887 年出口接近千万磅②。1884 年，荷印出口茶叶 563. 8 万磅，占世界茶市的 1. 8%，排名在中国、印度、日本之后③。关于中国茶叶输出的量和中国茶叶占出口总值的比重如表 5 - 20 和表 5 - 21 所示。

① Foreign Trade of Japan，A Statistical Survey，pp. 13—15。
② 彭泽益：《中国近代手工业史资料》卷二，北京：中华书局，1962 年，第 181 页。
③ 吴觉农：《中国茶叶问题》，上海：商务印书馆，1937 年，第 168、169、171、193 页。

表 5-20　　1871—1947 年中国茶叶出口数量一览表

年份	茶（公担）	年份	茶（公担）	年份	茶（公担）
1871—1873	1022159	1909—1911	911629	1934	470492
1881—1883	1238145	1919—1921	287555	1935	381404
1891—1893	1055064	1929—1931	472741	1936	372843
1901—1903	877899	1933	419578	1947	164433

资料来源：严中平：《中国近代经济史统计资料选辑》，北京：科学出版社，1955 年，第 73-74 页。

表 5-21　　1871—1947 年中国茶叶占出口总值的比重一览表　　出口货物总值＝100

年份	占出口总值比重（%）	年份	占出口总值比重（%）	年份	占出口总值比重（%）
1871—1873	52.7	1909—1911	9.8	1934	6.7
1881—1883	46.2	1919—1921	2.5	1935	5.2
1891—1893	26.9	1929—1931	3.6	1936	4.4
1901—1903	11.3	1933	5.6	1947	3.6

资料来源：严中平《中国近代经济史统计资料选辑》，北京：科学出版社，1955 年，第 75-76 页。

由表 5-20 和表 5-21 可知，中国外贸茶叶可谓起伏跌宕，从 1893 年前的年均 100 万公担，到 1900 年左右跌至 80 余万公担，清末的 1910 年回升至 90 余万公担，到第一次世界大战结束后的 30 万公担左右，再到国民政府统制初期的 40 余万公担，最后到国民政府统治末期的 10 余万公担。在世界茶叶外贸中所占的比重也渐次下降，不断被赶超。

2. 三都澳开埠后中国和三都澳在世界茶叶出口中所占的地位。三都澳开埠后中国在世界茶叶出口中所占的地位以及三都澳在世界茶叶出口中所占的地位如表 5-22 和表 5-23 所示。

表 5-22　　中国在世界茶叶出口中所占的地位（1900—1935 年）　　单位：千磅

年份	印度	锡兰	荷属东印度	法属印度支那	日本	台湾地区（日占）	中国本土	总计（含其他）	中国所占比重
1900	192301	149265	16830	427	42646	19756	184576	605801	30.47
1905	216770	170184	26144	493	38566	23779	182573	658509	27.73
1910	256439	182070	33813	1168	43581	24972	208106	750273	27.74
1915	340433	216533	105305	2122	44958	27473	237646	974032	24.40
1920	287525	184873	102008	787	26228	15150	40787	657922	6.20
1925	337315	209791	110648	2282	27819	21727	111067	821810	13.51
1930	362094	343107	180473	1206	20319	18541	93540	921070	10.16
1935	324833	212153	144712	—	37216	20984	84085	—	—

资料来源：乌克斯《茶叶全书》下册，中译本，上海开明书店，1949 年，第 119 页。

表 5-23　　1900—1948 年三都澳、中国、世界年均茶叶出口量一览表　　单位：万担

年份	世界年均出口量	中国年均出口量		三都澳年均出口量		
		出口量	占世界（%）	出口量	占中国（%）	占世界（%）
1900—1917	666	180	27.00	11.56	6.42	1.73
1918—1932	763	84	11.00	11.60	13.80	1.52
1933—1948	742	26	3.50	7.85	30.19	1.05

资料来源：（1）徐永成：《历史性的突破》，《福建茶叶》，1985-3-31。

（2）海关材料：1899—1932 年三都澳海关贸易报告、统计册等。

（3）福建省农业厅：《福建茶叶》（初稿），1959 年 9 月。

（4）福安专署茶业局、福安专区茶科所：《闽东茶树栽培技术》，福州：福建省人民出版社，1960 年。

据表 5-22 和表 5-23，世界茶叶消费市场消费数量总体上升，新兴茶叶外贸国的输出量亦不断增加，而中国茶叶输出则高台跳水，不断被赶超。但在中国外贸茶叶输出量大肆滑坡的大背景下，三都澳却能基本稳住其在世界输出总量的比率，可以想见闽东茶产业对该区域影响的深远度。

如前所述，1898 年开埠的三都澳是国内外多种因素共同作用的结果，其中政治因素起决定性作用，而非当时区域经济发展的必然结果，因此也存在诸多缺陷。随着经济进一步发展，这一瓶颈越来越明显。正如梁民愫在《试论近代福建三都澳开埠后的对外贸易及其特征》中所言：三都岛特殊的位置，也造成贸易处于一种尴尬的境地，削弱了三都澳港埠作为转口贸易中心的地位。福海关税务司欧森在谈到三都澳进出口贸易不平衡原因时，就说："这种极不平衡的发展，原因十分简单：三都岛的地点完全不适于一般贸易，而它却被选来作为本口的贸易点。因为，虽然三都澳包括了整个三沙湾，海岸线长，面积有 2000 多平方海里，但货物的装卸地点都在三都。"① 事实上，作为附近大陆的集散中心，三都岛在没有近代先进发达的交通网络条件下，土货出口和进口洋货的内销大受约束，很多贸易机会都因为货主考虑到进出三都的困难而受到影响。三都岛的不利位置，致使三都澳无法或极少获得除茶叶外的普通贸易，必直接影响本埠对外贸易的扩展。因此，市场要素的配备不足一直成为突破发展的瓶颈。例如口岸金融，"一月适系废历年关，僻处三都澳之各业均仍不能打破旧习惯，忙于结账及紧缩致银根奇紧，市面上所流通铺币独多，五元十元券独不多见，为平时所罕有行情。本部同业只有央行一家，因海关税收关系于民国二十三年来此，设立办事处，既不放款……"②

① 福州海关编：《近代福州及闽东地区社会经济概况》，北京：华艺出版社，1992 年，第 454 页。

② 《三都：（一）金融概况》，《中国农民银行月刊》，1937 年，第 2 卷、第 2 期，第 72 页。

戏曲祖师爷

本章小结

1851年，太平军战事促成中国茶区各要素的重组，福建闽东茶区以其与福州港毗邻的独特区位、悠久的茶叶人文地理、纵横河海陆交通格局赢得各方面资源的优化配置，对接国际茶贸市场，迅速发展，引起关注。随着新兴茶叶外贸国的兴起，而中国又面临被瓜分之浪潮冲击、华茶在国际竞争力不断下降的威胁，三都澳成为第一个自开商埠，再度减少运输倒腾次数、充分利用闽东水利运输以降低闽东外贸茶叶成本，提升竞争力，在不利环境中获得相对有利条件，持续坚挺输出地位，继续发挥茶产业对区域社会的影响。而此时段闽东的人、事、物都是在茶叶外贸这一主体产业背景和底色下活动的，当然有着关联度强弱的区别。

第一，福建省的北路茶。福建是中国茶叶贸易大省，在茶叶外贸发展中，闽北武夷山地区历史悠久、茶质优异、品牌卓著；武夷曾借此品牌整合闽南、广东、山西等地资源，其品牌响彻世界。然而太平军战事，改变运输路线，闽东茶叶借此异军突起，进而取代武夷，领军福建茶叶输出，而三都澳开埠以后相对于中国传统茶区而言则更显突出。历史事件之于区域发展联系密切。一个事件的发生给不同区域和不同产业的影响存在程度上的差异，就如福建北路茶，太平军战事前无法与武夷茶相比，而太平军阻隔武夷茶往上海和广东通道后，加上太平军第一、二次入闽，横扫除闽东外的八闽大地，于是部分资金投入闽东，制茶技术迅速传播，一些商人进入闽东。终于，促成闽东茶叶外贸发展的各类要素不断集齐，茶贸迎来发展。而太平军第三、四次入闽，加速推进闽东茶产业链的完善，在太平军失败后全国恢复经济发展，闽东外贸茶叶体系渐渐成熟。

第二，闽浙沿海开埠口岸中的三都澳。鸦片战争后中国渐次开埠，从沿海往内河，从沿海往边境，从沿海往内地。与此同时，各个区域埠口不断增开，到 1930 年可供通商贸易的口岸达到 110 个。三都澳属于闽浙沿海开放的第三批埠口，但既不是区域行政中心，也不是区域经济中心，当然更不是区域文化中心，只是闽东孤悬近海一海岛，却是中国自开商埠第一口，且在茶产业面临危机时肩负振兴之责；相对于东南沿海诸多港口茶叶输出而言，三都澳没有辜负作为福建茶叶输出大港之重任。当然，在清末民国这一时局动荡的特殊时期，中国茶叶在国际市场上跌宕起伏，从绝对垄断高位，到断崖式的高台跳水，紧接着不断被后起产茶国超越。伴随着垄断地位的被打破、市场份额的被挤占、排名不断退后的冲击，三都澳及其腹地茶叶输出能够相对坚挺，承担中流砥柱角色实属不易。然而，时代底色决定三都澳无法承担时代赋予其振兴华茶的历史使命。

第三，世界新兴茶叶外贸区（国）中的三都澳腹地。相对于中国各茶区而言，三都澳茶叶输出名列前茅无可厚非，特别是在 1887 年后华茶输出整体下挫的形势下，三都澳茶叶输出虽因国际市场作出调整；而三都澳开埠至 1949 年，其输出量稳定在全国总量的 10% 以上。但对于将资本主义生产方式运用于茶叶外贸产业的新兴茶叶外贸国（区）而言，以自给自足小农经济底色为主的闽东茶叶外贸经过奋力拼搏，最终仍在国内苛捐杂税、管理缺位、地方政府不作为和乱作为、割据战争等的冲击下，特别是第二次世界大战中日本对三都澳的数次残酷的轰炸中败下阵来。

处于特殊区位的闽东，在特定历史事件作用下发展起来的茶产业，虽最终因为各种原因未能振兴华茶外贸颓衰之局，自己也因战争，特别是第二次世界大战日本轰炸三都港，海路不畅，从而沉沦，但经过近百年，具有一定规模，主导闽东经济的外贸茶叶，已然对闽东外贸茶区内方方面面带来影响，特别表现在区域社会开发、畲汉民族融合、区域性别分工等。当然，茶贸引发区域经济、社会、文化、性别等变化的同时，这些变化也反作用于区域茶叶外贸的发展，两者相辅相成，共同推动区域社会变迁。

下　　篇

第六章　闽东茶叶外贸与区域社会开发

闽东开发，较为重要的阶段至少有三个，除本章所及之清末民国闽东茶叶外贸发展对区域的开发外，此前还有唐宋佛教对闽东的开发和宋明矿冶对闽东的开发，为更好地了解茶叶外贸与闽东区域开发，有必要对前两者做些厘清。

据史料显示，隋代及其以前，福建尚待开发。地偏一隅、河汊纵横、交通不便的闽东当然更显荒芜。如本书第二章所述，从唐到宋，闽东人口激增；除本地人口自然增长外，外来移民是促成这一增长的主要原因。移民入驻闽东，是诸多要素促成的。在众多要素之中，禅宗等佛教派系在闽东山旮旯里建立的众多寺庙对这一时期区域开发的作用巨大[①]。通过唐宋闽东佛教对区域开发发挥的桥头堡和急先锋的作用，本为莽荒之地的闽东沿海、沿河向腹地延伸，且接纳人流的量随之增加，与外地的联系有了很大的改善；与此同时，移民不断入迁闽东，人流、物流、资金流不断涌进闽东地区，在诸多开发力量中宋明闽东矿冶对区域开发的推进作用最为显著[②]。

清末民国闽东茶叶外贸对区域开发的作用与传统的唐宋佛教和宋明矿冶对闽东开发的作用相比，有着纵深拓展之处的同时，更多的是此前时代不可比拟的诸多创新，特别是处于经济全球化大环境下的西方资本主义冲击而掀起的近代化进程。因此，其对区域社会变迁的影响是巨大的。

第一节　三都澳成为闽东商业中心

外贸茶叶大发展对闽东区域的影响，最为突出之处即以三都澳为中心的区域经济中心

① 孙绍旭：《唐宋闽东佛教发展与区域社会的开发》，《宁德师范学院学报》，2024 年第 1 期。

② 孙绍旭：《宋代闽东矿冶的发展与区域开发的推进》，《宁德师范学院学报》，2024 年第 4 期；孙绍旭：《明中后期以来闽东地区白银文化对乡村社会的影响》，《宁德师范学院学报》，2018 年第 4 期。

的形成。

一、 三都澳的人口数量和结构变化

开埠以前，三都澳没有外国人经营的商业，估计岛上有中国居民 8000 人。海湾内四个城市的人口共约 15 万人①。商业发展和动荡时局引来移民，特别是 1918 年 9 月间有多数富户，由宁德、福安二处逃避匪患，来居三都澳②。据此记录，三都澳在开放之初，应有人口 1 万人左右。随着商贸的繁荣、经济的振兴，三都澳的人口也在增多。据 1924 年的统计，全岛人口达 3 万人以上③。据新中国成立初期的摸底调查，在 20 世纪 30 年代末日本轰炸前，三都本岛人口约为 25000 人，是 30 多年前开埠时的 3 倍。人口的聚集和增长是经济发展的需要。

中国古代的城市，基本上皆为不同级别之行政中心，且大体上行政级别较高之城市，其人口数一般比同一区域的行政级别低些的城市多，城市规模也大些。此外，很少能找到不属于任何行政中心、完全基于工商业而兴起的城市。尽管宋元明清闽东市镇得到一定的发展，但如三都澳那样发展为具有一定规模的城市似乎不多。具体如表 6－1 所示。

表 6－1　　1910 年和 1921 年闽东部分县市人口情况一览表

年份	福宁府	霞浦		福安		宁德		罗源	
		总人口	县城	总人口	县城	总人口	县城	总人口	县城
1910	1445000	314410	20848	350200	31000	284386	25340	—	—
1921	—	280000	18000	230856	99498	214355	6065	120000	13000

资料来源：福州海关编：《近代福州及闽东地区社会经济概况》，北京：华艺出版社，1992 年，第 556、567 页。

根据表 6－1 可知，三都澳人口增长的速度超过作为行政中心的港湾城市福安、宁德和霞浦，自然也超过罗源。作为孤悬海上的小岛，如此快的增长速度，显示经济地位的迅猛上升势头。正如日本调研材料所言，三都澳十年前还是个荒凉的小村庄，连个民船也不来停泊，如今其发展的势头值得关注，将来的发展亦值得期待④。

与此同时，人口之结构亦发生了变化，其增加之部分多为外来人。本埠成为新移民区，人口结构发生了根本变化，不仅外来者远多于原住民，而且社会各阶层的人都有。各国的驻埠机构和开办的洋行、公司以及“福海关”的高管人员有不少是外国人，但更多的代理处和海关办事人员又是从国内大中城市如上海、天津、杭州、福州等地招收来的。人

① 福州海关编：《近代福州及闽东地区社会经济概况》，北京：华艺出版社，1992 年，第 548 页。

② 福州海关编：《近代福州及闽东地区社会经济概况》，北京：华艺出版社，1992 年，第 514 页。

③ 黄岑：《闽东咽喉——三都澳》，《宁德文史资料》第六辑（2010 年），第 70 页。

④ ［日］东亚同文会编纂：《福建省全志（1907—1917）》，李斗石译，延吉：延边大学出版社，2015 年，第 44 页。

们来自四面八方，因社会背景和文化教育的不同，其生活方式和宗教信仰也有差异，多表现在衣食住行等方面。所以，当时三都街的建筑物有中式，也有西式，风格多样；饮食方面，也是中西餐兼有，南北风味并存①。仅1899—1935年福海关历任主管官员②就有79人次，此外还有其他外籍海关人员及其家属；如加上外国派驻机构的外籍人员、商人等，三都岛上的外籍人员有一定之数量。这自然需要一大批服务于外籍人员衣食住行的本地人。于是，交杂、交流和相互影响不可避免。

乾隆帝以“民俗甚嚣，洋商错处，必致滋事”为理由，将通商口岸限制在广州一地……政府不考虑经济效益，硬性规定只在广州一地和外商通商。而广州的对外贸易又被“十三行”商人把持，外国商人实际接触的只限于几个特许的行商，而不是广大的自由商人③。乾隆皇帝的担忧自有其道理。而三都澳开埠，闽东地区实现了外国商人与闽东商人的直接对接。闽东的乡绅和商人直接与外国人交易的实现对国外标准被认可、国外习俗、国外经商惯例被了解，特别是闽东地区阶层眼界等的提升意义巨大。

二、 三都澳的建设和经营

开埠后的三都澳，作为闽东的窗口，在茶产业龙头的带动下，得到较为符合市场需要的经营并取得一定程度的发展。经过全面抗战爆发前近40年的建设，三都澳从一个小渔村被建成一个港口都市。

1. 三都澳港口城市雏形已成。三都澳市街主要位于北岸山脉的山麓，海岸线上筑有高2.7—9米的竖固石堤，宽约3.6米，高7.2米，一直延伸到离海岸线180多米处④。船抵三都石码头上岸，就是三都街。这三条街的背后为小山坡，坡上是三个原住民的村庄，各有百余户人家⑤。三都开放以后，面貌大为改观。先前在低潮时人们要跨过几十码长的泥滩才能上岸，上岸以后除了几间破旧农舍外，看不到其他东西。现在变样了，在靠近海关办公楼的地方修建了码头，它跨过600尺长的泥滩，不管潮水如何涨落都能装卸货物。海关空地和居民房屋前面的海滩，有一部分被开拓了，建筑了防波堤、一座验货场、两座仓库、一座私人平屋、海关银行、海防衙门、四家茶行、一座座棚屋、两座海关宿舍和二十家商店，有种新兴的气象，不像其他口岸那样面貌苍老⑥。海岸线上坚固的石堤、大石块砌筑的码头、与码头毗连的三都街、街后山坡上的原住民村庄、来往穿梭于海面的船

① 宁德市蕉城区茶叶协会编：《宁川茶脉》，北京：中国农业出版社，2015年，第108－110页。
② 福建省地方志编纂委员会编：《福建省志——海关志》，北京：方志出版社，1995年，附表：8－6。
③ 戴逸：《乾隆及其时代》，北京：中国人民大学出版社，1982年，第412页。
④ ［日］东亚同文会编纂：《福建省全志（1907—1917）》，李斗石译，延吉：延边大学出版社，2015年，第44页。
⑤ 宁德市蕉城区茶叶协会编：《宁川茶脉》，北京：中国农业出版社，2015年，第108－110页。
⑥ 福州海关编：《近代福州及闽东地区社会经济概况》，北京：华艺出版社，1992年，第548－549页。

舶、港口上新建的建筑给人以全新面貌。

2. 三都澳商业街区渐趋成熟。在人流、物流、资金流带动下的港口城市，商业发展是必然的，而商业活动的空间场所即三都澳三条街区，其具体如下。

第一，外街名三民路，主要是“福海关”的建筑群等。福海关建筑，包括海关大楼、海关俱乐部、海关代报处、海关大磅厂、海关房舍等。各国驻埠办事机构包括英国、美国、德国、日本、俄国、印度尼西亚、荷兰、瑞典、葡萄牙、法国、意大利、奥地利、匈牙利 13 个国家的共 21 家商行、公司的代理处，以及西班牙、比利时等 11 个国家与本埠在交通、文化、宗教诸方面的往来居所。金融机构包括三家银行、五家私人钱庄、十家私营保险公司的代销处和代办处。轮船公司包括太安轮船公司、干泰轮船公司。其他商店包括布庄二、京果店二、酱园店三、五金店等。此外，还有“新民”大旅社①。海关、各国驻埠办事处、文化和宗教等交往居所等机构为主，轮船公司、金融机构、旅社等与外贸关联度密切的机构聚拢于外，五金、京果等店点缀其间。

第二，中街名中山路，是本埠的商贸中心。岛上商店 200 余家，多集中于此。较有名气者如宁德人开的“新泰丰号”“福兴号”两大布店、“协和号”“兴隆号”两家鲜杂店、“民天”碾米厂、城关“德顺鱼行”辖下的“黄月记”和“黄日记”两家鱼行、飞鸾黄呈琦的“同源”杂货店，霞浦人开的“大丰”碾米厂，罗源人开的成衣店，福州人开的“新美”洋饼店和中药铺等②。鉴于对三都澳发展的预期和期待，三都澳左近区域各县如宁德、霞浦、罗源等地商人，福建省会福州商人纷至沓来，主要经营本地土货，既满足岛上居民之需，又可凭借岛上便捷之运输将土货运往各地以获利。

第三，里街名五权路，是居住区和机关单位的聚集地。分上下两区段，上段以商铺为主，下段以民居为多。多为新移民区，房舍鳞次栉比，风格多样。还有民国政府在三都澳设有省辖的特种区区署、国民党区党部、三青团区队部、警察局、省水警分局、海军支应局、电报局、邮政局、盐务局、海军陆战队独立旅旅部、水警大队队部、保安队队部、侦缉队队部、税警团团部、宪兵队队部等③。此外，三都澳还有闽东最高学府三都中学、小学一所、医院一家④。来岛上的移民、政府的各职能部门、学校、医院等，商业、民驻，形成各类特色聚落。

3. 三都澳工业的迅猛发展。开埠后的三都澳，除以上码头开辟和商业街区形成外，最突出的变化就是具备本地资源特色且拥有外部消费市场的加工业的发展。本区域工业如

① 宁德市蕉城区茶叶协会编：《宁川茶脉》，北京：中国农业出版社，2015 年，第 108 – 110 页。
② 宁德市蕉城区茶叶协会编：《宁川茶脉》，北京：中国农业出版社，2015 年，第 108 – 110 页。
③ 宁德市蕉城区茶叶协会编：《宁川茶脉》，北京：中国农业出版社，2015 年，第 108 – 110 页。
④ 黄岑：《闽东咽喉——三都澳》，《宁德文史资料》第六辑（2010 年），第 70 页。

造碗有锦顺、锦春等30余家，平均每家资本3万元；工人50人，每厂每年产50万元。制纸有黄砚记等8家，资本从数千至二三万元；每厂工人20人，每年出纸产值约8万元。制茶者10余家，每家资本1万元，男工5人，女工10余人，童工5人。做竹4家，工人5人。胰皂制造1家，男工10人，女工5人，年产值24000余元[①]。此外，还有锯木厂1家，肥皂厂2家[②]。除此之外，还有一定数量的码头工人，特别如三都澳三村共有300多个男全劳动力，绝大部分成为码头的搬运工人[③]。从无到有、从小到大的三都澳的加工业呈现发展生机。

由于茶叶外贸的发展，三都岛从一个小渔村按市场需要被建成码头。三都港开埠后，先后建有三都码头、亚细亚码头、德士古、美孚码头……1934年11月，三都特种区组织成立挑挽业工会，会员有200余人，分为福州甲和三都甲，福州甲管船上货物装卸，三都甲管码头搬运和驳船业务[④]。于是随着贸易发展，各类机构、各种人群聚居三都岛，帆船、轮船交织于三都澳海面上，闽东茶叶和许多土货被输送往国际和国内，许多土货和洋货也通过三都运往闽东各地。

当然，要探讨三都澳在区域经济发展中的作用，必须首先明晰其在中国近代区域经济定位。近代沿海沿江的各个港口，在经济规律的作用下经过长期的发展，已形成井然有序、等级分明的埠际贸易体系。在这一体系中，位居第一级的是上海、香港两个全国性的港口，位居第二级的是广州、汉口、青岛、天津、大连等大的区域性港口，其他规模较小的区域性港口如三都澳应位居第三级甚至第四级。在这一体系中，上海和香港不仅以贸易量大而位于诸港之上，而且通过埠际转口贸易对其他港口产生重大影响。浙江以北至东北地区以及长江流域的各港口，主要通过上海与国际市场相联系，而浙江以南的福建、广东、广西和海南各港口则主要通过香港与国际市场相联系。

第二节　茶产业及其下游产业的发展

关于近代茶产业对当时中国社会的影响，特别是茶区的影响可谓深远。1840年前，中国仍然停留在封建君主专制时代，农业是其基本经济部门，生产劳动依靠人力和畜力，手

---

① 王世昌：《福州厦门三都澳三大商埠之工业及工人生活概况》，《福建学院月刊》，1934年第1卷、第7期，第25－28页。

② 黄岑：《闽东咽喉——三都澳》，《宁德文史资料》第六辑（2010年），第70页。

③ 宁德市蕉城区茶叶协会编：《宁川茶脉》，北京：中国农业出版社，2015年，第108－110页。

④ 宁德市交通局：《宁德交通志》（内部资料），1991年，第155页。

工业大多建立在农业基础之上，家庭手工业和商品化手工业规模都不大。除了食盐、铁器以及矿山产品等商品交换外，其他商品交换主要是农民家庭自给有余的产品，交换空间较小。进出口贸易规模相当小，且往往因政局与朝廷政策而时开时闭。但据许涤新、吴承明估计，1838—1839 年中国茶叶种植面积约 521 万亩，种茶户 130.25 万户，人口 651.35 万人①。从张炎宪主编的《中国海洋发展史论文集》之《1867 至 1895 年茶出口加工劳动力投入之估算》亦可见端倪（见表6－2）。

表 6－2　　1867—1895 年茶出口加工劳动力投入之估算（5 年平均）

年份	茶户数（千户）	茶农数（千人）	雇工数（千人）	制茶工数（千人）
1867—1870	1092	5458	1819	283
1871—1875	1332	6658	2219	345
1876—1880	1491	7455	2485	386
1881—1885	1588	7492	2647	411
1886—1890	1556	7782	2594	403
1891—1895	1378	6889	2296	357

资料来源：张炎宪：《中国海洋发展史论文集（第 6 辑）》，台北："中央研究院"人文社会科学研究中心，1997 年，第 287 页。

据表 6－2，1867—1895 年，中国产茶区茶户数、茶农数、雇工数、制茶工数有所变动。以 1881—1890 年为例，前五年年均茶户 158.8 万户，茶农 749.2 万人，雇用茶工 264.7 万人，另有制茶工人 41.1 万人，年总计有 1055 万人茶农、茶工进入茶叶生产领域；后五年年均茶户 155.6 万户，茶农 778.2 万人，雇用茶工 259.4 万人，另有制茶工人 40.3 万人，年总计有 1077.9 万人茶农、茶工进入茶叶生产领域。这组数字对于当时拥有 2000 万左右人口的以茶叶为主产的福建来说，是令人震撼的。正如《福建茶产之调研》中所言，茶业范围跨占农工商三界，昔年全盛时代，以此为业者不下三四十万户，据前农商部四年之统计，本省以此为生者，计有 183695 户，又本省民政厅（1930 年）之统计，本省人口共有 1818604 户，而业茶者约占百分之十。"虽然农商部之茶户统计未必可靠，即今茶业衰落之秋亦尚资十余万户人之糊口，即当年隆盛时代利赖茶业为生者之多，可想见其一斑矣。"②

清咸丰年间（1851—1861 年）闽北建宁、福州等地茶商已来境内坦洋购茶。后来又把红茶制法传入坦洋，试制红茶成功。坦洋胡氏万兴隆茶行以茶标"坦洋工夫"运销西欧

① 许涤新、吴承明主编：《中国资本主义发展史》，卷 2，北京：人民出版社，1990 年，第 242 页。

② 省政府建设厅：《福建茶产之研究》（民国二十四年），转引自李步泉等主编：《闽东茶叶历史文化》，福州：海峡摄影集团，福建人民出版社，第 518 页。

各国，颇受消费者的欢迎。从此之后，大批茶商接踵而来，求山入市，开设茶行。周围毗连的寿宁、周宁、霞浦、柘荣及浙江泰顺等县茶叶纷纷云集于坦洋加工，坦洋成为茶叶集散地。当时坦洋村就有茶行（庄）36家，雇用茶工达1000余人，年产茶叶2万余担。元记茶行吴赓俞，厂房和店面有20余间，雇用茶工200余人，每年加工精茶2000余件（1000余担），可获利润大洋上万元。仅从坦洋一村足见当时福安产茶之盛况了。除此之外，社口、穆阳、韩阳、上白石、赛岐等地茶行也竞相倍出，在全县范围内茶行可达150余家。至于季节性或临时性的茶叶小商贩则数量众多，无法统计。收茶范围上至政和新村，下至霞浦赤岸，境跨六七个县，方圆数百里[①]。有人估计鸦片战争前，仅闽北茶产量可能有20万—30万担，依茶为生的生产者达300万人以上[②]。若以此为参数（30万担∶300万人），则三都澳腹地茶区涉茶人员100万人左右，占闽东地区人口2/3以上。据估计，1838—1839年中国茶叶种植面积约521万亩，种茶户130.25万户，人口651.35万人[③]。若以此为参数，则闽东种茶面积80万亩左右。当然，在传统社会，闽东茶叶是散种于屋前园后的陡峭劣地，其面积要远大于此数。

有学者估计，清顺治年间，全国茶叶产量约235万担。清光绪年间，增加到450万担。其中至少1/3用于出口[④]。若取两者平均数，则三都澳开埠后的出口茶叶占全国1/10左右。与1906年相比，红茶增加2640担……这极可能是由于各种红茶的需求量增加，直至茶季结束尚供不应求……但不管将来发生什么事，令人满意的是本地区茶叶产量并无衰退迹象[⑤]。“茶叶产量并无衰退迹象”当然依靠较为稳定的茶园面积，而因为多散种于本就不宜其他农作物的陡峭劣地或屋前园后，在一定程度和范围而言保证了较为稳定的茶园面积；又因为是副业，其收入本就属于补充地位，投入本少，属于“永年生作物”，则茶叶效益，即产出大于等于投入，这也是茶产业持续影响闽东地区的根源所在。

清人卞宝第在其著述的《闽峤輶轩录》（1869）一书中，分析福建产茶地理分布主要有：霞浦县、福鼎县、宁德县、安溪县、大田县、南平县、沙县、永安县、建安县、瓯宁县、建阳县、崇安县、政和县、松溪县、邵武县、光泽县、泰宁县、建宁县等地[⑥]。清代丁绍仪所著《东流识略》载：“自咸丰初，请由闽洋出运，茶利益溥，福、延、建、邵诸郡种植殆遍。”仅著名的产茶县就有霞浦、福鼎、宁德、安溪、大田、南平、沙县、永安、

---

① 林桂镗：《福安市茶业志》（油印本），1996年，第173－174页。

② 傅衣凌、杨国祯编：《明清福建社会与乡村经济》，厦门：厦门大学出版社，1987年，第207页。

③ 许涤新、吴承明主编：《中国资本主义发展史》，卷2，北京：人民出版社，1990年，第242页。

④ 胡赤军：《近代中国与西方的茶叶贸易》，《东北师大学报（哲学社会科学版）》，1994年第1期，第29页。

⑤ 甘福覆：《福海关1907年度报告》，福州海关编：《近代福州及闽东地区社会经济概况》，北京：华艺出版社，1992年，第477页。

⑥ ［清］卞宝第：《闽峤輶轩录》，1869年，第413－414页，转引自清光绪版（1906年）《福鼎县乡土志》。

建安、瓯宁、建阳、崇安、政和、松溪、邵武、光泽、泰宁、建宁等。福鼎县白琳为“茶商聚集处”①。植茶面积之广大，据张心一先生之估计，本省面积为111960方公里，其中茶园面积约占已耕面积百分之十，即较之本省主要作物之面积亦不相上下也②。

“与东南部不同的是，福建东北部的农民并不把茶叶的种植作为最重要的事情。一位美国人在1874年惊讶于那些小块的土地上的确用来种植茶叶……山顶平整的土地以及所有能够被灌溉的土地都种了大米，只有陡峭的劣地属于茶树。”“盖茶在生产上不受土地限制，随处皆宜，且为永年生作物，种植之后，即能继续生长，虽须加以管理，其方法亦甚简易，如有间作物，则并施肥及管理之工亦可节省。即就制造上而言，茶季节开始，即可随采随制。方法亦繁简自由，远非缫丝、畜牧之成本巨而耗力多者可比。故茶以其农业条件上之优越，凡在产茶区农家无不以茶为重要之副业。”③ 据此，现分别胪列如下。

福鼎潋城

福鼎历史上多有“梯田式”旧茶园。不少地方的茶农或将茶树种于农地的畦沟上，或栽在园地边沿、梯坎上，因而形成“吊壁式”“篱笆式”茶园。此类茶园广种稀植，亩产毛茶不过二三十市斤。1936年，全县茶园46990亩，产量1937.3吨。日军侵华后，茶市萧条，茶园面积逐年减少，邻近茶园大多改种其他作物，远僻茶园多数荒芜。到1949年，全县茶园面积仅剩29520亩，产量517吨，亩产35市斤④。1936年亩产是1949年亩产的2.35倍。

清末民初，霞浦县上东、中东、下西、上西、小南各区山园多改种茶，全县茶园面积

---

① 陶德臣：《清代福建茶叶生产述论》，《古今农业》，2003年第4期，第67页。

② 福建省政府建设厅：《福建茶产之研究》（民国二十四年），转引自李步泉等主编：《闽东茶叶历史文化》，福州：海峡摄影集团，福建人民出版社，第518页。

③ 转引自蓝图：《近代闽东茶叶贸易与早期资本主义全球化——以福建坦洋茶叶贸易研究为中心》，《历史地理》，2010年第24期，第209－210页。

④ 福鼎县地方志编纂委员会：《福鼎县志》，福州：海风出版社，2003年，第七篇、第一章、第二节。

约3万亩，年产茶叶750吨左右。旋因战乱影响，销路受阻，茶叶生产逐步衰落。1934年，全县茶园面积减为2.1万亩，茶叶产量降为480吨①。1939年调查，全县茶农2540户，茶园1.8万亩，产茶440吨。1946年，茶叶产量继续下降为300吨。至1949年，全县仅有茶园1.5万亩，其中篱笆式茶园占60%、半岩式茶园占20%、间作式茶园占15%、成片茶园占5%；树龄30年以上的茶园占85.6%，茶叶总产量为175吨②。抗日战争前，柘荣（属霞浦所辖）境内茶园面积1万多亩，年产干茶150吨。茶园主要分布于乍洋的长岐、溪口、石山，宅中乡的宅中、山樟、西坪，富溪乡的富溪、前宅、花坪，黄柏乡的黄柏、菖蒲洋、蒲洋，楮坪乡的楮坪、洪坑、彭家山，英山乡的英山、何家山等低山、丘陵地区。后来由于战乱，境内茶园荒芜，产量骤降③。

福安是福建重点茶区之一，坦洋工夫红茶的原产地。清至民国期间，境内遍地植茶。1934年，全县7个区99个乡镇，共有茶园面积6万亩，茶叶产量2550吨。抗日战争爆发后，茶园荒芜，至1949年，全县茶园面积只剩万亩，产量500吨，单产不到15公斤④。其中，在坦洋的桂香山，“产茶甚美”，从山麓一路登桂岩，“香闻数里”⑤。

宁德“其地山陂洎附近居民，旷地遍植茶叶……计茶所收，有春秋二季，年获利不让桑麻”⑥。1936年，全县有茶园4.88万亩，产茶1600吨（含周墩300吨）。1937年日本侵华后，茶园荒废甚多。1949年，全县仅有茶园3.5万亩，产茶444.8吨，亩产只有12.7公斤⑦。1936年，周宁（属宁德所辖）境内茶园8318亩，产茶310吨。1947年，仅生产外销茶叶73.8吨⑧。《周墩区志》载：清同治初年至光绪年间和民国初期，周墩茶叶生产兴旺，产量多，龙亭溪沿岸村庄的江源、进登、桃岭、那坑、陈凤等地均以茶多出名，当年农村顺口溜云：“金渡头、银进登、铜桃岭、铁那坑。”陈凤的农民把四月茶山称为“金山银世界”⑨。

1933年，古田茶山14945亩，产量5266担，株数21240万株。1936年，全县茶园面积达2万亩，年产茶8000担。1938年，全县有茶园2万亩，年产茶8600担（其中八区大甲乡2196.84亩，产量812.8担），是历史的鼎盛期。民国时期，古田的茶园均是丛栽稀

---

① 霞浦县地方志编纂委员会：《霞浦县志》，北京：方志出版社，1999年，第八篇、第二章。
② 霞浦县地方志编纂委员会：《霞浦县志》，北京：方志出版社，1999年，第八篇、第二章。
③ 柘荣县地方志编纂委员会：《柘荣县志》，北京：中华书局，1995年，第八篇、第六章、第一节。
④ 福安市地方志编纂委员会：《福安市志》，北京：方志出版社，1999年，卷十五、第一章、第一节。
⑤ ［清］张景祁：《福安县志》卷四，《中国地方志集成》，福建府县志辑，第13册。
⑥ ［清］卢建其：《宁德县志》（乾隆版），卷一，《中国地方志集成》，福建府县志辑，第11册。
⑦ 宁德市地方志编纂委员会：《宁德市志》，北京：中华书局，1995年，卷五、第六章、第一节。
⑧ 周宁县地方志编纂委员会：《周宁县志》，北京：中国科学技术出版社，1993年，第五篇、第三章、第三节。
⑨ 周宁政协文史委编：《周宁文史资料》第三辑，1989年，第4页。

植，每亩植茶苗 200—300 丛[①]。

光绪八年（1882 年），屏南县的棠口、寿山、忠洋村就开办有茶行收购毛茶。棠口村的“万象春”茶行，年收购红茶 1400 担（70 吨），所收购的茶叶通过传教士运销英国等地[②]。

寿宁县民国中期，为鼎盛时期，全县茶叶种植面积年均约 5 万亩，年均产量约 2 万担（1000 吨）[③]。

当然，茶叶的生长周期是必须关注的问题。严中平指出，生产周期越是短的行业，就越能适应市场的变化，从而调整产销结构；反之，越是生产周期长的行业，适应市场变化的能力就越低。茶叶生产无疑属于后者。茶树从培植到产茶旺盛期，需 8 年，此间茶农无任何收益；旺产期可维持 10 年，但如果此间茶价下跌，茶农将受到重大损失，只能降价销售，有的甚至无法收回投资[④]。闽东茶叶的特殊之处即多散种于本就不宜其他农作物的陡峭劣地或屋前园后，有收入即可，无所谓多寡。

当然，闽东茶叶的持续影响亦源于不断的创新。特别如花茶的发展，如前所述，早在 1909 年左右，“一团春”已经在宁德试制花茶成功并少量销往北方。

茶是福建重要的作物，全盛时期，福建省内人口的移动是由人口过剩地区流向产茶区；闽茶衰落，福建的人口乃大量移出。根据研究，福建人口外流，是与闽茶衰落时期相吻合的[⑤]。在民（国）元至二十七年间，亦即闽茶较衰落时期，闽北的人口向沿海（如福安人口向霞浦）及浙江边境（即向北，屏南人口向寿宁）移动[⑥]。闽东人口流动亦显示区域内茶叶发展不平衡，但区域内部兴衰基本能够弥补和持平，所以人口流动以内部流动为主，这也是相较于福建其他沿海地区而言，闽东该时期出国移民不多的原因。茶产业最为直接的影响是粮食等农业的发展和制茶叶相关行业的影响。

首先，茶叶外贸和粮食等农业的发展使山区人民生活改善。茶叶种植面积扩大，促使闽东山区不断被开发。大量迁徙和增殖的人口，需要更多的土地来维持生计，而此时左近的浅山、缓坡早被开发，人们只能从缓坡走向陡坡，从浅山走入深山，从而出现了对偏远山区的大规模开发。山区土壤瘠薄，浇灌条件差，无法满足传统粮食作物生长之需，用于

---

① 郑古田县茶业局编：《古田茶志》，福州：福建省地图出版社，2021 年，第 36 页。

② 吕维新：《中国古代茶叶商品经济史略》，赣新出内准字 0002649 号，2001 年，第 80－93 页。

③ 《寿宁县茶叶志》，福州：海峡出版发行集团，海峡文艺出版社，2017 年，第 43 页。

④ 严中平主编：《中国近代经济史（1840—1894）》下册，北京：人民出版社，1989 年，第 1182 页。

⑤ 李国祁：《民国时期福建产茶区的农村经济——以闽北闽西为例》，“中央研究院”近代史研究所编：《中国近代农村经济论文集》，民国七十八年十二月，第 418 页。

⑥ 李国祁：《民国时期福建产茶区的农村经济——以闽北闽西为例》，“中央研究院”近代史研究所编：《中国近代农村经济论文集》，民国七十八年十二月，第 421 页。

种植茶叶成为选择。于是，闽东山区的开发大大加速了，陡坡、深山都先后被开垦。茶叶外销的兴起一方面促进闽东茶叶种植的扩展，另一方面，随着人口增加，粮食作物的需求也增多，又进一步促进山区玉米、甘薯的种植。当然，也有水土流失和邻近地区粮食输入等问题。据海关资料记述，由于产茶区富裕起来，制茶和运输费用也随之增加。过去茶商赚了不少钱，目前价格使他们赚不了大钱。没有迹象证明茶农没有赚钱，更多的倒是茶商对产茶地区居民的社会条件带来改善。过去红薯是唯一粮食，现在有了白米和鱼，居住条件也比以往好很多①。

其次，导致制茶业及相关行业的繁荣，促进山区手工业的发展。闽东出口外贸茶叶多为红茶，红茶是发酵后炒制，炮制出来有一股浓香味，深深吸引了欧洲国家的人们，从而在英国等欧洲国家掀起了一股饮用红茶的热潮。为了满足迅速扩大的需求，在闽东地区各县创新发展各种红茶，也引发如政和、松溪、浙江泰顺等地方将茶叶加工成坦洋工夫等茶叶的加工业发展，红茶的畅销还带动了其他相关行业的发展。仅茶叶的包装就为茶叶初级集市带来编织竹篓、制作麻袋、修补麻袋、制木箱、铅片包装等手工行业，有的茶农或大的茶厂有专门的蔑司、箱司、铅司从事包装工作。挑运业的繁荣也是由茶叶贸易带来的一个明显的特征。此外，还有船舶运输业，河海港码头服务业等。

第三节　闽东其他土货出口发展

资料显示，三都澳出口货物的主要种类包括纸张、瓷器、糖、茶油等。“纸张贸易尚为稳定，陶器也不错，茶油则有显著进展。”② 具体见表6－3、表6－4和表6－5。

表6－3　　1889—1901年三都澳进出口民船概况一览表

船数（条）	进口货物	往来口岸	出口货物	载重量（担）	船员数（人）
35	煤油、火柴、铅、杂货	福州	糖、茶油、烟	400—200	9—5
80	腌鱼、杂货	温州、非条约口岸	糖、柴火等	600—150	13—6
4	压舱物或杂货	温州	瓷器、纸张、糖	450—100	10—5
10	铅锭、一般货物	福州	糖、茶油、贝壳、动物	1000—300	16—7

① 杜维德：《闽海关1875年度报告》，福州海关编：《近代福州及闽东地区社会经济概况》，北京：华艺出版社，1992年，第104页。

② 福州海关编：《近代福州及闽东地区社会经济概况》，北京：华艺出版社，1992年，第553－562页。

续表

船数（条）	进口货物	往来口岸	出口货物	载重量（担）	船员数（人）
70	腌鱼	非条约口岸	柴火、竹、番薯干等	300—100	6—3
30	腌鱼	温州、浙江各口岸	同上	800—400	12—7
10	盐	兴化	柴火、茶籽、饼、软材	2000—900	15—9
50	腌鱼、杂货	宁波、温州等	—	30—90	8—5
20	南京布、大豆、小麦	宁波、上海等	瓷器、纸、糖、茶油	3000—1200	20—12
15	南京布、土布、西药、牛骨	宁波、上海等	同上	2000—300	14—8
12	压舱物或杂货	牛庄、烟台、山东各口	同上	9000—3000	30—14
三帆船	压舱物	新加坡	瓷器、纸张	10000	40

资料来源：福州海关编：《近代福州及闽东地区社会经济概况》，第552页。

表6-4　　1937年闽北、闽西产茶区重要物产产量及货值

县别	茶		木材		竹笋		菰	
	产量（十担）	产值（十元）	产量（十担）	产值（十元）	产量（十担）	产值（十元）	产量（十担）	产值（十元）
福安	2430	75300	59250	54180	25000	50000	—	—
霞浦	12	240	—	—	10	6	—	—
柘荣	100	1104	2200	370	30.6	40	—	—
宁德	2600	78000	7800	7800	—	—	—	—
周墩	430	5740	—	—	—	—	—	—
福鼎	2047.7	77234	—	—	—	—	—	—
屏南	360	7040	6681.5	13730	—	—	—	—
寿宁	1332.5	44745	728	1210	—	—	—	—
崇安	710	44000	4500	10000	1300	1200	—	—
邵武	9528.8	48300	13180	33390	538	1132	6608	41560
建阳	100	3620	—	16000	—	—	22	3450
政和	210.9	13674	4777.4	3241	580	3820	11.9	1193
松溪	12.4	380	710	678	55	253	7.5	690
蒲城	10	400	2640	4224	—	—	11	880
建瓯	—	—	—	—	—	—	—	—
沙县	20	1500	—	—	6300	2300	103.5	5021

资料来源：闽政月刊，第3卷、第2期，第58-59、60-61页；第3卷、第4期，第50-51页；第3卷、第5期，第50-51页。

表6-5　　1937年福鼎县港口货物输出

货名	等级	产地	运往何处	包装及运输	输出量（万包）	输出数值（万元）	每包重量（市斤）
明矾	上等	平阳	上海宁波仁浦天津香港汕头南洋	麻袋竹篓民船运至沙埕出口	2	5	100
沙矾	劣等	平阳	宁波绍兴海门	同上	1.5	1.5	100
桶底	二等	平阳	同上	同上	0.5	1	100
田片	三等	平阳	同上	同上	0.2	3	100

资料来源：福鼎县交通局：《福鼎交通志》（内部资料），1991年，第34页。

据表6-3、表6-4和表6-5，从三都澳区域出口货物的来往口岸、种类、产量、产值等可以看出，在茶叶外贸发展的同时，区域特产被不断认识、挖掘和出口，成为交换商品，实现了资助本地经济发展之目的。根据海关统计，其他土货出口如下：1899年，粗瓷器16700捆，茶油15000担，桐油6000担，鸦片2000担，二级纸5000担，红糖38000担，白糖12000担，烟草8000担。1900年，粗瓷器30000捆，茶油及桐油15000担，鸦片2000担，二级纸17000担，红糖32000担，白糖3000担，烟草8000担①。开埠初期至1910年，三都澳港进出口贸易发展到757.3国币万元的规模，出超额平均在200国币万元以上，商业贸易稳步发展②。本地商人将土货运往沿海各地并运回各地土货。宁德的木帆船运销土产品瓷碗、土纸、杂木、刨花木、笋干、竹篾器等北航到温州、沈家门、宁波、青岛、烟台、牛庄、营口等③。抗战前古田、屏南年均木材产量产值：古田401530株，263700元；屏南7230株，11820元。古田县在县城、谷口和水口。屏南县木材初级市场在十四都④，亦佐证区域土特产的商品化程度。

基于闽东土货输出情况，现对1938年闽东、闽北产茶区输入输出货值进行比较，见表6-6。

表6-6　　1938年闽东、闽北产茶区输入输出货值比较　　单位：元

闽北地区	输入货值	输出货值	入出超	闽西地区	输入货值	输出货值	入出超
福安	401950	2349800	+1947850	崇安	564812	1094486	+529673
柘荣	20188	19500	-688	邵武	6196313	2516090	-3680263

① 宁德市交通局：《宁德交通志》（内部资料），1991年，第105页。
② 福州海关编：《近代福州及闽东地区社会经济概况》，北京：华艺出版社，1992年，第553-562页。
③ 宁德市交通局：《宁德交通志》（内部资料），1991年，第106页。
④ 翁礼馨编：《福建之木材》，福建省政府秘书处统计室，1940年，第31、105页。

续表

闽北地区	输入货值	输出货值	入出超	闽西地区	输入货值	输出货值	入出超
宁德	1019097	359379	-659718	政和	81449	784286	+702835
周墩	59506	185000	+125494	松溪	40647	21390	-19257
				沙县	830790	1076200	+245410
				建瓯	2527816	2723705	+195889

资料来源：《闽政月刊》，第6卷、第1期，第85页。

据表6-6可知，闽东的四县出超县均353234.5元，而闽北6县入超县均337618元。就出超与入超而言，人口因素起一定作用，但更多的是闽东沿海便捷的物流通道起作用，此亦进一步证实闽东与外界物流沟通情况。外界对本地货物需求和本地商品市场的活跃可见一斑，但各县不同。福鼎出口商品有茶、烟叶、攀、棉纸、猪羊、虾米、草纸、豆荚，霞浦出口商品有米、番薯、桃李、棉纸、伞骨、碗、竹、松柴、猪羊、海味、铁，福安出口商品有茶叶、松柴、牛皮、羊、竹、茶油、桐油、赤糖，宁德出口商品有海纸、粗碗、蛎、茶叶、木板、甘蔗、锡箔①。

古田县雪景

当然，此间的地方政府较为重视商业发展亦起到一定作用。民国初期，政府一度重视商业，拆城墙、拓街道，商业趋于兴旺②。从吴松弟教授的研究可知，长期以来，中国的出口货物主要是农产品，开埠以后至抗战前，土货出口货值呈十余倍的增长，无疑是农业生产朝着市场化和外向化方向发展的产物③。这对于以农业为主的传统闽东的影响自然意义重大。

① 李步泉主编：《闽都茶文化》，福州：海峡书局，第470页。

② 福建省地方志编纂委员会编：《福建省志·商业志》，北京：中国社会科学出版社，1999年，第十章、第一节。

③ 吴松弟：《中国近代经济地理格局形成的机制与表现》，《史学月刊》，2009年第8期，第68页。

第四节　闽东土货和洋货进口

在近代经济变迁的过程中，进出口贸易具有特别重要的作用。中国在古代主要与比自己落后的国家发生贸易关系，所能进口的大多是初级农林产品，而近代的主要贸易国家却是比中国发达的资本主义国家，进口产品大多是机器生产的工业产品。发达国家既采用机器生产，又采用先进的资本主义管理制度，其产品质量之优、价格之便宜，无疑为中国手工产品所望尘莫及。就此而言，近代的中外贸易，其实是先进生产力传入中国的最早、最有效的一种形式，可以说在早期现代化时期是促使传统经济变迁的主导因素①。

三都澳开埠后进口起伏增加。对外界土货和洋货的需求，在一定程度和范围内显示闽东居民受外界影响的扩大。开埠初十余年间，三都澳港进口货物主要有煤油、火柴、铅锭、压舱物、南京布、腌鱼等②。经由此地（三都澳）运往内地的货物主要是棉织品、火柴、铅锭、砂糖、人参、石油和海产品等，需求地主要是旧福宁府③。外轮进口的货物有日本的海带、海链、泽鱼、铁线，美国的面粉，荷兰的煤油，英、德、法的硫酸铵、玻璃，爪哇的糖等④。从 1911 年开始贸易总值突破 8000 国币千元，1915 年达到高峰，贸易总值 10948 国币千元⑤。从 1923 年起，三都港的进出口贸易总值再次突破万千元的大关。1923—1931 年三都港年均进出口贸易总额达到 10576 千元，1926 年创历史新高，达 11719 千元⑥。然而，自 1932 年起，贸易总额跌至 6416 国币千元。“1939 年 9 月，日寇以海、陆、空三军袭击三都，轰炸和烧杀，三都大型建筑物多被破坏。1940 年 7 月，日寇再度登陆三都，又进行了一次大烧杀。1944 年 6 月，日寇又出动十五架飞机，投下三十二枚炸弹，炸毁七十多座民房。”⑦ 港口基础设施损失殆尽，人口避乱迁移，日益萧条，直到“1952 年 7 月，由于国防建设的需要，三都港奉命关闭，三都支关随之撤销”⑧。

三都澳开埠后，土货和洋货进口迅猛增加，特别如煤油、火柴等。三都澳开埠前就

---

① 吴松弟：《中国近代史的主线索和经济变迁的特点》，吴松弟、樊如森主编：《近代中国北方经济地理格局的演变》，北京：人民出版社，2013 年，第 12 – 15 页。

② 福州海关编：《近代福州及闽东地区社会经济概况》，北京：华艺出版社，1992 年，第 553 – 562 页。

③ ［日］东亚同文会编纂：《福建省全志（1907—1917）》，李斗石译，延吉：延边大学出版社，2015 年，第 44 页。

④ 宁德市交通局：《宁德交通志》（内部资料），1991 年，第 106 页。

⑤ 韦陈燮：《三都澳港的历史回顾与发展前瞻》，福建师范大学，2010 年，第 13 页。

⑥ 韦陈燮：《三都澳港的历史回顾与发展前瞻》，福建师范大学，2010 年，第 13 页。

⑦ 《旧三都澳若干状况》，《宁德文史资料第一辑》，1982 年，第 63 页。

⑧ 金微：《福海关的成立于撤销》，《福建文史资料》第十辑，1985 年，第 63 页。

有煤油输入，如 1881 年进口煤油几乎是 1880 年进口的一倍。城市和郊区都普遍点煤油，它甚至渗透到产茶区的穷乡僻壤，在那里尽管加上运费和厘金，价格仍比本地茶油便宜①。

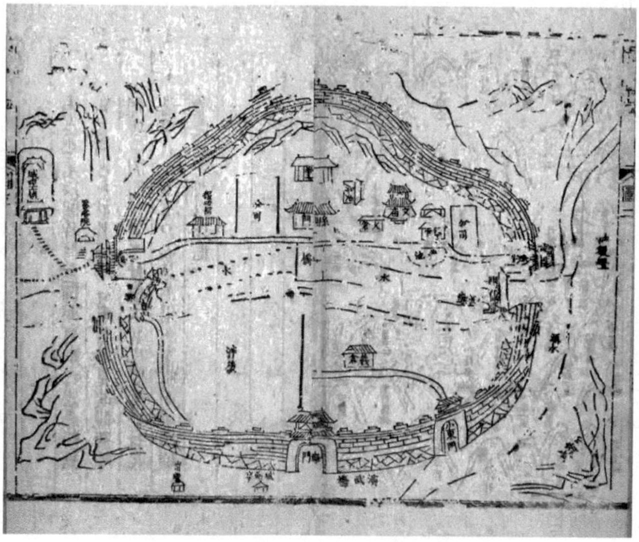

康熙二十五年《寿宁县志》县城

从开埠到民国建立，煤油和火柴输入迅猛增加。三都澳腹地的沿海各县大量使用煤油，对日常照明的改进意义巨大。1900 年，从福州陆运煤油 60000 担。仅福州陆路就运来如此数量的煤油，可见闽东地区煤油的需求市场之大。煤油的广泛使用，使乡村照明成本降低，对煤油供应链的认识扩大到对国外的认识。1901 年，本地进口的煤油达 61660 加仑（1900 年仅进口 29000 加仑）。煤油的需求量每年至少要有一百万加仑。据报告，煤油的使用量逐年增加，因为煤油比本地油便宜。海关、常关和陆路都向闽东地区输送煤油，可见用煤油照明迅速普及乡里。1906 年，进口煤油 306100 加仑②。1908 年，增长最多的是煤油，从 421500 加仑增加到 1099500 加仑③。煤油增加了 2. 6 倍。1908 年，荷兰一家石油公司于 5 月在这里开设了一家分公司。十月亚细亚煤油公司驶来了一艘“兰西斯”号散装煤油趸船，准备作为一个浮动的煤油库。美孚煤油公司也打算在一座小山上建造一个小储油池④。伴随着煤油市场的不断拓展，许多国家的商人看好这一市场，建立石油公司及增添设备。1909 年，苏门答腊煤油从 109000 加仑增至 330360 加仑，美国煤油的进口量从

① 福州海关编：《近代福州及闽东地区社会经济概况》，北京：华艺出版社，1992 年，第 133 页。

② 福州海关编：《近代福州及闽东地区社会经济概况》，北京：华艺出版社，1992 年，第 448、451、474、478 页。

③ 1908 年的数据应有出入，根据前后内容，应该是少写了一个“0”（福州海关编：《近代福州及闽东地区社会经济概况》，北京：华艺出版社，1992 年，第 480 页）。

④ 福州海关编：《近代福州及闽东地区社会经济概况》，北京：华艺出版社，1992 年，第 480－481、482、485 页。

1908年的950加仑跃升为76759加仑。1909年，到岸的煤油总量为516130加仑。煤油运输进一步扩大，以至于出现三都澳煤油转口福州的现象。本年度32500加仑煤油复出口福州。1911年，煤油是进口洋货中最主要的商品，经海关进口的煤油有50万加仑。婆罗洲油的进口尚属首次①。

1901年，仅有5050罗本地（福州）火柴。1906年，火柴32700罗。1908年，日本火柴进口减少10100罗②。1909年，不少于26494罗的火柴运抵本口，比1908年的进口量多17%。1910年，火柴的需求量仍很大。1911年，火柴进口48100罗，增加16%。1912年，火柴比前一年多进口56000罗，创历年进口纪录③。

从市场被发现和开拓紧接着迅猛发展，不断被外国公司认可，到外国公司在三都澳建立分公司增建设施，后变成一个煤油进口大港，各类煤油汇聚此地，向福州复出口（以前煤油多由福州运入）。伴随煤油大量输入的是火柴，首先从国外进口，后福州学习生产火柴技术，产品向左近区域扩展，外国火柴与本地火柴消费不断增加，再到国外火柴进口减少，本地火柴不断增加的过程。

进入民国，火柴和煤油输入在波动起伏中继续增加。1913年，洋油进口445966加仑。火柴共进口46750罗。1915年，煤油118032加仑，自来火13655罗。1916年，海关煤油计短222560加仑，常关民船运进计增110369加仑，合计比去年实短112191加仑；海关进口火柴计短4537罗，常关进口日本火柴计增19746罗。煤油和火柴海关进口虽有所减少，常关进口却增加，两项加减后，煤油较上年略微减少，而火柴却有增加。1917年，煤油计运进343850加仑，1916年运进之数为218449加仑。海关煤油较前一年增加50%以上。1918年，煤油217253加仑，自来火15889罗。1919年，煤油228672加仑，自来火11199罗。1918年和1919年海关煤油进口又与1916年海关进口持平。1923年，煤油496352加仑，较前年进口增加近50%。1924年，火柴由6834罗增至9568罗。1924年，煤油456090加仑，火柴55350罗④。

仅就以上所列，煤油进口起伏增加态势明显，从1900年的29000加仑，到1924年的456090加仑，25年间增加了15倍多。当然，最繁荣时期增加达30余倍。而火柴从1906年进口32700罗，到除国外进口外，生产火柴技术与本地资本的对接，开始生产火柴，进

① 福州海关编：《近代福州及闽东地区社会经济概况》，北京：华艺出版社，1992年，第485－486、488、489、492、495页。

② 福州海关编：《近代福州及闽东地区社会经济概况》，北京：华艺出版社，1992年，第480－481、482、485页。

③ 福州海关编：《近代福州及闽东地区社会经济概况》，北京：华艺出版社，1992年，第485－486、488、489、492、495页。

④ 福州海关编：《近代福州及闽东地区社会经济概况》，北京：华艺出版社，1992年，第449、503、506、510、513、516－517、520、525、526页。

而进口火柴和本地火柴同时增长，最后本地火柴数量不断增长，进而赶超进口火柴等。火柴和煤油对闽东区域社会的影响正如班思德所言：“火柴、针及窗玻璃销售续增，至期末二三年，国内各地，特别繁荣，各货销售，愈为畅旺。而煤油一项，进口激增，尤足表现人民守旧习惯，逐渐破除，新式需要，乘时而兴。”①

第五节　传统运输向近代运输的发展

以三都澳开埠为界线，其运输实现了从传统运输向近代运输转变的历程。三都澳开埠以前没有轮船来此，竹排、斜滩艚、帆船是这一带沿河、沿海的运输工具。开埠后轮船以其独特优势介入运输业，特别是远海运输。于是，三都澳运输出现帆船和轮船并行阶段。随着业务的不断拓展，轮船运输的比重不断提高，并向各个领域拓展，外埠运入本埠的洋货和土货多由轮船运入，本埠茶叶等由轮船和帆船共同运输，而如陶瓷等运往北方如山东等地者亦为轮船等，由此轮船运输比重逐渐增大，并超过帆船占主导地位。与此同时，轮船或汽船等运输不断往内河上溯，不断抢占帆船市场。当然直至1949年，轮船亦未能取代帆船运输而成垄断地位。

一、三都澳地区外海轮运概况

开埠前，三都澳港口贸易大宗茶叶主要靠传统的帆船和肩客、挑夫进出，没有轮运。开埠初年，茶叶多按传统运输方式进出，海轮运输优势一时难以展现：其一，货源短缺而不稳定。其二，就货主而言，闽东北地区商人“喜欢用帆船运输货物，并倾向于旧式征税方式，惧怕新关的规章”，致使“除了茶叶外，包括海湾在内的五个地区里的绝大多数贸易物品都由本地民航运输”②。迄今为止（至1899年），可称为轮船运输大宗货源的茶叶，大部分从陆路运往福州（60英里）。由此看来，因受货源和货主两个轮船运输关键环节直接制约，以三都澳港口为中心、以河海航运为纽带的闽东北航运近代化方案险些胎死腹中。

随着三都澳开埠，与闽东北土货和洋货进口相伴随的是运输业的大发展。1898年4月《内港行轮章程》之施行，使得所有的中外轮船都可按章程行驶于中国的内河，各地的货物运输大为便利③。于是，闽东北运输进入帆船和轮船并行时期。海轮运茶叶既快又安全，

① 班思德编：《最近百年中国对外贸易史》，海关总税务司署统计科译印，1931年，第183页。
② 福州海关编：《近代福州及闽东北地区社会经济概况》，北京：华艺出版社，1992年，第446、447、449页。
③ 班思德编：《最近百年中国对外贸易史》，海关总税务司署统计科译印，1931年，第222页。

运费便宜，且不受气候影响，而陆运茶叶损坏在15%以上。1899年以来发生的二三起运茶船在来三都途中被劫的案件说明匪患仍未消灭。三都口岸开放后，大批茶叶已改由轮船运来福州①。海轮的优势和左近匪患促成茶商选择海轮运输茶叶。

开埠以来，三都澳轮船运输从无到有，且迅猛推进。1900年，本国和日本国轮船来往结关47080吨。1910年，来本口轮船58922吨。1919年，进出口轮船及帆船550艘，载重77526吨。1928年，出入口船只498艘，合计103384吨。可以看出，1902—1921年是以三都澳为中心的闽东北近代航运真正开启的时期，但其发展状况和贸易一样并不迅猛，轮船业仍未取代帆船航运而占据主导地位。1922—1931年“出入本埠之主要船只，仍为福州华籍汽艇冬季仅有一艘定期行驶，每周往来一次，逮茶汛时期，则视需要缓急，酌增二三艘”②。以后每年基本稳定于1928年的10余万吨。

随着开埠推进，国内外商贾也纷至沓来租地筑屋，外国洋行经营活动增多，先后开办的大商行大公司有太安轮船公司、美孚洋行（美商)、同兴洋行（日商)、亚细亚洋行(英商)、齐美轮船公司、万顺春茶栈等③。伴随着商贸的缓慢发展，闽东北近代航运业初具规模。其特点是：民船航运长盛不衰，轮船运输与贸易的兴潜直接关联，轮船运输最终未能取代帆船航运而占据优势地位，航运既因贸易而兴，同时亦受商业贸易规模的束缚。

二、 三都澳地区内港行轮概况

在轮船运输不断主导向外埠运输货物和由外埠运入本埠土货和洋货的同时，内港行轮也发展起来并走向规范化。1919年内港船只从去年的3艘增至8艘，吨数由670吨增至1629吨。1925年2月5日起，有小轮一艘往来三都、白石间。紧接着，1926年常川载客往来本埠及内地各口之航业，前以小火轮承受，今则改用最新式汽船以替代之。1927年，三都、白石间计出入口由647艘增至660艘。1928年，出入口之船只有小汽船5艘，往来三都、内地间，专供搭客之用，计出入口共1316只，合22488吨④。不仅三都与内地间运输发展迅猛，且客货运分离。

此外，三都澳与内地的联系也大有改观。来往于赛岐、三都间者，有平安小轮船一只，每日往返一次，水程一百五十里，船载每人大洋七角。拟往福安县城者，须由赛岐再搭小汽船至狮子头，步行二里至桐台，然后搭“溪里船”至阳台，再由阳台步行二里始抵福安县城。(1)“搭堵”：多行驶北方，载重最多五百担，全县有三十二只。(2)“舢仔

① 福州海关编：《近代福州及闽东北地区社会经济概况》，北京：华艺出版社，1992年，第446、545页。
② 福州海关编：《近代福州及闽东地区社会经济概况》，华艺出版社，1992年，第448、490、517、539、578页。
③ 林仁川：《福建对外贸易与海关史》，厦门：鹭江出版社，1991年。
④ 福州海关编：《近代福州及闽东地区社会经济概况》，华艺出版社，1992年，第517、527－528、531、535、539页。

头”：多行驶三都、兴化、泉州、温州、崇明各处，全县有五十只。(3)“溪里姆”：此种船只可载七十担，多走福宁。船户多福安人，全县有十只（在宁德名曰“白艚”）。(4)“乌底”：全县有十只，载重五百担左右，其航线与舢仔头同，多载运自己之货物。宁德航船种类主要有南北船、福州圆底船、福宁船、福安船、兴化船、福清船及本地舢板头小船等。以上各种船只除航行于省内外，多通行区内的福安、东冲、盐田、七星、八都、三都、飞鸾、碗窑等处[①]。

三都澳地区近代航运发展和消长与贸易状况呈一致性，贸易兴则航运旺，贸易衰则航运淡，相对近代厦门航运业的勃兴，其航运规模只具雏形[②]。三都澳近代航运有两个特征：一方面，民船航运业的长盛不衰与轮运争夺有限的市场份额；另一方面，近代轮运货物运输量十分有限，与外界通航线路稀少，缺乏竞争优势。另外，海外移民和海外直接贸易活动极少又导致发展远洋运输业的困难。马克思说：“交通运输业的变革是夺取国外市场的武器。”[③] 当然，三都澳近代航运业是不可能取得所谓彻底变革的。因为三都澳区域所处的一般性国际经济环境，与整个近代中国面临的环境没有大的差异，大到整个闽东北落后经济区域，小到闽东北近代航运体系，只要它与这一国际环境联系起来，那么它们必会在接触程度、接触方式以及在其他方面均受到国内外因素的制约，从而显示出区域自身的弱点。从这个角度讲，在民族危机日重、地方经济日受困扰的近代中国，三都澳自开商埠的命运乃至整个自动开放市场体系有违倡导者的初衷，近代自开商埠总的动机与总的效果发生背离，“充当了历史的不自觉的工具”[④]。然而，具体到某一点，值得肯定的是，三都澳地区近代航运的兴起还是产生了一定的社会和经济效应。如轮运方便了旅行，便利了山区土特商品的疏散，与外界商品交流又丰富了区域经济的发展。轮船运输快速便捷而安全可靠，成本低于帆船，利于商贸流通。轮船航运的出现亦较快地增进了闽东北与省城福州及省内外的交流与联系。这些都具有一定深远的意义。所以，闽东北近代航运业虽没有彻底变革而发展成时人注目的航运网络，但它是闽东北地区社会经济近代化的重要标志之一。近代航运的兴潜直接关系三都澳商埠及闽东北地区社会经济的变迁。三都澳自开商埠主要是晚清迫于形势而自动开放的实践点之一，它的发展延续到20世纪三四十年代。就其影响，开埠通商实际涉及区域社会经济的方方面面，更有待深入探究。

我国古代的交通以人力和畜力为动力的短途陆路运输为主，以人力和风力为动力的内

① 李步泉主编：《闽都茶文化》，福州：福建人民出版社，第477－478页。

② 张仲礼主编：《东南沿海城市与中国近代化》，上海：上海人民出版社，1996年，第199页。

③ 《资本论》第1卷，北京：人民出版社，1975年，第494页。

④ 《马克思恩格斯选集》第2卷，北京：人民出版社，1972年，第68页。

河和沿海航运为辅。陆续来到中国的轮船、火车、汽车等现代交通工具，具有传统的交通工具所没有的速度快、运输方便、运量大的优势，成为改变中国经济面貌的一个重要因素。此外，近代的邮政和电讯网络也开始建立起来，为各种信息包括商业信息的快速流通提供了方便。推动航运交通业、手工业和简单机制工业等社会经济部门的缓慢发展。上述各项因素的出现，促使闽东北经济从传统向近代转型。

第六节　西方科技和文化与闽东的对接

三都澳开埠，西方科技和文化与闽东实现了直接对接，主要表现如邮政网络、管理科学和西医卫生等，现简述如下。

一、 邮政网络

晚清福建邮政官局在光绪二十三年（1897 年）创办后，开始对外营业。基于海关人、财、物的雄厚实力，当时的官局附设在海关内，由海关管理，因此很多管理制度及运营活动都模仿海关的运作。福建省地处东南沿海，较早与外界交往，本省又多山多水等，受这些独有的自然、人文因素的影响，晚清福建省邮政官局在运作过程中形成了一套异于他省的地方特色，这些特色奠定了日后福建省邮政事业发展的良好基础。关于晚清福建省三大邮区邮务情形如表 6－7 所示。

表 6－7　　1904—1910 年福建省三大邮区邮务情形[①]

年份	邮界	邮件（件）				包裹（件）	汇兑银钞（关平银两）	
		收	发	转	总计		汇	兑
1904	福州	932547	754460	388581	2075588	26700	34970.30	29361.56
	厦门	273024	179919	90494	542337	8366	9544.80	1963.10
	三都澳	54512	22727	25808	103089	447	—	—
1905	福州	1119590	698128	418393	2236111	40236	64171.04	63496.85
	厦门	522257	421634	236673	1180564	22011	28662.91	5773.59
	三都澳	67956	31169	30609	129734	1247	7263.00	441.55
1906	福州	1557326	842258	576469	2976053	56265	211878.30	189571.83
	厦门	1018313	487315	465629	1971256	39802	73233.20	12700.44
	三都澳	88896	42314	40053	171263	1799	16045.89	1586.18

① 陈惠群：《晚清福建邮政官局研究（1897 年—1911 年）》，福建师范大学，2013 年，第 35 页。

续表

年份	邮界	邮件（件）				包裹（件）	汇兑银钞（关平银两）	
		收	发	转	总计		汇	兑
1907	福州	1943467	950232	745667	3639366	64045	147000	166000
	厦门	1399060	534256	631842	2565158	52403	90000	17000
	三都澳	117228	51985	55574	224787	2627	20000	3000
1908	福州	2928404	1244482	773410	4946296	68864	104000	174000
	厦门	1421856	706911	850205	2978972	58887	73000	47000
	三都澳	138214	54297	68705	261215	2975	18000	2000
1909	福州	3869600	1616400	1278600	6764600	83921	107000	195000
	厦门	1632200	786000	869500	3287790	81901	94000	25000
	三都澳	185000	62600	110500	358000	3864	25000	4000
1910	福州	4593400	1663000	2072500	8328900	84905	134000	171000
	厦门	1756000	861000	1002900	3619900	74900	85000	28000
	三都澳	207400	69400	126500	403300	5200	24000	3000

据表6－7可知，就1904—1910年福建省三大邮区邮务情形而言，福州和厦门邮区的增长速度迅猛，而三都澳邮区发展相对缓慢，这主要是三大邮区开埠历史、经济发展、政治地位、文化积淀等影响所致。福州早就是福建省的政治、经济和文化中心，厦门在前清就已经有很大发展，且早就是闽南地区的经济中心和港口。而三都澳在开埠前既非闽东地区政治中心，也非经济中心，只是地僻一处的孤岛；就纵向比对而言，其发展速度不谓不快也。如表6－7所示，就邮件而言，7年增长到3.91余倍，包裹7年增长到11.63余倍，汇兑银钞6年分别增长到3.3和6.8余倍。

海关资料显示，1905年大清邮政局有了更大的发展，邮政得到了普及，无论大小地方均实现了通邮，信件13800件。1910年，普通邮件从307078件增加到353200件，邮包从3879件增加到5200件。年内有3个邮票出售点改建为邮政代办处。陆地和水路的邮路已有1351里。民国时期的1911—1931年，邮政机构、邮汇、邮件、包裹价值、邮汇兑款等的增长是显而易见的①。邮政、电讯网络不断发展。

1902年，只在三都澳和福宁城设立邮政机构，到1911年五个县城和几乎所有城镇及重要农村都设立了机构，邮递路线超过1400里，邮递时间不断缩短。本时期初，三都澳与福州之间陆地邮递需四天，后缩短为两天。当地私家信行的竞争从不重要，政府办的驿站撤销以后，国营邮政局便成为与外界沟通信件的唯一渠道，三都澳邮政局分区若干年来

① 福州海关编：《近代福州及闽东地区社会经济概况》，北京：华艺出版社，1992年，第465、490－491、568、581页。

发展的统计数字见表6－8。

表6－8　三都澳邮政局分区若干年来发展的统计数字一览表

	邮政局与代办所	汇兑局	邮件	包裹	汇票
1902年	2个	1个	16371件	116个	593关两
1906年	13个	4个	171263件	1247个	17632关两
1911年	29个	5个	471500件	4400个	20298关两
	邮政机构	邮汇	邮件	包裹价值	邮汇兑款
1911年	53个	17000元	138750件	1900元	3000元
1921年	64个	35121元	169143件	2681元	27824元
1931年	—	93075元	181350件	—	73528元

资料来源：福州海关编：《近代福州及闽东地区社会经济概况》，北京：华艺出版社，1992年，第557、568、581页。

据表6－8可知，清末的1902—1911年，邮政局与代办所、汇兑局、邮件、包裹、汇票等大发展明显；而民国时期的1911—1931年，邮政机构、邮汇、邮件、包裹价值、邮汇兑款等的增长也是显而易见的。

这在海关材料中的记录亦较为详尽。三都澳与福州之间的电讯交通于1905年6月开放，由飞鸾敷设电缆从港湾入口处进来。当地的新闻报纸通过三都澳邮政局处理的书籍和报纸，1902年为2032件，1906年为12658件，1911年为70000件，说明读者的范围十分广泛。这里的报纸都是订购来的，事实上在任何一条街都买不到。显然，人们一般也不利用这种启发知识的工具。大多数人阅读上海杂志，对省办报纸则不大重视。1912—1921年，电讯交通没有发展，目前只有三都澳通福州的一条线路。三都澳通大陆的电缆于1917年被台风摧毁，有四年时间全靠小船往来港内投送电报。1921年5月敷设了一条新电缆①。

二、管理科学

管理方式变得更加科学，最为明显的是福海关，主要表现在人员精减、规范税务手续、规范管理等。据海关资料，三都澳地区常关10个支所合计税收为72390关平两，比前帝国管理时年收入多8倍。在短时间内能取得这样满意的成果，首先应归于行政管理的改革。即只用十分之一的人员，让他们有足以养家的工资；以行为端正为标准的升级及奖金制度，绝对禁止受贿或额外索取。由于不再敲诈勒索，货运、商业及税收三个方面均稳

① 福州海关编：《近代福州及闽东地区社会经济概况》，北京：华艺出版社，1992年，第511、557、562、568页。

步上升[1]。正如杨天宏所言，在自开商埠实施的海关制度，乃是一种近代类型的海关制度，它为清季中国的海关，提供了一种规范化操作的程序，有利于提高海关的办事效率[2]。

福海关是以近代资本主义海关管理模式的标准建设，外国入驻机构肯定使用西方管理方式，中国在三都澳上建立的与外国机构对接的机构应也与西方管理模式相近，还有一些新建机构如电报局等自然参合西方管理模式。这些都促进西方管理科学的传播。

三、 西医卫生

据《霞浦县基督新教志》《古田基督新教志》《福鼎基督新教志》《屏展天辉（1866—2016)》《古田基督新教崇尚史》[3]《宁德地区志》[4] 等的不完全记录，闽东地区有教会医院10余所。仅福安、宁德男女医院有床位421个，住院病人2500名/年，门诊病人10000名/年。与此同时，为发展需要，为提高护士水平，加入中华护士会；医院主要医务，仍为外科；西医的普及面不断拓展，影响日渐扩大。如几年前，当地居民对开刀手术还一无所知，现在却有病人自动要求对其施以这种手术。当然，为了发展需要，上述医院，对于种痘，取费低廉以示提倡，种痘者渐众，天花得资防止。脑膜炎亦于1922年一度发生，厥后未闻再发。虐疾一项，虽则难免，然以金鸡纳霜治之，颇收特效，痧疹、腮、咳嗽等时令病，年年有之，而花柳、肺病、痢疾及肠胃等症，患者不绝[5]。从以上病名及其注射疫苗和效果的记录可知，西医卫生在闽东地区渐次浸润，效果初显。

正如《剑桥中国史》所言，从典型的布道站的具体结构来看，新教传教士在1860年以后的时期继续致力于教育和医药等非传教性质的事业。他们也越来越积极地从事广泛的慈善事业，如救荒、戒烟、实施盲哑人教育等。新教徒参加这些活动有时有确定的目标，但往往产生意外的效果，即为广泛地改变中国的生活开辟了道路。但是，参加这类活动的大部分传教士其实是在设想：他们是在帮助训练中国人接受基督新教[6]。

从以上邮政网络、管理科学和西医卫生在闽东发展的记录可以看出，这一时期邮政网络和管理科学为满足商业发展需要，西医卫生随着传教士的进入闽东得到传播和发展，而西方先进的邮政网络、管理技术则更多体现在三都澳开埠和福海关建立，与外国人打交道

---

① 福州海关编：《近代福州及闽东地区社会经济概况》，北京：华艺出版社，1992年，第461页。

② 杨天宏：《清季自开商埠海关的设置及其运作制度》，《社会科学研究》，1998年第3期。

③ 霞浦县宗教志编写组纂：《霞浦县基督新教志》，霞浦：国营霞浦印刷厂，1992年；古田县基督新教三自爱国运动委员会编：《古田基督新教志》（非正规出版），1989年；庄孝赵：《福鼎基督新教志》，福鼎基督新教两会出版，2003年；《屏展天辉（1866—2016)》（非正规出版物），出版单位：屏南县基督新教三自爱国运动委员会和屏南县基督新教协会，2016年。游巧华编：《古田基督新教崇尚史》，古田县基督新教两会印刷。

④ 宁德地区地方志编纂委员会：《宁德地区志》，北京：方志出版社，1998年。

⑤ 福州海关编：《近代福州及闽东地区社会经济概况》，北京：华艺出版社，1992年，第561、572－573、583页。

⑥ ［美］费正清、［美］刘广京：《剑桥中国晚清史（上卷)》，中国社会科学院历史研究所编译室，北京：中国社会科学出版社，2006年，第355－356页。

被传播和发展。这些对于闽东近代化发挥着重要的作用。

屏南双溪（民国）

本章小结

闽东区域开发是一个渐进的过程。自有人类活动开始，该区域开发便启动。当然，开发的进程符合从量的积累到质的飞跃这一进程，且受战争影响等时有反复。闽东区域开发也不例外。梳理闽东区域的历史，从大的阶段上来说，大体如上文所列三阶段；然此三阶段中前两个阶段（唐宋闽东佛教与区域社会开发、宋代闽东矿冶与区域社会开发、明代闽东银冶与白银文化对区域的影响）与第三阶段从量变向质变跨越明显，主要标志就是近代化。

第一，清代茶叶贸易大发展与闽东开发。外贸茶叶种制运销大发展，成为支撑闽东发展的经济主流；许多进入闽东大地的人、事、物都或多或少得益于茶叶外贸。其中，最为突出者如闽东第一次出现以三都澳为商业中心的经济网络的形成和作用发挥，茶产业及其下游产业如包装等的延伸以及基于茶产业需要的其他食物供给链的快速发展，紧接着在茶产业龙头的带动下闽东其他土货出口迎来大发展。伴随外贸茶产业和闽东其他土货出口的发展，闽东居民经济条件不断改善，最为明显的是大量土货和洋货进口闽东，进入居民家庭生产和生活。而出口和进口的大发展推动传统运输向近代运输的发展。

第二，基于三都澳窗口的作用的进一步发挥，西方科技如邮政网络、管理科技和西医等与闽东人民生产和生活有机对接。于是，起始于物质层面的茶叶外贸，却延伸、佐助意识形态的多元化，加速闽东开发从物质层面向意识形态层面的纵深度的近代变迁。

第三，应该注意的是茶叶外贸对闽东生态环境破坏的加剧。为了种植更多的茶叶以获取经济利益，许多农民被发动起来，开荒辟野，浅山被开垦，深山被开辟，缓坡被开垦，陡坡亦被开垦。大面积地开垦茶山，裸露了大地，原先的生态环境遭到无情的破坏，许多物种灭绝了，包括稀有植物物种和动物灭绝。造成严重的自然灾害，出现水土流失、洪涝灾害频发等。以水灾为例，1940—1948 年，闽东四个山区县合计发生 18 次，其中周宁 7 次（《周宁县志》，中国科学技术出版社 1993 年版），柘荣 4 次（《柘荣县志》，中华书局 1995 年版），寿宁 4 次（《寿宁县志》，鹭江出版社 1992 年版），屏南 3 次（《屏南县志》，方志出版社 1999 年版）。

第七章　闽东茶叶外贸与畲汉民族融合

畲族是闽东地区最主要的少数民族。鉴于该民族原来的迁徙和刀耕火种之特征，从迁徙闽东到定居闽东，此即学习汉族农耕的一大进步。伴随畲族与闽东汉族的接触面不断扩大的需要，许多平台发挥了作用，特别是闽东的闾山道教在明清时期的作用，然而，此仅属于民俗信仰之范畴；而闽东畲汉更为实质性的融合则是经济上的融合，即在清末及民国时期茶叶外贸大背景下，畲族抓住机遇，在国际茶叶外贸市场上积极作为，获取外贸收益，改善生活、改变习惯、提升适应力，移风易俗等。茶叶外贸市场的历练，为民国时期国共纷争大背景下畲汉政治合作打下坚实基础。为更好理解闽东茶叶外贸与畲汉民族融合，有必要对畲族入迁闽东等基本情况做概要性的了解。

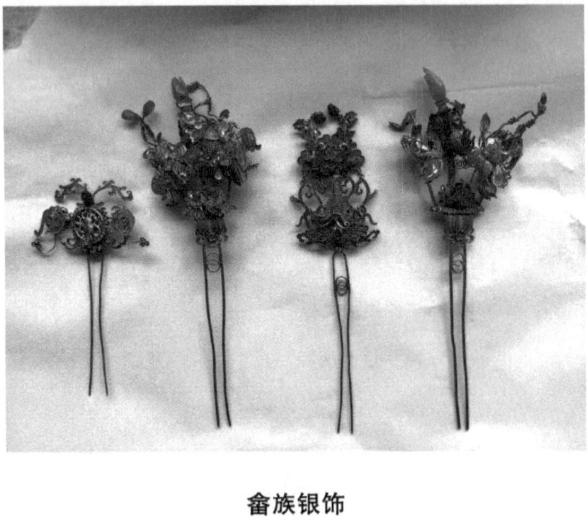

畲族银饰

第一节　闽东畲族概况

闽东居民以汉族为主，本区域之少数民族以畲族为主。畲族，中国南方游耕民族，原分布于闽、粤、赣三省接合部。元明清时期，从原住地陆续迁徙到闽东、浙南、赣东、皖东南等山区半山区地带，有的还迁到贵州和四川。但90%以上居住在闽浙山区，特别是福建的闽东，目前其畲族人口占全国畲族人口的25%以上，是全国畲汉民族杂居的典型代表区。据区内畲族族谱记载，唐代，畲族开始迁入闽东，明清时期更趋频繁。大量落籍闽东的畲民在偏僻山区依山而耕，搭寮而居。同时，不断的迁徙造成畲族人口分布呈现“大分散小聚居”特点和村落小、汉畲杂处的格局。主姓有蓝、雷、钟、吴、杨、李[①]。

关于畲族移居闽东，自唐乾符三年（876年）起，先后迁入闽东的畲族蓝、雷、钟3姓，共有73支，其中蓝姓25支、雷姓25支、钟姓23支。按时间分，唐及五代迁入2支，明代迁入30支，清代迁入41支。按迁入方向分，来自浙江省的26支、江西省1支，福建省内46支[②]。明代史志对畲族村未有专门记载，清代畲族各姓《宗谱》中载及明代迁入定居的主要村落有66个。分别为：福安大西门眠山岗、大林、山头庄、白石潘、大留、林前、坦洋杨中坑，四都后楼，五都赤嫩、南坪、刘坪坑、黄墓、仙石、牛石坂、金飘带（金腰带）、大丘田、官湖、溪塔、仙岭岔、洋勘、楼里、南阳、上墓亭，九都后坑、岔头、南山、桐湾、五斗（月斗）、里洋等29个；霞浦四都雁落洋，二十五都水嘈垅上水，三十六、七都墓斗、霞山，四十都大墓里，四十三都后岐山，四十四、五都芦坑青甲垅，四十九都瓮里、三十八、九都过洋、青皎（牛岭）、胡坪（水门武坪）等11个；宁德飞鸾葡萄坑、黄土垒、赤溪尖山、猴盾、柴坑、上金贝、烟亭、麒麟寨等8个；福鼎牛嫩、牛埕下、下半山、蓝膺里、白岩、滨洋、梅溪、西岐、月梳洋、桥亭、往洋、牛埕岗等12个；古田富达、梅坪、达才林、雷家墩、塘后嫩等5个；屏南巴地、寿宁下溪洋后坑各1个[③]。此外，还有周宁县咸村镇云门村等。

闽东境内畲族入迁的具体情况如下：第一，蓝姓畲族。主要从浙江省的泰顺、苍南、平阳和省内的闽侯（侯官）、连江、罗源和上杭县迁入，共有26支。其中，迁自浙江泰顺7支、苍南1支、平阳3支，省内闽侯2支、连江3支、罗源4支、上杭6支。迁入时间最早的是古田平湖富达蓝姓，唐乾符三年（876年）即从闽侯迁入定居。此后明代迁入7支，即嘉靖年间1支、万历年间3支、天启年间1支、崇祯年间2支；清代迁入18支，即顺治年间3支、康熙年间7支、雍正年间1支、乾隆年间7支。第二，雷姓畲族。主要迁自江西、浙江和省内的侯官、罗源、武平和龙溪县，共有25支。其中，迁自浙江平阳4支、庆元1支，江西1支，省内侯官1支、罗源16支、武平1支、龙溪1支。区内唐宋时即有雷姓迁入，福安康厝金斗洋村北宋时即有雷姓居住。此后，明代迁入的11支：洪武、永乐、成化、隆庆年间各1支，万历年间2支、崇祯年间4支，具体时间不详1支；清代

① 宁德地区志方志编纂委员会：《宁德地区志》，北京：方志出版社，1998年，第1588页。
② 蓝运全等编：《闽东畲族志》，北京：民族出版社，2000年，第30页。
③ 蓝运全等编：《闽东畲族志》，北京：民族出版社，2000年，第77页。

迁入14支：顺治年间3支、康熙年间3支、雍正年间4支、乾隆年间3支，具体时间不详的1支。第三，钟姓畲族。主要来自浙江省的平阳、泰顺县和省内福州、罗源、武平、上杭和建宁卫所，共有23支，其中浙江平阳迁入9支、泰顺1支、福州1支、罗源6支、武平4支、上杭1支、建宁卫1支。最早迁入区内的钟姓是福安坂中的大林钟姓，系唐五代间从上杭迁入。此后，明代迁入12支：永乐年间、景泰年间各1支，天顺年间4支、万历年间2支、天启年间1支、崇祯年间3支；清代迁入10支：顺治年间3支、康熙年间6支、雍正年间1支。第四，吴姓畲族。始祖名知几于明嘉靖二十八年（1549年）从浙江泰顺县入迁福安九都社口桐湾村，生子9个。其第七位儿子吴法东，于明隆庆年间（1567—1572年）娶畲族雷姓女子为妻，后裔亦与畲族联姻，语言、习俗均从畲族，形成畲族吴姓一支派。第八子吴法传，于明嘉靖三十三年（1554年）入赘留阳畲族蓝姓，生9个儿子，成为畲族吴姓另一支派。法传七世孙吴元通，于清顺治三年（1646年）首迁福鼎点头翁溪宕，继后其第三、四、五、六、八房支派亦迁入福鼎定居。第五，杨姓畲族。该族祖籍浙江龙游县，唐代迁居福安财洪村，南宋绍兴元年（1131年），迁居宁德古溪，历三世，复迁居福安廉溪杨家坪。其支派始祖杨文（又名国养），因避明末兵乱隐居于福安十五都五斗里洋村，后移居大林，改姓钟，同化为畲族。第六，李姓畲族。于明天顺间（1457—1464年），福建安溪县湖头村李廷玉因避倭寇之侵扰逃难至福州汤岭，被该村畲族蓝色艳招为女婿，操畲语、从畲俗。数年后李廷玉从汤岭迁居霞浦县雁落洋（今水门小岭村），历六世，于正德八年（1513年）迁居福鼎县白琳白岩村，生6子，号为礼、乐、射、御、书、数等6房①。

关于畲族村，清光绪版《福安县志》专门记载该县各都畲民村居212个，具体如表7－1所示。

表7－1　　光绪年间福安畲民村落一览表

都别	村落
二、三都	上下天里、铁湖、满洋、车头、白坑、岭门二宅、廉岭、牛角垄
四都	梨坑、前村、南山头、牛胶边、清淡
五都	仙岭洋、仙岩下、叠石、大蓝（林）
六都	上下和庵、橄岭、桦坪、蛇仔下、后舍、深渡、小坑、大蓝、鹅山
八都	前洋
九都	半山、桥头、外洋循、墓亭、南山、大缎田、排头降（岗）
上下十都	大坪、塔仔、坑里

① 宁德地区志方志编纂委员会：《宁德地区志》，北京：方志出版社，1998年，第1589－1591页。

续表

都别	村落
十五都	王楼、长尾绽、金斗量、老虎镇、池坵、周坑、后利、拖岭头、叠石、河尾、上洋、上香、里番、大莲、丘后、长南
十六都	蓝头、獭头、五斗、井口、如会、潘洋、仙岭带、洋面、牛三湾、牛岭、岭边、茶洋、显坑、筹尾、王楼、上洋、下上洋、驹南、林坪牛、水尾山、后溪、胡头山、长坑、凤洋岗
十七都	咬头、牛射坂、长潭、梨前、竹园兜、桂垄、里湾
十八都	燕窝、洋锄、路头、南山、墓亭、半山、南蛮、登山、岭尾
十九都	小坝上下村、牛埋、溪塔、岭头、佛洋降（岗）、大山下
二十都	马山、南庵、小坝头、横路面、白岩下
二十一都	慈云、岩头、岩下、林前
二十二都	茄山、缪山、蓝田、七锭（垅）、福口、岳秀、后门、后山、馒头山
二十三都	下庄桦林、八埔、狮子中、林洋、外瓜溪、川山腰、瓜溪、岭下、桔垄、含竹湾、南山、下南村
二十四都	南山、山坪、仙胶迹
二十五都	白沙、鬼（贵）洞里、亭下、见山、上下横路、秋竹岸（岗）、彩花桥、北山降（岗）、磨石坑、番里、林洋
二十六都	煎科、茶洋、粗坑、茶坑、高山坑、葛藤坑
二十七都	赤豆岸（岗）、前洋、可坑、东洋城、坑尾、王高棣、岭头山、大狈村、鼻（碧）后、葛藤坪、龙潭面、后阳
二十八都	篇村、石壁头、山兜、抨水坚、林洋、坑下楼、过洋
上下二十九都	坑源里、蓝柄宫、蔗头山、田螺洋
三十都	鳌峰、上罗里坑、下罗里坑
三十一都	三十六岐、塘后、牛罗里、定里
三十二都	半岭、后洋、樟后、吴二坑、田螺陛
三十三都	金腰带、牛山、孔门、红岔、坑源、亨里
三十四都	何亨里、通湾洋、填洋里外村、王坑上下村、延洋、将后
三十五都	保淋、半山、鸡角岩下、江竹林、下循、上半岭、后门楼、锦鸡垄
三十六都	马山、下（里）林洋、王家墓、拓边、溪尾大茶洋

资料来源：清光绪十年（1884年）版《福安县志》（影印本），《中国地方志集成》之《福建府县志辑》之十三，上海书店、巴蜀书店、江苏古籍出版社，第455－456页。

据《福安县人口农业调查》（1937年）一书记载，畲族“散布之乡村”共120个，分别是：洋面、茶洋、吴盾下、化蛟、桦坪、磨岭、仙岭洋、上下天里池、铁湖、满洋、卓头、白坑、岭头二宅、牛角垄、梨坑、前村、南山头、牛胶边、仙岩下、叠石、大蓝、上下和庵、橄岭、蛇仔下、后舍、深度、小坑、鹅山、半山、桥头、墓亭、外洋循、南山、大蛇田、大坪、塔仔、排头冈、坑里、长尾垅、王横、池丘、金斗量、周坑、老虎湾、后舍、河尾、拖岭头、上洋、上澳、里澳、五斗、仙岭带、如会、活洋、井口、牛岭、牛山湾、里坑、答尾、王楼、上洋、南涂、后溪、长坑、咬头、长头、桂垄、燕窝、洋勘、路头、半山、南蛮、登山、小头、牛煌、溪头、后门楼、岭头、马山、慈云、岩头、江竹林、林前、岩下、茄山、缪山、兰坂宫、蓝田、七淀、福田、岳秀、卅六岐、后门、后山、八甫、林洋、牛罗里、后溪、面沙、亭下、见山、下（里）林洋、姑洋、粗坑、可坑、坑尾鼻后、蕊村、山兜、过洋、塘后、鳌峰、定里、后洋、将后、下循、王家墓、石边、溪尾[①]。

比对族谱记录，明代有66村，光绪年间福安达212村，可见发展迅猛。但据清光绪版《福安县志》所列与民国二十六年《福安县人口农业调查》记录情况可知，经过半个世纪的跌宕福安畲族村落数量应有所萎缩，当然人口也增加不多，这与福安茶产业对山居福安居民也包括福安畲族的影响有关。清光绪版《福安县志》之记录正处于中国外贸茶叶鼎盛时期，福安外贸茶叶此时当然增长得更快些；而自三都澳开埠前后，中国茶叶在新兴茶叶外贸国的竞争下每况愈下，市场份额不断被挤占，当然价格也不断下滑。如本书第四章所述，自三都澳开埠前后闽东地区内部茶叶发展较为凸显，原来发展较快的福安和屏南因受国际茶叶市场冲击大，茶叶效益承载力的增长不足以承担人口的增长，于是出现福安人口向沿海的霞浦、福鼎和浙江温州迁徙的趋势，屏南人口则向寿宁流动。这应是清光绪212村至1937年120村这一变化发生的主要原因。

当然，必须明确的是闽东畲汉民族茶叶贸易融合是在以闾山道教为核心的民俗信仰融合基础上由民俗信仰融合向经济发展融合迈进的[②]。总之，闽东闾山教民俗信仰在闽东畲汉民族间的由通而融主要表现在民俗层面上，畲汉接触最为频繁者多属盛大之民俗节日接续香火、迎神娱神等，或因生活上各种需要而求助于闾山师公等，于是闾山教与时俱进、不断发展。在闽东大地上的大量弘法平台的基础上，大量的神事活动锻炼、组织和规范乡村社会秩序，大量求签问事祈求保佑给予民众以心灵慰藉；与此同时，共同信仰给予解决问题以依据。随着人口增多，灾害增多、矛盾涌现，人们求助于信仰之神，于是人事与神事相结合，加深对乡村社会的影响面。与此同时，深厚的闾山教信仰基础，亦加速推进畲汉民族融合步伐，并在此基础上揭开了清末民国以茶贸为基础的畲汉民族经济融合的序幕。畲族摒弃本民族旧有的观念、意识，接受且顺应新的内容，是实现民族间相互融合至为关键的一步[③]。

---

① 蓝运全等编：《闽东畲族志》，北京：民族出版社，2000年，第77页。

② 孙绍旭：《闾山教对闽东乡村社会的影响》，宁德师范学院学报，2023年第2期；孙绍旭：《领导权视域下的闽浙畲汉民族林公信仰研究——兼及习近平〈摆脱贫困〉中的民族团结基础问题》，《民族论坛》，2017年第6期。

③ 王红：论民族融合中观念意识的转变，宁夏大学学报（社会科学版），1994年第3期，第74页。

第二节　畲族茶产业发展与畲汉民族融合

畲族自入迁闽东以后，在畲汉“大杂居，小聚居”中，在前期民俗信仰融合的基础上，凭借福州茶叶贸易大港地位的确立和港口虹吸效应对闽东茶产业的拉动，也不断扩大其在茶叶外贸中的比例和份额。

闽东茶叶外贸是以汉族为主体、涵盖闽东畲族的茶叶外贸。首先明晰清末民国闽东畲族人口数量。根据《宁德地区志》记录，1912 年全区人口共 1591716 人，民国期间闽东人口每年平均递减率为 7.3‰①，1937 年，《福建省统计年鉴》和有关文献记载：区内的福安、福鼎、宁德、寿宁、霞浦县畲族人口 38061 人。其中，福安、福鼎、宁德、寿宁共 5055 户、19121 人，户均 3.78 人，霞浦县 18940 人②。参合此比率，1912 年福安、福鼎、宁德、寿宁、霞浦县畲族人口约 45284 人。如果古田和屏南二县以 5000 人计算，则 1912 年闽东畲族人口 50284 人（古田和屏南未计在内：1990 年古田和屏南畲族人口分别是 7488 人和 674 人）③。而根据 1952 年区内的福安、霞浦、宁德、福鼎、周宁（1945 年前属宁德辖区）、寿宁、柘荣（1945 年前属霞浦辖区）7 县共有畲族人口 75145 人，1953 年 7 月人口普查时，以上 7 县共有畲族人口 76513 人，1 年中增加 1368 人，年自然增长率为 18.2‰④。参合此比率，1949 年闽东畲族人口应为 69674 人，占闽东总人口（1949 年为 1202900 人）的 5.79%。以此为比例（5.79%），民国元年全区人口共 1591716 人，则畲族人口为 92160 人，属可接受范围（1953 年人口登记时闽东各县畲族存在不同程度的人口瞒报、漏报和族籍改变等现象）。由于国际茶叶外贸大市场的作用，特别是 19 世纪 70 年代以来印度、锡兰、苏门答腊和日本加入全球茶叶外贸体系，并且竞争不断加剧，于是闽东畲族在茶叶种制运销方面以国际茶叶供应质量为标准，在吸收汉族茶叶种制运销等经验的基础上，同时包含本民族特色，下面对闽东畲族在此期间茶叶种制运销，做概要性阐述。

一、 畲汉外贸茶产业的趋同

闽东畲族的“大杂居，小聚居”在加大畲汉茶产业各环节接触面，进而在以国际标准

---

① 宁德地区地方志编纂委员会：《宁德地区志》，北京：方志出版社，1998 年，第 224 页。

② 蓝运全等编：《闽东畲族志》，北京：民族出版社，2000 年，第 91 页。

③ 1990 年畲族人口：福安 58002 人，霞浦 37892 人，福鼎 28170 人，宁德 19609 人，古田 7488 人，寿宁 2358 人，周宁 1601 人，柘荣 1519 人，屏南 674 人。全区人口 2860217 人，畲族人口 157313；排名前 4 县占畲族总人口的 91%强（《宁德地区志》，北京：方志出版社，1998 年，第 228 页）。

④ 蓝运全等编：《闽东畲族志》，北京：民族出版社，2000 年，第 88 页。

为参照物的前提下，促其不断走向趋同，现就种制、运销两部分加以阐述。

1. 闽东畲汉茶叶种制的基本趋同。“自明代畲族先民大量落籍闽东后……经济作物有蓝靛、苎麻、茶叶等……为弥补家庭收入的不足，挑贩薪炭、种菁、种茶、种苎所得成为畲村最主要的副业收入来源。”① 畲村茶园，历史上有套种农作物的习惯，约有 10% 的茶园有套种甘薯、马铃薯、青菜、黄花菜等②。闽东畲村茶园多为山地梯级茶园……栽植方式多套种，茶园“篱笆式、半墙式”多，茶树丛栽稀疏，缺株多，老品种多，产量低③。畲村茶园随处可见。清咸丰、同治年间（1851—1874 年），因海口开放，随着茶叶外销欧洲、南洋等地，茶叶生产更见起色，零星、篱笆式的茶园遍布区内畲村，面积在 7000 亩以上④。据此可知，清咸、同年间，在中国茶叶外贸大发展背景下，鉴于畲族多居住在山地和丘陵地带适合于茶叶的种植等，闽东畲族茶叶外贸也迎来大发展，当然，畲族茶树的种植分散零星，主要是作为副业出现，占有一定面积。反之，茶叶的经济效益应促进居住于山地丘陵地带的畲族加大茶叶种植力度。

采茶

当然，鉴于畲村地理位置，即距离茶叶初级市场远近或本身即为初级市场，以及畲族家庭占有土地的数量或使用土地面积、畲族家族或家庭传统和外部接触面，更为重要的是畲族与左近区域汉族茶商的关联密切度等影响，茶叶在畲村经济中所占比重各不相同。如闻名全省的“福安大白茶”的原产地为穆云畲族乡高山畲族村⑤。1937 年抗日战争爆发后，港口被日军封锁，茶叶出口受阻，茶市消沉，茶园亦大面积抛荒。以福安县 78 个畲

① 蓝运全等编：《闽东畲族志》，北京：民族出版社，2000 年，第 116 页。
② 蓝运全等编：《闽东畲族志》，北京：民族出版社，2000 年，第 151 页。
③ 蓝运全等编：《闽东畲族志》，北京：民族出版社，2000 年，第 152 页。
④ 蓝运全等编：《闽东畲族志》，北京：民族出版社，2000 年，第 149 页。
⑤ 陈丽冰：《从福安畲族熟语看畲族传统文化》，《丽水学院学报》，2010 年第 6 期，第 5 页。

族村委会统计，20世纪40年代种植茶叶1647亩，平均年产量40吨[①]。福安社口镇在明清时期使用的三十六都行政区划，1991年撤乡建镇……其中畲族村9个，畲族自然村52个。该区以盛产茶叶而著称，是坦洋工夫茶的原产地。“兹蓝氏贵祖于康熙年间肇迁谢岭下至今贰百有余岁。”[②] 金斗洋全村茶园种植面积约300亩，福安大白茶是主要的经营品种，年产量在300担左右[③]。雷志茂发了财，带动着白露坑的畲家人种起茶叶，日子也就逐渐滋润起来[④]。霞浦县畲族村茶岗，早在200多年前就开始种植和经营茶叶，牙城一带畲村生产的红茶，崇儒、盐田一带畲村生产的绿茶，清末民初就享有盛誉。物产茶，田土瘠薄，稻谷不敷民食，多储山芋为粮，并赖台米接济[⑤]。

霞浦畲族多种植本地菜茶。原以小叶种的本地菜茶为主，品种单一，本地的菜茶占99%以上[⑥]，集中分布于盐田、崇儒、州洋、水门等畲族乡村，其菜茶面积约占当地茶园总面积的90%以上[⑦]。霞浦白露坑畲族行政村有5个自然村，全村有茶园面积460亩[⑧]。福鼎硖门（畲族）有种植茶果之说[⑨]。福鼎是“白琳工夫”产区，1934年出口占三都澳和沙埕港总量的27.13%，且福鼎畲族人口在闽东各县市区中排位第三，茶叶种植面积应不会少于全区平均数（5.8%）。猴盾茶市茶青基本源于附近畲村畲农。这些畲族村落包括七都的滌头、高山，八都的半山、南岗、灵山、吴山，九都的九仙、后湖、柴坑，霍童的施洋、巫家山、上乌坑，赤溪的斑竹、社洋、棉头石、尖山、陈洋、蔗洋、院前、留洋，还有福安县甘棠的过洋、大车、林洋、西院，溪潭的横街、岳湾、蓝田、山头庄，穆洋的七埕、东山，奚柄的路上、底坑等[⑩]。此外，一些此时段民间契约也体现这方面内容，咸丰六年，立退桐茶荒熟山契人赖集昌兄弟退山地于钟宅[⑪]。光绪十二年，宁德钟伏宝将山场茶园送典钟兴发为业。典出价银洋番三元正，约定日后钱到取赎。光绪十四年，古田许敬炳兄弟将山场卖断给雷作谷为业[⑫]，特别注明任其栽插茶树。民国八年，立杜断卖桐茶

① 蓝运全等编：《闽东畲族志》，北京：民族出版社，2000年，第149页。

② 摘自谢岭下蓝氏宗祠：《同治戊辰新修汝南蓝氏宗谱》原序。

③ 福安政协文史委编：《福安文史资料》第十七辑，2007年，第35页。

④ 郑学华：《霞浦畲族茶商雷志茂》，转引自李步泉等主编：《闽东茶叶历史文化》，福州：海峡书局，2015年，第284页。

⑤ 俞郁田：《霞浦县畲族志》，福州：福建人民出版社，1993年，第244、477页。

⑥ 俞郁田：《霞浦县畲族志》，福州：福建人民出版社，1993年，第242页。

⑦ 俞郁田：《霞浦县畲族志》，福州：福建人民出版社，1993年，第243页。

⑧ 林锦屏：《闽东畲村家族文化传统功能及其演化（上）——以畲村半月里为例》，《宁德师专学报》，2008年第4期，第35页。

⑨ 福鼎市政协文史委编：《福鼎文史资料》第二十九辑，2011年，第59页。

⑩ 阮大纶、雷珍琨：《“雷氏茶庄”兴衰记》，蕉城区政协：《宁德文史资料》（第六辑），2010年，第60-61页。

⑪ 福建省少数民族古籍编委会：《文书契约（畲族卷）》（上），福州：海风出版社，2012年，第239页。

⑫ 福建省少数民族古籍编委会：《文书契约（畲族卷）》（下），福州：海风出版社，2012年，第90-91、108页。

竹木荒熟山契人张昌登卖断于钟元登①，则明确注明山上有茶。

20世纪40年代，霞浦县茶园面积1.5万亩，产量175100公斤②。亩产11.67公斤。水门茶岗1911年前后仅有茶园6.5亩，年产茶叶25公斤③。猴盾左近畲村大户茶农年平均可采收茶叶3担，就是一般的小户也可采收1担左右④。可以看出，畲族茶叶的亩产较汉族的会少一些。20世纪40年代，福安县78个畲族村委会统计，亩产23.91公斤⑤。1934年，三都澳和沙埕港共出口92000担，以闽东茶叶总量的90%出口计之，则闽东茶叶当年产量102222担左右。1934年，福安全县7个区99个乡镇共有茶园面积6万亩，茶叶产量2550吨⑥。亩产42.5公斤，以这一亩产为参数，那么闽东当时应有茶叶120261亩以上。而畲村茶园以7000亩计之，占总面积的5.8%强。

霞浦县畲村所生产的茶叶有粗制的红茶、绿茶。传统的制法是手工加工。红茶加工程序如下：将采摘的茶青晾蔫后，用手或脚搓至茶叶成条状，再用布包起，待其发酵呈红色后，再晒干或烘干。绿茶主要工序有杀青、揉（磨）茶、烘干，将茶青放在烧红的锅里炒蔫后，用手或脚不断搓揉，待其成条形后，又放在锅里炒干⑦。闽东畲村加工茶叶种类有绿茶、红茶、花茶、白茶、乌龙茶等。历史上制茶大多用手炒、脚揉、火焙、日晒，这种原始的毛茶制作方式效率低、花工大，制成50公斤干茶需12天时间⑧。以此速度天均制干茶4公斤左右。而如福安汉族制红、绿茶，清代中期至新中国成立后的20世纪60年代末期，工夫红茶制造工艺流程为鲜叶、萎凋、揉捻、发酵、干燥⑨。绿茶粗制工艺流程为鲜叶、杀青、揉捻、干燥⑩。畲汉制作红、绿茶等工序流程极为相近，突出的不同体现在某些环节的处理上，如畲族红茶有"用布包起"帮助发酵等。

从以上记录并参合闽东相关茶叶种植资料可知，在传统社会，闽东畲汉在茶叶种植方面基本相同，都是粗放型，多种于山地和丘陵地带；种植后基本无什么管理。畲族茶叶与汉族茶叶在种植上不同之处是限于畲族居住地更边远和偏僻，茶叶都在丘陵和山地上；畲族茶叶还多在屋前屋后，零散种植；肥料多为草木灰、人粪肥等，而汉族则有使用豆饼等。按人口比例与种植比例而言，畲族种茶比例较汉族高些。当然，限于闽东畲族"大杂

---

① 福建省少数民族古籍编委会：《文书契约（畲族卷）》（上），福州：海风出版社，2012年，第240页。
② 俞郁田：《霞浦县畲族志》，福州：福建人民出版社，1993年，第244页。
③ 俞郁田：《霞浦县畲族志》，福州：福建人民出版社，1993年，第244页。
④ 蓝炯熹：《近代闽东一个畲族村落的茶叶商帮》，《宁德师专学报》，2008年第1期，第46－47页。
⑤ 蓝运全等编：《闽东畲族志》，北京：民族出版社，2000年，第149页。
⑥ 福安市地方志编纂委员会：《福安市志》卷十五，第一章、第一节，北京：方志出版社，1999年。
⑦ 俞郁田：《霞浦县畲族志》，福州：福建人民出版社，1993年，第246页。
⑧ 蓝运全、缪品枚主编：《闽东畲族志》，北京：民族出版社，2000年，第153页。
⑨ 林桂镗：《福安市茶业志》（油印本），1995年，第137－138页。
⑩ 林桂镗：《福安市茶业志》（油印本），1995年，第136页。

居，小聚居”的特点，且其多自给自足，因此，大部分畲民将自己采摘的茶叶以茶青的方式向左近茶贩出售，如闽东山区的古田、屏南、寿宁、柘荣和周宁等，因为畲族人口少，没有或很少畲族茶庄，且距离沿海畲族茶庄较远，因此种茶畲民多将茶青直接卖于当地茶庄，或经过初加工后卖于当地茶庄，如周宁云门畲民一般上午采茶，到十点许就步行1—2小时，将茶叶送到咸村或川中出售，然后购买日用品回家。挑茶青担子运入坦洋的道路总共有五条，第二条道路经过坑里等地的畲族村落，为了茶青的新鲜，挑工们往往日夜兼程，每连夜赶路时，每一个挑工都配备了一个灯笼，先将一根一寸见宽的青竹蔑修得均匀光滑，一端稍作弯曲。挑工将平直的一端从领口插进后背扎紧，弯曲的一端便吊着灯笼，灯笼内点上蜡烛。每届茶季夜间，挑茶青的担子排成了队，点点烛光，闪闪灯笼，如银蛇沿着山路蜿蜒而下。这种灯笼形如当地的小冬瓜，故俗名“冬瓜灯”①。只有少部分畲民将茶叶粗制再出售。种植和粗制属于茶产业链的初级阶段。

2. 闽东畲汉茶叶运销的基本趋同。关于畲族茶叶运销亦多有赖于宋明以来闽东不断完善的运输网络，即村道、乡道、县道、省道等对接内河运输，通过内河或各级陆路交通网汇聚海港或古田水口，进而或经三都澳到福州港，当然，此中以猴墩村茶庄最为典型。

猴墩村的茶叶发展仰赖于交通的发展。清初，两条道路修到了猴墩村。清乾隆三十七年（1772年），宁德贡生叶禹为了恢复清初迁界时被毁的官道，“倡捐力辟旧路，百余年废路复睹周行，邑人竖碑以志”，官道“由六都左旋七都至铜镜又分东西二道，一右旋为东路，历福口、洋头、闽坑至福岭头，离城五十里与福安福岭塘交界。一左旋属西路，历九都、霍童等地至咸村（今属周宁所辖）”②。上述“东路”又称“大岭”，位于猴墩村的东部。闽坑还辟有一路，位于大岭以西，并伸入闽东腹地的更为偏远的“十二洋”（因12个村名均冠有“洋”字，故总称“十二洋”），这一条路也穿过了猴墩村。加之，猴墩村离八都镇的霍童溪码头不到15华里，霍童溪可通向三都澳、官井洋，这条海路可达福州、广州、上海。猴墩村既得人工铺设的陆路之利，又得天然形成的水路之便。民国猴墩村《雷氏宗谱·序言》载：“清咸丰、同治时，闽省大开茶局，猴墩遂为商旅辐辏之场，而五都（指宁德七都、八都、九都、十都、十一都）之市集焉。”得天独厚的经济地理背景给猴墩畲村茶市的形成带来了难得的契机③。

畲族茶庄的挑运人员多为畲族青壮年（包括女性），一般为练家子。畲族武术分畲族

---

① 报告人王龙生（男，王氏第九世孙，生于1928年，退休干部，茶商后代）讲述，作者对语句进行了编辑。转引自蓝图：《近代闽东茶叶贸易与早期资本主义全球化——以福建坦洋茶叶贸易研究为中心》，《历史地理》，2010年第24期，第216页。

② 卢建其：《宁德县志》（清乾隆版）卷二，《中国地方志集成》，福建府县志辑，第11册。

③ 蓝炯熹：《猴盾茶人》，昆明：云南人民出版社，2003年，第4-5页。

拳术和棍术，以福安金斗洋、福鼎双华、霞浦四斗、蕉城金涵下申盾和后山等为代表，在祖传武功的基础上，融合了南少林武术的精华而成，具有步稳势烈，发力短猛，攻守门户严谨，进攻多用指法、掌法的特点①。以下浒四斗最为有名，最有代表性。这里的畲族，于清咸丰间从罗源迁来，为了自卫，专门从罗源八井请拳师传授其拳术，攻防有术，招式多变，独具一格，世代相传，经久不衰。这里称拳术为“打拳头”。逢年过节或农闲时，经常可看到人们习拳练武，全村 10 岁以上的男女几乎都会拳术，甚至连小女孩、老年妇女也有练拳习武的习惯②。当然，在闽东这一宗族氛围浓厚抑或政府控御力不足，在一定程度上和一定范围内由宗族势力填补空间的区域，尚武主要出于入迁迟，为避免受欺凌、提升自卫能力、改善生存环境之目的，然而，在乱世营生中却发挥着重要作用。猴盾畲族茶庄负责运送茶叶者，不论男女，都是挑重担、走长路的好手。巡洋社社兵既当挑夫，又任保镖。他们特制一副杂木担子，木制的扁担可承受 200 来斤重量，木制的拄杖尾部嵌入半尺长的铁棍。平日这副担子可以挑起 150 斤左右的长担。遇到麻烦事，拄杖便可充作七尺“齐眉棍”，用以御敌防身③。

猴盾村有雷震昌号（后发展成灿记茶庄和庆记茶庄）、雷泰盛号（后发展为满记茶庄和祥记茶庄）、雷成学号等 5 家茶庄④。水门境内设有茶行⑤。际头畲村办起“雷佛保”茶庄，中前村办起“雷德庚”茶庄⑥。在以上记录中，即有茶行（庄、号）10 个，按《宁德地区志》材料显示，闽东茶庄最多时有 300 个，占 3% 左右。闽东茶庄一般多种经营，或者说主营茶叶兼营日用百货等，畲族茶庄也不例外。畲族茶庄经营如猴墩茶庄以收购绿毛茶为主，每届茶季，茶庄隔两天即平均有百担茶叶装袋出运。在猴墩茶叶市场的鼎盛期，头春茶可收购 1500 担之多，二春三春能收 2500 担。每担茶叶的均价为 25 块银元。猴墩茶人除了将每年 4000 多担干茶叶运往福州茶栈外，又在猴墩村建起了村街饮食店、旅馆，接待各村送茶的畲家茶农。他们还在八都集市置业经商，办起了多家杂货店，经销煤油、布匹、海产、山货等。猴墩茶商在用心经营主业的前提下，调动家族的力量，有意识地开始涉足服务业、零售业等⑦。猴墩畲族茶庄属于内地茶庄，他们收购的对象主要是四邻乡村畲族茶农，由于同属“畲家阵”，彼此信任，根本无须茶贩中介代劳，因而降低了运营成本。民国《福建之茶》记载，宁德县共有 6 个茶叶初级市场，其中九都、八都两

① 蓝运全：《关于宁德市畲族文化的调研报告》，宁德市人民代表大会常务委员会，2004 年 5 月。
② 俞郁田：《霞浦县畲族志》，福州：福建人民出版社，1993 年，第 448 页。
③ 蓝炯熹：《近代闽东一个畲族村落的茶叶商帮》，《宁德师专学报》，2008 年第 1 期，第 46 页。
④ 蓝炯熹：《近代闽东一个畲族村落的茶叶商帮》，《宁德师专学报》，2008 年第 1 期，第 42 页。
⑤ 俞郁田：《霞浦县畲族志》，福州：福建人民出版社，1993 年，第 244 页。
⑥ 蓝运全等编：《闽东畲族志》，北京：民族出版社，2000 年，第 153 页。
⑦ 蓝炯熹：《近代闽东一个畲族村落的茶叶商帮》，《宁德师专学报》，2008 年第 1 期，第 43 页。

个初级市场即泛指以上的畲汉茶庄[①]。

据蓝炯熹对猴盾茶叶商帮的研究，在闽东茶叶外贸大背景下，猴墩茶市具有地理方位的优势与水陆两便的运输条件，抢占先机。建立于“畲家阵”基础上的“公司加农户”形式，广大的畲族村落是维护其猴盾茶市正常运行的稳定基础和坚强后盾。而猴墩茶人具备亦农亦商的身份，他们既熟悉茶叶种植与制作的全过程，对货品质量的优劣有着较强的鉴别力，又熟悉茶叶初级市场的运行规则，还具备富有创意的运营本领。因此，在猴墩茶市的茶叶交易中不会出现重大的失误。特别是一批乡土精英与经济能人，如雷志波等人，他们不仅具有商品意识、商人素质，而且还具有社会公信力，能够主导并掌控整个茶叶初级市场的运行的同时，沟通产、购、运、销的全过程中，即“九都等地茶农—猴墩茶市—福州茶栈”三者构建了稳定的经济网络，暗合了现代社会资本理论，即“信任、规范与网络”[②]。

雷志茂（白露坑）的商号主营茶叶，也经营其他特产。茶叶、盐巴、干的和咸的鱼，山珍海产一批一批地运走，大米、布匹、精巧的铁器和金银制品，当地所缺少的物品一批一批地运进来[③]。霞浦县茶岗畲村，早在200多年前就开始种植和经营茶叶，牙城一带畲村生产的红茶，崇儒、盐田一带畲村生产的绿茶，清末民初就享有盛誉。水门境内设有茶行，粗制茶直接外运至福安、宁德、福州等地加工精制[④]。19世纪40年代中期至末期，茶价低贱，盛产茶叶的畲村茶岗，茶园荒芜，商品茶等于零[⑤]。光绪间屏南蓝协森流水账记有：“光绪元年（宗弼）支茶米（茶叶）四两。（茶古）……又支茶米（茶叶）五斤的钱二百五十（文）。光绪二年（昌庚）又支茶米（茶叶）钱一百六十文。”[⑥]

福安甘棠、溪潭、溪柄、穆阳与宁德赤溪、七都、八都、九都、霍童等地茶农均送茶到猴盾销售，茶庄购进茶叶后，挑运至八都岚尾港转运三都澳出口。旺季卖茶者手提签号，列队成龙。茶市既旺，村里相继开起屠宰店、糕饼店、京杂店（百货日杂），山村顿成集市，皆得力于志波的倡导与努力[⑦]。

根据以上所述，参合汉族茶叶外贸，在面对茶叶国际市场时，畲汉运销环节基本相同。不同之处是畲族茶庄建立的基础，如猴墩茶市的信任度不仅建立在畲民的族规家范上，以“畲家阵”为主体的畲族茶农的同心协力是更为重要的砝码。民族意识与家族道德

① 唐永基、魏德端：《福建之茶》福建省政府统计处，民国三十年（1941年），第241页。
② 蓝炯熹：《近代闽东一个畲族村落的茶叶商帮》，《宁德师专学报》，2008年第1期，第46－47页。
③ 李步泉等主编：《闽东茶叶历史文化》，福州：海峡出版发行集团，海峡书局，2015年，第284页。
④ 俞郁田：《霞浦县畲族志》，福州：福建人民出版社，1993年，第244页。
⑤ 俞郁田：《霞浦县畲族志》，福州：福建人民出版社，1993年，第244页。
⑥ 福建省少数民族古籍编委会：《文书契约（畲族卷）》（上），福州：海风出版社，2012年，第163－165页。
⑦ 蓝运全等编：《闽东畲族志》，北京：民族出版社，2000年，第429页。

融为一体，“民族—家族”的经济伦理精神虽有历史的局限性，在当时的商品经济活动中却能够独放异彩。猴墩茶市主要经营绿茶，绿茶在海外市场的竞争力不如红茶，内销国内却有绝对优势，因此，不容易受到国际茶叶市场风波的干扰。初级市场的利润空间不如中心市场大，但所承担的风险也相对小，猴墩茶市虽然规模不大，却能始终如一、长盛不衰。究其原因，在于猴墩茶市全靠方圆数十里的畲族乡村支撑，这个与众不同的茶市运营模式，是在畲民家族伦理的支配之下推进的，法律的真空由本家族的同心和本民族的协力来填补。猴墩茶市的主体是由畲族茶商与畲村茶农构成，这个特殊的农商结合经济群体，在宁德县九都茶叶初级市场中，以家族文化的“壁垒”杜绝了商场上的失信、瞒骗和讹诈等弊病，并以极端传统的社会诚信与贸易取予的基本规则，与福州中心市场的有关茶栈缔结了稳定的经济联盟，这种独树一帜的市场优势是清末民初其他茶叶市场根本无法达到的。猴墩巡洋社在保障茶市发展中发挥了积极的作用。在产、购、运的过程中，他们能够独当一面，在他们的尽心呵护下，数十年来整个茶叶运输的每一个环节，从不曾有很大的闪失。在确保茶叶产销、运输之旅的安全性问题上，猴墩茶人依靠家族自己的力量，以家族伦理精神运用独有方式打造了一种保障机制①。

运销相对产业链而言是高级阶段，闽东畲族茶叶产业链的种制运销的高度趋同说明了闽东畲族在茶叶种制运销方面以国际茶叶供应质量为标准，在吸收汉族茶叶种制运销等经验的基础上，同时包含本民族特色。

二、畲乡茶俗

随着茶叶外贸的发展，闽东畲族茶俗普及面也越来越广泛。如闽东地区出现大量畲族茶歌”②、采茶歌、择茶歌③、茶山情歌（寿宁畲族茶山情歌④）等与茶相联系的民间歌谣等，佐证茶叶在畲族社会生活中的影响。于是，一些畲族乡贤带头发展茶叶，特别如雷志波等。雷志波，乳名其元，号冰镜，清道光二十七年（1847 年）十一月生于宁德八都猴盾村。他自幼聪敏好学，常走读于闽坑村举人余榦家，是清光绪二年（1876 年）贡生。志波对发展山区茶业独具慧眼，他认为畲家无茶失礼、无茶不富，带头垦荒种茶。在他的倡导下，全村种茶成风⑤。饮茶是畲家日常必不可少的，大部分以自产的烘青茶为主⑥。此外，最为典型的是畲乡婚俗。

① 蓝炯熹：《近代闽东一个畲族村落的茶叶商帮》，《宁德师专学报》，2008 年第 1 期，第 42、47 页。
② 周宁政协文史委编：《周宁政协文史资料》第十八辑，2010 年，第 53 页。
③ 《寿宁县茶叶志》，福州：海峡出版发行集团，海峡文艺出版社，2017 年，第 233 页。
④ 《寿宁县茶叶志》，福州：海峡出版发行集团，海峡文艺出版社，2017 年，第 229－230 页。
⑤ 蓝运全、缪品枚主编：《闽东畲族志》，北京：民族出版社，2000 年，第 429 页。
⑥ 福安政协文史委编：《福安文史资料》第十七辑，2007 年，第 97 页。

在福安和霞浦交界地方的畲族区里，对未婚少女有个“下茶规”，凡未婚少女到亲朋好友家作客时，一般食物都可食，唯有茶不能轻易饮喝，喝了茶就意味着同意做这家人的媳妇，这种茶规现仍沿用①。在此方面，寿宁畲乡与茶相关的婚俗②具有一定代表性，具体如下。

新娘茶在畲族婚姻礼节中较有特色，就是畲族姑娘出嫁上轿前，要用茶叶拌米谷放在托盘中，边唱哭嫁歌，边向厅前撒茶、米，带有出嫁前为娘家播下茶种、谷种，将来能添丁发财之意。待姑娘花轿出门时还用一碗茶和米撒向轿顶，以祝福一路平安。

当花轿到夫家时，再由新郎的姑母端上放着两杯茶水的托盘，往轿里晃一晃，新娘就可下轿，这时伴娘妈和送嫁嫂将其娘家随带的装有红枣、花生、桂圆和豆子的“茶泡”抛撒向人群，让观看新娘的人们分享。“男女十八、二十二（岁），好像春茶正开市。”在古代，无论多困难，畲族人家女儿出嫁的嫁妆中都少不了茶具。新婚之夜，新娘就捧着从娘家带来的红色油漆梓木八角茶盘、雪白的瓷茶盅、银制的茶匙，在手提锡制茶壶的送嫁嫂陪同下，向前来道喜的人们走去。送嫁嫂代表新娘唱道：“喜迎亲，盅香茶一颗心，一盅香茶一首歌，盅盅香茶敬亲人。”众人和道：“喜事多，今夜迎亲唱赞歌，赞好奖给酥‘茶泡’，赞孬的人无茶喝。”

畲村德高望重的长老，带头接过新娘盘中的“头盅茶”，随手搅了一下盅中的银匙，让沉淀在盅底的冰糖立刻溶化，再往嘴里呷了一口赞道：“脚踏楼门八字开，六亲庆贺进房来，一来添丁二添喜，添丁添喜发大财。”接着送嫁嫂又给每个喝冰糖茶的人献上一份“茶泡”。那甜蜜的香茶、爆熟了的“茶泡”，香脆可口。每人喝光茶水后，将与新娘见面的小红包投入盅底。

畲族男女新婚拜堂，先要用茶、酒、五果摆香案。新婚当日傍晚设宴请六亲九眷，酒过“三巡”。新娘上席敬茶时亲戚要馈赠“茶仪”（钱），作为新娘的“见面礼”。仪式在婚礼厅堂举行。厅堂左右摆两排交椅，亲属按辈分依次入席等候。仪式在鞭炮和民乐声中开始，新娘头戴珠冠，身穿袄裙，在伴娘妈的引导下向厅堂左右两旁亲属逐个施礼。礼毕进入后厅堂端取备用的糖茶。糖茶是由冰糖、红枣、瓜糖、熟花生仁和少许茶叶冲泡沏成。茶盅放于锡茶盘内，每盘集 10—12 个茶盅，盅内有一把银匙，以供搅拌和舀食。新娘第二次出厅堂仍由伴娘妈陪同引席施礼，开始向诸女眷献糖茶。第三次出厅堂收取茶盅。诸女眷饮完糖茶后，以红包犒赏伴娘妈，称为“茶钱”。

畲族“宝塔茶”是畲族同胞在长期的生产生活中形成的一种独特的婚嫁习俗。新娘出

① 《霞浦茶业志》（未刊），第六章、第五节。

② 《寿宁县茶叶志》，福州：海峡出版发行集团，海峡文艺出版社，2017 年，第 218 - 219 页。

嫁前，娘家嫂要向来迎亲的亲家伯（迎新娘队伍的负责人）和轿夫敬“宝塔茶”。是由娘家嫂端出红漆木八角茶盘，巧妙地将五碗茶叠成三层，一碗作底，底碗上面搁三碗，顶端再压一碗，其造型似宝塔故称“宝塔茶”。饮宝塔茶时别有一番技巧。亲家伯先用牙根咬住顶端一碗茶，紧接着双手挟起中间三碗茶，连同底层一碗茶分别分给四个轿夫，亲家伯必须当众一口喝干一碗热茶。若是茶水一滴不漏，显示喝茶工夫到家，便受满堂观众喝彩；要是茶溅了地，就会遭到娘家嫂的奚落。饮用宝塔茶，不仅场面热闹非凡，也给饮茶方式增添了艺术情趣①。传统社会的礼俗中最大者莫过于婚、丧，在畲族婚俗中茶叶的代表意义可见一斑。

自唐以来，畲族不断人迁闽东。而至明清时期，闽东茶叶历史已经较为悠久，汉族认识和利用茶历史自然先于畲族，而随着茶叶在人们日常生活中所占的比重增加，由迁徙到定居的畲族有感于茶叶的恩惠，在各类习俗中融入对大自然馈赠的感恩，于是茶叶的作用被提升并赋予了另类内涵。这是茶叶在各类习俗中扮演的角色愈加丰富的原因。

三、 畲族契约文书中的畲汉融合

随着闽东茶叶外贸的大发展，经济往来愈加密切，而规范百姓经济行为的契约，特别是土地契约也在闽东畲族间流行起来。

畲族猎神

① 《寿宁县茶叶志》，福州：海峡出版发行集团，海峡文艺出版社，2017 年，第 218－219 页。

“土地契约文书……从法的观念可以分为红契和白契两种，从土地买卖的性质可以分为绝卖和活卖两种。”① 所谓“红契”是指民间交易时，向官府办理登记、过割、纳税等手续，并由官府在契约上加盖官印，发给证明的文书。同时，只有办理了这些手续，才能算是合法的。反之则称为“白契”②。《清朝文献通考》也记载：“凡民间执契投税，民给司颁契尾一纸，粘连钤印，令民间收执为据。”③

有关契约税收，虽偶有过无须纳税之时，“至于活契典业者，乃民间一时借贷银钱，原不在买卖纳税之例，嗣后听其自便，不必投契用印收取税银”④。但鉴于财政和混乱的管理等，红契是要纳税的。如《户部则例》中记载：“风置田房不赴官纳税请粘契尾者，即行治罪，并追契价一半入官，仍令照例补纳正税。”⑤“至税契一项……定例每银一两片税三分，然向来州县吏肯包揽契税，往往收至五六分七八分不等。”⑥ 而民国北洋军阀统治时期，管理更为混乱，不仅典契要纳税，而且纳税额度极为随意，契税额度甚高。

执照和契尾、过割单等体现政府对民间的掌控，如对土地的控制和管理，防止偷漏契税和田赋差役，以保证地方和国家的财政收入。但鉴于村民为躲避契税、田赋等原因，更多的村民采取借助中人和见证的方式完成交易，而避免官方介入。于是，大量白契在民间存在，而这部分土地交易则游离于政府的掌控之外。白契在民间同样具有法律效力，政府也默认这种行为。当然，契约中会特别声明此出售之物系自己所有，与同房伯叔兄弟等无涉，亦无重叠交易折债等情况，目的是强调业主对该产业的所有权，即将家族的干预排除在外。因此，白契的出现和流行是个人自主意识提升的表现，即凭着自己的意愿行事，不以官府和家族的承认为前提，另外，也反映商品经济发展、政权和族权干预力量的削弱。

当然，在中国数千年的宗族社会中，为减轻来自家族的压力，在买卖土地时家族成员是首选的买主。“当一人要出卖自己土地时，必先告知同胞以至叔伯兄弟，向他们说明出卖的原因和价格。当兄弟决定购买时，价格会适当降低，若他们无意购买，再在其他家族人员中寻找买主。除非未能在本家族中寻得买主，否则不可召其他姓氏购买。最先购买从同胞兄弟开始，以血缘关系的远近层层外推，反映了土地和宗族组织的密切关系。”⑦ 与此同时，家族成员也有协助此事完成的义务。“中人和代字参与测量土地和立约，但是他

---

① 李龙潜：《明清广东社会经济研究》，上海：上海古籍出版社，2006 年，第 66 页。

② 李龙潜：《明清广东社会经济研究》，上海：上海古籍出版社，2006 年，第 67 页。

③ ［清］《皇朝文献通考》卷三一《征榷六》，厦门大学古籍室藏。

④ ［清］《皇朝文献通考》卷三一《征榷六》，厦门大学古籍室藏。

⑤ 李龙潜：《明清广东社会经济研究》，上海：上海古籍出版社，2006 年，第 67 页。

⑥ 光绪二十八年正月初九日《规复丁潜减征并加提平余酌抽契税凑解赔款折》，《张文襄公奏稿》卷三二。转引自李龙潜：《明清广东社会经济研究》，上海：上海古籍出版社，2006 年，第 81 页。

⑦ 《民俗研究》，2005 年第 3 期，第 43 页。

们并没有任何报酬，只是地约签订后，由买主负责置办‘大席’招待。”① 关于清代历朝和民国时期福建省畲族契约文书情况如表7－2所示。

表7－2　清代历朝和民国时期福建省畲族契约文书情况一览表　单位：件

种类/时段	乾隆以前	嘉庆	道光	咸丰	同治	光绪	宣统	民国	合计
证照	2	1	3	—	—	8＋1	1	37	53
合约	—	4	5	2	2	3	—	11	27
票据	2	2	22	11	9	19	7	11	83
账册	—	—	1	—	1	2＋2	1	9	16
契约	49	38	98	47	65	308	23	249	877
合计	53	45	129	60	77	343	32	318	1056

资料来源：福建省少数民族古籍编委会：《文书契约（畲族卷）》（上下册），福州：海风出版社，2012年。

根据表7－2可知，证照是官府出具的证明，属于“红契”的，仅占总数的5%强。票据和账册的记录亦反映当时经济生活和经济来往。特别是，合约和契约应属于白契，占总数的85.6%强。大量白契的存在，特别是嘉庆、道光两朝以后的逐渐增长的趋势，说明政府管理力量削弱，家族干涉势力松懈，平民在商品经济发展中自主能力提高。而白契中的中人角色的日益商业化（许多契约委托拟订，中人非家族成员），土地买卖日益自由化、频繁化，土地交易日益商品化。清咸丰至民国闽东各县契约各要素情况见表7－3。

表7－3　清咸丰至民国闽东各县契约各要素情况一览表　单位：件

种类/内容	合计	畲族间	畲汉间	田地	山地	房屋等	牛、母猪等	汉族中间人
道光	50	32	18	25	4	17	3	19
咸丰	23	14	9	13	3	5	1	13
同治	23	13	10	12	8	1	—	14
光绪	109	35	74	22	72	7	3	67
宣统	13	4	9	5	5	2	1	9
民国	119	49	70	46	63	7	3	69
合计	337	147	190	123	155	39	11	191

资料来源：福建省少数民族古籍编委会：《文书契约（畲族卷）》（上），福州：海风出版社，2012年，第321－527页；福建省少数民族古籍编委会：《文书契约（畲族卷）》（下），福州：海风出版社，2012年，第1－526页。

根据表7－3可知：闽东地区畲族契约337件，占福建同时期（790件）的42.66%。这当然与畲族聚居闽东有必然联系。总体而言，从道光到民国，不断增长的趋势显而易

① 《民俗研究》，2005年第3期，第49页。

见，这是畲族在本区域经济活跃度的体现。而此时段为闽东茶叶外贸大发展的时期，畲族居住于此，必然受此影响。众多契约中畲族间订立者147件，占总数的43.6%；畲汉间190件，占56.4%。畲汉互通说明关系融洽。山地契约155件，占总数的46%左右。闽东多山，畲族多居住于山地和丘陵间，且茶叶多种植于山上，因此，山地买卖多与茶叶种植有关。汉族中人191件，占总数的56.67%。契约中汉族中人的比例也说明区域畲汉关系的融洽度。

畲女

四、 畲民应对社会能力的提升

1. 福宁山民会馆。鉴于茶叶外贸大发展引发畲族与外部社会的密切交往，针对当时社会发展的需要，畲民的需求被激发，特别如社会组织生活方面。有关《福宁山民会馆调查报告》的详细记载反映了这一情况。清光绪年间，福建按察使司印发了一份关于要求畲民改服饰的告示，该告示发到福宁府，部分由公差分送，大部分则请各地的畲民前来领取。但是，当各地畲民抵达霞浦县城时，发现没有畲族专门的客栈，还时而受到汉人的怠慢，畲民感到诸多不便。于是，各地畲民商议集资解决此问题。经过多方努力，畲民在霞浦西门外教场头买下一座四扇瓦房，作为外地“山民”膳宿、联络之所，名为“福宁山民会馆”。初办伊始，该会馆的功能是专门接待畲族宗人，厅堂设有神牌，偶有祭祖活动①。经过重修、扩建，山民会馆具备了联谊、商议、祭祀、慈善、维护畲民权益等多种功能，成为各地畲民联络情感重要的民间组织。会馆还是畲族文化传播的重要场所，畲族的歌言在这里得到广泛传播。

2. 闽东畲族教育和医疗。清嘉庆七年（1802年），福鼎县童生钟良弼赴福宁府考秀才，县书王望年串通生监，诬指畲民为“犬养”和“贱民”，将钟良弼赶出考场。此事激起闽东、浙南畲民公愤，在族众的帮助下，钟良弼从县到省反复呈控，最终由福建巡抚李

---

① 郁田：《福宁山民会馆调查报告》，《畲族历史与文化》，北京：中央民族大学出版社，1995年，第375－376页。

殿图审理，才获胜诉，并考取秀才。李殿图言：“……以女妻犬，理所必无事，或有之，谁则实见其事，且审其姓氏于洪荒之世而为之记载乎……尔等将版图之内曾经输粮纳税，并有入学年分确据者，以为不入版图，阻其向往之路，则又不知是何肺腑也……娼优隶卒三世不习旧业，例尚准其应试，何独畲民有意排击之。”① 钟良弼应考事件的胜诉，在一定程度上鼓励了畲族对教育的重视。

清嘉庆年间，猴盾畲族村雷姓畲民开办专馆，特聘请霍童镇汉族缪姓先生任教。塾馆设在雷氏大厅，学生有20余人。私塾延至清咸丰年间，培育了一批民族人才，这些学生中1人由太学生升名例贡生修职郎，还有3人到霍童“双峰书院”深造。其中，1人成为地理先生，另1人于清道光年间在新楼被聘为私塾先生，又培养了12名畲族学生。民国时期，宁德畲村设有私塾40余所，其中就包含了猴盾畲村的私塾②。宁德畲族塾馆和私塾的创建和发展，为畲族教育发展创造条件，也为畲民接受更高的教育如进入“双峰书院”等打下基础。圣公会于民国十九年（1930年）在草岗教堂设“圣义小学”，招收30名畲族儿童入学③。教会学校对畲族儿童的教育应属于近代化性质的，其作用更为巨大些。崇儒乡在解放前，畲族群众读书、受教育的机会很少，文化十分落后，畲族聚居的村庄没有一所学校。畲族群众学文化的愿望很高，上水、溪坪、新村曾创办过私塾，聘请外地的汉族教师来村教书，但他们最多也只有念过1—3年的私塾④。私塾教育在畲族村落的创办，并延请汉族教师前来任教，虽受教育情况有限，但相较于以前有了很大的进步。

畲舞

① 陈寿棋：《重纂福建通志》卷140，道光十五年（1835年）。
② 谢彪：《畲汉文化互动下的畲族古代教育研究》，福建师范大学，2009年，第50页。
③ 黄新宪：《中华文化与闽台社会的变迁》，福州：福建教育出版社，2002年，第203-204页。
④ 陈国强、蓝孝文主编：《崇儒乡畲族》，福州：福建人民出版社，1993年，第117-120页。

畲医素负盛名。明清、民国时代，在医疗条件差的情况下，畲医不但为畲族治疗了许多疾病，也是邻村汉族救死扶伤的良医①。畲族医生通过精湛医术不仅服务于畲民，还服务于左近区域之汉民，在交往联系中自然提高适应社会能力。畲药中多有以茶叶为配方之一，如去痢疾配方：陈春茶 9 克加食盐 6 克，同茶叶炒焦，去盐，加冰糖 30 克，纯汤服②。而畲医的普及和发展，茶叶的功效自然不断被认识和提高。

五、畲汉族禁的松弛——畲汉通婚

闽东茶叶经济发展，推动区域内交往更加频繁。在利益的驱动下，在畲汉因社会经济生活而不断加深了解之后，族禁逐渐松动。

畲族龙头杖

雍正九年（1731 年），白露坑村雷志茂迎娶的是福州府大户李家（汉族）的姑娘。1730 年雷志茂在家乡半月里村，古浙津驿的所在，开办茶叶商号做生意，并发了财。于是他带着白露坑的畲家人种起茶叶，日子也就逐渐滋润起来。半月里村有一个畲族民族博物馆收藏中有一件独特的衣服，这件女装却是对襟裙式长褂，最让人吃惊的是铜质的扣子，上面竟刻有英国女王像！其下还有英文：Queen Victoria（维多利亚女王）。这件女装正是当年雷志茂的妻子李氏所有③。据猴盾《雷氏族谱》记载：雷锦英，雷志波孙女，生于光绪三十三年（1907 年），适甘棠北门毕业生刘松细④。霞浦一些民族关系较好的地区，两

① 俞郁田：《霞浦县畲族志》，福州：福建人民出版社，1993 年，第 323 页。

② 俞郁田：《霞浦县畲族志》，福州：福建人民出版社，1993 年，第 433 页。

③ 郑学华：《霞浦畲族茶商雷志茂》，李步泉等主编：《闽东茶叶历史文化》，福州：海峡书局，2015 年，第 284－285 页。

④ 政协宁德市蕉城区委员会编：《蕉城畲族村路》，第二十三辑，2017 年，第 42 页。

族早就有人开始互相通婚，至民国时期，畲汉通婚已逐渐增多，据祟儒新村的调查，在20世纪40年代至少有11对[①]。畲族娶汉族姑娘为妻子，畲族女嫁汉族郎等畲汉通婚虽范围有限，但这毕竟是族禁松弛的表现。

总之，自畲族入迁闽东，畲汉便互相影响；当然，基于人口数量、生产力水平等，畲族向汉族学习的比重很大，特别如从迁徙状态向定居形式转变，由刀耕火种向农耕转变。而汉族对茶叶从药用到食用再到饮用的过程，特别是药用方面等，自然也为畲族学习和提高。随着茶叶商品经济的发展，鉴于畲族居住环境利于种茶之故，茶叶成为畲族的主要副业，进而畲族也融入茶叶贸易的大市场，基于茶叶对畲族的特殊地位和作用，畲族茶俗形成；但从1838年印度出口茶叶开始，紧接着锡兰、苏门答腊、日本等也出口茶叶，打破中国垄断国际茶叶消费市场的格局，于是消费者根据偏好等选购。为迎合消费者而形成各类茶叶国际标准。闽东汉族和畲族制造的茶叶应符合各类消费者需求才能为市场认可，于是畲汉茶叶不断向国际看齐而融合。当然，不可否认闽东畲族茶叶初始的种制运销的向汉族学习的事实及与汉族茶叶种植运销方面的共性，但也无可否认其根据市场之需中的改进和提高而形成独具特色的个性。

本章小结

闽东畲汉民族融合始于畲族入迁闽东。当然，鉴于当时人口密度，畲汉接触面狭窄，其融合度细微，主要体现在作为游牧的畲族向定居的汉族学习，由刀耕火种向传统农业过渡。明中后期以来，畲族大量入迁闽东，畲汉接触面扩大，人与人、族群与族群间摩擦、冲突增加，处于少数的畲族除练武自卫外，需要寻找一个解决畲汉矛盾的平台。经过求同存异、权衡利弊等后畲族选择了闾山教这一民俗信仰平台。而随着畲汉融合的推进，特别是闽东茶叶外贸引发的经济基础为主的融合，逐渐占据融合的主导地位。

第一，经济基础决定上层建筑，茶叶外贸为主体的经济融合推动畲汉融合纵深发展。鉴于经济全球化大背景下，1853年后福州成为茶叶输出大港，闽东作为福州港的外贸茶区的重要腹地，受全球茶市影响巨大；特别是三都澳开埠后，闽东外贸茶区物流成本进一步降低，在一定程度上和范围里缓解华茶在全球茶叶贸易体系中不利因素，于是，闽东畲族也抓住茶叶外贸发展的最佳时机，参与了国际茶叶市场的分工协作，融入经济全球化体系，在全速推进与世界市场对接的同时，也启动了近代化的进程，成为助推闽东近代化的

① 俞郁田：《霞浦县畲族志》，福州：福建人民出版社，1993年，第324页。

一支重要力量，共同推进区域社会经济的发展，也巩固了民俗信仰融合的成果。

第二，畲汉民族融合的不平衡和不充分性。鉴于闽东地域、畲族人数以及畲汉分布的不均等因素，畲汉民族融合存在诸多的不平衡和不充分性。就地域而言，畲族主要小聚居于闽东沿海四县（福鼎、霞浦、福安、宁德），形成滨海畲族族群格局，因此，沿海畲汉融合是闽东畲汉融合的主流。不同区域的畲族针对当时、当地的实际情况，融合的重点和侧重点有所不同。例如，宁德猴盾畲族办起茶庄，达成较为完整的茶产业链系统，专业化程度与闽东汉族相类；而内地五县（古田、屏南、周宁、寿宁、柘荣）的畲族，多将所获茶青卖于当地汉族茶行。

总之，茶叶经济融合铸就畲汉融合的经济基础，并提升民俗信仰融合深度，也为闽东畲汉政治融合打下坚实的基础。闽东畲汉民族融合为闽东外贸茶产业注入新鲜的血液，在外贸茶叶平台上，畲汉民族互相学习，融合提高，充实提升了闽东开发和发展的力量。

第八章　闽东茶叶外贸发展与女性地位的变化

关于女性与社会进步的关联度，马克思有过经典表述："社会的进步可以用女性（丑的也包括在内）的社会地位来精确地衡量。"[①]"某一历史时代的发展总是可以由妇女走向自由的程度来确定，因为在女人和男人、女性和男性的关系中，最鲜明不过地表现出人性对兽性的胜利。妇女解放的程度是衡量普遍解放的天然标准。"[②]近代以前的中国妇女深受封建压制，社会地位极为低下。在"女子无才便是德""女子识字多诲淫"的传统观念的支配下，女性被禁锢于闺阁之中，终生游离于系统的文化知识的熏陶之外。即便有所谓的传统女子教育，亦多以《女诫》《列女传》《女孝经》，及《闺范》《女范》等为核心内容展开的，以培养合乎"三从四德"和"贤妻良母"为宗旨。鸦片战争后，"闺阁"这一特殊的社会生活空间在强大的西方思潮冲击下逐渐从传统向现代嬗变，特别是戊戌维新之后，张之洞[③]、康有为[④]、曾继辉[⑤]、梁启超[⑥]等知识分子针对拯救国家和民族危亡之命运而对废缠足、兴女学等进行激烈的议论。但关于女性参政，辛亥革命后，除了孙中山、蔡元培等人支持外，大多数男性对此持否定态度，如空海[⑦]等。"近代中国女性史研究，在美国随女权运动和女性主义的兴起，自20世纪70年代开始渐成气候。日本的一批女性学

---

① 《马克思恩格斯全集》（第32卷），北京：人民出版社，1975年，第571页。

② 《马克思、恩格斯、列宁、斯大林论妇女》，北京：中国妇女出版社，1987年，第7页。

③ 张之洞：《张尚书不缠足会叙》，转引自李又宁，张玉法：《近代中国女权运动史料：下册》，台北：传记文学出版社，1975年，第847-848页。

④ 康有为：《请禁妇女裹足折》，转引自李又宁，张玉法：《近代中国女权运动史料：上册》，台北：传记文学出版社，1975年，第509页。

⑤ 曾继辉：《不缠足会驳议》，转引自中华全国妇女联合会妇女运动历史研究室编：《中国妇女运动历史资料（1840—1918）》，北京：中国妇女出版社，1991年，第71页。

⑥ 梁启超：《论女学》，转引自中华全国妇女联合会妇女运动历史研究室编：《中国妇女运动历史资（1840—1918）》，北京：中国妇女出版社，1991年，第75、77、79页。

⑦ 空海：《对于女子参政权之怀疑》，转引自中华全国妇女联合会妇女运动历史研究室编：《中国妇女运动历史资料（1840—1918）》，北京：中国妇女出版社，1991年，第540页。

者从70年代末起，相继投身于这一领域。台湾学者在研究方向及方法上颇受美国的影响。而在中国大陆，原来的妇女研究主要是作为革命与解放运动的一部分，此外便是历史名人或英雄传记，受国际女性学的影响而展开的学术研究，到80年代中期才具雏形。”① 而在城市，知识分子对女子缠足、女学和参政等的大讨论之前，在广大农村，特别是茶叶外贸较为发达的闽东地区，随着茶叶外贸的不断发展和茶产业分工和协作的不断推进，不仅闽东女性在茶产业分工中分担支撑家庭经济收入的比重不断提升，而且闽东畲族女性还凭借没有缠足等生理优势，承担了更多的分工，当然，“大抵居山采茶之户，无籍者为多。彼子妇兄弟合力以耕山田，常膳则茹薯，疾病乃瞰饭”②。在茶产业中，男女分工协作共同维持农村家庭生存和发展显而易见。闽东茶叶外贸发展对该区域女性角色和地位的变化之材料零星散落，其中，从女性日常作业中流传的茶歌等可窥斑见豹。本章以茶歌等为基础对闽东畲汉女性在外贸茶叶的产业链分工中的工种、人数、收益等分析其作用，在此基础上，述及因为茶叶外贸引发本区域女性因经济地位提高从而获得相较以前更高的地位，因茶叶外贸中的分工如拣茶等为女童创造就业，取得收益，且因男女比例失调，嫁女可获取一定数量礼金。茶区女子所接受的近代意义的教育和教师、护士、社会公益事业者等的发展对闽东社会近代化发挥着巨大的作用。

女子学校

第一节 闽东女性在外贸茶叶的采茶、制茶和拣茶环节的分工

小农经济背景下闽东茶叶外贸属于劳动密集型产业，其之大发展需要大量人力资源，

① 桑兵：《近代中国女性史研究散论》，《近代史研究》，1996年第3期。

② 《福报·闽茶论（二）》，光绪二十二年（1896年）四月十七日，第十次，福州美华书局印发。

而闽东本地人口数量受限，特别是男性人口不足以满足迅速提增的该产业发展的需要；当然，茶产业链中的一些环节相对而言更适合于女性从事，于是许多女性分担了部分角色。闽东女性在茶产业中多集中于采茶、制茶和拣茶三道工序中，而此方面资料多集中在普遍流传于茶区的各类茶歌之中。茶歌创作的基础是茶叶，是茶女在采茶、炒茶等茶叶加工过程中的即兴之作，以民歌或山歌的形式存在，是在特定地区广泛流传的民间歌谣，主要分为《采茶歌》《制茶歌》《拣茶歌》等。下面以这三类茶歌为主，对闽东女性在茶产业链中的地位和作用进行分析。

一、采茶

采茶是制茶的第一个环节。通过种植、管理，茶叶成长到一定阶段后便进入采摘期。采茶一般始于清明节前后，此任务主要由茶区女性来完成，清代闽东六县（古田县记录阙如，周宁和柘荣建县前分属于宁德和霞浦）都有采茶歌流传，现摘录如下。

采茶畲女

1. 福鼎县。同治二年版《翁氏宗谱》的《采茶歌》记载："春晴日日客如梭，捲市风来笑话多，儿女满筐饶雀舌，并肩齐唱采茶歌。"《春晴茶市》记载："漫道村居境异廛，采茶儿女各争先，新芽带露盈筐满，每闹晴和近午天。"[①]《做茶歌》记载："正月时节栽茶天，雨水绵绵人当闲。奴娘双双栽茶树，满山满岗茶成行。二月时节是春分，茶树抽笋二三寸。娘那快活郎欢喜，新茶抽笋满山中。三月做茶三月三，茶树开根心抽长。表妹采茶郎做买，拿去番边卖银两。四月做茶日又长，头茶摘了二茶上。再去番边卖银钱，银钱卖转来度娘。五月做茶是芒种，茶笋抽叶闹纷纷。茶钱卖转真快活，心忖奴娘结成双。六月做茶年中央，日头是火水是汤。你娘采茶是辛苦，郎要栽树娘歇凉。七月做茶七月半，做申茶米再过番。番边卖转真银钱，心忖奴娘结同年。八月做茶是中秋，三茶抽笋绿油

① 同治二年（1863 年）修订的《翁氏宗谱》。

油。娘那采茶忙不尽，郎那做茶忙不休。九月做茶人割禾，娘那会采郎会做。一头做茶一头忖，心忖奴娘结公婆。十一月做茶冬节时，茶钱灵转去度妻。我母养郎没人样，凡了表妹不中意。十二月做茶人过年，做茶人表身没闲。做茶赚钱讲不尽，爱心爱娘结同年。”①

2. 霞浦县。《采茶歌》记载：“朝采茶兮山之阿，暮采茶兮山之麓。佳人窈窕结队行，撷秀只认旗抢绿。龙团鸡舌品不同，七碗通灵惠泉馥。”②

3. 福安县。《摘茶人姐满山背》记载：“茶米挂在对面坝，春来爆笋叶盖盖。今年茶米会值钱，紧紧教郎掘茶栽。今年茶米是有价，清明未到喊摘茶。茶枝摘来一大把，一兜摘来一大抱。清明过了谷雨来，摘茶人姐满山背。摘到心头打回转，春茶又绿九重坝。”③

4. 宁德县。《采茶歌》记载：“正月采茶是新年，抱石投江钱玉莲；绣鞋脱在江边口，连叫三声王状元。二月采茶桃花开，苏秦求官空手回；堂上爹娘双不睬，妻儿不肯起跪来。三月采茶百花开，无情无义蔡伯偕；有情有义赵氏女，昭君塞上筑云台。四月采茶茶叶长，甘罗十二为丞相；甘罗十二年纪少，太公八十遇文王。五月采茶石榴红，杨肆将军斩泾（河）龙；左手拿（抓）龙右手斩，一点血水满江红。六月采茶热洋洋，李远别妻李三娘；你去邠州十六载，妻房生下姣姣郎。七月采茶七月般，目连救母下‘阴间’；十八重‘地狱’寻母，刘氏青机疾不干。八月采茶桂花开，董永卖身葬父亲；董永卖身葬父母，天送仙女结成亲。九月采茶九重阳，单刀匹马关云长；斩了颜良诛文丑，赠鼓三声斩蔡阳。十月采茶是立冬，霸王自刎在乌江；霸王自恃英雄汉，韩信功劳不久长。十一月采茶雪飞飞，王祥孝母脱寒衣；脱去寒衣冰上卧，天送鲤鱼敬母亲。十二月采茶冷凄凄，孟宗哭竹在山林；西边哭竹东出笋，郭巨埋儿天送金。”④

5. 屏南县。《采茶女》记载：“板桥东跨柳西飞，时有行人趁落晖。十五采茶何处女，野花还插满头归。”⑤《采茶曲》记载：“茶市传风信，今年价倍加。相将弃针黹，逐伴采新芽。清晨拗高枝，双袖露痕染。一旗复一枪，嫩绿手亲检。采罢谷雨晴，携筐待郎接。

① 《做茶歌》（福鼎调），转引自福鼎县民间文学集成编委会：《中国歌谣集成·福建卷·福鼎分卷》，福鼎县民间文学集成编委会，1994 年。

② ［清］卢庆瑜（清霞浦县人）：《采茶歌》，转引自徐友梧：《霞浦县志（下）》民国十八年版，霞浦县地方志编纂委员会整理，1986 年，第 206 页。

③ 林桂镗：《福安市茶业志》（油印本），1996 年，第 219 页。寿宁县亦有与此相同的茶歌，见《寿宁县茶叶志》，福州：海峡出版发行集团，海峡文艺出版社，2017 年，第 234 页。

④ 《采茶歌》流传于历史名茶天山绿茶的故乡——宁德市蕉城区（原宁德县）的洋中虎贝石后乡（镇）一带，这首民歌反映了千余年来老茶区人民在采茶劳动中抒发对社会良风美德及历史人物的褒扬，歌中蕴含着丰富的历史文化内涵。转引自叶乃寿主编：《宁德茶业志》，福州：福建人民出版社，2004 年，第 319 页。本茶歌亦见于《寿宁县茶叶志》，福州：海峡出版发行集团，海峡文艺出版社，2017 年，第 232 页。

⑤ 该诗歌描述了光绪年间屏南茶叶的产销盛况，转引自屏南县地方志编纂委员会编：《屏南旧志集（4）》，福州：福建人民出版社，2017 年，第 698 页。

郎汲雨后泉，依烹雨前叶。古鼎汤三沸，檀郎酒半酣。一欧醒已解，舌本有余甘。"①

6. 寿宁县。《采茶歌》记载："茶米种在高山上，春来爆芽叶长长。清明过了茶当旺，采茶人姐满山上。采茶人姐满山上，与郎采茶共坪园。郎那提篮娘背篓，篓那贮满篮来装。篓那贮满篮来装，茶树与土真有缘。清明谷雨茶当旺，锅内炒茶枝枝软。锅内炒茶枝枝软，年年好茶郎垌上。炒茶揉捻机械化，焙茶又是电烘凉。"②

综合以上《采茶歌》，其特点如下：第一，女性采茶有着极大的普遍性。男性在这一环节中多为挑茶角色。采茶极为辛苦，许多茶女清晨沐浴露水和阳光采茶，采满一篮等待丈夫来取。采茶心情随着茶市而波动。茶市茶情刺激采茶行动，茶叶价格高昂，采茶充满喜悦，茶市低迷，采茶压抑。第二，《采茶歌》中本地方言使用普遍，体现闽东特色。第三，宁德、福鼎和霞浦的采茶歌具备一定艺术性。福鼎、宁德茶区将采茶歌分成 12 个段，以 12 个月配之，特别是宁德茶歌还相应加上 12 个历史典故。第四，本区域对茶产业的市场依赖性在采茶作业中明显体现。茶产业在经济生活中的比重很大，茶女在采茶中期许茶叶丰收，期待美好生活。

据调查，至少在民国及其以前，闽东茶叶种植多以屋前屋后"篱笆树"式，山坡、园角零星种植等形式出现，所以给采摘茶叶带来诸多不便，耗费劳动量大，当然也影响到采摘效率。据采茶老人回忆，母子俩一天共采 20—30 市斤。有一著名陈姓采茶女，采茶时能双手并用，一天采 40 斤左右，曾出席全国采茶比赛③。由此可知，清末民国闽东茶叶种植的随意性严重限制了茶叶采摘的效率。

据海关资料可知，1900—1948 年，闽东茶叶出口 507.68 万担，年均 10.36 万担④。参合以上，取母子采茶 20—30 市斤为标准，以人均采茶青 12.5 斤/天的标准计之，按 3 斤茶青制成成品茶 1 斤，需要采茶女工作 2486400 天。按每位采茶女年采茶 25 个工作日计算⑤，需要 99456 人。1912 年全区人口共 1591716 人⑥，以 1938 年男女性别比（女性 =

---

① 黄正绅：《采茶曲》，转引自李步泉、缪品枚编：《闽东茶叶历史文化》，2015 年，第 436 - 437 页。

② 《采茶歌》，转引自《寿宁县茶叶志》，福州：海峡出版发行集团，海峡文艺出版社，2017 年，第 234 页。此茶歌同见于叶乃寿主编：《宁德茶业志》，福州：福建人民出版社，2004 年，第 320 - 321 页和《霞浦茶业志》（未刊）第六章、第三节。

③ 杨应杰：《福鼎茶叶传统生产经营过程》，李步泉等主编：《闽东茶叶历史文化》，福州：海峡书局，2015 年，第 184 页。

④ 资料来源：（1）徐永成：《历史性的突破》，《福建茶叶》，1985 年 3 月 31 日。（2）海关材料：1899—1932 年三都澳海关贸易报告、统计册等。（3）福建省农业厅：《福建茶叶》（初稿），1959 年 9 月。（4）福安专署茶业局、福安专区茶科所：《闽东茶树栽培技术》，福州：福建人民出版社，1960 年。

⑤ 材料显示，清末民国闽东茶叶多采"三春"；按一天上午采半日茶，下午回去制茶的标准，25 个工作日折算为 50 天。

⑥ 宁德地区地方志编纂委员会：《宁德地区志》，北京：方志出版社，1998 年，第 224 页。

100，以下同）155.51[①]为基数，那么女性为622956人。上述每日采茶青12.5斤，一年采茶25个工作日需要的女性占闽东地区女性人数的15.95%左右。1948年宁德地区总人口1202900人，按1938年男女性别比，那么闽东有女性470784人，则比例为21.12%。而鉴于闽东小农经济，茶农占有茶园数量等，其比例应更大些。

二、制茶

关于茶叶的制作，邹怡在其博士论文《明清以来徽州茶业及相关问题研究》中有过较为详尽之个案研究。鉴于传统社会自给自足小农经济的生产力水平背景，闽东茶区情况应与徽州茶业情况相近，可做参照。

从上述采茶歌中可以看出采茶过程中的妇女劳动场景，同时按邹怡研究，茶号中的工作同样离不开妇女。据其对徽州茶业茶号中的各道工序描述，在绝大部分工序中都有妇女的参与。1939年，贸易委员会安徽办事处曾经对徽州44家茶号的71名茶工进行性别比例的抽样调查，其结果如表8-1所示[②]。

表8-1　　茶工类别及其性别统计情况一览表[③]　　单位：名

	焙工	炒工	拣工	筛工	其他	合计
男	5	14	0	17	5	41
女	3	5	19	3	0	30

如表8-1所示，焙工、炒工、筛工和其他项中，男性41人，女性11人，女性占四类工种总数的21%。炒工、筛工等属于重体力活，且对技术有较高要求，若翻炒速度迟缓则茶易于炒焦或不匀，全锅茶叶为之毁弃。而关于筛工，据对周宁县萌源村茶叶制作的调查可知，特别表现在对筛茶师的要求上有“六筛”之说。据言，解放初期萌源有生产队12个，却只有两个筛茶技师，这门技术在体力和技术上的要求很高，要把装满茶叶的筛举到头顶上，还要一直摇动[④]。如表8-1所列炒工、筛工等工种虽以男工为主，但也不乏妇女参与其中。《茶声》半月刊的记者曾经对屯溪茶号中的炒茶、焙茶女工做过特写：“几个中年女工，站在锅边，正不息地在工作，身子一左一右地倾着，帮着两手向锅中焙茶叶，零乱的发髻乱草似的蓬在头上，缠过的足却也很能显出它的能力，居然可以整天的站着作工！”此时的炒茶工场闭塞而闷热，焙炉的炭火发出高热的气体，记者只站了10分

① 宁德地区地方志编纂委员会：《宁德地区志》，北京：方志出版社，1998年，第231页。

② 邹怡：《明清以来徽州茶业及相关问题研究》，复旦大学，2006年，第177-181页。

③ 贸易委员会安徽办事处调查统计股：《皖南茶工调查报告》，《茶声》第11、12期合刊，1939年12月5日，第128页。

④ 孙绍旭：《萌源古村》，延吉：延边大学出版社，2010年，第106页。

钟，“身上、脸上的汗水却已象流水般的直淌下来，渗透了内衣，又渗透衬衫，手帕湿淋淋的像是刚从水里提起来一样”。徽州茶叶素有炒制时加入色料的习惯，因此在高温环境中，女工的“两手因不停的伸进锅里去炒茶叶，被黄色的粉末染得象树枝一样的粗而黑”①。

而左近的福州和武夷山星村亦有相关记录：（福州）一到茶季，前来打工的外地人非常多，唯独女工使用本地人。制茶工的工钱，优等工带伙食日薪 25 仙左右，女工每加工一斤茶付 20 文②。而关于星村情况如表 8 -2 所示。

表 8 -2　　星村茶店产额、工人数情况一览表　　单位：箱、人

店名	炳记	永丰福	福茂新	同泰荣	春记	华榕发	永顺号	永盛号
年产额	1500	1200	1000	400	1400	800	1000	1000
男工数	700	200	300	30	200	100	100	100
女工数	30	20	30	10	80	20	10	10

资料来源：张景崧《福建茶叶之史略》，《实业季报》，1935 年，第 2 卷、第 3 期，第 56 页。

据表 8 -2 可知，星村茶店工人中女工是全部工人数的 10. 82% 左右。此乃工场手工制茶场面。闽东茶区制茶环节多靠农家独立完成的，但工场男女比例应可参考。若仅以焙工、炒工、筛工和其他项中女性占四类工种总数的 21% 计之，则女性参与制茶工作的数量应较为客观些；而如果都是“依靠农妇在家庭操作来完成”，那么其比重将大大提升。

关于制茶依靠农妇在家庭操作来完成的记录主要有：寿宁县的《采茶歌》：“……清明谷雨茶当旺，锅内炒茶枝枝软。锅内炒茶枝枝软，年年好茶郎垌上……。”③ 坦洋村一条街就有茶行 36 家，每年雇用茶工 3000 余人，出口茶叶二万余担④。如以此标准一个茶工年生产茶 6. 67 担计，按 1900—1948 年年均 10. 32 万担计，需要茶工 15472 个。女性占四类工种总数的 21% ，约为 3249 人。当然，此乃以工场手工业的劳动力标准计算。福州制茶的生产不是由完整的组织机构来实施，而是依靠农妇在家庭操作来完成⑤。而作为产茶区的宁德，这种情况应更为普遍存在。鉴于工场手工业的专业化分工生产与农村家庭生产存在一定程度的散漫性比对，其涵盖的制茶女性远超此数倍。当然，考虑到农村自给自足的背景、采制一体化和重叠性，取此数 2 倍，即 6498 人应为可接受之范围。

① 尤庄：《女茶工》，《茶声》第 6 期，1939 年 9 月 5 日，第 66 -67 页。

② 日本东亚同文会编纂：《福建省全志（1907—1917）》，李斗石译，延吉：延边大学出版社，2015 年，第 266 页。

③ 《采茶歌》，转引自《寿宁县茶叶志》，福州：海峡出版发行集团，海峡文艺出版社，2017 年，第 234 页。此茶歌同见于叶乃寿主编：《宁德茶业志》，福州：福建人民出版社，2004 年，第 320 -321 页和《霞浦茶业志》（未刊）第六章、第三节。

④ 林桂镗：《福安市茶业志》（油印本），1995 年，第 139 页。

⑤ 日本东亚同文会编纂：《福建省全志（1907—1917）》，李斗石译，延吉：延边大学出版社，2015 年，第 249 页。

三、 拣茶

在茶产业链的制茶工种中，除繁重的炒茶、焙茶和筛茶外，女性茶工最集中的地方便是拣茶场，从表 8－1[①] 可知，茶号中的拣工全由女性承担，各类调查都得出相同结论。当然，女性拣茶有许多优势，如拣茶不需如其他工种的重体力，而妇女细致耐心的品性适宜从事拣茶这类枯燥精细的工作，且妇女的工资又低于男子，从控制成本的角度而言，茶号雇用女工是不错的选择；同时，从为沉重家庭经济负担分担的意愿考虑，迫于维持生计，妇女也愿意离开家庭，开辟新的收入途径。闽东茶区，女性拣茶工作在《拣茶歌》中得到很好的体现，现胪列如下。

拣茶畲女

1. 福鼎县。《拣茶歌》记载："正月拣茶春头初，拣茶姑娘喊做鞋；里面三寸粗布里，外面三寸做招牌。二月拣茶二日二，广东茶客还未来；去年茶价喊亏本，今年茶客莫敢来。三月拣茶三月三，拣茶俊某（姑娘）好后生；脸打光膛苏州粉，可比日头正上山。四月拣茶四月天，雨子来来著身边；脚穿木鞋起磕响，肩头拿伞手拿线。五月拣茶五轮船，大男细女看轮船；哥哪要好仿绸裤，妹哪要好百绸裙。六月择茶热难当，广泰茶行太平堂；也有童某（男子）相玩笑，也有俊某倒眠床。七月择茶七月当，十分热闹是茶行；白茶先拣出去卖，红茶后拣价钱昂。八月拣茶是中秋，筛焙红茶乌溜溜；但愿茶卖好价钱，择茶阿妹多工资。九月拣茶是重阳，拣茶姑娘转回乡；也赚好酒寄次转（家里），也赚鱼肉送爹娘。十月拣茶秋风凉，择茶阿妹穿祥裙；也择黄道好日子，去送茶客上大船。十一月拣茶冷清清，茶行馆内都莫人；也有做茶败家计，也有女子赚大钱。十二月拣茶是年兜，拣茶赚钱一荷包；茶客赚钱讲真话，明年一定再来包。"[②]《拣茶歌》记载："正月拣

① 贸易委员会安徽办事处调查统计股：《皖南茶工调查报告》，《茶声》第 11、12 期合刊，1939 年 12 月 5 日，第 128 页。

② 李步泉、缪品枚编：《闽东茶叶历史文化》，北京：民族出版社，2015 年，第 432 页。

茶是新年，苏州茶客出门庭；上村茶蛛已去了，下村茶妹来起身。二月拣茶茶抽芽，寄信茶妹绣红花；茶妹红花绣得好，苏州茶客心喜欢。三月拣茶三月兰，所有茶妹都到来；茶妹拣茶拣得好，茶叶作佳真好销。四月拣茶立夏天，拣茶阿妹在身边；茶妹拣茶有钱用，年终结账赚大钱。五月拣茶营蒲花，拣茶阿妹很贪花；双脚踏在茶房里，双眼观郎手拣茶。六月拣茶大小暑，拣茶阿妹做提衣；身空夏衣红又红，头插金答五寸长。七月拣茶七月半，苏州茶客未到来；不是茶叶未实掉，就是亏本不能来。八月拣茶是中秋，拣茶阿妹肚里忧；不要愁来不要忧，明年带你去苏州。九月拣茶是重阳，寄信茶妹做衣裳；红绸夹袄都做起，身穿新衣多漂亮。十月拣茶是立冬，十个茶房九个空；所有茶客都回去，只有余下妹一人。十一月拣茶是年边，爹娘寄信转过年；有钱无钱都要转，莫做葛藤绕路边。十二月拣茶是尾芽，拣茶阿妹赶梳头；头上梳起盘龙髻，心思茶客眼泪流。”①《快书》记载：“闹喳喳，闹喳喳。白琳茶街生产忙，家家户户去拣茶。早支坐厅中，晚去坐理下。一年春夏秋，拣茶做不休。”②

2. 霞浦县。《拣茶歌》记载：“正月拣茶拣茶诗，苏州茶客还未来；去年做茶茶蚀本，今年惊伊没敢来。二月拣茶茶未齐，拣茶阿妹赶做鞋；鞋里三寸粗布里，鞋面银红做招牌。三月拣茶三月三，拣茶阿妹好后生；面拍江苏苏州粉，好象日头正上山。四月拣茶四月天，天上雨仔雨连连；骸穿钉鞋哎咯岣，手掏花伞去赚钱。五月采茶五梅花，拣茶阿妹真作佳；前骸踏在茶馆里，目睬看人手拣茶。六月拣茶六月中，拣茶阿妹好衣装；身穿丝衫蓝丝裤，后髻整整尺二长。七月拣茶七月半，拣茶阿妹真好看；拣的茶米拣这好，明年带你去台湾。八月拣茶八中秋，开沟阿哥去苏州；今年跟你这满好，明年带你去苏州。九月拣茶九重阳，拣茶茶客做衣裳；就问阿妹做毛衣，要做苏州绿大缎。十月拣茶十月中，上馆开茶下馆空；今年拣去三五百，去年就拣三五千。十一月拣茶是年兜，爹娘吩咐扫地兜；讲你地兜扫得好，明年带你我身兜。十二月拣茶是年边，爹娘吩咐转做年；有钱无钱早转膺，莫做葛藤粮路边。”③《柘荣捡茶歌》记载：“正月捡茶起头时，下南茶行故未在；再等三月清明节，茶山布娘笑微微。二月捡茶二月天，茶行盖着大溪边；也有做鞋做衫裤，也有头家去赚钱。三月捡茶三月三，少娘爱穿红裤月自衫；娘仔天光煮快奢，行到茶行捡茶青。四月捡茶四月天，天上落祸水淋淋；脚穿木屐街中咯，手掏雨伞去赚钱。五月捡茶节又临，更换头家出门在；开了楼门把目娣，绝佳少娘故未在。六月捡茶热难当，再

① 茶歌来源：福鼎市黄宗维演唱黄攀仪采录，转引自福鼎县民间文学集成编委会：《中国歌谣集成·福建卷·福鼎分卷》，出版社：福鼎县民间文学集成编委会，1994 年。

② 李步泉、缪品校编：《闽东茶叶历史文化》，北京：民族出版社，2015 年，第 432 页。

③ 霞浦县林招弟演唱，胡林采录。转引自霞浦县民间文学集成编委会：《中国歌谣集成·福建卷·霞浦分卷》，霞浦县民间文学集成编委会，1992 年。

拣自茶去前村；前村自茶卖有价，再拣乌茶日又长。七月捡茶七秋分，姐叫讲笑好郎君；故那有事你莫去，后来有事难承当。八月捡茶月圆圆，少娘穿裤不穿裙；送你茶客回家转，只等明年再相逢。九月捡茶是立冬，各处茶行都没人；买茶郎仔都转厝，故这茶行还别人。十月捡茶霜降天，茶行换在白琳边；也讲白琳好世界，也讲板洋好赚钱。十一月捡茶雪飘飘，十条茶行九条休；有钱做茶乐世界，茶那蚀本胆也寒。十二月捡茶是年边，茶行亏蚀没开销；厝宅田园要卖尽，手掏契约目汁流。”①

3. 福安县。《择茶歌》记载：“正月择茶春头时，福州茶客还未来；等到三月茶客到，坦洋诸娘笑迷迷。春茶开市人热闹，四处山村都出奇。二月择茶惊蛰天，家住坦洋大路边。赶紧做鞋做饰裤，脚踏茶行好赚钱；也有老人诸娘仔，也有后生共少年。三月择茶三月三，身穿蓝裤漂自衫；天光起床食快饭，去到茶馆择茶干。白茶又嫩福州卖，诸娘又嫩后生贪。四月择茶立夏天，择茶娘子出门前。头戴金答金灿灿，足下花鞋花绣边；身穿衣衫象仙女，收拾头脚去赚钱。五月择茶是节期，打扮梳妆轻步移；口抹江南胭脂粉，脚穿苏杭红哗叽。来到茶行把眼看，好比仙女会佳期。六月择茶热难当，福州茶栈太平堂；也有唐哺相玩笑，也有诸娘倒在床。神仙也想风流事，贪花难怪少年郎。七月择茶七月当，十分热闹是茶行，自茶先择去出卖，乌茶后择价钱昂。绿茶细择粒粒宝，红茶尽择卖番邦。八月择茶是中秋，筛焙乌茶乌珠珠。但愿茶卖好钱价，择茶阿妹多工资。赚人钱财细腻拣，择茶盘中赛工夫。九月择茶是重阳，择茶诸娘转回乡。也赚自银三十两，也赚衣服三十箱。十月择茶秋风凉，择茶阿妹穿洋裙。也择黄道好日子，去送茶客上大船。船在水面飘飘去，不知何日再相逢。十一月择茶冷清清，茶行馆内都无人。也有做茶败家计，也有女子赚大钱。茶树一逢春又大发，今年过了双明年。十二月择茶是年，择茶赚钱一荷包。茶客赚钱讲真话。明年一定再来包。择茶诸娘齐高兴，坦洋茶行热起头。”②《街头街尾择茶去》记载：“社口转去坦洋村，见讲坦洋好乡村。三月茶景好景世，左右茶行大街中。也有店头做生意，也有财主开茶行。后生一群前头去，老人背后不闽帮。后生也择茶芽米，老人也择黄片糠。茶头量堆我最多，瞑晴称钱你最长。发栋短舍是过歹，明年哪行要你带。现时子姆异调妆，都学福州时式枚。都兴蒙纱无马尾，银拍扁簪拴正中。一桃紫衫仔流行裤，月白二寸卷鞋旁。你去街头松记择，我去街尾公泰行。”③《快书》记载：“天光早，闹喳喳，一班诸某（拣茶女）去拣茶，有的头退退，有的脸麻麻，有的簸箕当

① 柘荣县吴蓝淑演唱，吴石波采录，柘荣在1945年前属于霞浦管辖。转引自柘荣县民间文学集成编委会：《中国歌谣集成・福建卷・柘荣分卷》，柘荣县民间文学集成编委会，1992年。

② 采集人：陈发松，《中国歌谣集成・福建卷・福安分卷》，转引自林桂镗：《福安市茶业志》（油印本），1996年，第318页。

③ 采集人：郭日文，转引自林桂镗：《福安市茶业志》（油印本），1996年，第218－219页。

雨伞，有的簸箕一路施，一路施，施得（石门）茶馆脚，早来坐厅当（堂），晚来坐厅睑（边），茶叶没检壹粒仔（一点点），就叫师傅来看茶，师傅讲么使（不行），就骂师傅酷头（骂人语）目目秋（眼睛）花。"①

4. 宁德县。《捡茶歌》记载："正月捡茶正新年，茶行盖在街中边；也有做鞋做锡过，拿起头脚去赚钱。贰月捡茶二年时，广东茶客还未来；茶在青山麻雀嘴，自蛇女子笑咪咪。叁月捡茶三月三，天光捡茶捡茶青；又捡茶米贰两四，又捡铜钱二百三。四月捡茶四连连，谷雨夏季又赚钱；脚穿鞋船笔拨草，手拿雨伞去赚钱。五月捡茶五云云，月自衫仔配红裙；大粒扣头红兜领，口点胭脂一点红。六月捡茶六月中，茶妹贪想恰嫁装；茶客问妹要啥装，要恰福州上海装。七月捡茶七乌乌，打算吃菜做尼姑；那知尼姑此难做，连夜提起寻丈夫。八月捡茶自露茶，自露呀茶真着加；双手逢在呀茶面，边边角角手拿它。九月捡茶九长长，茶妹贪想茶客剪衣裳；茶客问妹剪啥布，要剪福州洋布改芙蓉。十月捡茶十月条，茶客撑船转过江；茶妹问你舍得去，不知明年何茶冬。"②《择茶歌》记载："诸娘择茶，青蛙喊帮；婆婆择茶，上庵下堂；姑娘择茶，买尽嫁妆；小孩择茶，买饼买糖。"③

5. 屏南县。《拣茶歌》（白扇调）记载："一把白扇画海棠，拣茶依嫂上茶行，茶叶未称先占位，未拣两下闹嘈嘈。二把白扇画琵琶，拣茶依嫂要绝佳，头戴虾笞福州鬓，五色带仔来缠脚。三把白扇画牡丹，看拣工头真狠心，桃核梭梗看人面，茶毛未拣不让称。四把白扇画金芍，拣茶依嫂绣香包，绣幅鸳鸯双戏水，送给依哥挂心头。五把白扇画金钱，拣茶依嫂要赚钱，日出拣到日落哺，一天只拣几十钱。六把白扇画水仙，拣茶依嫂要妆身，头上梳起苏州鬓，三两银环不离身。七把白扇画玉答，一匹自布去染青，百风朝阳作被面，送哥一领青布衫口八把白扇画檀香，大人在上无主张，有心共哥义姐弟，哥哪问妹哪一乡口九把白扇画乡村，十六诸娘巧样妆，面涂江南苏州粉，口抹胭脂一点红。"④《拣茶歌》记载："正月拣茶是新年，广东茶客转做年；新春佳节人欢乐，拣茶姑娘喜盈盈。三月拣茶二月天，茶行开在当路边；阿妹忙做鞋与袄，准备行头去赚钱。三月拣茶三月三，妹在茶行拣茶青；从早捡到天昏暗，铜钱不上三十三。四月拣茶人播田，春末夏初雨淋淋；脚穿布鞋难上路，头上没伞难向前。五月拣茶石榴红，茶行老板没好人；一日骂人声不断，动手动脚欺侮人。六月拣茶六月中，酷暑天气热如汤；汗水流湿满衣裳，要赚茶

① 李步泉、缪品枚编：《闽东茶叶历史文化》，北京：民族出版社，2015年，第432页。

② 林津梁搜集，转引自叶乃寿主编：《宁德茶业志》，福州：福建人民出版社，2004年，第320页。

③ 择茶意指拣茶，转引自叶乃寿主编：《宁德茶业志》，福州：福建人民出版社，2004年，第320页。

④ 妆身即打扮，依嫂：方言，对女人泛称。《采茶歌》（白扇调），转引自李步泉、缪品枚编：《闽东茶叶历史文化》，2015年，第444页。

钱真艰难。七月拣茶七月半，拣了芽茶仓上搬；广东茶价起又起，茶行老板赚对半。八月拣茶自露兜，拣茶姑娘正后生；人在茶行心不在，目睛眯眯想婆家。九月拣茶是重阳，姑娘上街买衣裳；爹奶寄信回家转，没跟老板顶当家。十月拣茶是立冬，家信又来讲收冬；有钱没钱都要转，一家团圆骨肉情。十一月拣茶快年边，天寒地冻冷冰冰；一年四季如流水，春夏秋冬又一年。十二月拣茶近立春，拣茶姑娘回家乡；父母兄妹来迎接，全家团圆喜洋洋。"①

6. 寿宁县。《十二月择茶歌》记载："正月择茶春头时，福州茶客还未来。等到三月茶客到，坦洋诸娘笑迷迷。春茶开市人热闹，四处山村都出奇。二月择茶惊蛰天，家住坦洋大路边。赶紧做鞋做布裤，脚踏茶彳行好赚钱。也有老人诸娘仔，也有后生共少年。三月择茶三月三，身穿蓝裤漂白衫。天光起床食快饭，去到茶馆择茶干。白茶又嫩福州卖，诸娘又嫩后生贪。四月择茶立夏天，择茶娘子出门前。头戴金簪金灿灿，足下花鞋花绣边。身穿衣衫像仙女，收拾头脚去赚钱。五月择茶是节期，打扮梳妆轻步移。口抹江南胭脂粉，脚穿苏杭红哔叽。来到茶行把眼看，好似仙女会佳期。六月择茶热难当，福州茶栈太平堂。也有唐晡相玩笑，也有诸娘倒在床。神仙也付风流事，贪花难怪少年郎。七月择茶七月当，十分热闹是茶行。白茶先择去出卖，乌茶后择价钱昂。绿茶细择粒粒宝，红茶争择卖番邦。八月择茶是中秋，筛焙乌龙乌溜溜。但愿茶卖好价钱，择茶阿妹多工资。赚为钱财细腻择，择茶盘中寒工夫。九月择茶是重阳，择茶诸娘转回乡。也赚白银三百两，也赚衣衫三十箱。也赚好酒寄家里，也赚鱼肉送爹娘。十月择茶秋风凉，择茶阿妹穿洋裙。也择黄道好日子，去送茶客上大船。船在水面飘飘去，不知何日再相逢？十一月择茶冷清清，茶行馆内都无人。也有做茶败家计，也有女子赚大钱。茶树逢春又大发，今年过了又明年。择茶诸娘齐高兴，坦洋茶行热起头。十二月择茶是年兜，择茶赚钱一荷包。茶客赠钱讲真话，明年一定再来包。"②

拣茶是茶区妇女挣工钱的良机，每年春季来临，各茶馆云集着来自霞浦、柘荣、泰顺以及本地的拣茶女，每个茶馆至少有百个拣茶工，多者达 500 多人③。（茶商陈炽昌）以同样的态度对待茶农和茶贩，尤其善待拣茶女工，从不拖欠拣茶工资。据说一石茶就可以

① 屏南县陈爱巧演唱，周回利采录。摘自屏南县民间文学集成编委会：《中国歌谣集成·福建卷·屏南分卷》，1992 年。

② 按寿宁方言，择茶意指拣茶。诸娘意指妇女。诸娘仔意指少女。天光意指天亮。唐晡意指男人。乌茶意指红茶。细择意指细拣。年兜意指年底。转引自《寿宁县茶叶志》，福州：海峡出版发行集团，海峡文艺出版社，2017 年，第 230 – 231 页。

③ 杨应杰：《福鼎茶叶传统生产经营过程》，转引自李步泉等主编：《闽东茶叶历史文化》，福州：海峡书局，2015 年，第 185 页。

赚到5个大洋①。清末，广东和闽东的茶商在福鼎的白琳和福安的坦洋开设的茶馆有60余家。白琳开茶庄茶行的有30余家，拣茶女工多达3000余人，福安的坦洋有茶社近30家，拣茶女工人近3000人②。1948年福安县统计，全县登记注册的茶厂茶号共计82家。赛岐巨商高而山经营的高旭记茶厂，实力雄厚，长盛不衰，为当时福安的茶业巨头。该茶厂茶季制茶工200人，拣茶女工600人，年产茶叶8000担，其中红茶4000担，花茶（绿茶）、乌龙茶各2000担；原料毛茶三分之二从福安南半县收购，其余来自宁德、霞浦两县③。王种云30岁左右接手“宜记”茶行，鼎盛时期茶行工人达160余人，拣茶女工达300人④。

经过民国，特别是全面抗战以后科技进步和管理水平提高，加上规模效益，拣茶女的专业化和训练有素等的背景下年产8000担，需拣茶女工600人，而此前的大部分时间里茶产业都是小农经济水平基础上的发展，鉴于此，此前的清末和民初，生产8000担茶叶需要的拣茶女以此数的二倍估之。那么1900—1948年均10.32万担需要拣茶女工15480人。当然，如果拣茶女工中短期工多，或者老人、小孩多，则此数据将更大些。

闽东茶歌通俗易懂，轻松明快，群众基础广泛。普通民歌与茶文化的结合是建立在茶叶生产情境基础上的，创作者集中于底层劳动人民，主要反映当地人民生产劳动和日常生活场景，作品通俗易懂、有较强的画面感，使人们感受到真实的茶园生活，具有很强地域特色和时代特色。茶农通过对种茶、采茶及制茶过程的歌唱，反映出劳动的辛劳和劳动的乐趣，深受底层人民欢迎。歌词表达上都趋于口语化，没有华丽的辞藻和修饰，部分作品有明显的地方口音和少数民族表达特点，在方便创作的同时赋予了茶歌极强表现力。茶农即兴创作的茶歌韵律及相关音乐构成十分简单，逐渐形成不同地区茶歌的共同特点，七言短句的形式和曲调的反复，言简意赅地表达出歌曲的主题思想，传达出生动、形象的茶园生活，方言和语气助词的引入使歌曲具有趣味性。采茶歌是茶歌中最常见的一种，主要表达茶农与采茶女在茶园中的辛苦劳作和收获季大家忙碌欢欣的场景，分布范围广泛，通常为即兴创作，由茶农间口口相传，曲调相对单一，但是朗朗上口，可以帮助茶农表达当下情感和劳动生活，随着历史的发展在音律上不断完善，逐渐形成个性鲜明的民歌载体。抒情茶歌主要是表现茶园儿女的爱情生活、在茶叶生产制作过程中产生的微妙情感，通常以对唱的形式出现，通过歌唱将爱慕之意、相思之情表达给对方，受到男女青年的欢迎，是茶园男女表达爱意的主要选择。茶歌与当地民歌艺术和劳动人民生产生活有密切联系，是

---

① 陈振团、冯文喜：福鼎茶商陈炽昌轶事，转引自李步泉等主编：《闽东茶叶历史文化》，福州：海峡书局，2015年，第275页。

② 宁德地区地方志编纂委员会：《宁德地区志》，北京：方志出版社，1998年，第695页。

③ 李健民：《赛岐：闽东海上茶路的光辉起点》，转引自李步泉等主编：《闽东茶叶历史文化》，福州：海峡书局，2015年，第224页。

④ 《寿宁县茶叶志》，福州：海峡出版发行集团，海峡文艺出版社，2017年，第239页。

某一历史时期风俗人情的具体表现。

根据以上分析的结果，闽东茶区女性介入茶产业中采茶、制茶和拣茶环节的人数大体如下：采茶女性99456人，制茶女性6498人，拣茶女性15480人，合计为121434人，占如前测算1948年闽东女性人数470784人的25.79%。

综上所述，闽东茶叶贸易大发展时期，参与采茶、制茶和拣茶的女性数量达25.79%左右，在茶产业链中的分工层级多集中于采、制、拣环节。与此同时，出现女茶叶商人。李贵妃（1914—1997年），女，寿宁县平溪镇人，精于绿茶制作，民国期间，与丈夫肖光南一起经营“肖晋太”号茶庄，建立茶园、茶叶作坊、茶叶销售点等一条龙经营网络，产品多销往福州、东南亚等地①。此虽为特例，却属突破，当然也是闽东女权发展的一个表征。

第二节　闽东畲族女性在外贸茶叶的种植、管理和运销等环节的分工

闽东茶区女性在茶叶外贸大发展中，特别是采茶和拣茶等工种中扮演了主要角色，通过分担家庭经济责任而提高地位、通过参与工作而扩大接触面、通过工作而提高能力等，不断推动自身的角色嬗变。而同处闽东茶区，也受茶叶外贸大发展冲击的畲族女性，具备较为优势的生理特征，其在家庭中的地位在茶叶外贸发展中实现了更大的提升。

一、畲族女性简况

关于闽东畲族概况在本书第七章第一节已作专门介绍。为明晰畲族女性在茶叶外贸发展中的作用，有必要对畲族女性数量作出预估。根据《宁德地区志》记录，1912年全区人口共1591716人，民国期间闽东人口每年平均递减率为7.3‰②，1937年，《福建省统计年鉴》和有关文献记载：区内的福鼎、福安、宁德、霞浦、寿宁县畲族人口38061人。其中福安、福鼎、宁德、寿宁共5055户、19121人，户均3.78人，霞浦县18940人③。参合此比率，1912年福安、福鼎、宁德、寿宁、霞浦县畲族人口约45284人。1937年，霞浦县畲族人口占全县比例10.44%；1949年20932人，占全县10.32%④。而根据1952年统计，区内的福鼎、霞浦、福安、宁德、周宁、寿宁、柘荣7县共有畲族人口75145人，

① 转引自李步泉等主编：《闽东茶叶历史文化》，福州：海峡出版发行集团，海峡书局，2015年，第286页。

② 宁德地区地方志编纂委员会：《宁德地区志》，北京：方志出版社，1998年，第224页。

③ 蓝运全等编：《闽东畲族志》，北京：民族出版社，2000年，第91页。

④ 俞郁田：《霞浦县畲族志》，福州：福建人民出版社，1993年，第61页。

1953 年 7 月人口普查时，以上 7 县共有畲族人口 76513 人，1 年中增加 1368 人，年自然增长率为 18.2‰[①]。1990 年畲族人口为：福鼎 28170 人，霞浦 37892 人，福安 58002 人，宁德 19609 人，古田 7488 人，屏南 674 人，寿宁 2358 人，周宁 1601 人，柘荣 1519 人。全区人口 2860217 人，畲族人口 157313[②]。参合此比率，1949 年闽东畲族人口应为 69674 人。而在民国时期亦按照前文之年均递减率 7.3‰计之，则 1912 年闽东畲族 50346 人。出入 5062 人，属可接受范围。根据 1990 年，第四次全国人口普查时全区畲族人口 157313 人，其中男 84671 人，女 72642 人，其性别比例为 116.7：100[③]。以此男女性别比率为参数，则 1912 年闽东畲族女性人数为 23233 人。

二、 畲族女性较汉族女性在社会经济生活中拥有更高地位

畲族是一个突出女性在文化传承中的特殊地位的民族。畲族女性文化是以族群中的女性为主体的精神文化、物质文化和社会文化的总和。学界一般认为，畲族女性在村社的重要地位是原始母系社会的残留，其源于畲族的三公主崇拜，以及女性在生产生活中的作用。盘瓠传说中的忠勇王之妻是高辛帝之女——三公主，为畲族世界之神，畲族《祖公婆歌》歌颂三公主的善良和权威。与三公主相关联，在畲族民间信仰的偶像中有女神崇拜系列，如插花娘娘、太姥山蓝母等。三公主为主的畲族女神崇拜系列影响力从生活习惯到思想观念确定了畲族女性的社会地位，与女性有关的民俗事项在畲族的风俗民情中最具备民族特色。

关于畲族女性在社会经济生活中的地位，已有过许多研究，主要如下：第一，在性权利方面。“在汉族的两性文化中，男人可以三妻四妾，女人则必须恪守贞洁，性自由权只针对男性。畲族则不然，在性权利面前，男女享有的权利相对平等”[④]。第二，婚姻选择方面。汉族女性的婚配多“父母之命”“媒妁之约”，而有趣的是，畲族的青年男女往往是在生产劳动中建立了相互爱慕的感情。每年的“三月三”是比较闲暇的时节，于是便成了畲族青年男女们对歌寻偶的最佳时候[⑤]。相较而言，畲女有着更多的自主权。第三，财产继承权方面。汉族女性对于父母财产的继承主要体现在出嫁时的嫁妆。而畲族的女性对财产拥有占有权和支配权，对其他家庭成员拥有决策权，对重要事务甚至具有决定权[⑥]。第四，家庭话语权方面。汉族女性“在家从父、出嫁从夫、夫死从子”。而畲族女性“一

---

① 蓝运全等编：《闽东畲族志》，北京：民族出版社，2000 年，第 88 页。
② 宁德地区地方志编纂委员会：《宁德地区志》，北京：方志出版社，1998 年，第 228 页。
③ 蓝运全等编：《闽东畲族志》，北京：民族出版社，2000 年，第 96 页。
④ 朱丹：《畲族妇女口述史研究》，杭州：浙江工商大学出版社，2010 年，第 59 页。
⑤ 朱丹：《畲族妇女口述史研究》，杭州：浙江工商大学出版社，2010 年，第 60 页。
⑥ 兰俏梅：《畲族妇女的家庭地位》，《畲族文化研究》，北京：民族出版社，2007 年，第 484 - 486 页。

方面积极参加个体家庭劳动，是家庭经济的重要承担者；另一方面还能够在参政议政、社会交往等活动中大显身手，使她们在处理家庭事务中果断且不失分寸”①。霞浦畲族“男女皆力穑，夫妇同耕作”。妇女劳动处于与男子同等重要的地位。其经济收入并不低于男性，体力也不亚于男性。其家庭地位比当地汉族妇女高，大多数主妇可以参与家庭重大事务的商讨、管理，不少家庭实际由主妇当家②。第五，在生理上。汉族女性有缠足陋俗。而畲族女性有“爱好劳动的习惯，不但担负着繁重的家务劳动，而且终年参加田间劳动，是农业生产上的一支重要力量。她们向高山夺地，筑成了层层的梯田，不论耕织樵采，无不参加。一般十六七岁的小姑娘，也能挑百来斤的担子，妇女的劳动时间比男子长”③。正如德国学者哈·史图博所说，“畲女通常赤脚走路……妇女裹脚的习惯从来没有传入畲民中间”④。

外籍税务司对闽东畲族的印象的记录也印证了如上所述：“妇女的穿着，跟汉族妇女完全不同，一条短到膝盖的裙子，一件紧身上衣，通常折迭在胸部当中，一条绣饰的围腰，框形的头戴饰物在头顶前后伸出来，上面悬挂珠串和银饰等。他们的外貌也与汉人不同，眼睛充满勇敢，妇女们体格强壮，并且大脚板。这些土著的姓都是雷、蓝、盘和钟。”⑤ 这篇报告指出闽东畲族有自己的语言、服饰、不缠足等特征。同时也说明在清末，闽东畲族仍然非常贫穷。主要的畲族姓氏，除了现在仍有的雷、蓝、钟姓外，还有盘姓。

根据以上分析可知，闽东畲族女性在茶产业链分工中除汉族女性集中参与的采茶、制茶和拣茶等外，还因为其生理上之优势和参与家庭劳作等的习惯，其比例远高于汉族女性在茶产业发展中的分工。

三、畲族女性在茶产业链中的种植、管理、运销及后勤方面的分工

众所周知，闽东畲族多集中于闽东沿海的福鼎、霞浦、福安和宁德四县，林校生教授《“滨海畲族”：中国东南族群分布格局的一大变动》⑥ 一文已有较为详尽之考证。从茶歌中看，闽东畲族女性在茶产业链中的分工主要表现如下。

1. 福鼎县。《畲家赞白茶》记载：“白茶白如仙，降生太姥岩石边，框是佛母甘露枝，修行养性几千年。白茶白如银，古人尊称解毒灵，清凉解毒退心火，走方行医救万民。白茶白茫茫，夜吐明珠日反光，畲家称框摇钱树，制成茶米通番邦。白茶白茫茫，通去番邦

① 兰俏梅：《畲族妇女的家庭地位》，《畲族文化研究》，北京：民族出版社，2007 年，第 486 页。
② 俞郁田：《霞浦县畲族志》，福州：福建人民出版社，1993 年，第 84 页。
③ 施联朱：《畲族》，北京：民族出版社，1988 年，第 947 页。
④ ［德］哈·史图博，李化民：《浙江景宁敕木山舍民调查记》，中南民族学院民族研究所，1984 年。
⑤ 福州海关编：《近代福州及闽东地区社会经济概况》，北京：华艺出版社，1992 年，第 550 页。
⑥ 参见林校生：《“滨海畲族”：中国东南族群分布格局的一大变动》，《福州大学学报（哲学社会科学版）》，2010 年第 5 期，第 5－12 页。

换银两，换回银两盖茶馆，采青制茶万古传。”①

2. 霞浦县。《柘荣茶湾畲歌》（柘荣1945年前归霞浦管辖）记载：“三月采茶对畲歌，六月初六晒家谱”。“妹子山上去采茶，采好茶叶给哥喝，哥喝茶来力头足，做起田式呜呜叫”；“妹子好比山上茶，看时漂亮嗅时香，喝下妹子冲的茶，全身劲头用没了”；“妹站茶树看哥去，心里有话对哥讲，哥如山上茶叶树，一定记住根在哪”②。

3. 福安县。《畲乡茶艺呈异彩》记载：“枝头喜鹊叫喳喳，扛轿师傅到娘家。谢谢一声喊未了，提起茶壶就泡茶。”③

4. 宁德县。《采茶歌》记载：“男：茶树种在是青山，清明谷雨茶梢青，清明谷雨茶盛旺，采茶阿妹满山行。女：茶树种在是青山，与郎上山采茶青，郎手提篮娘提篓，篓装满后篮装半。男：茶树种在高山上，清明谷雨茶梢长，清明谷雨茶盛旺，采茶阿女满山岗。女：茶树种在茶园中，与郎上山采茶忙，郎手提篮娘提篓，篓装满后篮再装。男：茶树种在高山园，与娘上山采茶来，茶树又高人又矮，手扶茶树叫句娘。女：茶树青（哟），茶树与你真有缘，清明谷雨茶盛旺，锅内来炒叶叶软。男：茶树种在高山岭，与娘上山采茶青，茶树又高人又矮，手扶茶树叫娘名。女：茶树青（哟），茶树园边要开沟，清明谷雨茶盛旺，锅中来炒叶叶燥。男：种茶要种良种真，良种茶叶人高兴，要种出名好茶种，要种大白铁观音。女：要种大白铁观音，大白茶叶多人寻，大白观音质量好，质量好来上北京。”④

5. 《畲家礼俗不离茶》记载：“宁德天山春茶长，姐妹上山采茶忙；山哈风俗茶礼大，为人处世先茶汤。人客来寮厅堂坐，山哈风俗不离茶；上祖留传古人礼，先敬一盘清明茶。人客来寮坐厅背，一盘清茶捧出来；双手捧茶给你吃，借问亲友几日来。逢年过节要供茶，大年初一吃糖茶；人客来寮莫失礼，饭前饭后一盘茶。娶亲花轿进娘家，大细男女笑哈哈；赤郎扛轿功劳大，先吃一盆谢劳茶。六亲吃酒在厅中，新来新娘泡茶忙；双手捧茶六亲吃，茶仪放在杯中央。茶叶泡茶杯来装，是娘亲手送给郎；问你娘茶什么制，什么制茶这样香。好园种茶叶浓香，天山名茶春分旺；是我娘村地土好，清水泡茶喷喷香。吃了娘茶解心凉，天山名茶值银两；茶礼是大人情好，人情不知在何方。山高水清茶叶香，想您不是愚蠢郎；吃茶要看茶叶好，茶礼人情传四方。居住高山云雾波，山哈无园不种茶；园中部是种粮食，同域种茶满山坡。”⑤

① 李步泉、缪品枚编：《闽东茶叶历史文化》，2015年，第432－433页。

② 李步泉、缪品枚编：《闽东茶叶历史文化》，2015年，第388页。

③ 陈发松（福安文化馆）整理，转引自叶乃寿主编：《宁德茶业志》，福州：福建人民出版社，2004年，第321页。

④ 流行于八都半山畲村一带。转引自李步泉、缪品枚编：《闽东茶叶历史文化》，福州：海峡出版集团，2015年，第385页。

⑤ 八都猴盾茶歌。转引自李步泉、缪品枚编：《闽东茶叶历史文化》，福州：海峡出版集团，2015年，第385页。

6. 寿宁县。《畲族茶山情歌》记载："哥妹采茶上山间，妹叫郎哥要采精；好叶才能制好茶，铜铃打鼓另有音。郎那有意妹有情，生态茶园细谈心；谁知打开话匣子，句句都是谈茶经。村前流水明如镜，哥妹采茶它照影；照了三百六十张，张张笑脸对笑脸。满山春雨纷纷下，哥妹园中采新芽；郎怕妹身湿坏了，妹说无水怎发芽。阿妹采茶快如飞，阿哥后面紧紧追；两人相望没说啥，脸颊笑成桃花蕊。哥妹双双采春茶，肩对肩来行对行；当面不敢把哥望，低头偷偷瞧情郎。阿哥阿妹采茶青，茶歌阵阵飞过岗；歌声溶进茶丛里，心花随着茶叶长。门前桥下一小河，郎妹采茶桥上过；河水清清照人影，好比七夕会银河。郎妹相爱心要真，采茶好比采花心；要采您就采得准，莫在半途打转身。妹唱茶歌心含情，只要郎哥仔细听；郎君若有真情意，茶歌也能做媒人。"①

根据以上所列，闽东畲族女性在茶产业链分工中的比例相对高于当地汉族女性在茶产业链中的分工。

从茶歌中可以看见闽东畲族女性在茶产业链中的分工主要表现②。除汉族女性在茶产业链中的采茶、制茶和拣茶等环节外，畲族女性不但担负着繁重的家务劳动，而且终年参加田间劳动，体格相对强壮些，并且大脚板，自然也参与了开荒种茶、除草、挑肥等茶园管理等工作。更有甚者，由于畲族男女都能拳善棍，崇尚武术，不仅能够且有机会参与茶叶外销的运输工作，而且还能兼及保卫工作和日常的洗衣烧水等。蓝炯熹先生的研究亦可以佐证，畲家不论男女，都是挑重担、走长路的好手。按汉族规矩，女人不能出入茶行的前厅，更不能跟随茶担之旅。但是，畲族没有这种规矩。当年，随茶队到福州是猴墩村畲族妇女的一种时髦。她们在茶队里帮助洗衣烧水，聊歌解乏③。

当然，畲族女性参与运输的情况在一定范围内普遍存在。如海关材料显示："……净化过的明矾在赤溪的价格约为每担 1 元。他说他每天要煮 20—40 担，但一年不超过 10000 担。同时他告诉我现在有 24 个窑，都一样大小。另一个人告诉我每年要出产 200000 担，每个窑都雇用约 100 个人，共有 5000 名搬运工，其中一半是畲客女。"④ 如果按照 1990 年福鼎畲族占闽东畲族之比例（17.91%）⑤ 计，1912 年闽东畲族 50346 人，则参与搬运明

---

① 韦希成搜集。转引自李步泉等编：《闽东茶叶历史文化》，福州：海峡出版集团，2015 年，第 445 页。

② 李步泉等编：《闽东茶叶历史文化》，2015 年，第 385、388、432－433、445 页；陈发松（福安文化馆）整理，转引自叶乃寿主编：《宁德茶业志》，福州：福建人民出版社，2004 年，第 321 页。

③ 蓝炯熹：《近代闽东一个畲族村落的茶叶商帮（1874—1927）》，《宁德师专学报（哲学社会科学版）》，2008 年第 1 期，第 46 页。

④ 《海关十年报告（温州，1902—1911 年）》，转引自陈梅龙、景消波译编：《近代浙江对外贸易和社会变迁》，宁波：宁波出版社，2003 年，第 169－170 页。

⑤ 1990 年畲族人口：宁德 19609 人，福安 58002 人、福鼎 28170 人，霞浦 37892 人，古田 7488 人，屏南 674 人，寿宁 2358 人，周宁 1601 人，柘荣 1519 人。全区人口 2860217 人，畲族人口 157313（《宁德地区志》，北京：方志出版社，1998 年，第 228 页）。

矾的畲女占福鼎畲人数 27. 73%；1949 年闽东畲族 69674 人，则参与搬运明矾的畲女占福鼎畲人数 20. 04%。参与运输畲女数量可见一斑。

与汉族女性在茶产业中的分工相比较，鉴于畲族在本民族中的特殊性和其生理等特点，除参加采、制、拣等工种外，畲族女性在茶产业链中还参与了茶叶的种植、管理、运输和运输中的后勤服务等工作。鉴于采、制、拣等工种等与汉族女性工种一致，本书仅考虑畲族女性在茶产业中的种植、管理、运输和运输中的后勤服务等工作。如以畲族女性总数的 1/10 估算，则 1912 年参与种植、管理、运输和运输中的后勤服务等工作约 2323 人，1949 年约 3215 人。

1950 年沙埕

总之，闽东茶区畲族女性除完成汉族女性在茶产业链分工中的采、制、拣外，还参与了种植、管理、运输及销售后勤服务等环节。参与种植、管理、运输和运输中的后勤服务等工作人数约为 3000 人。

本章小结

综合本章内容，可以得出如下初步结论：

第一，茶叶贸易对闽东地区的双重作用。太平天国战争后，福州成为茶叶输出大港，作为福州茶港重要腹地的闽东迎来外贸茶叶大发展。在当时的生产力条件下，茶产业这一劳动密集型产业需要大量劳力，于是闽东女性大量参与其间。因为闽东茶产业属于外贸型，在经济全球化背景下其发展不平衡和不充分性愈加凸显，各类矛盾集中爆发。随着近代西方思想文化和先进科技的不断扩散与传播，闽东社会近代化逐渐推进。

第二，茶叶贸易使女性社会地位提升。闽东地区女性介入茶产业中采茶女性 99456 人，制茶女性 6498 人，拣茶女性 15480 人，合计 121434 人；参与种植、管理、运输和运输中的后勤服务等工作的畲族女性约 3000 人。畲族茶叶外贸使本族女性工作量加大、地位进一步提升。闽东女子在家庭方面的影响主要表现分担家庭负担，获得部分发言权并引导家庭教育；通过自身接受教育和从事职业而发展、提升，再结合教育实践从而在家庭和社会发展中发挥更大作用。

第三，闽东女性从业结构愈加丰富。除在采制拣分工环节外，闽东女性还在种植、管理、运输及其销售等后勤环节参与分工，涉及面更宽、更深，接触面更广，遇事更多，经历也更为丰富，解决事情的能力更强些，在家庭和社会中的作用和影响更大。

第四，闽东女性在区域作用中的不平衡。至少在民国以前，闽东地区的部分茶叶贸易相对发达区域如坦洋、谢坑、白琳等的女性在茶产业分工中发挥作用较其他区域大，因此，女性对该区域经济、社会和家庭教育的作用也大些。

第五，女性地位提高冲击传统中国“男尊女卑”习俗。传统社会的传宗接代观念即“男尊女卑”引发“溺婴”行为，造成男女比例严重失调现象；而随着妇女经济地位引起发言权的提高，茶区女孩很小即可以参加生产补贴家用，长大后出嫁可使家庭获取“礼金”等，女婴存活数量较以前大为增加。这在改变区域男女比例的同时，进一步提升区域人口增长率。而相较于其他地区，因为茶叶外贸发展，闽东区域男女平等观念较为超前，加速闽东区域近代化步伐和有助于更好地对接现代社会。

结　语

由于中国在历史上长期是农业国，从全国来看，中西外贸对中国本身的影响是很小的，无论是经济上，还是政治上，更谈不上对社会变迁等产生影响。近代以来，中国东南沿海的某些地方，社会发展对出口依赖比较大。在这些地区，外贸对该区域的经济、文化等都产生了重要的影响，闽东（宁德）茶叶外贸就是其中的典型。自福州成为茶叶输出大港之后，茶叶已成为闽东地区的支柱产业，这种格局至今未变。

闽东区位独特，面向大海，形同福建省的缩小版，即“大圈椅”中的“小圈椅”；但因境内多山丘（91．2%），多河流，纵横交错呈“格子状”水系，且多独流入海，增加了闭塞度。在传统社会，限于交通等，经济发展落后。但当地有着悠久的茶叶发展历史，特别如唐、五代、宋时期，随着人口增加和区域不断的拓展开发，茶叶种植出现。茶叶的药用、食用和饮用梯次发展，不断延续，同时从礼俗经济角色向零星的商品经济发展，种植区域多分布于寺庙左近、村落及周围、集市和行政中心附近山丘等。元、明、清中期，随着人口继续不断增长，特别是明中后期人口大发展（自然增长、外部移民，特别如畲族入迁），茶叶药用和饮用愈加普及，茶叶商品经济进一步发展，茶叶种植面积不断扩展。受武夷茶叶外贸发展的影响，闽东地区的寿宁、福安、宁德、屏南和古田县与南平地区交界处茶叶商品相对较为发达，同时波及福鼎、福安、霞浦、宁德等闽东沿海地区，且沿海地区茶叶已经存在零星的海外贸易，具备了燎原的基础，为太平军战事后茶叶外贸大发展做了充分准备。

爆发于经济全球化大背景下的1851年的太平军战事，促成闽东地区有利于外贸茶叶大发展的各种因素的最佳组合，即福州成为茶叶输出大港，作为港口腹地的闽东迎来大发展。卖方市场引发供应圈层扩大和引进吸收再创新的仿制技术的传播，闽东典型的沿海丘陵地带与茶叶这一特殊植物对地理要求的最佳组合的实现，交通成本随着水路运输顺流而下，以及物流倒腾环节的减少而降低，女工、童工被大量使用，宗族文化中的诚实守信在法治不健全情况下对茶产业守护；该区域地理环境的有限性，传统生产技术、运输工具、信息网络、营运主体、近代促销技术的使用，洋商把控产业链的关键性环节等多种要素的综合作用，推进了闽东茶产业以市场为导向，层层相因、环环相扣，起伏波动、曲折发展。与太平天国战争触发闽东茶叶外贸各要素重组的同时，也造就印度、锡兰、日本、苏门答腊等新兴茶叶外贸国的出现和发展，于是，国际市场华茶垄断格局被打破，竞争日趋激烈，华茶外贸市场份额不断被挤占，名次被赶超。为挽回利权，扭转茶叶国际竞争的颓势，规避美日企图租占三都澳野心，处理大量赔款急需开源等，三都澳开埠。当然由于跌宕起伏的世界茶叶外贸市场，闽东茶叶外贸虽凭借各方面改进和创新，在夹缝中求生存，艰难前行，但因小农经济底色，再加上再度爆发的战争，由战争引发并迎来大发展的闽东外贸茶叶，也因更大范围的战争（"二战"）而最终走向衰落。

近代闽东茶贸以三都澳开埠为界大体可分为两个时期。第一个时期又可分两个阶段：（1）卖方市场阶段，从1853年至19世纪80年代中后期。这一时期相较于全国而言，茶叶外贸处于上升时期，闽东茶叶经济发展迅猛。在19世纪60年代初，闽东茶叶输出量首超闽北。（2）卖方市场向买方市场过渡阶段，19世纪80年代中后期至1898年左右。全国茶叶市场颓败之势不断加剧，而闽东茶叶市场则因区位、交通、技术等共同作用虽有下降，相对全国其他地区而言却显平稳。当然，闽东茶叶也随着国际市场波动作出一定程度的调整。第二个时期，闽东茶叶贸易波动起伏最后走向衰落期，1898年三都澳开埠至1949年，可分两个阶段：（1）清末相对稳定阶段。从三都澳开埠至民国建立。清末政府改革尝试期，茶叶输出经过前期调整后终于止住继续下降的趋势并有所回调。（2）民国动荡衰落阶段（1912—1949年）。民国时期的闽东外贸茶叶经历三起三落（第一次起落在1912—1921年；第二次起落在1922—1936年；第三次起落在1937—1949年）。当然，即使在全国茶叶外贸处于颓势的19世纪末至20世纪中期，据1900—1948年的海关数据统计，闽东以占福建省11%的面积，却输出占全国10．32%以上的茶叶量，年均输出11万担左右；相对于其他华茶外贸区而言其稳定性显而易见。当然，相对稳定源于各种创新要素的吸收和利用，如商人素质的提升和家族资源的整合、运输网络的提升（三都澳开埠）、电信网络的利用、茶叶销售网络的延伸、新茶类的创新、茶叶种制运销环节的改进、农药和化肥等的利用、包装水平的提高、品牌效应等。

基于以上所述，闽东茶贸有着长时段、全区域、深层次发展的特点。第一，长时段。即经过1853—1949年近百年的发展，在1853—1887年前后属于持续增长时期，特别如19世纪60年代初茶叶输出量赶超闽北，此时段茶叶输出量预计年均在20万—35万担，属于卖方市场时期，利润丰厚，成为区域居民的主要经济收入源，山居民众是首要的受益者，其中包括山居的闽东畲族；在此基础上，区域茶叶种植面积继续扩大，与闽东交界的闽北地区部分茶叶输出选择从陆路到闽东再运往福州；相对于茶贸以前，茶园管理等水平都有所提高；区域交通、交易场所、交易市场等得到一定程度和范围的改善。1887—1898年，华茶在国际市场上的份额急剧下降，闽东茶叶亦莫能外，此时段的起落较大，预计年均6

万—20万担。经三都澳开埠至1938年左右茶叶输出量在11万担/年上下波动，年均产量在10万—20万担；茶叶外贸下跌趋势为三都澳开埠、降低物流成本等所阻遏。当然随着价格下跌，价值相较前期出现很大的萎缩，于是闽东地区茶叶种植面积作出适度调整。1938—1949年逐渐减少，年均产量在5万—10万担，即使在全面抗战爆发期间输出量亦达数万担之多，在闽东整体经济收益中占比虽下降，但还是占据主要地位。第二，全区域。茶叶外贸在闽东区域七县（周宁和柘荣于1945年建县）间的发展较为充分，成为区域主导型产业。茶叶外贸发展初期，坦洋工夫、白琳工夫、外山小种、屏南小种等是主要品种。特别如坦洋工夫的范围以福安坦洋村为圆心，一定半径形成的扇面，包括宁德、屏南、霞浦、寿宁、福鼎的部分地区。三都澳开埠后，除坦洋工夫外，白琳工夫占比越来越大，东洋工夫的占比（周宁在1945年建县前称"东洋"）也持续走强，屏南小种随着茶庄的扩展而向闽东其他县特别如周宁、宁德、寿宁延伸。民国成立以后古田、福安、屏南茶叶贸易相对衰落，宁德、霞浦、寿宁则崛起，特别如花茶以及当时的新品牌如淮山茶、橘红等发展起来，同时宁德、霞浦、寿宁也成为闽东境内移民的流向。第三，深层次。茶叶外贸成为区域主流经济和主要收益后，以此为经济基础构建新上层建筑和巩固原有上层建筑，并且因为发展需要，以茶贸收益为经济基础的社会组织向近代管理方式推进。于是，在闽东域内生产和生活的民众都受到外贸茶叶的影响，差别只是直接或间接，或直接和间接的程度不同；从物质到精神，一切都建立在外贸茶叶龙头带动下的经济基础上。总而言之，从1853—1949年，以闽东为空间的地区为茶叶外贸大网所覆盖，区域间的所有一切都或多或少与茶贸相关联。当然，相较于福建省、中国乃至全球，闽东外贸茶叶有自己的特点：（1）与闽北地区有着悠久茶叶外贸历史不同，闽东茶贸真正大发展是近代农民战争爆发后的事情；和闽南地区海商掌控海路贸易网络并拥有雄厚资本不同，限于"耕海"，闽东茶商较少海外贸易传统，特别是明嘉靖朝后，闽东茶商多始于小资本经营。于是随着茶贸的发展，闽东产业由自给自足的农耕社会向工商业社会转型对接。闽东一些商人也由小本经营百货，以服务本地区居民最低限度需要，向通过资本积累，具备兼营百货和茶贸，服务区域内需要和国际市场需要，再到通过信用（借款、利用市场资本、发行票据等）集聚一定数量资金，具备较大资本，经营百货、茶贸兼及区域间物质流通发展，最后发展至专营外贸茶叶，在主要茶叶市场开设店铺，拥有品牌以及独立船舶等物流工具的大公司。（2）相对于沿海开埠的港口城市而言，三都澳开埠是受国际形势逼迫，清政府权衡利弊作出的较为主动的选择。当然，此地非区域行政中心，亦不是区域经济中心，仅一孤悬海岛；但自开埠后，经二三十年发展，其势头之猛，在一定程度和范围内显示出资本主义市场经济发展的力量。当然，政府此举虽然保护了三都澳在特定时段没被瓜分，但此地孤悬一隅亦带来诸多物流上的不便，加上当时科技水平有限，受限的狭小腹地无法突破限制等注定了三都澳无法承担区域发展变迁的时代任务。(3) 与新兴茶叶外贸国相比较，闽东茶叶外贸是近代资本主义国际消费市场引发的在中国传统自给自足自然经济基础上发展起来的国际贸易。闽东地区虽然有着相对于中国大陆其他地区而言更为优越的茶叶外贸条件，却无法与新兴茶叶外贸国以资本主义发展方式为基础的茶叶外贸竞争，于是，伴随华茶整体形势衰落，作为局部的闽东茶贸自然无法挽回整体的颓势，不能完成振兴华茶的历史使命。当然，在茶产业相对长时段发展的作用下，区域社会变迁渐次推进，不断浸润闽东大地。

关于此间闽东茶贸大发展的影响除前文所述外，主要还从如下三个方面进行了阐述。(1) 从区域社会开发的角度，基于闽东区域在唐宋和宋明时的开发，茶叶外贸对闽东开发的相对纵深度的同时，亦从闽东开发的一贯性和系统性的角度勾连、延续和完善闽东开发历史。(2) 闽东是全国畲族聚居区，占全国畲族人口 1/4 以上，茶叶外贸发展引发畲汉民族在民俗信仰融合的基础上向经济融合过渡，并为民国时期政治融合做好准备。与此同时，对于闽东畲汉民族的融合历史进行了纵向梳理。(3) 茶产业的发展使得闽东女性在产业分工中的价值得到体现，承担一定的家庭经济收益，获得一定发言权，改变传统社会男外女内的角色定位；鉴于畲族女性的生理特征（相较于汉族），畲女在茶产业分工面更广，在家庭经济中的作用更大；带有资本主义思想特色的女性在闽东不断增多并形成一定的结构圈层，动摇闽东传统社会男权对家庭和社会的影响力等。

综上所述，明中后期以来茶叶销往西方养就和壮大的海外茶叶消费市场，强力推动清康乾以来中国外贸茶叶供应源地的发展。为了平衡源源不断输入茶叶却引发财政赤字，西方国家向中国输入戕害民众的鸦片，引发清政府警觉，禁烟运动随之出台并引发冲突；然而，传统农耕文明的中国却无法抵抗工商业发达的欧美，战争失利，签订条约。赔款、通商等加剧传统社会的破败，矛盾激发，太平天国趁势而起并向传统茶区拓展，特别是占领南京，隔断武夷茶往广州和上海通道，闽江航线开辟，福州迅速成为全国茶港。福州成为茶叶输出大港引发闽东茶产业种制运销大发展的同时，高额利润和对稳定获取茶叶供应源的担忧促成洋商开拓新供应源，于是采用资本主义生产方式的新兴茶叶外贸国出现，最后击垮传统茶叶外贸国。单一初级产品外贸受限显而易见，但席卷闽东大地，涉及各个圈层的茶叶外贸的大发展引发区域社会变迁深植于社会的方方面面，如茶叶外贸形成茶叶种制运销的大发展，而因茶产业链引发闽东资源性农副产品如木材、纸张、竹笋、瓷器、板糖、桐油等的出口及发展，茶叶外贸推动畲汉民族由民俗融合向经济融合发展，茶叶外贸促进茶贸区性别分工的变化等。在外贸茶叶区域主体经济的带领下，各种要素共同作用引发闽东区域社会的大变迁，具体如下：

第一，意识形态的多元化发展。鸦片战争前的闽东，鉴于闭塞的地理环境以及政府控御能力，宗族势力部分取代政府职能，形成以儒家思想为主、释道思想为辅的格局。鸦片战争后，福州成为茶叶输出大港，作为福州港腹地的闽东迎来外贸茶叶大发展；独特的沿海区位与茶产业交叠，基督新教也循迹而至，加上各类不平等条约（中法《黄埔条约》等），基督新教（也包括天主教）传教合法化，于是，包含近代西方思想的基督新教教义通过各种渠道向闽东大地广为传播。于是，君君臣臣父父子子的社会，在商业发展的冲击下，宗族（民族）意识也随着商业发展出现了此消彼长的变化。

第二，自给自足的农耕经济向茶叶外贸为主的经济转型。鸦片战争前主导闽东经济的是自给自足的农耕经济，即使有些商业贸易，也以服务于农耕经济发展需要，附属地位明显。鸦片战争后的茶叶外贸大发展，成为闽东经济的龙头产业，即使在华茶贸易滑坡后的1898年后的50年时间，闽东外贸茶叶数量达10.32万担/年，与此同时，伴随着外贸茶叶的闽东其他土特产如蔗糖、木材等的出口数量大增，土特产商品化程度不断提高，可谓数量巨大，外向型经济雏形已然形成。封闭式自给自足的农耕经济正向外向型的经济过渡。

第三，男内女外的家庭分工向男子为主、女子为辅，共同承担家庭经济来源转变，男女比例失调有所缓解，冲击传统中国“男尊女卑”习俗。鸦片战争前的闽东家庭分工，男外女内，家庭经济来源主要由男性负责，女性负责家务，且基于“三从四德”的理念，女子抛头露面的机会少，活动空间小；与此同时，重男轻女思想主导下，男女比例严重失调。茶贸大发展带来的主要变化有：首先，茶叶外贸引发女性地位之变化。随着近代茶贸大发展和基督新教的传播，家庭分工发生巨大变化。茶贸发展中女性在采茶、制茶和拣茶环节的分工，畲族女性在茶产业种植、管理和运销环节的后勤服务等，分担了男性的负担，女性在家庭中取得一定程度的发言权，尤其是畲族女性主导地位越加突出。其次，基督新教女子教育、医疗、慈善等事业的发展，提升家教质量，提升闽东女子素质，使得女性职业结构趋于合理化。基督新教在闽东兴办大量女子教育学校培养具备一定教育程度的女子，而且一些女子从事一些现代职业等锻炼了各方面的能力、提高了素质，为自身职业的谋求、增加家庭经济收入、改善家庭经济、平衡家庭男女关系、教育好子女等都打下基础。因此，对传统中国女性地位的变化产生的巨大作用，如何估计都不过分。最后，男女比例失调一定程度得到缓和。基于以上变化，茶贸发展后，农家女孩直到婚嫁时可参与茶产业分工，挣钱补贴家用，部分或全部养活自己，长大后能够通过婚配获取部分“礼金”。相较于其他地区，因为茶叶外贸发展，闽东区域男女平等观念较为超前，加速闽东区域近代化步伐和有助于更好地对接现代社会等。因为茶贸推动社会旧阶层的分化以及新阶层的出现和成长，最终推进社会观念的变化等，引领区域社会变迁发展。

第四，传统小商小贩向有近代意义的商人的嬗变。鸦片战争前的闽东，自给自足的农耕经济下的商人多服务于本地农耕基础上的小商小贩，资金少、经营面狭窄、物流链短、服务对象少。随着外贸茶叶的发展，闽海关时期闽东商人，特别是茶商由传统小商小贩向近代商人蜕变，主要是资金量、服务对象、商品收购区域、物流链条等明显扩大，为达成经营目的，各种符合达成经营目的的方式被创新使用，如有利于资金利用的茶票，有利于分工的本地商人和外地商人的联合，民间信用借贷，先支付部分待商品卖出回款后再付余额等。三都澳开埠，闽东茶商与外商接触更为密切，语言、西方文化、科学管理进一步被茶商认识和认可。此后，一些茶商创造条件让子女进一步经营茶叶外贸。随着老茶商退出舞台，新一代茶商执掌茶贸，现代信息网络被充分利用，茶叶店被开到各通商口岸，品牌意识得以树立，茶叶制作创新与时俱进，部分茶商进而搬到三都岛上，更有甚者，卖掉土地，全心经营茶叶等。闽东出现了一定数量的资金较为雄厚、面向全球茶叶市场、重视信息、重视知识文化、诚信务实、拥有近代管理知识的近代茶商。

第五，交通和通信网络的近代化。鸦片战争以前，以区域自给自足农耕经济为导向，闽东的交通网络已经基本形成，但以陆路交通为主，水运与海运为辅，且限于区域闭塞性，基本满足区域发展的需要。随着福州成为茶港，闽东原来的交通运输体系进一步完善和丰富，且逐渐向沿河和沿海移动。三都澳开埠后，闽东航运交通网络向以三都澳为中心的圆心汇聚。与此同时，三都澳开埠后，外贸茶叶发展推进闽东海运大发展。首先海运线路增加，从福州向温州等沿海港口推进；其次，轮船运输加入，出现从以帆船为主向帆船、轮船共同负责转变，再到轮船负责远洋航运为主的局面。紧接着，迎合河港水运和海港水运需要的公路建设出现，主要有古田县和霞浦县的公路建设。随着三都澳的开埠，福海关也兼营电信网络。闽东出现近代化的邮电网络，邮政业务和无线电报业务大发展，闽东与世界各地的沟通更加畅通，与世界接轨更为密切，三都澳窗口作用进一步发挥。

第六，茶贸为主的市集不断增加，商业市集网络渐次向沿海推移。鸦片战争前闽东的市集主要以鱼盐为主，虽然有一定的数量，但容量和密度都很小，辐射面也窄小，主要是本地土特产，且多以县治和县治次中心为中心散布。近代闽东茶贸大发展迎来了市集的大发展，主要体现在以茶贸拉动市集数量的增多，市集容量不断扩大，如一些进口的土货和洋货的入驻，市集密集度也增大，并向沿海和沿河转移。而随着三都澳的开埠，闽东市集又迎来大发展。除市集数量进一步增多、容量进一步扩大、密度进一步增大外，最为明显的是三都澳成为闽东对接世界窗口的作用的发挥，人口迅速增加且结构发生变化，商业街发展，口岸建设发展等。与此同时，闽东各县市的县治中心和次中心的商业大发展的容量以及辐射面扩大，进口的洋货如火柴、石油、化肥等大量进入闽东大地，影响区域乡村社会的居民生活。

第七，生活领域的变化。鸦片战争前的闽东乡村社会，其日用之品数千年传承和改善，在不断的渐变之中。鸦片战争以后，茶叶外贸大发展。在与外商接触中，一些西方近代的日用品不断被认识和使用，最为突出的是工业化时代的煤油和火柴。鸦片战争前的闽东乡村社会，富贵人家多用桐油、菜油照明，如同萤火，照射面狭小，而且成本很高，使用量小；而贫穷人家多用不起桐油等，多用火篾。点火则多用火石，耗神耗力却极为不便。鉴于此，人们夜间活动的时间和空间受限很大。随着茶贸的发展，煤油和火柴被认识和进口，且数量逐年增加，三都澳开埠以前，多从温州和福州港转入，或借助小船，或肩挑，增加了成本，推广较慢。随着三都澳开埠，轮船直接将煤油和火柴运入，成本大大下降，闽东乡村使用率的普及度迅速提高。火柴和煤油使用量不断增加，人们的夜间活动时间和空间在一定程度和范围内大为增加，一些手工业在此情况下亦可以进行等。最为重要的是，煤油与火柴突破人们的传统认知，向更深远迈进。

第八，生产领域的变化。鸦片战争前，闽东人民基于自给自足的农耕经济，春耕，夏耘，秋收，冬藏，年复一年，日复一日。虽有些许变化，但无非相较于前代更为精耕细作，没有实质性突破。鸦片战争后，生产领域的大变化是农药和化肥的引进和使用。鸦片战争前在农业上主要使用草木灰、人畜粪便等肥料，要挑运、施肥等，人力成本高，受限大。出现病虫害等，多使用简单的人工去抓或用草木灰掺杂桐灰等做简单处理，效果极差。鸦片战争后，随着茶贸大发展，西方工业化产物的农药和化肥不断被引进，特别是三都澳开埠后，轮船可以直达闽东，化肥和农药在一定程度和范围内被使用。近代西方科技产物的化肥和农药的引进和使用，无疑对农耕时代传统农业的发展带来冲击，这一方面减少劳动量，降低成本，提高效率，且效果显著；另一方面让闽东乡村百姓认识到西方生产领域的一角。为闽东乡村百姓在生产领域中进一步拓宽视野，接受西方先进科技文化打下基础。

第九，传统文化向近代西方文化的发展。鸦片战争前的闽东，儒释道文化笼罩乡村社会，伦理文化先导，科举文化目标，中医学服务乡间、医治疾苦，数千年来，不断浸润着乡土居民。鸦片战争后，外贸茶叶大发展，西方科学精神、科学文化、科学技术向闽东乡村渗透，特别如三都澳开埠后，三都澳成为闽东对接世界的“桥梁”，形形色色的人员集中于三都岛上，来自世界各地的人，来自浙江、广东等全国其他省的商人，来自福州、泉州等福建其他地区的商人，来自闽东沿海霞浦、福安、宁德、福鼎以及寿宁、屏南、古田等地的人汇聚一处，沟通交流。特别是近代西方科技精神、科学文化、先进科技等不断被认识、了解、认可、推崇、吸收转化并利用。在以传统中国文化主导下的闽东大地，近代西方科技精神、科学文化、先进科技不断渗透、融入，被消化吸收，且被运用于生产和生活的方方面面。与此同时，近代邮电产业的发展对传统中国的铺递网络的冲击，可谓翻天覆地。还有天气预报的使用，对传统听天由命、风调雨顺等的冲击也大。第十，社会习俗的变化。基督新教的平等、博爱、科技理念的加入，使得中国意识形态多元化，男内女外的家庭分工模式向以男子为主、男女共同承担家庭经济的模式转变。紧接着，女子走出家门、融入社会，接触面、知识面、劳动技能等提高，女子活动空间拓展。交通网络完善和向沿海推移，商业市集增加，空间布局渐趋合理化，煤油和火柴等“洋货”和土货大量进口等，冲击着人们的生产和生活。西方科学精神、科学文化、科学技术向闽东渗透，于是，闽东社会习俗也在润物细无声中变迁着，突出之处如婚礼、一夫一妻制、男女平等、禁止女性缠足、禁用佣人、禁止祭祖陋习等对传统社会习俗的冲击巨大。

当然，基于经济全球化大背景，限于以农耕为基础的制度设定的瓶颈等，闽东没能也无法很好地抓住转型机遇。限于当时科学技术水平等，三都澳选址及腹地没法开拓延伸。迫于战争等，闽东茶叶外贸市场动荡不安。最后，区域社会变迁的步伐戛然而止。

此后，中华人民共和国成立，福建工业布局闽西，没有工业项目拉动的闽东交通瓶颈因左近区域现代交通的大发展而再度凸显。本书通过宁德茶叶外贸的研究，展示全景，勾勒线路图，进而揭示宁德茶叶外贸对促进区域社会变迁的作用，揭示闽东茶叶外贸能够异军突起，进而在波动中发展、在发展中调整的内在规律。当然，对这段历史的梳理也有益于宁德茶企文化建设和乡村文化旅游事业的发展，服务于“乡村振兴”的同时，佐助“一带一路”的研究。

当然，限于史料等，本书的完善还有待时日；限于时间等，本书的研究存在许多需要完善之处。第一，史料的挖掘方面。由于本区域县市区档案馆、博物馆等建设较为滞后，实物资料多散落于民间，涉及族谱、畲族资料、基督新教资料、文人笔记等重要史料的收集，限于本地习俗禁忌等，翻阅复制难度较大；由于本区域村落居民频繁搬迁，文字材料不能很好保存，方言多样，实地调查、深度访谈、整理甄别访谈记录等难度甚大。第二，本书作者理论水平和能力有待于提高。

为更好解决以上问题，在未来较长时段内主要是将本书项目分、子课题进行更为详尽的研究。茶叶外贸亦可从流域纵向梳理、比对行政区划面的输出，这有助于从物流成本估算，进而明晰茶产业成为该区域主体产业结论；同时，对于茶类的地理界定来考核区域地理对产业的影响等都有裨益。而关于女性角色地位变化，则可从更长时段考察男女比例、教育、职业等，以明晰结构上的微妙变化带来的影响。另可考虑三维数模等先进科技的应用，加强横向比对和纵向梳理，以进一步明晰各类关系，达成提炼、丰富和提高的目的。通过对闽东茶叶外贸的研究，进而上下梳理闽东政治、经济、文化、民族、宗教、宗族、艺术等的历史，为闽东近代史的编纂积累基础。

参考文献

一、 基本史料

1. 族谱类

（1）白琳《袁氏宗谱》。

（2）长歧《吴氏家谱》。

（3）《陈墩陈氏支谱》，2005 年重修本。

（4）光绪《坦洋安定胡氏宗谱·坦阳记》。

（5）光绪《坦洋朱氏宗谱》。

（6）光绪《石堂黄氏家谐》。

（7）禾溪《许氏族谱》。

（8）《横江黄氏支谱》，2007 年重修本。

（9）楼平《张氏族谱》。

（10）林栋（举人）：《几一、几二公墓志铭·坦洋安定胡氏宗谱》。

（11）萌源《萧氏族谱》。

（12）民国猴盾《雷氏宗谱》。

（13）清光绪石堂《黄氏家谱》。

（14）双溪《周氏族谱》。

（15）施寿棠：《先考镜波公行述·坦洋施氏族谱》。

（16）施寿钧：《先考和竿公行状·坦洋施氏族谱》。

（17）寿宁泮洋村、鸡公坪村的《陈氏宗谱》。

（18）坦洋安定《胡氏宗谱》。

（19）同治年修《翁氏宗谱》。

（20）谢坑《陆氏家谱》。

（21）谢岭下蓝氏宗祠《同治戊辰新修汝南蓝氏宗谱》。

2. 档案类

（1）福建省少数民族古籍编委会编《文书契约（畲族卷）》和藏于闽东九县市区博物

馆的大量明、清、民国时期的地契。

（2）福安市档案馆《民国三十七年档案》第435卷。

（3）蕉城区档案馆资料2－1－81、195、208、342、392、469、935。

3. 碑刻、墓志铭类

（1）白云山麓“茶碑”。

（2）飞鸾岭五福亭《起步岭碑》。

（3）福鼎《横溪桥碑》。

（4）古田会馆乐捐碑。

（5）林廷伸墓志铭。

（6）宁周会馆乐捐碑。

（7）坦洋胡氏几一公墓志铭。

（8）武信郎照川公墓志铭。

4. 报刊类

（1）《茶声》第11、12期合刊，1939年12月5日。

（2）《东方杂志》第三十卷十三号1933年《会民问题》，上海：商务印书馆。

（3）狄考文：《振兴学校论》，上海：《万国公报》，1881－11。

（4）范和钧：《闽省茶叶调查（附表）》，《茶报》，1937年，第1卷、第2期。

（5）《福报·振兴商务策（中）》光绪二十二年九月初三，第四十八次，福州美华书局印发。

（6）《福报·闽茶论（一）（二）（三）》光绪二十二年四月十四日、四月十七日、四月二十一日，第九次、第十次、第十一次，福州美华书局印发。

（7）《福建茶叶产销概况》，《中华国货产销协会每周汇报》，1948年，第5卷、第46期。

（8）《福建福鼎茶叶状况》，《茶报》，1937年，第1卷、第2期。

（9）《福声》，第十三期（1932年）。

（10）《福州三都澳闲运送制茶业：译通商汇纂（东八月）》，《湖北商务报》，1900年第57期。

（11）高登艇：《闽茶之茶市与茶政》《闽茶季刊》第一期（1940年10月版）。

（12）佚名：《华茶的对外贸易》，《经济研究》，1941年，第2卷、第11期。

（13）侯厚培：《华茶贸易史》，载《国际贸易导报》一卷二号（1930年版）。

（14）廖存仁：《闽茶种类及其特征（附表）》，《茶叶研究》，1944年，第2卷，第4、5、6期。

（15）林景亮：《福建茶叶之制造（附表）》，《农学》，1937 年，第 3 卷、第 4 期。

（16）林景亮：《福建茶叶运销状况（附表）》，《中国建设（上海 1930）》，1937 年，第 16 卷、第 2 期。

（17）林列：《闽南的茶叶生产》，《实业统计》，1935 年，第 3 卷、第 2 期。

（18）林乐知：《辨忠篇（下）》，上海：《万国公报》，1895 -9。

（19）吕允福：《浙江之平水茶叶》，《国际贸易导报》，1934 年，第 6 卷、第 6 期。

（20）《闽海关税务司汉南申呈总税务司·附呈录查访种茶各节问答》，光绪十三年十月二十九日。《访茶叶情形文件》。

（21）《民国十七年的福宁茶叶的产销资料（日文）》（影印件）。

（22）《闽茶战时之损失及目前之救济》，《闽茶》，1945 年，第 1 卷、第 1 期。

（23）《闽北各县之茶业》，《福建省统计月刊》，1936 年，第 2 卷、第 5 期。

（24）《民国二十八年福建各县茶生产量值》，《闽政月刊》，第 7 卷、第 4 期，1941 年 12 月 31 日。

（25）佩文：《福建富源之一——茶叶》，《华侨工商导报》，1948 年第 4 期。

（26）《三都：金融概况》，《中国农民银行月刊》，1937 年，第 2 卷、第 2 期。

（27）《上海商报（1932—1937）》，1934 年 5 月 30 日。

（28）吴觉农：《抗战以来的中国茶叶》，《江西茶叶》，1940 年，第 1 卷、第 2 期。

（29）夏开儒：《世界茶叶地理概述》，《贸易月刊》，民国 31 年，7—8 月号。

（30）佚名：《锡兰茶叶》，《中外经济周刊》，1924 年第 93 期。

（31）徐学禹：《抗战后福建省的茶叶》，《茶声半月刊》，1939 年第 8 期。

（32）严家淦：《如何增进闽茶输出》，《闽茶季刊》，1940 年第 1 期。

（33）英华：《闽省福安茶业之调查》，《中外经济情报》，1936 年第 9 期。

（34）游通儒：《介绍福建的特种茶叶：白毫》，《闽茶季刊》，1941 年，第 1 卷、第 2 期。

（35）张景崧：《福建茶叶之史略》，《实业季报》，1935 年，第 2 卷、第 3 期。

（36）詹英贤：《福建省茶叶鸟瞰》，《农报》，1941 年，第 6 卷，第 25 -27 期。

（37）佚名：《中国三都澳贸易现况及将来之豫想》，《湖北商务报》，1899 年第 33 期。

（38）北风：《福鼎茶区概况》，《茶讯（福州）》，1940 年，第 2 卷、第 16 期。

（39）佚名：《穆阳视导记》。

（40）李文庆：《宁德茶业概况》，《闽茶》，1946 年，第 1 卷、第 10 期。

（41）徐式周：《屏南茶业概况》，《茶讯（福州）》，1939 年，第 1 卷、第 21 期。

5. 正史、志书、地方文史资料、调查报告、史料集、文集等

（1）房玄龄：《晋书》，北京：中华书局，1974 年。

（2）《明实录》，“中央研究院”历史语言研究所校印，1962 年。

（3）《清实录》，北京：中华书局，2008 年。

（4）宋祁等：《新唐书》，北京：中华书局，1975 年。

（5）脱脱等：《宋史》，北京：中华书局，1977 年。

（6）魏征等：《隋书》，北京：中华书局，1973 年。

（7）徐松：《宋会要辑稿》，上海：上海古籍出版社，2014 年。

（8）薛居正：《旧五代史》，北京：中华书局，1976 年。

（9）赵尔巽：《清史稿》，北京：中华书局，1976—1977 年。

（10）蔡道贤：《南平县志》（民国版）1985 年重印本，（电子版）。

（11）董天工：《武夷山志》（乾隆版），道光二十五年重刊本复印本。

（12）福建省地方志编纂委员会编：《福建省志·交通志》，北京：方志出版社，1998 年。

（13）福建省地方志编纂委员会编：《福建省志·总概述》，北京：方志出版社，2002 年。

（14）福建省地方志编纂委员会编：《福建省志·农业志》，北京：中国社会科学出版社，1999 年。

（15）福建省地方志编纂委员会编：《福建省志·商业志》，北京：中国社会科学出版社，1999 年。

（16）福建省地方志编纂委员会编：《福建省志·对外贸易志》，北京：中国社会科学出版社，1999 年。

（17）福建省地方志编纂委员会编：《福建省志·海关志》，北京：方志出版社，1995 年。

（18）福建省地方志编纂委员会编：《福建省志·外事志》，北京：方志出版社，2004 年。

（19）福安市地方志编纂委员会：《福安市志》，北京：方志出版社，1999 年。

（20）福安县交通志编纂委员会：《福安交通志》（内部发行），1995 年。

（21）福鼎县地方志编纂委员会：《福鼎县志》，北京：中国统计出版社，1995 年。

（22）福鼎县地方志编纂委员会：《福鼎县志》，福州：海风出版社，2003 年。

（23）福鼎县交通志编纂委员会：《福鼎县交通志》（内部发行），1991 年。

（24）葛绥成：《分省地志·浙江》，上海：中华书局，1939 年。

（25）广西壮族自治区地方志编纂委员会编：《广西通志·海关志》，南宁：广西人民出版社，1995 年。

（26）古田县地方志编纂委员会：《古田县志》，北京：中华书局，1997 年。

（27）古田县交通志编纂委员会：《古田交通志》（内部发行），2004 年。

（28）黄仲昭：《八闽通志》，福州：福建人民出版社，2006 年。

（29）黄遵宪：《日本国志》卷 38，天津：天津人民出版社，2005 年。

（30）黄澄渊修，余钟英纂：《古田县志》，1942 年刊本（复印本）。

（31）侯谨度：《福安县志》，《中国地方志集成》，福建府县志辑，第 13 册。

（32）李拔：《福宁府志》，福建省宁德地区编纂委员会出版，1990 年。

（33）梁克家修纂：《（淳熙）三山志》，福州：海风出版社，2000 年。

（34）林经：《福建运司志》（明万历癸丑刊本），民国七十年，台北："国立中央图书馆"，台北市正宗书局。

（35）林桂镗编：《福安市茶业志》（油印本），1995 年。

（36）刘以臧：《霞浦县志》，《中国地方志集成》，福建府县志辑，第 13 册。

（37）卢建其：《宁德县志》，《中国地方志集成》，福建府县志辑，第 11 册。

（38）南平市地方志编纂委员会：《南平地区志》，北京：方志出版社，2004 年。

（39）南平市志编纂委员会编：《南平市志》，北京：中华书局，1994 年。

（40）闵文振：《福宁州志》（明嘉靖十七版。天一阁藏书），北京：书目文献出版社，1991 年。

（41）民国《福鼎县志》（初校稿）。

（42）平南县地方志编纂委员会：《屏南县志》，北京：方志出版社，1999 年。

（43）宁德市地方志编纂委员会：《宁德市志》，北京：中华书局，1995 年。

（44）宁德地区地方志编纂委员会：《宁德地区志》，北京：方志出版社，1998 年。

（45）宁德地区工商行政管理志编纂委员会：《宁德地区工商行政管理志》，厦门：厦门大学出版社，1993 年。

（46）宁德地区交通志编纂委员会：《宁德地区交通志》，厦门：鹭江出版社，1997 年。

（47）沈钟等编纂：《屏南旧志集》，陈俊孙点校，福州：福建人民出版社，2017 年。

（48）寿宁县地方志编委会：《寿宁县志》，厦门：鹭江出版社，1992 年。

（49）寿宁县茶叶志编纂委员会：《寿宁县茶叶志》，福州：海峡出版发行集团，海峡文艺出版社，2017 年。

（50）寿宁县交通志编纂委员会：《寿宁县交通志》（内部发行），1990 年。

（51）谭抡：《福鼎县志》，《中国地方志集成》，福建府县志辑，第 14 册。

（52）王存主编：《元丰九域志》，北京：中华书局，1912 年。

（53）王大海：《海岛逸志》，香港：香港学津书店，1992 年。

（54）魏大名修、清章朝栻纂：《崇安县志》（嘉庆版）（电子版）。

（55）武夷山市志编纂委员会编：《武夷山市志》，北京：中国统计出版社，1994 年。

（56）巫三祝修、陈晓梧纂：《福安县志》（明崇祯），崇祯十一年（1638 年）版。

（57）霞浦茶业局：《霞浦茶业志》（未刊）。

（58）霞浦县交通志编纂委员会：《霞浦县交通志》（内部发行），1989 年。

（59）厦门市地方志编纂委员会：《厦门市志》，北京：方志出版社，2004 年。

（60）徐友梧：《霞浦县志》民国十八年版，霞浦县地方志编纂委员会整理，1986 年。

（61）叶乃寿主编：《宁德茶业志》，福州：福建人民出版社，2004 年。

（62）殷之辂修、朱梅纂：《福宁州志》（明万历四十四年版），北京：书目文献出版社，1990 年。

（63）詹宣猷：《建瓯县志》，建瓯芝新印刷所排印本，1929 年。

（64）张景祁：《福安县志》，《中国地方志集成》，福建府县志辑，第 13 册。

（65）郑鹤龄主编：《古田县茶业志》（未刊）。

（66）柘荣县地方志编纂委员会：《柘荣县志》，北京：中华书局，1995 年。

（67）柘荣县交通志编纂委员会：《柘荣县交通志》（内部发行），1989 年。

（68）周墩区志编纂局：《周墩区志》，台北：成文出版社有限公司，1975 年。

（69）周凯：《厦门志》1839 年刻本，（电子版）。

（70）周宁县地方志编纂委员会：《周宁县志》，北京：中国科学技术出版社，1993 年。

（71）周宁县交通志编纂委员会：《周宁县交通志》（内部发行），1992 年。

（72）叶乃寿主编：《宁德茶业志》，福州：福建人民出版社，2004 年。

（73）殷之辂修、朱梅纂：《福宁州志》（明万历四十四年版），北京：书目文献出版社，1990 年。

（74）詹宣猷：《建瓯县志》，建瓯芝新印刷所排印本，1929 年。

（75）张景祁：《福安县志》，《中国地方志集成》，福建府县志辑，第 13 册。

（76）郑鹤龄主编：《古田县茶业志》（未刊）。

（77）柘荣县地方志编纂委员会：《柘荣县志》北京：中华书局，1995 年。

（78）陈一鸥：《浙东茶叶剥削简史》，载《浙江文史资料选辑》第 11 辑，1979 年。

（79）福安政协文史委编：《福安文史资料》第 15 辑，2005 年 11 月。

（80）福安政协文史委编：《福安文史资料》第 17 辑，2007 年 4 月。

（81）福安政协文史委编：《福安姓氏》第 1 辑，2014 年。

（82）福鼎政协文史委编：《福鼎文史》第 24 辑，2006 年。

（83）福鼎政协文史委编:《福鼎文史资料》第 29 辑，2011 年 12 月。

（84）《福建文史资料》第 10 辑，1985 年。

（85）《福建文史》，2016 年，第 2 期。

（86）古田政协文史委编:《杉洋讲古》（古田文史资料第 27 辑），福州：海峡文艺出版社，2018 年。

（87）蕉城区政协文史委:《宁德文史资料》第 1 辑，1982 年。

（88）蕉城区政协文史委:《宁德文史资料》第 2 辑，1984 年。

（89）蕉城区政协文史委编:《宁德文史资料》第 6 辑，2010 年 12 月。

（90）林辉山:《林辉山回忆录》，《福鼎共产党史资料》，1982 年。

（91）霞浦政协文史委编:《霞浦文史资料》第 7 辑，1989 年 8 月。

（92）周宁政协文史委编:《周宁文史资料》第 3 辑，1989 年 12 月。

（93）周宁政协文史委编:《周宁文史资料》第 5 辑，1993 年 2 月。

（94）周宁政协文史委编:《周宁文史资料》第 14 辑，2005 年 8 月。

（95）周宁政协文史委编:《周宁政协文史资料》第 18 辑，2010 年 12 月。

（96）周宁政协文史委编:《周宁政协文史资料》第 21 辑，（宁）新出（2013）内书第 74 号，福州力人彩印有限公司。

（97）《福建省茶叶产销情形调查（附表）》，《农业统计资料》，1943 年，第 2 卷、第 11 - 12 期。

（98）福建省政府建设厅:《福建经济概况》，1947 年。

（99）《福建财政沿革利弊说明书》，清朝宣统二年（1910 年）。

（100）福建省政府编:《福建历年对外贸易统计》，1935 年。

（101）福建省政府秘书处统计室编:《福建经济研究》（下册），1938 年。

（102）实业部国际贸易局:《中国实业志 · 浙江省》，上海：实业部国际贸易局，1933 年。

（103）陈鸣銮:《福建福安茶业》，福安县立职业学校茶场丛刊，1935 年。

（104）佚名:《福安茶叶概况》，1940 年。

（105）佚名:《福鼎茶商资料》，1941 年。

（106）佚名:《福建经济概况》，1941 年。

（107）佚名:《福建建设报告——调查福建北路茶叶报告》，1935 年。

（108）佚名:《京粤线福建省段沿海内地工商业物产交通要述》，1933 年。

（109）佚名:《闽东茶叶》，1946 年。

（110）佚名:《三年来福安茶业的改良》，1939 年。

（111）《老区工作文件汇编》，福建省老区建设委员会编印，1969 年。

（112）《中共福建临时省委给连江县委信——敌军进攻与我们的对策》，（1934 年 3 月 22 日），福建革命历史文件汇集（省委文件）（1931—1934 年）。

（113）谢肇淛：《长溪琐语》，《四库存目丛书》史 247 册。

（114）蔡襄：《蔡襄全集》，陈庆元校注，福州：福建人民出版社，1999 年。

（115）陈文涛：《福建近代民生地理志》，福州：福州远东印书局，1929 年。

（116）陈子龙等：《明经世文编》，北京：中华书局，1962 年。

（117）陈寿祺：《重纂福建通志》卷 58，1871 年刊印。

（118）福建师范大学地理系：《福建自然地理》，福州：福建人民出版社，1987 年。

（119）福建师范大学历史系：《鸦片战争在闽台史料选编》，福州：福建人民出版社，1982 年。

（120）《光绪大清会典事例》，《续修四库全书》807《史部·政书类》，上海：上海古籍出版社，2002 年。

（121）黄裳：《演山集》，文渊阁四库全书影印本，台北：台湾商务印书馆，1986 年。

（122）姜哀英：《海防总论拟稿》，《清经世文编》卷 83。

（123）李文治编：《中国近代农业史资料》第一辑，北京：生活·读书·新知三联书店，1957 年。

（124）梁章矩著，于亦时点校：《归田琐记》，上海：上海古籍出版社，2012 年。

（125）梁启超：《饮冰室合集》第 2 册，北京：中华书局，1989 年。

（126）刘锦藻：《皇朝续文献通考》，上海：上海古籍出版社，1997 年。

（127）卢美松：《福建省历史地图集》，福州：福建省地图出版社，2004 年。

（128）陆羽：《茶经》（中国茶典），太原：山西古籍出版社，2004 年。

（129）马克思、恩格斯：《资本论》第 1 卷，北京：人民出版社，1975 年。

（130）《马克思恩格斯全集》（第 32 卷），北京：人民出版社，1975 年。

（131）彭泽益编：《中国近代手工业史资料》，北京：中华书局，1962 年。

（132）（清）《皇朝文献通考》卷三一《征榷六》，厦门大学古籍室藏。

（133）《台湾文献史料丛刊》第 2 辑第 39 册，台北：台湾大通书局，1984 年。

（134）王镇恒：《茶树生态学》，北京：中国农业出版社，1998 年。

（135）吴觉农、胡浩川：《中国茶叶复兴计划》，上海：商务印书馆，1935 年。

（136）吴觉农：《中国茶叶问题》，上海：商务印书馆，1937 年。

（137）谢占壬：《古今海运异宜》，《清经世文编》卷 48。

（138）徐松辑：《宋会要辑稿》食货二十九，北京：中华书局，1957 年。

（139）徐栋、丁日昌辑：《保甲书籍要·成规上》卷2，台北：成文出版社，1968年，影印清同治十二年刊本。

（140）徐经：《雅歌堂全集》。

（141）许孚远：《敬和堂集·疏通海禁疏》，《明经世文编》卷400。

（142）许地山编：《达衷集：鸦片战争前中英交涉史料》，香港：龙门书店，1969年。

（143）许道夫：《中国近代农业生产及贸易统计资料》，上海：上海人民出版社，1983年。

（144）杨国祯：《明清土地契约文书研究》，北京：人民出版社，1988年。

（145）姚贤镐：《中国近代对外贸易史资料》，北京：中华书局，2000年。

（146）姚贤镐：《中国近代对外贸易史资料：(1870—1875)》，北京：中华书局，1962年。

（147）乐史：《太平寰宇记》，北京：中华书局，2000年。

（148）赵汝愚：《宋名臣奏议》卷108，台湾影印文渊阁《四库全书》本。

（149）郑若曾、邵芳编：《筹海图编》卷11。

（150）中国史学会编：《鸦片战争资料》，上海：新知识出版社，1954年。

（151）《中国近代史资料丛刊·鸦片战争》，上海：上海人民出版社，1957年。

（152）《中国第二历史档案馆中国旧海关史料（136）》，北京：京华出版社，2001年。

（153）周念明：《中国海关之组织及其事务》，上海：商务印书馆，1934年。

（154）[俄] 尼古拉·班特什—卡缅斯基：《中俄两国外交文献汇编》，北京：商务印书馆，1982年。

（155）[意] 利玛窦、金尼阁：《利玛窦中国札记》，何高济等译，北京：中华书局，1983年。

（156）[英] C. R. 博克舍编注：《十六世纪中国南部行纪》，何高济译，北京：中华书局，1990年。

（157）[英] 班思德：《最近百年中国对外贸易史》，海关总税务司统计科译印，1931年。

（158）Church Missionary Society，The Centenary Volume of the Church Missionary Society for Africa and the East 1799—1899，London：Church Missionary Society Salisbury Square，E. C. 1902。

（159）E. Graham Ingham，D. D，From Japan to Jerusalem，London：Church Missionary Society 1911。

（160）Eugene Stock，For Christ in Fuh－Kien：The Story of the Fuh－kien Misson of the Church Missionary Society，London：Church Missionary house，1904。

（161）R. M. Gwynn，‘T. C. D.’ in China：a history of the Dublin University Fukien Mission 1885—1935，London：Church of Ireland Print，1936。

（162）The Religious Tract Society，‘For his sake’，A Recorder of A Life Consecrated to God and Devoted To China，New York：Fleming H. Revell Company，1896。

6. 其他未刊史料

（1）林桂秋：《桂秋年谱》

（2）六合春茶行账本。

（3）梅伯珍：《筱溪笔记》。

（4）王裕丰茶行账本。

（5）六合春、广源泰、振泰兴等茶庄茶票等。

二、 研究论著

1. 研究著作

（1）陈椽：《茶业通史》，北京：农业出版社，1984 年。

（2）陈诗启著：《中国近代海关史（晚清部分）》，北京：人民出版社，1993 年。

（3）杜继文：《佛教史》，南京：江苏人民出版社，2008 年。

（4）费梅儿、林仁川：《泉州农业经济史》，厦门：厦门大学出版社，1998 年。

（5）葛剑雄：《中国人口发展史》，福州：福建人民出版社，1991 年。

（6）廖大珂：《福建海外交通史》，福州：福建人民出版社，2002 年。

（7）林仁川：《福建对外贸易与海关史》，厦门：鹭江出版社，1991 年。

（8）林庆元主编：《福建近代经济史》，福州：福建教育出版社，2001 年。

（9）吕维新：《中国古代茶叶商品经济史略》，赣新出内准字 0002649 号，2001 年。

（10）许涤新、吴承明主编：《中国资本主义发展史》，北京：人民出版社，1990 年。

（11）严中平主编：《中国近代经济史（1840—1894）》下册，北京：人民出版社，1989 年。

（12）郑学檬主编：《福建经济发展简史》，厦门：厦门大学出版社，1989 年。

（13）徐晓望：《福建通史》，福州：福建人民出版社，2006 年。

（14）朱维幹：《福建史稿》，福州：福建教育出版社，2008 年。

（15）蔡道华主编：《周宁域情》，福州：海峡书局，2012 年。

（16）福鼎县民间文学集成编委会：《中国歌谣集成·福建卷·福鼎分卷》，1994 年。

（17）蓝炯熹：《猴盾茶人》，昆明：云南人民出版社，2003 年。

（18）李步泉、缪品枚主编：《闽东茶叶历史文化》，福州：海峡书局，2015 年。

（19）林校生主编：《闽商发展史·宁德卷》，厦门：厦门大学出版社，2017 年。

（20）宁德市蕉城区茶业协会编：《宁川茶脉》，北京：中国农业出版社，2015 年。

（21）孙焕春、甘锋主编：《宁川域情》，香港：华夏文艺出版社，2008 年。

（22）孙绍旭：《农村劳动力转移模式实证分析——以周宁百年劳务输出为个案》，香港：天马出版有限公司，2008 年。

（23）孙绍旭：《萌源古村》，延吉：延边大学出版社，2010 年。

（24）孙绍旭：《白银古道》，北京：言实出版社，2012 年。

（25）孙绍旭：《周宁茶文化》，福州：福建人民出版社，2017 年。

（26）陈慈玉：《近代中国茶业的发展与世界市场》，台北："中央研究院"经济研究所，1982 年。

（27）陈椽主编：《中国名茶研究选集》，安徽科委、安徽农学院，1985 年。

（28）陈挥、吕国利：《中国茶文化寻踪》，北京：中国城市出版社，2000 年。

（29）陈国栋：《东亚海域一千年：历史上的海洋中国与对外贸易》，济南：山东画报出版社，2006 年。

（30）陈支平：《福建六大民系》，福州：福建人民出版社，2001 年。

（31）陈宗愈：《中国茶经》，北京：光明日报出版社，1999 年。

（32）陈梅龙、景消波译编：《近代浙江对外贸易和社会变迁》，宁波：宁波出版社，2003 年。

（33）池贤仁主编：《近代福州及闽东地区社会经济概况（1865—1931）》，北京：华艺出版社，1992 年。

（34）戴裔宣：《明代嘉隆间的倭寇海盗与中国资本主义的萌芽》，北京：中国社会科学出版社，1982 年。

（35）戴逸：《乾隆及其时代》，北京：中国人民大学出版社，1982 年。

（36）傅衣凌、杨国祯编：《明清福建社会与乡村经济》，厦门：厦门大学出版社，1987 年。

（37）郭柏苍：《闽产录异》，胡枫泽校点，长沙：岳麓书社，1986 年。

（38）郝延平：《中国近代商业革命》，上海：上海人民出版社，1991 年。

（39）黄国盛：《鸦片战争前的东南四省海关》，福州：福建人民出版社，2000 年。

（40）李龙潜：《明清广东社会经济研究》，上海：上海古籍出版社，2006 年。

（41）李国祁：《民国元年至二十七年福建的人口问题》，《中华民国历史与文化论集》，第四册。

（42）梁方仲：《中国历代户口、田地、田赋统计》，上海：上海人民出版社，1980 年。

（43）梁方仲：《梁方仲经济史论集》，北京：中华书局，1989 年。

（44）梁嘉彬：《广东十三行考》，广州：广东人民出版社，1999 年。

（45）林拓：《文化地理的过程分析——福建文化的地域性考察》，上海：上海书店出版社，2004 年。

（46）刘仁川：《明末清初私人海上贸易》，上海：华东师范大学出版社，1987 年。

（47）陶德臣：《中国茶叶商品经济研究》，北京：军事谊文出版社，1999 年。

（48）王家葵：《陶弘景丛考》，济南：齐鲁书社，2003 年。

（49）王应山：《闽大记》，北京：中国社会科学出版社，2005 年。

（50）吴松弟主编：《中国百年经济拼图——港口城市及其腹地与中国现代化》，济南：山东画报出版社，2006 年。

（51）吴松弟、樊如森主编：《近代中国北方经济地理格局的演变》，北京：人民出版社，2013 年。

（52）厦门大学历史研究所中国社会经济史研究室编著：《福建经济发展简史》，厦门：厦门大学出版社，1989 年。

（53）徐蔚蔽：《近代浙江通商口岸经济社会概况》，杭州：浙江人民出版社，2002 年。

（54）袁蝉：《明清时期闽赣地区山林产品流通与贸易研究》，北京：北京林业大学，2010 年。

（55）张晓宁：《天子南库》，南昌：江西高校出版社，1999 年。

（56）张仲礼主编：《东南沿海城市与中国近代化》，上海：上海人民出版社，1996 年。

（57）赵道一：《仙鉴》，扬州：江苏广陵古籍刻印社，1997 年。

（58）“中央研究院”近代史研究所编：《中国近代农村经济论文集》，台北，1989 年。

（59）仲伟民：《茶叶与鸦片：十九世纪经济全球化中的中国》，北京：生活・读书・新知三联书店，2010 年。

（60）邹新球：《世界红茶的始祖：武夷正山小种红茶》，北京：中国农业出版社，2006 年。

（61）朱英：《晚清经济政策与改革措施》，武汉：华中师范大学出版社，1996 年。

（62）朱水涌：《武夷山世界文化遗产的监测与研究》，厦门：厦门大学出版社，2005 年。

（63）［法］费尔南・布罗代尔：《十五至十八世纪的物质文明、经济和资本主义》（第一卷），顾良、施康强译，北京：生活・读书・新知三联书店，1992 年。

（64）［荷兰］包乐史：《中荷交往史》，庄国土译，荷兰莱顿，1989 年。

（65）［荷兰］包乐史：《巴达维亚华人与中荷贸易》，南宁：广西人民出版社，1997 年。

（66）［美］阿兰·邓迪斯编：《西方神话学论文选》，朝戈金、尹伊等译，上海：上海文艺出版社，1994 年。

（67）［美］费正清、［美］刘广京：《剑桥中国晚清史（上卷）》，中国社会科学院历史研究所编译室，北京：中国社会科学出版社，2006 年。

（68）［美］李榭熙：《圣经与枪炮——基督新教与潮州社会（1860—1900）》，雷春芳译，北京：社会科学文献出版社，2010 年。

（69）［美］马士：《东印度公司对华贸易编年史》，区宗华译，林树惠校，章文钦校注，广州：广东人民出版社，2016 年。

（70）［美］马士：《中华帝国对外关系史》，张汇文等译，上海：上海书店出版社，2000 年。

（71）［美］萨拉·罗斯：《茶叶大盗——改变世界的中国茶》，孟驰译，北京：社会科学文献出版社，2015 年。

（72）［美］托马斯·莱昂斯：《中国海关与贸易统计（1859—1948）》，毛立坤等译，杭州：浙江大学出版社，2009 年。

（73）［美］威廉·乌克斯：《茶叶全书》，中国茶叶研究社，1949 年。

（74）［日］加藤繁：《唐宋时代金银之研究——以金银之货币机能为中心》，北京：联合准备银行，1944 年。

（75）［日］滨岛敦俊：《明清江南农村社会与民间信仰》，厦门：厦门大学出版社，2008 年。

（76）《上海近代贸易经济发展概况：1854—1898 年英国驻上海领事贸易报告汇编》，李必樟译编，上海：上海社会科学院出版社，1993 年。

（77）［苏］卡巴诺夫：《黑龙江问题》，姜延柞译，哈尔滨：黑龙江人民出版社，1983 年。

（78）Jose Maria Gonzalez，Historia de las Misiones Cominicanas de China. 1632—1700［M］. Madrid，1964。

（79）R. G Tiedemann，Reference Guide to Christian Missionary Societies in China：from the sixteenth to the twentieth century，M. E. Sharpe，2009。

2. 研究论文

（1）蔡清毅：《建茶在海上丝绸之路中的地位与历史影响研究》，《福建茶叶》，2015 年第 6 期。

（2）常晓强：《新式交通与近代温州经济变迁》，《温州职业技术学院学报》，2014 年第3期。

（3）陈东有：《明末清初的华东市场与海外贸易》，《厦门大学学报》（哲学社会科学版），1996年第4期。

（4）陈衍德：《宋代福建手工业布局的几个问题》，《中国社会经济史研究》，1989年第1期。

（5）陈衍德：《唐代福建的经济开发》，《福建论坛（人文社会科学版）》，1987年第5期。

（6）高春平：《晋商与中俄恰克图茶叶贸易——纪念伟大的茶叶之路》，《全球史评论》，2010年第3期。

（7）高元武：《罂粟种植对近代福建茶叶经济的影响》，《兰台世界》，2015年第11期。

（8）勾利军：《宋代福建茶业生产述论》，《晋阳学刊》，1996年第4期。

（9）何绵山：《再谈福建佛教的特点》，《宗教学研究》，1999年第1期。

（10）黄修明：《论唐代县制》，淮北煤师院学报（哲学社会科学版），1999年第1期。

（11）胡赤军：《近代中国与西方的茶叶贸易》，《东北师大学报（哲学社会科学版）》，1994年第1期。

（12）胡刚：《近代福建茶叶对外贸易的盛衰》，《中国经济问题》，1985年第1期。

（13）蓝图：《近代闽东茶叶贸易与早期资本主义全球化——以福建坦洋茶叶贸易研究为中心》，《历史地理》，2010年第24期。

（14）李健民：《闽东茶业的历史变迁和现代振兴》，《宁德师范学院学报（哲学社会科学版）》，2010年第2期。

（15）李璟：《我国古代茶叶对外贸易情况研究》，《福建茶叶》，2015年第6期。

（16）林仁川：《近代福建茶叶外销消长的原因》，《福建论坛（文史哲版）》，1985年第5期。

（17）林漱峰：《宋代福建茶叶产制概述》，《福建茶叶》，1983年第3期。

（18）林岑：《福建茶事略考》，《福建论坛》，1982年第4期。

（19）林楠虹：《近代福州茶叶对外贸易下的城市发展》，《福建商业高等专科学校学报》，2016年第2期。

（20）林汀水：《两宋期间福建的矿冶业》，《中国社会经济史研究》，1992年第1期。

（21）林汀水：《对福建古代交通道路变迁的几点看法》，《中国社会经济史研究》，1994年第1期。

（22）刘锡涛：《宋代福建茶业发展情状》，《广东茶业》，2012年第21期。

（23）刘少明、叶小辉、叶乃兴：《五口通商至清末时期福州港茶叶贸易变迁与启示》，《海关与经贸研究》，2016 年第 3 期。

（24）潘健：《抗战前福建的茶业管理》，《福建茶叶》，2014 年第 3 期。

（25）潘健：《民国时期福建茶业的技术改良》，《蚕桑茶叶通讯》，2014 年第 4 期。

（26）单之蔷：《一个中国海盗的心愿》，《中国国家地理》，2009 年第 4 期。

（27）施坚雅：《中国农村的集市和社会结构，第二部分》，《亚洲研究杂志》，卷 24 第 2 期（1965 年 2 月）。

（28）孙洪升：《从宋代交引茶制看传统社会政府与商人的关系》，《宋史研究论丛第 8 辑》，2007 年。

（29）孙绍旭：《晚清时期（1870—1911 年）华茶报道和研究述论——以〈晚清期刊全文数据库〉收藏为例》，《农业考古》，2018 年第 2 期。

（30）孙绍旭：《北洋政府时期关于茶叶的报道和研究述论——以〈民国时期期刊全文数据库〉收藏为例》，《农业考古》，2017 年第 2 期。

（31）孙绍旭：《抗日战争时期关于茶叶的报道和研究述论——以〈民国时期期刊全文数据库〉收藏为例》，《宁德师范学院学报（哲学社会科学版）》，2018 年第 1 期。

（32）孙绍旭：《明中后期以来闽东地区白银文化对乡村社会的影响》，《宁德师范学院学报（哲学社会科学版）》，2018 年第 4 期。

（33）苏鑫鸿：《抗日战争时期安溪茶叶生产的几个侧面》，《中国社会经济史研究》，1985 年第 4 期。

（34）沈佐民：《佛教对中国茶叶发展的作用》，《合肥学院学报》，2004 年第 3 期。

（35）陶德臣：《南亚茶业述论》，《农业考古》，1996 年第 4 期。

（36）陶德臣：《荷属印度尼西亚茶产述论》，《农业考古》，1996 年第 2 期。

（37）陶德臣：《清代福建茶叶生产述论》，《古今农业》，2003 年第 4 期。

（38）王列辉：《近代宁波港腹地的变迁》，《中国经济史研究》，2008 年第 1 期。

（39）王菱菱：《论宋代的矿冶户》，《河北大学学报》，1987 年第 3 期。

（40）王菱菱：《宋代矿冶业中的突发事件与官府应对》，《河北学刊》，2013 年第 2 期。

（41）吴松弟：《明清时期我国最大沿海贸易港的北移趋势与上海港的崛起》，《复旦学报（社会科学版）》，2001 年第 6 期。

（42）吴松弟、杨敬敏：《近代中国开埠通商的时空考察》，《史林》，2013 年第 3 期。

（43）吴松弟：《港口—腹地和中国现代化空间进程研究概说》，《浙江学刊》，2006 年第 5 期。

（44）吴松弟：《中国近代经济地理格局形成的机制与表现》，《史学月刊》，2009 年第 8 期。

（45）徐晓望：《福建历代茶政沿革考》，《福建茶叶》，1986 年第 1 期。

（46）徐明德：《论十六世纪浙江双屿港国际贸易市场》，《海交史研究》，1987 年第 1 期。

（47）徐晓望：《福建历代茶政沿革考（下）》，《福建茶叶》，1986 年第 2 期。

（48）徐晓望：《论隋唐五代福建的开发及其文化特征的形成》，《东南学术》，2003 年第 5 期。

（49）杨吾扬、梁进社：《地域分工与区位优势》，《地理学报》，第 43 卷、第 3 期。

（50）姚颂恩：《福建茶树生长的地理环境与茶叶可持续发展》，《茶叶科学技术》，2000 年第 2 期。

（51）郑建平：《唐宋以来闽东科第兴衰原由述略》，《宁德师专学报》，2008 年第 1 期。

（52）郑乃辉、杨江帆：《论五口通商至清末福建茶叶的发展与进步》，《福建农林大学学报（哲学社会科学版）》，2006 年第 3 期。

（53）郑学檬、魏洪沼：《论宋代福建山区经济的发展》，《农业考古》，1986 年第 4 期。

（54）郑琼：《漫话清代福建茶税》，《中国税务》，2012 年第 3 期。

（55）《中国哪个省的海岸线最曲折》，《海洋世界》，2002 年第 4 期。

（56）周玉璠：《福建茶叶商品经济发展史》，《中国茶叶》，2013 年第 12 期。

（57）周玉璠：《福建茶叶的起源和发展》，《福建茶叶》，2013 年第 6 期。

（58）周丽群：《清代福建茶叶出口中的闽籍茶商及其经营》，《发展研究》，2012 年第 3 期。

（59）邹新球：《关于正山小种红茶名称的演变及其历史背景》，《福建茶叶》，2007 年第 3 期。

（60）庄国土：《18 世纪中国与西欧的茶叶贸易》，《中国社会经济史研究》，1992 年第 3 期。

（61）陈惠群：《晚清福建邮政官局研究（1897 年—1911 年）》，福建师范大学，2013 年。

（62）李明敏：《17—18 世纪荷兰东印度公司对华茶叶贸易研究》，浙江师范大学，2015 年。

（63）林伟龙：《武夷茶叶对英贸易研究（1843—I894）》，江西师范大学，2017 年。

（64）韦陈夑：《三都澳港的历史回顾与发展前瞻》，福建师范大学，2010 年。

